（典藏版）

百部国学传世经典

中华国学经典盛宴／获取先贤核心智慧

资治通鉴

【北宋】司马光／著
史靖妍／主编

漓江出版社

图书在版编目（CIP）数据

资治通鉴/(北宋)司马光著；史靖妍主编. --桂林：
漓江出版社，2017.9
(百部国学传世经典)
ISBN 978-7-5407-8263-4
Ⅰ. ①资… Ⅱ. ①司… ②史… Ⅲ. ①中国历史-古代史-编年体
Ⅳ. ①K204.3-49
中国版本图书馆 CIP 数据核字(2017)第224615号

资治通鉴

作　　者　【北宋】司马光　著
主　　编　史靖妍

策划统筹　陈植武　林晓鸿
责任编辑　李淑娟

出 版 人　刘迪才
出版发行　漓江出版社
社　　址　广西桂林市南环路22号
邮　　编　541002
网　　址　www.lijiangbooks.com
印　　制　北京飞达印刷有限责任公司
开　　本　710 mm×1000 mm　1/16
印　　张　30
字　　数　587千字
版　　次　2017年8月第1版
印　　次　2024年3月第6次印刷
书　　号　ISBN 978-7-5407-8263-4
定　　价　45.00元

前言

中华民族有着数千年的文明历史，创造了光辉灿烂的古代文化，其中中国传统国学是我国辉煌灿烂的文化典籍的核心部分，它博大精深、源远流长，显示出中华文化的深厚根基，给人类留下了丰富的精神财富。它是我们炎黄子孙的文化精髓，它塑造了我们中华民族的民族精神，是培育民族精神的重要资源。它开启心智，滋润生命，陶冶人格，塑造灵魂。

开卷有益，忙碌的人们闲暇之时，应该用传统国学来陶冶自己的情操，开阔自己的心胸，提高自己的人文修养，用先人的哲思来涤荡自己忙碌的心灵。我们应该坚持阅读的爱好，在潮流文化的强大攻势下，让传统文化永驻我们的心田。“复兴国学，从根本上讲，是复兴中华民族的自尊心、自信心。”我们要甄选传世经典著作中最经典的部分来读，要以开放的胸襟和燃烧的激情去承接古人的经典大论与哲思华章，以自豪而不狂妄、执着而不僵化的精神风貌来直面当今社会的竞争与挑战。

为了弘扬中国传统文化，帮助读者深刻了解我们的历史与文化，用经典历史文学知识陶冶情操、提高文化修养，同时使国学得到承传，得以弘扬光大，我们精心编排了本书。为了便于读者理解和领会古代先贤的思想与精神，我们在文章中选取了与正文相契合的插画，将插画与正文有机地结合在一起，可大大增加读者的阅读趣味。

本书选取了国学经典著作中很多优秀的作品及资料，博采各类经典作品的长处，并有所创新，以使得本书风格迥异、卓然超群，相信会给读者带来全新感受。

由于时间仓促，书中难免有不尽之处，恳请读者朋友们提出宝贵意见，在此深表谢意。

目录

周纪

秦纪

汉纪

魏 纪

晋纪

宋纪

梁纪

后梁

后唐

后晋

后汉

后周

周纪

韩赵魏三家分晋

原文

赵襄子使张孟谈潜出见二子，曰："臣闻唇亡则齿寒。今智伯帅韩、魏而攻赵，赵亡则韩、魏为之次矣。"二子曰："我心知其然也；恐事未遂而谋泄，则祸立至矣"。张孟谈曰："谋出二主之口，入臣之耳，何伤也？"二子乃潜①与张孟谈约，为之期日而遣之。襄子夜使人杀守堤之吏，而决水灌智伯军。智伯军救水而乱，韩、魏翼而击之，襄子将卒②犯其前，大败智伯之众。遂杀智伯，尽灭智氏之族。唯辅果在。

注释

①潜：暗中。

②卒：士兵。

译文

赵襄子秘密派张孟谈出来见韩、魏二人，说道："我听说唇亡齿寒。现在智瑶和你们一起来攻打我们，赵家灭亡之后就是你们了。"韩康子、魏桓子也说："我们也认为是这样，但只怕事情还没算计好就被泄露出去，我们就会马上惹出大祸的。"张孟谈又说："计谋出自两位主公之口，进了微臣一人的耳朵，有什么可害怕的呢？"于是他们就和张孟谈暗自商量好，将起事的日期算计好后就将他送了回去。半夜，赵襄子派人杀掉智军守堤官吏，破坏大堤，大堤决口淹没了智瑶的军队。智瑶军队大乱，韩魏两家趁机袭击智瑶，赵襄子率军从正面攻打他们，智瑶军队大败。后来他们又杀了智瑶和他的所有亲族，只有辅果独自活了下来。

历史详解

公元前453年，韩、赵、魏三家灭智氏，三分其地。从此，晋国为韩、赵、魏三家所瓜分。公元前403年，周天子正式承认三家为诸侯，标志着战国时代开始。

晋国本是春秋时代的一个重要的诸侯国，曾经一度被称为中原霸主。可是到了春秋末期，晋国衰落了。早在春秋初期，晋公室内部之间就已展开了激烈的争斗，力量逐渐削弱。而晋国卿大夫（诸侯国的重臣）的力量却逐渐壮大起来，他们互相吞并。到了公元前458年，只剩下韩氏、赵氏、魏氏、智氏四家最大的卿大夫家族。晋国公室再也无力控制这些卿大夫。

这四家卿大夫分别是智瑶、赵襄子、韩康子、魏桓子，其中以智瑶的势力最大，他拥立哀公为晋的国君，把持朝政，在处理晋国的政事上说一不二。

狂妄的智瑶想侵占其他三家的土地，他便以晋国国君的名义，对三家大夫赵襄子、魏桓子、韩康子说："晋国本来是中原霸主，如今却失去了霸主地位。为了让晋国重新强大起来，我主张每家都拿出一百里土地来献给公家。"

三家大夫都知道智瑶存心不良，想以公家的名义来逼他们交出土地。可是三家心不齐，韩康子首先把土地割让给智家，魏桓子不愿得罪智瑶，也把土地献出，只有赵襄子不从，他拒绝道："土地是上代留下来的产业，说什么也不能送人！"智瑶闻后大怒，马上命令韩、魏两家一起发兵共同攻打赵氏。

公元前455年，智瑶率领中军，韩康子率领右路军，魏桓子率领左路军，三队人马直奔赵地。赵襄子寡不敌众，听说晋阳政宽民和，是理想的死守据点。于是，赵襄子退据晋阳，巡视全城，只见城池坚固，府库充实，粮草充足，就是缺乏御敌所用的箭矢。手下大臣又告诉他，赵简子委任的官员深谋远虑，早有准备。建筑宫室的材料都可以拆来做箭杆，铜铸的柱子可以用来造箭头。于是一切准备停当，严阵以待，等待迎敌。

智、魏、韩三家的兵马杀奔晋阳，把晋阳团团围住，赵襄子吩咐将士们坚决守城，逢到三家兵士攻城的时候，城头上的箭好像飞蝗似的落下来，使三家人马无法前进一步。双方对峙了两年多的时间。

到了第三年，即公元前453年，智瑶引晋水淹晋阳城，几天后，晋水淹到离城头约两米的地方，城内一片泽国，就连灶膛里都生出了青蛙，百姓只得把锅吊起来做饭，一些没有粮食的百姓甚至易子而食。赵襄子手下的大臣也人心惶惶，形势很危急。

踌躇满志的智瑶以为胜利指日可待，他与韩康子、魏桓子一起视察水情，得意洋洋地说道："我现在才知道水也可以使人亡国的呀！"韩康子与魏桓子听后相顾无言，但彼此之间却暗暗害怕：原来魏家的封邑安邑（今山西夏县西北）、韩家的封邑平阳（今山西临汾西南）旁边各有一条河。智瑶的话正好提醒了他们，晋水既能淹晋阳，说不定哪一天安邑和平阳也会遭被淹之灾。

智瑶的家臣对智瑶说："韩、魏两家肯定会反叛。"智瑶问："为什么呢？"家臣说："破城已是指日可待，但韩、魏两家面无喜色，反倒忧心忡忡，他们担心自己会步赵襄子的后尘，只怕已是心怀异志。"第二天，智瑶拿家臣的话来试探韩、魏两人，两人均信誓旦旦，效忠于他，于是智瑶消除了疑虑。

两人告辞后，家臣进来对智瑶道："刚才他们出去的时候，看我的眼神十分慌张，这肯定是因为他们心怀异志。"但智瑶却不以为然，于是家臣请求让自己出使齐国，避祸去了。晋阳危在旦夕之时，赵襄子谋臣张孟谈自告奋勇，深夜用一根绳子从城墙上溜下来，然后乘一叶扁舟潜入韩、魏两家军营，他对韩康子与魏桓子说："唇亡齿寒，赵灭亡之后，灭亡的命运就要轮到你们了。"

韩、魏考虑到自身的利益，愿意同赵联合攻智，他们说："我们参战本来是迫不得已，智瑶这个人又专横跋扈，他灭赵以后迟早要把矛头对准我们，所以我们愿意背弃智瑶，与赵襄子联合。"

当智瑶正沉浸在吞并三家独霸晋国的美梦之中时，猛然间听见一片喊杀的声音。他连忙从卧榻上爬起来，定睛一看，兵营里全是水。智瑶正惊慌不定，霎

时，四面八方响起了战鼓声。赵、韩、魏三家的士兵驾着小船、木筏一齐冲杀过来。在赵、韩、魏三军的夹击之下，智瑶输得一败涂地。智瑶驾小船逃跑，被赵襄子抓住杀掉。于是赵襄子灭掉了智氏一族，韩、赵、魏三家平分了智氏的土地和户口，各自建立了独立的政权。

公元前438年，晋国国君哀公死，晋幽公即位。这时晋国已经非常衰弱，国君畏惧权臣，反而向韩、赵、魏三家行朝拜礼，韩、赵、魏于是就瓜分了晋国的土地，只留两个小地方给晋幽公。公元前403年，周王正式册命韩、赵、魏为诸侯。到公元前376年，韩、赵、魏联合灭了晋国，瓜分了晋国的全部土地，把晋当时的国君废为百姓，晋于是完全为韩、赵、魏三家所取代。战国时代的七雄由这时起正式形成，三家分晋成为战国时代开始的标志。由于韩、赵、魏均出自晋，所以又统称这三国为"三晋"。

精简点评

智伯过于骄横，导致了最终的覆灭。韩魏两家在智伯的胁迫下选择了暂时的忍让，甘心把土地分给智伯并随其征讨赵襄子，一旦形势有变，两家出于维护自己的利益，很快就和赵襄子达成协议，迅速击败智伯瓜分了他的地盘，于是三家分晋，战国时代揭开序幕。

豫让以死尽忠

原文

智伯之臣豫让欲为之报仇，乃诈为刑人，挟匕首，入襄子宫中涂厕。襄子如厕心动，索[1]之，获豫让。左右欲杀之，襄子曰："智伯死无后，而此人欲为报仇，真义士也，吾谨避之耳。"乃舍之。豫让又漆身为癞，吞炭为哑。行乞于市，其妻不识也。……襄子出，豫让伏于桥下。襄子至桥，马惊；索之，得豫让，遂杀之。

注释

①索：搜查。

译文

智伯的家臣豫让想给自己主公报仇，就化装为罪人，怀揣匕首，混到赵襄子的宫室中打扫厕所。赵襄子上厕所时，忽然心动不安，令人搜查，抓获了豫让。赵襄子的手下要将他杀死，赵襄子说："智瑶已死无后人，而此人还要为他报仇，真是一个义士，我小心避开他好了。"于是释放豫让。豫让用漆涂身，弄成一个癞疮病人，又吞下火炭，弄哑嗓音。在街市上乞讨，连他的妻子见面都没有认出来。……赵襄子乘车出行，豫让潜伏在桥下。赵襄子到了桥前，马突然受惊，进行搜索，捕获豫让，于是杀死他。

历史详解

豫让，是春秋时候晋国人。他曾经侍奉过晋国的权臣范氏和中行氏，都没有得到过重用，后来他又投靠晋国的另一位权臣智伯，智伯给他很高的礼遇。后来智伯去讨伐赵襄子，赵襄子联合晋国的另外两家权臣，打败了智伯，并把他的土地瓜分了。这就是历史上有名的“三家分晋”。

赵襄子

逃亡到山中的豫让听到智伯被杀的消息，便道：“士为知己者死，女为悦己者容。智伯待我这么好，我一定要为他报仇，为他报仇而死，死了也有脸去见他！”

豫让化装成因罪服劳役的人，暗藏匕首，混进赵襄子的府邸，假装给厕所刷墙，找机会暗杀赵襄子。

赵襄子来上厕所时，豫让便想下手，谁知赵襄子颇为警觉，见豫让形迹可疑，便叫人把他抓起来审问，搜出了他身上的匕首。豫让见身份已暴露，便大声道：“我要为智伯报仇！”赵襄子的手下要杀了他，赵襄子摆手道：“以后我多加小心，离他远点儿就是了。而且，智伯死了，没有后人，豫让敢来为他报仇，也算是个仁义之人啊！”就把豫让给放了。

豫让虽然被释放，却还是没有放弃刺杀赵襄子的念头。他在自己身上涂上漆，使得浑身长了毒疮，又吞吃了火炭，把嗓子烫哑了，形貌大变，连他的妻子也认不出他来。他又去刺杀赵襄子。

豫让藏在赵襄子每天必经的桥下。当赵襄子和他的随从们过来时，豫让正要动手，赵襄子的马发觉桥下有人，惊得前蹄腾空，险些将赵襄子摔下来。豫让见形迹又暴露了，便跳了出来。赵襄子道：“这肯定是豫让！”

赵襄子的手下将豫让团团围住。赵襄子质问豫让道："你先前不是还侍奉过范氏、中行氏吗？他们两人都是被智伯杀掉的，你不去为他们报仇，反倒还给智伯做事。现在智伯死了，你又为什么一而再，再而三地找我报仇呢？"

豫让

豫让道："范氏、中行氏都把我当普通人看待，我也就像普通人那样对待他们；而智伯却拿我当天下无双的人才，我也就像一个人才那样来报答他！"

赵襄子闻言叹道："豫让啊！我对你也算是仁至义尽了，这回我可不放你了！"遂示意侍卫们动手杀他。

豫让叫道："且慢！"

赵襄子叫住侍卫们，道："你还有什么话说？"

豫让道："上一次你放了我，天下人都听说了你的贤名。今天你杀了我，我无话可说。不过，我在死前有一个要求：你把身上穿的衣服让我刺几下，就算是已经报了仇，这样我就虽死无憾了！"

于是赵襄子就把身上的衣服脱下给了豫让，豫让拔出剑来，一剑将衣服斩为两截，高叫道："我死后可以有脸面去见智伯了！"说罢，伏剑自杀！

精简点评

春秋之时，人们轻死重义，对于有知遇之恩的人一定结环衔草，生死相托。豫让刺杀赵襄子的事情，也为当时的人们所传颂，人们都深为感动。不过这种为君尽忠赴死的愚忠思想在今天不宜提倡。

孙膑围魏救赵

原文

初，孙膑与庞涓俱学兵法。庞涓仕魏为将军，自以能不及孙膑，乃召之。至，则以法断其两足而黥之，欲使终身废弃。齐使者至魏，孙膑以刑徒阴见，说①齐使者。齐使者窃载与之齐。田忌善而客待之，进于威王。威王问兵法，遂以为师。于是威王谋救赵，以孙膑为将；辞以刑馀之人不可。乃以田忌为将而孙子为师，居辎车中，坐为计谋。

注释

①说：劝说。

译文

一开始，孙膑和庞涓一起学习兵法。庞涓在魏国做将军，自知才能不如孙膑，便将孙膑邀请到魏国，设计砍断了孙膑的双脚，又在他的脸上刺字，让他成了一个废人。齐国使者来到魏国，孙膑以罪犯的身份和他暗中相见，游说齐国使者，齐使将他藏在车中运回齐国。齐国大臣田忌奉他为上客，又将他推荐给齐威王。齐威王向他讨教兵法，又聘请他为老师。这个时候，齐威王想要出兵救援赵国，任命孙膑为大将，孙膑以自己是个废人而拒绝。齐威王便以田忌为大将，孙膑为军师，让他坐在帘车里，出谋划策。

历史详解

孙膑和庞涓是同学，两人同在鬼谷子门下学习兵法。

公元前446年，魏文侯即位后，任用李悝、吴起、西门豹、段干木等人，进行

师从鬼谷子

各方面的改革。魏国迅速成为战国初期最为强盛的国家。魏惠王继位以后，继承文侯、武侯的霸业，继续积极向外扩张。魏国的勃兴和称霸，直接损害了楚、齐、秦等其他大国的利益，引起这些国家的普遍恐惧和忌恨，其中尤以齐、魏之间的矛盾最为尖锐。齐国自西周以来一直是东方地区的大国。公元前356年齐威王即位后，任用邹忌为相，改革吏治，强化中央集权，进行国防建设，国势日渐壮大。面临魏国向东扩张的严重威胁，齐国积极利用赵、韩诸国与魏国之间的矛盾冲突，展开了对魏的激烈斗争。就是在这样的复杂背景下，公元前353年爆发了桂陵之战。

当时魏惠王不惜重金招徕天下豪杰。庞涓感到建功立业的机会来了，就去求见魏惠王，向他讲了富国强兵的道理。魏惠王听了挺高兴，就拜庞涓为大将。庞涓真有点本领，他天天操练兵马，先从附近几个小国下手，一连打了几个胜仗，后来连齐国也给他打败了。打那时候起，魏惠王更加信任庞涓。庞涓自以为是了不起的能人。可是他知道，他的同学齐国人孙膑本领比他强。据说孙膑是吴国大将孙武的后代，只有他知道祖传的《孙子兵法》。

魏惠王也听到过孙膑的名声，有一次跟庞涓谈起孙膑。庞涓派人把孙膑请来，跟他一起在魏国共事。谁知庞涓存心不良，背后在魏惠王面前诬陷孙膑私通齐国。魏惠王十分恼怒，把孙膑治了罪，在孙膑的脸上刺了字，还剜掉了他的两块膝盖骨，使他成了残废。

幸好齐国有一个使臣到魏国访问，偷偷地把孙膑救了出来，带回齐国，从此

孙膑甚受齐国君臣的重视。

田忌是齐国的大将，他喜欢与齐国宗室的公子们跑马比赛，押重金，赌输赢。可他总是输多赢少。田忌去向孙膑请教，问怎样才能多赢。孙膑没回答，却去看了看田忌和公子们比赛时用的马。孙膑发现，马的脚力相差不大，但可分为上、中、下三种等级。于是孙膑便胸有成竹地对田忌说："下次有跑马比赛时，您只管放大胆量下重金与他们赌输赢，我自有办法让您获胜。"不久，又逢跑马比赛，田忌就去报名参赛，并押下千金。等到临场比赛时，孙膑向田忌面授机宜说："第一场，您用您的下等马去同他们的上等马周旋；到第二场，您用您的上等马去对付他们的中等马；到末场时，您则用您的中等马去对付他们的下等马。"待三场比赛下来，田忌只输一场而赢了两场，结果以总分取胜，赢得了齐王的千金奖赏。

孙膑

田忌感觉孙膑是个将才，把他推荐给齐威王。齐威王也正在改革图强，他跟孙膑谈论兵法后，大有相见恨晚之感。

当时，为了摆脱魏国的控制，赵成侯开展了一系列的外交活动，他和齐威王、宋桓侯相会结好，同时又和燕文公相会。赵国的行为引起魏惠王的极大不满，适逢公元前354年，赵国向依附于魏国的卫国发动战争，迫使卫国屈服称臣。于是魏国便借口保护卫国，出兵包围了赵国国都邯郸（今河北邯郸西南），强行攻打。第二年，赵国向齐威王求救。齐威王想拜孙膑为大将，孙膑忙推辞说："不行。我是个受过刑的残废人，当了大将，会被人嘲笑。还是请大王拜田忌为大将吧。"齐威王就拜田忌为大将，孙膑为军师，发兵去救赵国。田忌计划直奔邯郸，同魏军主力交战，以解赵国之围。孙膑不赞成这种硬碰硬的战法，孙膑说："现在魏国出兵攻打赵国，魏国的精兵锐卒，一定倾巢开赴邯郸，只剩下一些老弱残兵留守国内。咱们为何不利用这个机会，带兵直捣魏国都城大梁，占据他们的交通要道，袭击他们守备空虚的地方呢？那样，庞涓听到咱们去攻魏国大梁，一定要放弃邯郸，回师相救。这时，我们就可以在半路上拦击魏军，这既可解邯郸之围，又可以痛击魏军，一举两得。”

田忌采纳了孙膑的计策，率军直趋大梁，齐国大军到达桂陵（今河南省长垣县西北）时，孙膑便叫田忌下令将军队停了下来，孙膑说，当魏军从邯郸返回的时候，一定要经过桂陵。因此，应该在此设伏，布下阵势，到时好一举把魏军歼灭。田忌又依孙膑的计谋而行，很快把军队埋伏了下来。

齐兵要攻打大梁的军情，很快庞涓就知道了。他立刻命令从赵国退兵救大梁。魏军由于长期攻赵，兵力消耗很大，加以长途跋涉急行军，士卒疲惫不堪。魏军进入了齐兵埋伏的桂陵地带，只听一声号令，齐军从路的两侧一齐奋勇杀出。突遭袭击，疲惫不堪的魏军哪里还能抵挡得住？他们战死的战死，受伤的受伤，不多时，魏军大败，死伤两万多人，齐军大胜而归。

魏军虽在桂陵之战中严重失利，但是并未因此而一蹶不振，而仍具有强大的实力。公元前341年，魏国又派兵攻打韩国，韩国也向齐国求救。那时候，齐威王已经死了。他的儿子齐宣王派田忌、孙膑带兵救韩国。孙膑又使出他的老法子，不去救韩，却直接去攻魏国。魏国眼见胜利在望之际，又是齐国从中作梗，其恼怒愤懑自不必说。于是，魏国决定放过韩国，转头将兵锋直指齐军，以雪桂陵之耻。魏国发动大量兵力，由太子申率领，直扑齐军。

这时齐军已进入魏国境内纵深地带，魏军尾随而来，一场鏖战是无可避免了。仗该怎么打，孙膑胸有成竹，指挥若定。他针对魏兵强悍善战，素来蔑视齐军的实际情况，正确判断魏军一定会骄傲轻敌、急于求战、轻兵冒进。根据这一分析，孙膑认为战胜貌似强大的魏军完全是有把握的。其方法不是别的，就是要巧妙利用敌人的轻敌心理，诱其深入，尔后予以出其不意的致命打击。他的想法，得到主将田忌的完全赞同。于是在认真研究了战场地形条件之后，决定减灶诱敌，设伏聚歼。

齐军与魏军刚一接触，就往回撤，魏军猛追不舍。庞涓怕其中有诈，小心谨慎，头天他察看一下齐军扎过营的地方，发现齐军的营盘占了很大的地方。他叫人数了数做饭的炉灶，足够十万人吃饭用的。

第二天，庞涓带领大军赶到齐国军队第二回扎营的地方，数了数炉灶，只有能够供五万人用的了。

第三天，他们追到齐国军队第三回扎营的地方，仔细数了数炉灶，只剩了两万人用的了。庞涓这才放了心，笑着说：“我早知道齐军都是胆小鬼。十万大军到了魏国，才三天工夫，就逃散了一大半。”庞涓虽然曾与孙膑受业于同一位老师，可是水平却要差孙膑一大截。接连三天追下来以后，他见齐军退却避战而又天天减灶，便不禁得意忘形起来，武断地认定齐军斗志涣散，士卒逃亡过半。于是他丢下步兵和辎重，只带着一部分轻装精锐骑兵，昼夜兼程追赶齐军。

一直追到马陵（今河北大名境），这时天将近晚。马陵道路十分狭窄，两旁都是障碍物。庞涓恨不得一步赶上齐国的军队，就吩咐大军摸黑往前赶去。忽然前面的兵士回来报告说："前面的路给木头堵住啦！"

庞涓上前一看，果然见道旁的树全砍倒了，只留下一棵最大的没砍，细细瞧去，那棵树的一面还刮去了树皮，露出一条白树干来，上面影影绰绰还写着几个大字，因为天色昏暗，看不清楚。

庞涓叫兵士拿火来照。有几个兵士点起火把来。趁着火光一瞧，那被刮去了树皮的树干上写的是："庞涓死于此树下。"

庞涓大吃一惊，连忙吩咐将士撤退，可是为时已晚，齐军万箭齐发，像飞蝗似的冲魏军射来。一时间，马陵道路两旁杀声震天，到处都是齐国的兵士。庞涓走投无路，只得拔剑自杀。齐军乘胜追击，又连续大破魏军，前后歼敌十万余人，并俘虏了魏军主帅太子申。

精简点评

战国七雄，征伐不断，由此两战，孙膑的名气传遍了各诸侯国。齐国在桂陵之战和马陵之战中的大获全胜，从根本上削弱了魏国的军事实力。从此，魏国一步步走下坡路，失去了中原的霸权。而齐国则挟战胜之威，力量迅速发展，成为当时数一数二的强大国家。

淳于髡出使

原文

髡曰:“今者臣从东方来,见道傍有禳田者,操一豚[①]蹄,酒一盂,祝曰:‘瓯窭满篝,污邪满车,五谷蕃熟,穰穰满家。’臣见其所持者狭而所欲者奢,故笑之。”

注释

①豚:猪。

译文

淳于髡说:“刚才我来的时候,看到路边有个老农,他拿着一个猪肘子和一杯酒,祭奉田神,说道:‘求田神保佑我五谷丰登,粮食满仓,装都装不下!’我看他想得到的那么多,可拿出来的又那么少,所以才笑他!”

历史详解

淳于髡(kūn)是齐威王时的一位大臣,他身材矮小,其貌不扬,但机智诙谐,能说会道,曾多次用幽默的语言劝谏齐威王。

齐威王有一段时间喜欢猜谜玩乐,纵情声色,不理国事,一切都扔给大臣们去办理,大臣们也把国事弄得乱七八糟。列国见齐国政局混乱,认为有机可乘,于是都来侵略齐国,国家危在旦夕。大臣们焦急万分,可都不敢去向齐威王劝谏。

淳于髡

唯独淳于髡去见威王。见了威王,他不提国家大事,却出个谜语让威王猜。他道:“大王的宫廷里有只大鸟,好几年了,既不飞,也不叫。大王,您知道这是怎么回事吗?”

齐王一听,便知道淳于髡在以猜谜语为名,劝谏自己,他豪情万丈地道:“这只鸟,要么不飞,一飞就直冲云霄;要么不叫,一叫就震惊世人!”

齐威王一反常态,将官员们都召集起来,该赏的赏,该罚的罚。他又激励前线的士兵们,让他们奋勇出击。自此,威王励精图治,国势日盛。诸国见齐国日渐强大,怕齐国来犯,连忙把侵占的齐国国土都交还了回来。从此,齐威王称雄了三十多年。后来“一鸣惊人”成了一个成语,用来比喻一下子就取得了很大的成就。

有一年,楚国大规模出兵侵略齐国。威王派淳于髡到赵国去搬请救兵。可是让他随身带去送给赵国的礼品却很微薄,淳于髡见状,仰天大笑,竟把帽子的带子都笑断了。

威王见状大惊,问道:“你笑什么?”

淳于髡道:“刚才我来的时候,看到路边有个老农,他拿着一个猪肘子和一杯酒,祭奉田神,说道:‘求田神保佑我五谷丰登,粮食满仓,装都装不下!’我看他想得到的那么多,可拿出来的又那么少,所以才笑他!”

威王一听就明白,淳于髡是说自己拿出来的礼物太轻,赵国肯定会不满意,他也觉得自己的做法欠妥,便把礼品的数量增加了十几倍,丰厚无比。淳于髡这才动身前往赵国。赵国国君对礼物很满意,便借给了齐国大批兵马。楚国探得这个消息,自知抵敌不过,忙连夜撤退了,齐国又一次转危为安。

又一次,齐王派淳于髡献一只天鹅给楚王,可天鹅在半道上飞跑了。淳于髡并不惊慌,他在路上想好了一套说辞,提着空笼子来到楚国。

淳于髡见了楚王，道："齐王派我来给您献天鹅，可路上经过水塘，我见天鹅渴了就放它去喝水，谁知道让它给飞了。我想自杀谢罪吧，可恐怕让别人说您因为一只鸟逼得人自杀了。这天鹅是长毛的东西，和它相像的有的是，我原打算买一只别的鸟代替它，可那又是不讲信用蒙骗您了。我又想逃亡到别国去，可又怕耽误了我们两国国君交好的大事。所以，我就来请罪，甘愿领受您的惩罚！"

楚王听了这一套花言巧语，甚为赏识，道："好啊，齐国竟有这样的诚实之士！"便重赏了淳于髡，赐物的价值比那飞走的天鹅还要贵重一倍。淳于髡凭着三寸不烂之舌，竟把一件坏事变成了好事！

精简点评

战国之时，许多能言善辩之士活跃在各诸侯国的宫廷之内，凭三寸不烂之舌说服各国君主听从自己的主张，改变着战国纷争的格局，淳于髡就是这样的一类人。而像苏秦、张仪那样的纵横家，更是用自己的辩才左右着天下的形势，影响着历史的走向。

商鞅推行新法

原文

卫鞅欲变法,秦人不悦。……令既具未布,恐民之不信,乃立三丈之木于国都市南门,募民有能徙置北门者予十金。民怪[1]之,莫敢徙。

注释

①怪:惊异。

译文

卫鞅想要变法,秦国贵族不高兴。……新法制定后尚未公布,公孙鞅担心老百姓不相信政府能按照新法行事,于是就在国都市场的南门,立了一根三丈长的木杆,告诉老百姓们谁能把它扛到市场的北门就赏给谁十锭黄金。起初,人们都对此很吃惊,但都不敢相信。

历史详解

商鞅本来姓公孙,名鞅,是卫国国君的远房后代。公孙鞅年轻的时候喜欢法家的理论主张,在魏国宰相公叔痤手下当侍从。

公叔痤知道他是个人才,有意想把他推荐给魏王,可还没来得及上朝就病倒了。魏惠王听说宰相病了,亲自来探问病情,问公叔痤说:"您万一有个三长两短,谁来接替您处理政务呢?”公叔痤说:“我的侍从公孙鞅虽然年纪不大,但才能出众,大王可以把国家大事托付给他。”魏惠王听了没作声。待魏王要走时,公叔痤屏退左右,单独对魏王说:“大王如果不愿任用公孙鞅,那您就把他杀了,千万别让他跑到别的国家去,否则后患无穷啊!”魏王一口答应下来,然后就起身回宫了。

公叔痤立刻派人把公孙鞅叫到病榻前对他说:“今天大王问我死后谁有能力担任宰相一职,我推举了你,不过我看大王并没有任用你的意思。我办事的原则是先忠于国君,然后才忠于朋友,所以当时我对大王说,如果您不用公孙鞅,就把他杀掉。大王答应了,你得马上离开魏国,千万别耽搁了。”公孙鞅说:“大王既然不听您的话重用我,又怎么会听您的话杀我呢?”于是他哪都没有去。

再说魏惠王,他一离开公叔痤家里,就对身边的人说:“公叔痤真是病糊涂了,叫人伤心!他竟然劝我把国家大事都托付给公孙鞅,这不是荒唐透顶吗?”

公叔痤死了以后,公孙鞅听说秦孝公在国内下令招纳贤才,就来到秦国,通过秦国的宠臣景监见到了秦孝公。他和秦孝公长谈了四次,劝说孝公变法达到富国强兵的目的,他的议论,深得秦孝公的赏识。孝公任命公孙鞅为左庶长,全权负责变法的事情。

君臣对策

公孙鞅上任以后,很快确立了变法条令。新法下令把居民五家编成一“伍”,十家编成一“什”,让他们互相监督,一家出了事,其他各家都要跟着受牵连。凡是知道谁犯了法而不告发的人要被判处死刑,而第一个告发坏人的和杀掉一个敌人一样给予相同的奖赏。家里有两个以上的成年男子要分开过,不然要加倍交税。杀敌有功的人按规定加官晋爵;为报私仇打架斗殴的要进行重罚。新法鼓励农民好好种田织布,做得好的可以免除劳役。国君的亲族如果没有杀敌立功,就被废为平民。严格按照人们身份的高低规定他们可以穿什么样的衣服,住什么样的房子。总之,新法鼓励人们辛勤务农,英勇杀敌。

新法制定后尚未公布,公孙鞅担心老百姓不相信政府能按照新法行事,于是就在国都市场的南门,立了一根三丈长的木杆,告诉老百姓们谁能把它扛到市场的北门就赏给谁十锭黄金。起初,人们都对此很吃惊,但都不敢相信。公孙鞅又对人们说:“谁能把它扛到北门,赏金五十锭。”这时有一个人半信半疑地把杆子扛到了北门,公孙鞅立即给了他赏金,表明政府说话算数,接着颁布了新法。

新法推行的第一年里,成百上千的老百姓跑到国都说新法不好,要求废除它。这时,太子触犯了新法,公孙鞅说:“法令行不通,关键是上面有人不遵守。”于是准备惩处太子。但是太子是未来的国君,不能直接对他进行惩罚,于是就处罚了太子的老师公子虔,又在另一个老师公孙贾脸上刺了字。这么一来,秦国百姓就不敢不遵守法令了。

商 鞅

新法施行十年后,“秦民大悦”“乡邑大治”。原来落后的秦国也变了样:东西掉在路上没有人捡,山里没有盗贼,家家户户过上了富裕的生活。人们勇于当兵打仗,而不敢为私仇斗殴,全国无论是乡村还是城镇都呈现出一片太平景象。

过了三年,秦国在咸阳大兴土木,建造了宏大华丽的城墙宫殿,把国都迁到了咸阳。接着公孙鞅又进一步变法,整顿风俗,设置县城,统一度量衡。这次新法公布以后,公子虔又犯了法,结果被公孙鞅割掉了鼻子。

秦国也通过变法,成为“兵革强大,诸侯畏惧”的强国。连周天子都派人来承认秦国是天下的霸主。各国诸侯也向秦国朝贺。公孙鞅又帮助秦孝公打败了魏国的军队。鉴于公孙鞅的功绩,秦孝公把商(今河南内乡县东)附近的十五座城都封给了他,称他为商君,从此人们都叫他商鞅。

商鞅在秦国当了十年宰相,大力推行新法。秦国的王室贵族很多人都对他恨之入骨,有人劝商鞅不应该这么大张旗鼓地变法,使天下这么多人对他心存不满。一旦宠信他的秦孝公去世了,贵族王室肯定不会放过他。但是商鞅并不在意。秦孝公死后,太子即位。这时,公子虔等人立刻诬告商鞅想造反,派兵捉

拿商鞅。商鞅逃到了秦国的边境，想找家旅店住下来，店主不知道他就是商鞅，对他说："商君的法令规定：留宿没有证件的人要判刑。"商鞅不由地叹了一口气说："唉！没想到我定的法令竟然害到了自己头上。"

商鞅离开秦国逃到了魏国，魏国人因为他当初曾带领秦军打败过自己国家的军队，不肯收留他。这时有人说："商鞅是秦国的罪犯，秦国这么强大，它的罪犯逃到了魏国，魏国不把他送回秦国怎么能行呢？"于是魏国人把他送回了秦国境内。商鞅被送回秦国后，直奔自己的封地，招募军队，然后向北攻打郑城(今陕西叶县附近)。秦国出动大军攻打商鞅，在郑城附近把他杀死了。秦惠王还不肯罢休，又把商鞅的四肢和脑袋用绳子拴在了五匹马身上，当众五马分尸，他告诫众人说："谁敢反叛国家，就是商鞅这个下场！"接着把商鞅满门抄斩。

精简点评

商鞅为人刻薄寡恩，在变法中触犯了许多保守势力的利益，最终秦孝公死后他也难逃被处死的命运。但他的新法却取得了成功，秦国强大起来，终于在战国末年统一了中国。

西门豹治邺

原文

“西河守吴起[①]，臣所进也；君内以邺为忧，臣进西门豹[②]；君欲伐中山，臣进乐羊[③]……”

注释

①吴起：战国初期名将，著名改革家。

②西门豹：魏国邺令。

③乐羊：战国时名将，曾带兵灭中山。

译文

“西河守吴起，是我所推荐的；您在心里对邺的治理深以为忧，然后我就推荐了西门豹；你想攻打中山，我又向您推荐了乐羊……”

历史详解

西门豹是战国时魏国的一位官员，他在邺城（今河北临漳县西南）当太守时，果断地处理了“‘河伯’娶妻”这一危害一方的迷信行为，因为他的作法颇为幽默机智，所以这一事迹被司马迁收入《滑稽列传》。

当时，西门豹到邺上任伊始，就召集当地德高望重的长者，详细询问当地民众的疾苦。长者回答道：“因为常给‘河伯’娶妻，所以这里才这么穷苦！”

西门豹

西门豹大奇，便细问其故。原来，当地经常发大水，所以乡绅、县吏们就为这个征收很重的赋税，每年都征到好几百万钱，拿出二三十万，让巫师、巫婆挑选出本地品貌出众的少女，给“河伯”当妻子，说这样就能免除水灾，余下的钱便被他们一起分掉了。每次为“河伯”娶妻，在迎娶的当日，都要大张旗鼓地隆重进行。他们把少女打扮得漂漂亮亮，游行十几天，然后搭起席床，让少女坐在上面，放在水中任其漂流，顺流漂出数十里后，少女便被河水吞没。乡绅、县吏、巫师们便说“河伯”已经把少女娶走了。因此，当地凡是家中有女儿的人，都怕女儿被选中给“河伯”做妻子，大多逃往外地他乡。钱要得多，人逃得多，水患又除不掉，所以本地自然就越来越贫困萧条了。

西门豹是个不信神的人，他一听就知道，所谓“河伯”娶妻，是当地乡绅、县吏和巫师们联合起来耍的花招，他们为了敛取钱财，竟不惜借迷信来搜刮民众，残害生灵。他想了一想，心里已有了主意。西门豹对长者们道：“等到下一次为‘河伯’娶妻时，你们让乡绅、县吏、巫师都到河边来，我也去为新媳妇送行！”

西门豹治邺

到了那一天，西门豹来到河边，当地的大小官吏和头面人物也都来了，四周围观的老百姓也有几千人。西门豹一见那巫师，原来是个七十多岁的老巫婆，身后跟着十几个女徒弟。“娶亲”仪式即将开始，西门豹道：“把新媳妇叫过来，我要看看她漂亮不漂亮！”

有人把将要敬献给“河伯”的少女唤出，领到西门豹面前。西门豹一见，便故意道：“这个女子不够漂亮，麻烦大巫婆去报告‘河伯’，我另外再找一位漂亮的女子，过两天就送去！”言罢，不由分说，便让手下把大巫婆抱起来扔进了河里！

西门豹假作等候，过了一会儿，又道："大巫婆怎么这么久还没回来？来，派个弟子去催催她！"又让手下把巫婆的一个女弟子扔进了河里！一连扔了三个弟子，西门豹道："这些弟子都是女人，说不清楚话，麻烦几位乡绅去催催吧！"

又命人把几个乡绅都扔进了河里！

西门豹又煞有介事地站在河边，假意等候，县吏等其他官员都体如筛糠，魂飞魄散，生怕下一个轮到自己。一会儿，西门豹道："他们都不回来，怎么办呢？"又打算把县吏和另一位有钱人扔下去，这两人吓得魂飞天外，面如死灰，赶紧跪下连连叩头，把额头都叩出了血。西门豹便道："那就再等一会儿吧！"一会儿，西门豹道："你们起来吧！看来'河伯'是把客人留得太久了，咱们都回去吧！"便率人离去了。从此以后，没人再敢提为"河伯"娶妻之事！

精简点评

西门豹以其人之道，还治其人之身，狠狠惩治了这群利用迷信坑害百姓的人。后来，西门豹发动邺的百姓大举兴修水利，根治了水患，并引水灌溉了田地，大大地造福了百姓。很久之后，当地的百姓还在感念西门豹的功绩。

物我两忘的庄子

原文

楚威王闻庄周贤，使使厚币[1]迎之，许以为相。庄周笑谓楚使者曰："千金，重利；卿相，尊位也。子独不见郊祭之牺牛乎？养食之数岁，衣[2]以文绣，以入大庙。当是之时，虽欲为孤豚，岂可得乎？子亟去，无污我……"

注释

①厚币：丰厚的礼金。

②衣：披挂。

译文

楚威王闻听庄周很有贤名，于是派遣使者带着厚礼前去迎聘，许诺给他楚国的国相之位。庄周笑着对楚国使者说："千金，很贵重的聘礼；国相，显贵的地位。但是您难道没有看到郊祭时将要被杀的牛吗？被人饲养了几年之后，就要被披上文彩绣衣，拉进太庙被杀掉。在那个时候，就算它想当一个没有人看管喂养的野猪也不能了。您还是赶紧走吧，不要在这里污辱我的名声了……"

历史详解

庄子名周，蒙（今河南商丘）人，生活的年代约与孟子同时或稍晚，是战国时期道家学派的重要人物。

庄子

庄子出生于一个没落的小贵族家庭，曾做过蒙国的漆园小吏，同时他与楚威王也有过密切的往来。后也来往于赵、魏这些大国之间，与这些诸侯交往甚密，但诸侯及其大臣们大多对他都不很重视，没有把他当作心腹和知心朋友。

庄子继承和发展了老子的道家思想，他说："道这个东西，有感情，也有信义可言，而没有形状可以揣摩，因而其核心应该是心平气和的无为，它可以被流传，但却不可以完全地接受，可以学到道的精神，却无法看见道是一个怎样有形有色的东西；人类从根源上讲，没有天也没有地，天地浑然一体，无法割裂开来，这是从人类存在以前就天然存在的东西，人力无法改变它。”他又说：“道是在太极之上的东西，它比太极还要高深得多；在六极的底下而又比六极深了好多，是比天地还要长久，比任何自然的东西还要古老的东西。”

他解释说，“道”是无处不在的，它甚至存在于蝼蚁、稊稗、瓦壁、屎溺等看似卑微的事物中。同时，它又是变动不停留的，可以是花草，青苔，蝴蝶，老虎，是马，人，而“人又是顺着道的指引而生存的”。因此，庄子认为，和“道”在空间和时间上的无限性比较起来，人只不过是“道”在其发展的过程中某一瞬间的存在形式。所以，人世间的生老、寿夭、福祸、荣辱，丝毫不值得日夜为之去计较。

庄子的妻子不幸死了，庄子蹲在地上，一面敲着瓦盆，一面唱歌。有个邻居觉得他太无情了，于是把他告到惠子那里。惠子批评庄周说：“结发妻子与你形影相伴了这么多年，你对她的死非但不悲伤反而敲盆而歌，这是很不对的！”

庄子回答惠子说：“宇宙间本来就没有生，也无所谓形和气，以后从芒芴之间变而有气，气变而有形，形变而有生，生又变而到死，这就好像春夏秋冬四季的交替一样。现在，我的妻子正安然地回到宇宙这个大自然中去，我为什么要为她伤心痛苦呢？”

惠子哑口无言。

一次，庄子在濮水上钓鱼，来了两个楚王的使者请他去做官。庄子对使者说：“我听说楚国有个神龟，死了三千多年了，楚王把它珍藏在庙堂之上。就这个龟来说，是愿意死后使它的骨甲得到珍重，还是愿活着拖着尾巴在泥涂中爬行呢？”

使者回答说：“宁愿曳着尾巴在泥涂中爬行。”

“你们回去吧。”庄子说，“我宁愿做个曳着尾巴在泥涂中爬行的龟。”庄子就这样回绝了楚王的盛情。他这种视生不如死，视富贵不如在泥涂中曳尾爬行的思想，以及对生死、贵贱的看法，似乎很超脱，其实是他在现实斗争中失败后无可奈何的哀鸣。

庄子家境贫寒，他曾到监河侯那里借过半斗粮食，但却视权贵如粪土，不追求功名利禄。

一次，庄子去见魏王，翻遍衣柜也没找出一件像样的衣服，于是穿着其中一件最新的衣服去见魏王。魏王看到他衣服上的补丁说："先生怎么这么狼狈？"庄子回答说："处在现在这样一个上昏下乱的时代，怎能不狼狈呢？"对魏王进行了有力的讥讽。

精简点评

庄子广泛传播自己的"无为"思想，为后世留下了一部巨著——《庄子》，它在中国哲学史和中国古代文化史上有着深远的影响，而且其文字优美、生动、绘声绘色，在古代文学史上也占有突出的地位。

主张兼爱的墨子

原文

若使人下兼相爱，国与国不相攻，家与家不相乱，盗贼无有，君臣父子皆能孝慈，若此则天下治①。故圣人以治天下为事者，恶②得不禁恶而劝爱？故大下兼相爱则治，交相恶则乱。

注释

①治:安定,太平。

②恶:语气助词,表反问的语气。

译文

若使天下之人都彼此相爱,国与国之间不互相攻打,家与家不互相争夺,没有盗贼,君臣父子都能忠孝慈爱,这样天下就太平了。圣人既然以治理天下为己任,怎么能不禁止人们互相仇恨而不劝导彼此相爱呢?所以,天下人能彼此相爱才会太平,互相仇恨就会混乱。

历史详解

墨子名翟,战国初期鲁国人,是墨家学派的创始人。

墨子出生于社会下层,以墨为姓。据说,墨姓本来是孤竹君的后人,姓墨台,后来才改姓单字墨。

墨 子

墨子具有丰富的科技知识,与当时有名的工匠公输般齐名。一次,他花了三年时间用木料做成了一个"飞鸢(yuān)",在天上飞行了一天才落下来。另外,他还能用很细小的木块、木条,做成"车辖",能够载重30石。传世《墨子》一书中的《经》《经说》,还探讨了诸如光学、力学、数学等方面的问题。

墨子早年曾"学儒者之业,受孔子之术"。由于他与孔子的学术见解不一致,便离开了儒学,创立了墨家学派。当时,墨家学派与儒家学派齐名,成为显学。

在先秦诸子中，墨子的学说思想是比较接近劳动人民的。当时的贵族说他的学说是“贱人之所为”，荀子也批评他的学说是“役夫之道”。

墨子针对当时的社会弊病，提出了“尚贤”“尚同”“兼爱”“非攻”“节用”等主张。墨子对其弟子说：“凡是到某一国的人，必须根据自己的个人才学，结合所在国的特点，应有所作为。如果国家处于纷乱，国君昏庸无道，那么就要让这个国家的执政者尊重、重用有才能的人，尽量让大家保持一致意见，要互相取长补短，达成共识；如果这个国家很贫穷，那么，就告诉这个国家的执政者要节俭、节约，不要搞厚葬；如果这个国家的执政者整天沉湎于声色犬马，那么就应劝谏他不要过分沉湎于声色犬马，而应担负起治理国家的使命；如果这个国家处于荒远的地方，人们没有礼节，那么就告诉他们要知道尊重上天，要祭祀鬼神；如果这个国家经常发动侵略战争，那么就告诉他们的国君，要知道爱护每一个人，要知道不发动战争是正确的，是行道义。”

墨子主张兼爱

墨子学说的中心是“兼爱”。“兼爱”就是提倡无差别的爱。墨子认为当时社会一切祸害，如“大国之攻小国”“大家之乱小家”“强之劫弱”“寡为众暴，诈之谋愚，贵之傲贱”“为人君者不惠也，臣者之不忠也，父者之不慈也，子者之不孝也”“今之贱人，执其兵刃毒药水火以交相亏贼”，都是由“别”引起的缘故。因此，他要“兼以易别”。他说：“如果把父母、兄弟以及君王看成自己本身，那又怎会不孝敬呢？如果把自己的儿子、女儿以及臣子看作是自己本身，又怎能对他们不仁慈呢？把别人的家看成自己的家，谁还去偷呢？把别人看成是自己本身，谁还会去抢劫别人呢？把别人的家园看成自己的家园，谁还会去兴风作乱呢？把别的国家看成自己的国家，谁还去进攻别国呢？所以说，如果大家相互友爱，那么天下就太平了，如果相互攻讦，那么天下就会纷乱。”

但是墨子的这些进步主张没能被诸侯采纳。

墨子认为，战争是最大的不相爱，所以他提出“非攻”，反对当时连绵不断的攻伐兼并战争。

墨子创立的墨家学派是一个有着严格纪律的团体，首领称为“钜子”。凡是加入这一团体的人，都要服从他的指挥，其言行不得违背墨家的基本主张，否则就不承认他是墨者。服兵役的墨家弟子，在作战中表现突出，可以为国赴汤蹈火，死不回头。

有一次，楚国要进攻宋国，并请公输盘制造了一批攻城的战具。墨子听说这个消息后，就派弟子禽滑厘等三百人，带着他制造的器械到宋国去守城。他自己也从鲁国前往楚国去劝阻楚王，走了十天十夜，脚上打满了茧泡。到了楚国，他说服了楚王，还在楚王面前与公输般演习了攻守的各种战法，使公输般技穷认输。墨家这种“摩顶放踵，利天下为之”的精神，是被诸子各家所普遍承认的。

精简点评

墨子的思想学说，直至汉初仍有一定的影响，以后，墨家学派就衰落了。墨家学派对后世的侠义精神也有一定影响。

军事家吴起

原文

起之为将，与士卒最下者同衣食，卧不设席，行不骑乘，亲裹赢粮，与士卒分劳苦。卒有病疽者，起为吮之。卒母闻而哭之。人曰："子，卒也，而将军自吮其疽，何哭为？"母曰："非然也。往年吴公吮其父疽，其父战不旋踵，遂死于敌。吴公今又吮其子，妾不知其死所矣，是以哭之。"

译文

吴起做大将和最低级的官兵吃同样的饭菜，睡觉不铺席子，行军也不骑马，亲自为士兵挑粮食，和士兵一起同甘共苦。有一个士兵得了痔疮，吴起就为他吸毒汁。士兵的母亲听到后失声痛哭。有人便问她："你儿子是个士兵，将军亲自给他吸吮毒疮，你为何不感动反而号啕大哭呢？"这母亲回答道："不是这样的。当初吴将军为孩子的父亲吸过毒疮，他父亲作战从未后退过，最后死在了敌阵中。现在吴将军又为我儿子吸毒疮，我不知道他又会死在哪儿了，所以我哭他。"

历史详解

吴起是战国初期的著名政治家、军事家和军事理论家。后人将他和孙武一起称为"孙吴"，其著有《吴子》一书，在中国古代军事典籍中占有重要的地位。

吴起喜好用兵，一心想要成名，曾经拜孔子的弟子曾参为师，在鲁国为臣。

鲁国想用吴起为将,但因为吴起的妻子是齐国人,对他有所怀疑,而吴起为了成就功名,便杀了自己的妻子,表示不会倾向齐国,史称杀妻求将。鲁君终于任命他为将军,率领军队与齐国作战。吴起治军严于己而宽于人,与士卒同甘共苦,因而军士皆能效死从命。吴起率鲁军到达前线,没有立即同齐军开仗,表示愿与齐军谈判,先向对方"示之以弱",以老弱之卒驻守中军,给对方造成一种"弱""怯"的假象,用以麻痹齐军将士,骄其志,懈其备,然后出其不意地以精壮之军突然向齐军发起猛攻。齐军仓促应战,一触即溃,伤亡过半,鲁军大获全胜。

但是吴起遭到了鲁国君臣的妒忌。有一些人在鲁国国君面前进谗言道:"吴起是个残暴之人。他家小的时候很富有,他想当官,但他的游说从来没有成功过,导致自己破产。邻居都耻笑他,吴起就杀了三十多个诽谤他的人。逃出卫国而东去。他和母亲离别的时候,发誓说不做人相,不复入卫。后来他就拜曾参学习。没有多久,他母亲就病逝了,他竟然没有回家。曾参便因此把他逐出师门。吴起这才跑到鲁国,向您游说。您对他有所怀疑,他就把自己的妻子杀了。鲁国是个小国,一旦有了战胜的名声,就会引起各国都来图谋鲁国了。而且鲁国和卫国是兄弟国家,鲁君用吴起,就是抛弃了卫国。"鲁君因而疑虑,就辞退了吴起。

吴起

后来吴起就离开鲁国,去魏国了。魏文侯问大臣李悝说:"吴起为人如何?"李悝说:"吴起贪荣名而好色,但是,他用兵司马田穰苴也不能超过他。"这样魏文侯就任命他为将军,率军攻打秦国,攻克五座城邑。

魏文侯因吴起善于用兵,廉洁而公平,能得到士卒的拥护,就任命他为西河(今陕西步阳)守将,抗拒秦国和韩国。周安王十三年(公元前 389 年)的阴晋之战,吴起以五万魏军,击败了十倍于己的秦军,成为中国战争史上以少胜多的著名战役,也使魏国成为战国初期的强大的诸侯国。

魏文侯死后,吴起又效忠于他的儿子魏武侯。但公叔畏忌吴起,便想害吴起。有个人便对公叔说:"吴起很容易除掉。"公叔说:"怎么办?"那人说:"吴起做人有节操,廉洁而且重视生育,你可以先对武侯说:'吴起是一个贤明的人,魏国属于小国,又和强秦接壤,我想恐怕吴起不愿意长留在魏国。'这时,武侯一定会问该怎么做,这时,您就说,将一位公主许给吴起,假如他愿意留下一定会接受,假如不愿意留下一定会拒绝,这样就能知道他的想法了。"于是,公叔按照计策行事,吴起果然看见公主轻慢,于是就拒绝了武侯。武侯也因此猜忌他,吴起害怕武侯降罪,于是离开魏国到楚国去了。

楚悼王听说吴起很能干,便任吴起为相。吴起严明法令,撤去不急需的官吏,废除了较疏远的公族,把节省下的钱粮用于供养战士,目的是要加强军队。于是向南面平定了百越;向北面兼并了陈国和蔡国,并击退了韩、赵、魏的扩张;向西征伐了秦国。因此诸侯都害怕楚国的强大。而他因为触犯了贵族的利益,所以那些楚国贵族就想害他。楚悼王死后,公族权贵和大臣叛乱而攻击吴起,吴起跑到楚悼王的尸体旁伏在尸体上,意在以此或者可使作乱者有所顾忌,若作乱者无所顾忌,射我必中王,中王,自然就暴露他们是反叛的罪人。但追杀吴起的楚贵族还是射杀了吴起,箭也射到了悼王的身上。这一年是公元前381年。悼王葬后,太子(楚肃王熊臧)即位,就派令尹(楚国的最高军政官员)全部杀了因射刺吴起而同时射刺中了悼王尸体的人。由于射刺吴起被诛灭宗族的有七十多家。

精简点评

吴起变法的失败代表着新兴社会阶层与旧的统治势力之间的矛盾进一步深化,当时的中国社会处在转型时期,新的社会形态正在逐步形成。

胡服骑射

原文

赵武灵王北略[1]中山之地，至房子，遂至代，北至无穷，西至河，登黄华之上。与肥义谋胡服骑射以教百姓，曰："愚者所笑，贤者察焉。虽驱世以笑我，胡地、中山，吾必有之！"遂胡服。

注释

①略：攻伐，进攻。

译文

赵武灵王向北进攻中山国，大兵经房子城，抵达代地，再向北直至大漠中的无穷，向西攻到黄河，登上黄华山顶，与大臣肥义商议让百姓穿短衣胡服，学骑马与射箭。他说："愚蠢的人会嘲笑我，但聪明的人是可以理解的。即使天下的人都嘲笑我，我也这样做，一定能把北方胡人的领地和中山国都夺过来！"于是带头改穿胡服。

历史详解

当楚国正在遭到秦国欺负的时候，北方的赵国却正在发愤图强。赵国的国君武灵王眼光远，胆子大，想方设法要把国家改革一番。

有一天，赵武灵王对他的臣子楼缓说："咱们东边有齐国、中山（古国名），北边有燕国、东胡，西边有秦国、韩国和楼烦（古部落名）。我们要不发愤图强，随时会被人家灭了。要发愤图强，就得好好来一番改革。我觉得咱们穿的服装，长袍大褂，干活打仗，都不方便，不如胡人（泛指北方的少数民族）短衣窄袖，脚上穿皮靴，灵活得多。我打算仿照胡人的风俗，把服装改一改，你们看怎么样？”

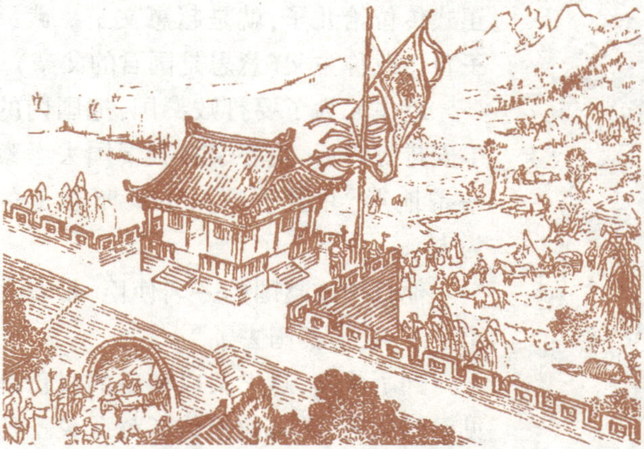

楼缓听了很赞成，说：“咱们仿照胡人的穿着，也能学习他们打仗的本领了，是不是？”

赵武灵王说：“对啊！咱们打仗全靠步兵，或者用马拉车，但是不会骑马打仗。我打算学胡人的穿着，就是要学胡人那样骑马射箭。”

这个议论一传开去，就有不少大臣反对。赵武灵王又跟另一个大臣肥义商量：“我想用胡服骑射来改革咱们国家的风俗，可是大家反对，怎么办？”

肥义说：“要办大事不能犹豫，犹豫就办不成大事。大王既然认为这样做对国家有利，何必怕大家讥笑？”

赵武灵王听了很高兴，说：“我看讥笑我的是些蠢人，明理的人都会赞成我。”

第二天上朝的时候，赵武灵王首先穿着胡人的服装出来。大臣们见到他短衣窄袖的穿着，都吓了一跳。赵武灵王把改胡服的事向大家讲了，可是大臣们总觉得这件事太丢脸，不愿这样办。赵武灵王有个叔叔公子成，是赵国一个很有影响的老臣，头脑十分顽固。他听到赵武灵王要改服装，就干脆装病不上朝。

赵武灵王下了决心，非实行改革不可。他知道要推行这个新办法，首先要打通他那老叔叔的思想，就亲自上门找公子成，跟公子成反复地讲穿胡服、学骑射的好处。公子成终于被说服了。赵武灵王立即赏给公子成一套胡服。

大臣们一见公子成也穿起胡服来了，没有话说，只好跟着改了。

赵武灵王看到条件成熟，就正式下了一道改革服装的命令。过了没有多少日子，赵国人不分贫富贵贱，都穿起胡服来了。有的人开头觉得有点不习惯，后来觉得穿了胡服，实在方便得多。

赵武灵王接着又号令大家学习骑马射箭。不到一年，训练了一支强大的骑兵队伍。公元前 305 年，赵武灵王亲自率领骑兵打败临近的中山，又收服了东胡和临近的几个部落。到了实行胡服骑射的第七年，中山、林胡、楼烦都被收服

了，还扩大了好多土地。赵武灵王就打算同秦国比个高低。

赵武灵王经常带兵在外打仗，把国内的事交给儿子管。公元前299年，他正式传位给儿子，就是赵惠文王。武灵王自己改称主父（意思是国君的父亲）。

赵主父为了要打败秦国，把国内的事安排好以后，决心亲自到秦国去考察一番地形，并且观察一下秦昭襄王的为人。

他打扮成赵国的一名使臣，带着几个手下人，上秦国去了。

到了咸阳，赵主父以使臣的身份拜见秦昭襄王，还向他报告了赵武灵王传位的事情。

秦昭襄王接见了那个假“使臣”后，觉得那个“使臣”的态度举止既大方，又威严，不像个普通人，心里有点犯疑。过了几天，秦昭襄王又派人去请他，发现那个“使臣”已经不告而别了。客馆里留着一个赵国来的手下人。秦昭襄王把他找来一问，才知道他接见的原来就是有名的赵主父。秦昭襄王大吃一惊，立刻叫大将白起带领精兵，连夜追赶。追兵到函谷关，赵主父已经出关三天了。

精简点评

赵武灵王不拘旧法，能够根据赵国的实际情况和战国纷争的需要，大刀阔斧进行一系列的改革，让赵国迅速强大起来，成为对抗强秦的重要力量。

蔺相如不辱使命

原文

赵王得楚和氏璧，秦昭王欲之，请易以十五城。赵王欲勿与，畏秦强；欲与之，恐见欺。以问蔺相如，对曰："秦以城求璧而王不许，曲在我矣；我与之璧而秦不与我城，则曲在秦。均之二策，宁许以负秦。臣愿奉璧而往；使秦城不入，臣请完璧而归之！"赵王遣之。相如至秦，秦王无意偿赵城。相如乃以诈绐①秦王，复取璧，遣从者怀之，间行归赵，而以身待命于秦。秦王以为贤而弗诛，礼②而归之。赵王以相如为上大夫。

注释

①绐：欺骗。

②礼：礼遇，以礼相待。

译文

赵王得到楚国宝玉和氏璧，秦昭王知道后便想据为己有，并承诺用十五座城池来交换。赵王不想给他，却又慑于秦国的势力；给他又害怕被秦王欺骗。于是征求蔺相如的意见，蔺相如回答说："秦王愿意用城池来交换和氏璧而大王拒绝，这是我们理屈。我们将和氏璧交给秦国而秦国不给我们城池，是他们理亏。衡量这两种情况，我想宁可让秦国在道义上有负于我们。我愿意持宝玉而去，如果秦国不交出城池，我一定能完璧归赵。"赵王便派蔺相如去了。蔺相如到了秦国,看到秦王并不真想用城池来交换赵国的宝玉,便欺骗秦王,取回和氏璧,派随从藏在怀中,从小道潜回赵国,而他自己留下来听任秦王的处置。无奈之下,秦王只好称赞蔺相如的贤能,不但不杀他,反而以礼相待,送他回国。蔺相如回到赵国,赵王封他为上大夫。

历史详解

赵惠文王在位的时候,得到了稀世之宝和氏璧。秦昭王听说后,很想得到它,于是派人送信给赵王,说希望用十五座城池与赵国交换和氏璧。赵王和大将军廉颇等大臣商议对策:假如把和氏璧给了秦国,恐怕未必能得到秦国的十五座城池,白白被骗上当;假如不给的话,又怕由此招致秦军侵略。因此,始终拿不定主意。于是想找个合适的人出使秦国,但一直没找到。

这时宦者令(宦者令,掌管宦官、内侍的官职)缪贤说:“可以让我的门客蔺相如去。”赵王问道:“你怎么知道他能胜任呢?”

出使秦国

缪贤回答说:“有一次我犯了罪,当时我想逃到燕国去,我的门客蔺相如劝我说:‘您怎么知道燕王会收留您?’我说:‘有一次我跟随赵王和燕王在边境上会晤,燕王私下里握着我的手说‘我希望和您成为朋友’。由此我知道燕王会收留我,所以我打算投奔他。相如对我说:‘当时赵国强大而燕国弱小,而您又是赵王手下的宠臣,所以燕王才想和您交朋友。现在您要从赵国逃到燕国,燕国害怕赵国,肯定不会收留您,反而会把您捆绑起来还给赵国。您不如光着背,背着斧子向大王请罪,说不定倒能获得宽恕。’我听从了他的劝告,幸好大王您开恩赦免了我的罪,所以我认为蔺相如是个贤人,足智多谋,应该担当得了这个使命。”

赵王一听，赶紧召见蔺相如，问他说："秦王拿十五座城来换我的和氏璧，你看能不能给他？"蔺相如说："秦国强大，赵国弱小，不给不行。"赵王说："如果秦王拿走了和氏璧而不给我们城，我们该怎么办呢？"蔺相如说："秦国要求用城换我们的璧，如果我们不答应，我们就会理亏；我们给他和氏璧，而秦王不给我们城池，那么理亏的就是秦国了。比较这两种情况，我们宁肯答应他而冒险被骗，也要叫他们承担理亏的责任。"赵王说："好，有道理，那谁能出使呢？"蔺相如说："大王如果实在没有合适的人选，我可以带着璧出使奏国。秦国把十五座城池交给赵国，我就把和氏璧交给秦王。他们不给我们城池，我保证把和氏璧完好无损地带回来。城入赵而璧留秦；城不入，臣请完璧归赵。"于是，赵王就派蔺相如带着和氏璧到秦国去了。

秦王在章台宫接见了蔺相如，蔺相如双手捧着和氏璧献给秦王。秦王非常高兴，自己看完之后，又传给他的妃子和左右亲信们观赏，大家高呼万岁，向他祝贺。蔺相如看秦王没有用城换璧的诚意，就走上前去对秦王说："大王，这块玉璧上有一个斑点，让我指给您看。"秦王把璧递给了蔺相如。

蔺相如接过璧后退几步，站在一根柱子跟前，怒气冲冲地对秦王说："您写信给赵王，说是想换我们的和氏璧，赵王召集大臣们商量给不给，大家都说'秦国贪得无厌，依仗着自己的强大，想用空话来骗我们的璧，所谓用来交换的十五座城池，恐怕十有八九得不到。'大家都认为不能把和氏璧给秦国，但是我觉得就算是平民百姓之间打交道都不用欺骗的手段，更何况一个大国呢？再说，既然是强大的秦国所喜欢的东西，我们不能为了这一块璧而损伤了和秦国的感情。于是赵王就沐浴斋戒了五日，然后派我出使秦国，郑重地把和氏璧交给我。为什么要这么做呢？不就是尊重你们是大国，向你们表示敬意吗？可我到了秦国之后，您只在一个偏殿上接见我，表现得很傲慢；您拿到和氏璧后，又传给一群妃子看，简直是在戏弄我。我看您根本不打算给赵国十五座城池，所以我就把璧拿了回来。你要是再逼我，我就连头带璧一起撞碎在这根柱子上！"说着，他举起璧，眼睛斜瞅着柱子，像是就要往柱子上撞似的。

秦王怕他撞碎了玉璧，就连连道歉，请他千万别往柱子上撞，并赶紧召来负责的官员拿出地图,指着地图上的一片地区说,就把这里的十五座城划给赵国。蔺相如心里明白秦王只不过是做个样子,其实是不会真正给的。于是就对秦王说:“和氏璧是天下闻名的珍宝,赵王害怕秦国,不敢不答应秦国的要求,所以把玉璧献给秦国。赵王在把璧送来之前,斋戒了五日,现在请大王您也斋戒五日,在王宫的正殿上安排隆重的典礼,那时我才能正式把璧献给您。”

秦王心想如果要硬抢和氏璧肯定是不行的,于是就答应斋戒五天,把蔺相如安排住下来。蔺相如估计尽管秦王答应了斋戒,但最后肯定会违背盟约,不会给赵国城池的。于是就派遣他的随从换上粗布衣服,打扮成老百姓的模样,带着和氏璧从小路回到了赵国。

秦王斋戒了五日以后,果真在宫殿上安排了隆重的仪式,派人带领蔺相如走上大殿。蔺相如进殿后,对秦王说:“秦国自穆公以来的二十多个国君,没有哪一位信守诺言。我实在怕被您骗了而辜负赵国,所以派人带着和氏璧先回赵国了,估计现在已经到了。不过,秦国强大,赵国弱小,大王只须派一个小小的使臣到赵国,赵王就立即派我捧着和氏璧给您送来了。凭着你们强大的国力,只要你们先把十五座城划给赵国,赵国敢不给您璧而得罪您吗?我知道欺骗了大王您,已犯了死罪,我甘愿被扔到烧开水的大锅里受极刑,请您和大臣们仔细商量商量吧!”

蔺相如

秦王和大臣们吃惊地互相看了看,全都哭笑不得,站在两边的武士走向前要把蔺相如拉下去处以极刑,倒是秦王很明智地说:“即使杀掉蔺相如,也得不到和氏璧,反倒破坏了秦、赵两国的友好关系,不如还是好好地招待他,送他回国,难道赵王会因为一块和氏璧欺骗我们秦国吗?”于是就在大殿上按照礼仪接见了蔺相如,典礼结束后又把他平安送回赵国。

蔺相如回到赵国后,赵王为了表彰他的机智与才干,拜他为卿。最后秦国一直没割给赵国十五座城池,赵国也没有给秦国和氏璧。

精简点评

蔺相如不辱使命，在骄横的秦王面前临危不惧，充分显示了他的机智和才干，正因为赵国文有蔺相如，武有廉颇、赵奢，才让秦国不敢对赵国打主意。

长平之战

原文

九月，赵军食绝[1]四十六日，皆内阴相杀食。急来攻秦垒，欲出为四队，四，五复之，不能出。赵括自出锐卒搏战，秦人射杀之。赵师大败，卒四十万人皆降。武安君曰："秦已拔上党，上党民不乐为秦而归赵。赵卒反覆，非尽杀之，恐为乱。"乃挟诈而尽坑杀之，遗其小者二百四十人归赵，前后斩首虏四十五万人，赵人大震。

注释

①绝：尽。

译文

九月，赵军已断粮四十六天，士兵们都在内部暗中残杀，互相吞吃。赵括穷急，便下令进攻秦军营垒，想派出四支队伍，轮番进攻，到第五次，仍无法突围。赵括亲自率领精兵上前肉搏，被秦兵射死。赵军于是全线崩溃，四十万士兵全部投降。白起说:“当初秦军已攻克上党,上党百姓却不愿归秦而去投奔赵国。赵国士兵反复无常,不全部杀掉,恐怕会有后乱。”于是使用奸计把赵国降兵全部活埋,只放出二百四十个年岁小的回到赵国,前后共杀死四十五万人,赵国大为震惊。

历史详解

长平之战是秦国对赵国的一次重要战役,在这场战役中,赵国四十余万大军被杀,那个喜欢纸上谈兵的统帅赵括也战死沙场。从此赵国一蹶不振。这次战役与一个名叫白起的人联系在一起。

长平之战

白起是秦国的名将。他东征西讨,攻城略地,战功赫赫。秦昭王非常器重他。公元前 262 年,秦军攻打韩国的上党郡(今山西上党)。上党郡的太守跟百姓商议道:“上党郡通往韩国国都的道路已被秦军截断,韩国已经救不了我们,我们不如归附赵国。如果赵国接受了我们,秦国必然大怒,一定会出兵攻赵,赵国受到攻击,就会与韩国结盟,联合抗秦。”于是他派人去通知赵国。赵国国君见平白无故地得到一个郡,欣然允诺,仍封原来的太守做太守。

廉 颇

公元前 260 年,秦军集中兵力攻下了上党郡。上党的百姓逃往赵国。赵国在长平(今山西省高平市境内)设防,派老将廉颇为统帅,抵御秦军。

廉颇见秦军兵强将猛,势力强大,不敢硬拼,于是便命令军队坚守营寨,严阵以待。秦军屡次挑战,赵军都不出来应战。两军相持达 4 月之久,秦军久攻不下,秦国的宰相范雎见战局僵持,便派人带着黄金千两到赵国施行反间计。秦国的奸细扬言说："秦国最害怕赵国的将军赵括，廉颇不敢应战，容易对付，他就快投降了。"

赵王早就对廉颇坚守不出来应战的策略不赞同，现在又听到秦国奸细的流言，于是调回廉颇，派赵括为将统兵到长平与秦军作战。秦国听说赵括果然代替了廉颇，便暗中任命名将白起担任秦军的主将，并下令军中，谁也不许泄漏白起担任主将的消息，否则就杀头。这样一来，赵军的统帅是个没有多少实践经验的年轻人，而秦军的统帅则是个久经沙场的老将，谁胜谁负已在预料之中。

赵括到达长平后，一改廉颇坚守不战的策略，正面与秦军交战。秦军假装战败逃跑，却另外派出两支别动部队在沿途埋伏。赵军乘胜追击，一直追到秦军营垒。秦军营垒防守牢固，一时之间难以攻破。而秦军二万五千人的部队已断绝了赵军的后路，将赵军分割成两段，并切断了赵军运送粮食的道路。赵军迎战不利，只好就地修筑工事，等待援兵。

秦赵大战

到了九月间，赵军士兵已经断粮四十多天了。由于饥饿难耐，军队里开始发生士兵杀人相食的惨剧。在被困无援的情况下，赵括下令突围，将军队分成四队，反复冲杀了四五次都没有冲杀出去。赵括也在突围中被秦军射死，他率领的 40 万赵国士兵只好向白起投降。白起心想："赵国的士兵惯于反复无常，不杀掉他们，恐怕以后会联合起来作乱。"于是布置了一个骗局，把俘虏全部活埋了，只将其中尚未成年的 240 人送回赵国。

"长平之战"前后秦军共斩杀赵国士兵 45 万人。消息传到赵国，赵国举国震惊。此次战役使赵国元气大伤,基本上丧失了与秦国对抗的能力。

精简点评

许多史学家常常将长平之战的失败归咎于纸上谈兵的赵括,但是真正将赵国的军事优势毁于一战的是赵国的最高决策者赵王。赵王不能根据形势决定战役目标,不切实际、求胜心切,并不顾臣属劝阻任用没有统兵经验的赵括指挥这场关乎赵国存亡的大战役,最终让赵国彻底丧失与强秦抗衡的实力。

名将白起之死

原文

王久围邯郸不拔,诸侯来救,战数[①]不利。武安君闻之曰:“王不听吾计,今何如矣?”王闻之,怒,强起武安君。武安君称病笃,不肯起。十月,免武安君为士伍,迁之阴密。十二月,益发卒军汾城旁。武安君病,未行,诸侯攻王,数却,使者日至,王乃使人遣武安君,不得留咸阳中。武安君出咸阳西门十里,至杜邮。王与应侯群臣谋曰:“白起之迁,意尚怏怏有馀言。”王乃使使者赐之剑,武安君遂自杀。秦人怜之,乡邑皆祭祀焉。

注释

①数:屡次,多次。

译文

秦王围困邯郸很长时间，依然不能攻克，与各国救兵几次作战，也均失利。武安君白起听说后说："大王不听我的建议，现在怎么办？"秦王听到此话，恼羞成怒，强令武安君前去统兵，白起不领情，自称病重，不肯起身。十月，秦王免除白起官爵，贬为士兵，把他迁到阴密。十二月，秦王调动更多士兵驻扎在汾城旁。被贬为士兵的白起因病，未能出征。各国援军向秦军进攻，秦军几次败退，告急使者往返于秦国，秦王羞恼，于是派人驱赶白起，不让他再滞留在咸阳城中。白起起身出了咸阳西门十里，到达杜邮。秦王又与应侯范雎等群臣议论说："白起迁走时，怏怏不服，还说过别的怨言。"秦王便派使者前去赐给他宝剑，示意让他自裁，白起于是自杀。秦国人可怜他，城乡都祭祀他的灵位。

历史详解

秦国咄咄逼人的气势令韩国和赵国都很恐慌。秦军仍然在继续攻打韩、赵两国。两国便派了一个说客苏代带了重礼去游说秦国的丞相范雎。

苏代见到范雎后，对他说："白起已经擒杀了赵国的大将赵括，是吗？"范雎说："是。"苏代又说："秦军下一步准备围攻赵国的都城邯郸，是吗？"范雎说："是。"

苏代又说："赵国灭亡了，秦国就会统一天下。在秦国统一天下的过程中，白起的功劳无疑是最大的。他替秦国攻下了多座城池，即使是周朝宰相周公的功勋也不能超过他。如果赵国灭亡，秦国统一天下，论功行赏，白起的职位肯定比你高，你甘心位居其下吗？"

范雎心想：苏代说得很有道理，白起现在已经有点盛气凌人了，我可不能让他以后骑在我的头上。于是便对苏代说："我当然不想位居其下，你说我该怎么做呢？"

苏代说："现在天下人都很仇视秦国，秦国如果灭亡了赵国，赵国北部的百姓就会逃往燕国，东部的百姓会逃往齐国，南部的百姓会逃入韩国和魏国，最后愿意服从秦国的百姓也没剩多少了。所以还不如借此机会停止进攻，不要让白起建立更大的功勋，同时还可以逼迫韩赵两国割让一部分土地来讲和，秦国的实际利益也没受多大损害。"

范雎听了，觉得这的确是个两全其美的办法：既遏制了白起，又没有太损害秦国的利益。他便听从了苏代的建议，对秦王说："秦国的军队连年征战，已经

白 起

很疲劳了，请您允许韩、赵两国割让一部分土地来讲和，也好让士兵们休息一下。”秦王采纳了范睢的意见，下令撤回秦军，韩、赵两国也将七座城池割让给秦国。白起虽奉命撤军，但心里对范睢却很不满，从此跟范睢结下了怨恨。

这年九月，秦王决定再次出兵攻打赵国。这时，白起正好害病，不能前去。秦王只好派另一个将军王陵代替他。次年开春，王陵进攻邯郸，但进展不大。秦国加派军队去协助王陵，王陵仍然连吃败仗，损失了大批兵力。这时，白起的病好了，秦王想派白起去代替王陵。白起说：“邯郸的确是很难攻取的，而且其他各国都正在派兵援救赵国，他们早就很怨恨秦国了，正想趁着这个机会联合起来攻打秦国。现在秦国虽然取得了长平之战的胜利，但秦国士兵死伤也在半数以上。现在国内国库空虚，还要不远千里地去攻打别国的都城，这是很危险的事情。赵军在里面接应，其他国家的军队从外面进攻，秦军很可能陷入腹背受敌的困境，这样必然会吃败仗的。”秦王不听，仍然命令白起出征，白起怎么也不肯启程。秦王又让范睢去请他，白起还是推辞不去，并且假称有病，告了病假。

范睢见秦王

秦王于是派了另一个将领去代替王陵统兵。攻了八九个月，邯郸仍然没有攻下。而楚国和魏国的几十万联军也开始在外围进攻秦军，秦军损伤惨重。白起听到这个消息，说：“秦王没有听从我的意见，看看现在局面有多糟！”这话传到秦王的耳朵里，秦王非常生气，又一次强令白起就职，白起仍称病情严重，力不从心。范睢也去请他，他还是不肯上任。于是秦王恼羞成怒，免去了白起的官职和爵位，把他降为普通士兵，并且命令他迁出都城咸阳。

白起这一次真的被气病了，不能动身。过了三个月，各国军队加紧进攻秦军，秦军连连败退，天天都有坏消息传回都城。秦王怕白起在一旁耻笑，就派人去驱逐白起，命令他不得留在城中。秦王还跟范雎等大臣们商议道："白起虽被驱逐，他的心情还是闷闷不乐，不服气，有怨言，恐怕对秦国不利。"于是又派使者送给白起一把剑，让他自杀。

范雎与秦昭王

白起接到命令，很不服气，没想到他为秦国立下了这么多的战功，却受到今天这样的待遇，便感叹说："老天爷啊，我犯了什么罪，竟落得今天这样的下场？"他沉思良久，若有所悟，又说："我是应该死。长平之战，赵国投降的士兵有几十万人，我采取欺骗的手段把他们全部活埋了，也许是触怒上天了吧。"于是就挥剑自刎而亡。

精简点评

白起是秦国的功臣，但却在权力斗争中成了牺牲品。他死后，秦国的老百姓都很同情他，每逢他的忌日，大家都祭祀他。

毛遂自荐

原文

赵王使平原君①求救于楚，平原君约其门下食客文武备具者二十人与之俱，得十九人，余无可取者。毛遂自荐于平原君。

注释

①平原君：战国四公子之一，名赵胜，在秦赵长平之战后积极奔走，求救诸国，最终化解了一时的亡国之灾。

译文

赵王派平原君赵胜到楚国去求救，赵胜准备挑选门下食客中文武双全的二十个人一起前往，但只挑出十九个，剩下的都不足取。这时有个叫毛遂的人向赵胜自我推荐。

历史详解

战国时有四个著名的公子：齐有孟尝君田文，赵有平原君赵胜，魏有信陵君魏无忌，楚有春申君黄歇。他们都以礼贤下士、善待宾客、广罗人才而闻名于世。

平原君赵胜是赵惠文王和孝成王时候的人，出任赵国的丞相。公元前259年，秦国派上大夫王陵率兵围攻邯郸。赵王委任平原君谋求与楚合纵抗秦。平原君召集门客，对他们说："这次去楚国合纵，最好能以言辞说动楚王，实在不行，也可与楚王歃血为盟，以求信任，务必要完成合纵的使命。士无须外求，从我的门客中选派20人前去即可。”谁知挑选了一阵子，只选出19个合适的人才，另一个再也挑不出来了。这时有一个叫毛遂的门客，走上前来，对平原君自荐说：“与楚合纵的20人未满，我愿充任一个。”平原君说：“先生您到我门下做食客几年了？”毛遂说：“三年了。”平原君笑道：“有贤能的人在世上，就好比把锥子放进布袋里，它的尖一下子便露了出来。如今您到我门下已经3年了，我从未听到有人称颂您有什么才能，我甚至对您都没有一点印象，说明您并没有什么特殊的地方。您是去不得的，请留下吧。”毛遂说：“臣今日请您把我这锥子放进布袋里去！您要是早这样做，我这锥子早就扎破布袋，整个露在外面，何止只是一个锥尖！”平原君听了，大为叹服，便准许毛遂一同去。另外19个人互相递眼色，差点没笑出声来。

毛遂自荐

毛遂到了楚国，一路上与其他19个人论辩商谈，令那19个人十分佩服。平原君与楚王商谈合纵之事，从早上开始，直到中午都没有结果。19个人对毛遂说：“先生，轮到您了。”毛遂便手按着剑柄登上了台阶，对平原君说：“合纵的利益、弊端，两句话就能说明白。如今太阳出来就开始商议，到日至中天还没谈完，为什么？”

楚王问平原君：“这是什么人？”平原君说：“是我的门客。”楚王呵斥道：“还不快退下！我在跟你主子谈事情，你来干什么？”毛遂按着剑上前说：“大王之所以如此高声地呵斥毛遂，是仗着楚国的兵多人多。如今我离您只有不到十步的距离，再多的人对您恐怕也是没用。您的命现在就在我手上。我的主子就在跟前，您干什么这么大声呵斥我？并且，我听说，得了天下的商汤起初只有70里土地，而文王使诸侯称臣时也不过只有区区百里疆壤，他们哪里是靠着人多兵多！他们能依靠自己的优势发扬光大，这就是他们的高明之处。楚国有5千里土地，百万精兵，这是足以称霸的资本。以楚的实力，恐怕整个天下都不是对手。秦将白起，跟一个小流氓没什么两样，带着那么几万人，也敢来跟楚打，并且还居然一胜再胜，先是夺走了楚的鄢（yān）、郢二城，又放火烧了夷陵，最后还羞辱了您的先人！这百世洗不清的羞耻，连赵国都看不下去了，您难道一点都不在意吗？合纵是为楚的利益，不是为赵的利益！如今当着我主子的面，您斥

骂我干什么呢？”

楚王被他说得狼狈不堪，满头是汗，连说：“好，好，就听先生您的。楚愿意拿整个国家与赵合纵。”毛遂说：“合纵一事就此定了？”楚王说：“定了，定了。”毛遂便对楚王的左右侍臣说：“拿鸡、狗、马的血来。”毛遂拿着装有三牲之血的铜盘跪着端到楚王面前，说：“楚王、我主平原君、毛遂，三人当为合纵之事歃血为盟。”

合纵之事便当堂定了下来。毛遂走下来后，左手持着盘皿，右手招呼那 19 个人，说：“合纵一事定了。你们这些庸人。事在人为，斗胆去做，没有不赢的。”

说服楚王

平原君一行人回到赵国后，平原君深有感慨地说：“赵胜不敢再相看人才了！赵胜相看过的人才，多说上千，往少里说也有几百，自以为天下的有才之士不会漏过我的眼睛，而居然把毛先生给漏掉了！毛先生去了一趟楚国，使赵的气势威望重于九鼎大吕。毛先生的三寸之舌，比百万军队还要厉害。赵胜再也不敢自以为善相人才了。”

从此，毛遂成为平原君赵胜的一等宾客。

精简点评

从毛遂自荐的历史故事中我们可以学到这样的道理，有时人才并不一定要等人来发掘才显现自己，千里马不一定非要有伯乐才能扬名天下，酒香也怕巷子深，是人才就不能自我埋没。

李牧却敌有方

原文

匈奴数岁无所得，终以为怯。边士日得赏赐而不用，皆愿一战。于是乃具选车得千三百乘，选骑得万三千匹，百金之士五万人，彀者十万人，悉勒习战；大纵畜牧、人民满野。匈奴小入，佯北①不胜，以数十人委之。单于闻之，大率众来入。李牧多为奇陈②，张左、右翼击之，大破之，杀匈奴十余万骑。灭襜褴，破东胡，降林胡。单于奔走。此后十余岁，不敢近赵边境。

注释

①北：逃跑，败北。

②陈：通"阵"。

译文

匈奴人几年来侵掠都毫无所获，却终究以为李牧是畏惧他们。守边军士每天得到赏赐却不被派用去抗击匈奴，故都希望与匈奴人打一仗。李牧于是备齐精选的战车一千三百辆，精选的战马一万三千匹，曾获过百金奖赏的勇士五万人，能拉硬弓的善射的士兵十万人，将他们全部组织起来，进行作战训练，并大力组织放牧，使放牧人遍布在边境田野。匈奴人小规模地入侵，李牧指令部队假败下来，且把数十人丢弃给匈奴。匈奴的单于听到这个消息后，即率军大举来犯。李牧多设奇阵，指挥部队从左、右两翼进行包抄，大破敌兵，斩杀匈奴十多万人马，乘胜灭掉了代地以北的胡族襜褴，攻破东胡，使林胡部族归降。匈奴单于领残兵逃奔而去，此后十多年不敢再接近赵国边境。

历史详解

李牧，出生于战国末年，是赵国的大将。在今山西襄汾县西的考村，有李牧墓。

战国末年，李牧被派往北部边疆，长期驻守雁门郡（今山西西北部），防备匈奴的侵犯。在这里，他根据实际需要，设置官吏，并将当地全部租税收入作为军队的经费。这是赵王给他的特别权力。所以他的军队生活很好，每天都要宰杀好几头牛来给战士吃。他教导战士苦练骑马、射箭等作战技术，严密看守烽火台，同时派了许多谍报员，随时掌握敌情，做好迎战的准备。

李　牧

他向军队发布了一条命令："如果匈奴侵入边境，就赶紧把人马物资迅速运送回营，严加保护。若有人胆敢擅自出营拒敌，立即处斩！"

因此，匈奴每次入侵，他的军队总是守在营垒里，不与他们交战。

这样，过了几年，边区军民没有任何伤亡、损失。可是匈奴却认为李牧这样做是出于软弱害怕，甚至连赵国守边的战士也开始抱怨自己的主将太胆怯了。赵王知道这些情况后，也责备李牧应该出兵应战，而不应守而不战，认为这是对匈奴侵边的纵容。但李牧却对此不以为然，一切照旧。赵王大怒，就把他调了回来，同时派别的将领代替他做成边将军，李牧无奈，只好回到朝廷。

新将领一到任，就采取了与李牧完全不同的策略和方法。每次，匈奴兵刚一进犯，他就立即发兵应战，可是每一次战斗，都以赵军的失败而告终，结果边地的物资受到损失，人员伤亡也很严重。这样，匈奴更加猖獗，一而再，再而三地对边地发动侵扰，弄得边境人民无法正常地种田和畜牧。赵王经过这些惨痛教训，才认识到李牧当初策略的正确，才感到原来责备和撤换李牧是完全错误的，于是派人去请李牧。

李牧再三推托有病，关门谢绝。赵王知道他害的是心病，所以还是坚持让他出来带兵。

于是，李牧对赵王提出要求："大王一定要用我，我戍边的办法还是和从前一样的。您如果能答应这些，我才敢接受您的命令。"赵王答应了他的要求说："将在外，君命有所不受。寡人再也不干涉你戍边的事了。"

李牧复任以后，依然按照过去规定的那一套命令办事。匈奴入侵抢掠，他始终坚守不出战。李牧的部下，每天得赏而无用武之地，求战心切，都希望能与匈奴决一死战。

一晃就是几年光阴。李牧经过几年的养精蓄锐，看清了匈奴出没的规律，也积累了一套进攻匈奴的有效办法。他看到将士、军民都群情激奋，时机和条件都已成熟。

在这种情况下，李牧决定向匈奴开战。他精选了一千三百辆战车、一万三千匹战马和五万名可以冲锋陷阵破敌擒将的敢死之士和十万名善射士兵，并把这些挑选出来的战士组织起来，进行严格的战斗训练。同时，他动员老百姓把所有的牲畜都赶出来放牧。

匈奴看到满山遍野的牛羊马匹，垂涎三尺，就派出一小股人马入境抢掠。李牧这次一反惯例，出兵迎击。刚一接战，就假装战败，并故意丢弃一些人马。匈奴单于认为赵国守军不堪一击，就率领大队人马入侵赵国。李牧诱敌深入，同时把军队分为两支，从两侧包抄敌人，以迅雷不及掩耳之势，杀得十余万匈奴骑兵人仰马翻，匈奴单于也仓皇逃命。

接着，李牧又率大军乘胜追击，消灭了匈奴邻近的一个小国，又打败了匈奴之东的一个小国东胡，降服了北方另一小国林胡。匈奴经过这一次严重挫败，10 多年不敢侵扰赵国的边境。

赵悼襄王元年，即公元前 244 年，大将军廉颇流亡到了魏国。赵国派李牧率军攻打燕国，一连攻克了武遂和方城。公元前 236 年，赵悼襄王卒，其子迁继位。赵王迁二年，即公元前 234 年，秦国派桓齮为将，带兵攻打赵国。赵军大败，赵将扈辄被杀于武城，赵军士兵被斩首十万。接着，赵国便以李牧为将军，在宜安向秦军反攻。李牧的军队英勇杀敌，大败秦军，赶走了秦将桓齮。李牧因功被封为武安君。

赵王迁四年，即两年以后，秦国又攻打赵国的番吾。李牧率兵击败了秦军，同时抵御当时已听命于秦国的韩、魏联军的入侵。

三年后，秦国派王翦（jiǎn）率军再次攻打赵国。赵王令李牧和司马尚率兵抵御。秦国知道李牧和司马尚不好对付，就派人以重金贿赂了赵王的宠臣郭开。郭开在赵王面前诬告李牧和司马尚谋反。赵王偏听偏信，派赵葱和颜聚二将去代替李牧和司马尚。

李牧打匈奴

李牧察知有诈，没有接受命令。赵王就派人乘李牧不备，逮捕并杀害了他。

精简点评

赵国丧失了大将军李牧，再也无力同强秦对垒。三个月后，秦将王翦向赵国发起猛攻，杀死了赵葱，俘虏了赵王迁和颜聚，赵国被秦所灭。

吕不韦扶植国王

原文

吕不韦娶邯郸姬绝美者与居，知其有娠，异人从不韦饮，见而请之，不韦佯[①]怒，既而献之，孕期年而生子政，异人遂以为夫人。邯郸之围，赵人欲杀之，异人与不韦行金六百斤予守者，脱亡赴秦军，遂得归。异人楚服而见华阳夫人，夫人曰："吾楚人也，当自子之。"因更其名曰楚。

注释

①佯：佯装。

译文

吕不韦娶了一位邯郸美女中最美的，与她同居，知道她已怀孕。一次，异人与吕不韦饮酒，见到这位女子，便想要来归己。吕不韦假装动怒，不久又将她献给异人。这位女子怀孕一年后生下儿子，名叫嬴政，异人便把她立为正室夫人。邯郸被秦兵围困时，赵国人想杀死异人，异人与吕不韦用六百金送给看守，脱身逃到秦军中，于是得以回国。异人身穿楚国服装前去见华阳夫人，夫人说："我是楚人啊！我把你当作亲生儿子。"于是把他的名字改为楚。

历史详解

战国末年,有一个大商人叫吕不韦。有一次他到赵国的都城邯郸去做生意,碰见了秦国公子子楚。当时秦赵两国为了表示和好,互相交换王子王孙做人质,子楚就是秦国在赵国做人质的王孙。吕不韦认识了子楚以后,心里暗想:"奇货可居呀!如果经营得好,这个人是有大利可图的。"

子楚是秦昭王的孙子。他的父亲是秦国太子安国君,可是安国君并不宠爱子楚的母亲夏姬,他就更是不被秦王看重了。秦国经常不守信用,派兵进犯赵国,赵国对秦国来的人质因此很是不恭。子楚不但贫困不堪,连安全都得不到保障。

吕不韦

吕不韦回到家里,还在琢磨这件事。他父亲问他在想什么,他没有回答,而是问道:"您知道耕田的利润有多大吗?"

他父亲答道:"年岁好的话,可以得到十倍的利润。"

吕不韦又问:"贩卖珠宝呢?"

他父亲答道:"运气好的话,可以得到百倍的利润。"

吕不韦再问:"如果拥立一个国家的国君,那又能得利多少?"

他父亲答道:"帮人取得天下,这中间的好处就难以计算了。"

吕不韦说:"现在有一个能够获得难以计算的利润的机会,我要去试一试。假如可以成功,不但我自己发达,我的子孙后代也会跟着享受荣华富贵。"

他父亲问他怎么回事,他说道:"秦国的王孙子楚,现在在赵国做人质,我想拥立他当秦的国君,这可是一件大买卖啊!"

吕不韦计议已定后就去见子楚,对他说道:"你是秦国的王孙,可是却生活得这么窘迫。我有办法光大你的门庭。"

子楚苦笑说:"先生不要取笑我了,您还是先去光大您自己的门庭吧。"

吕不韦笑着说:"我的门庭,要在你之后才会得到光大呢。"

子楚听出吕不韦话里面有别的含义,赶忙请他上坐,两人交谈起来。

吕不韦说:"如今秦王已经很老了,您的父亲安国君很快就能当上秦王。安

子　楚

国君最宠爱华阳夫人，只有华阳夫人的儿子才能被立为嫡嗣，将来继承王位，可是华阳夫人却没有儿子。在你们兄弟二十多人中，您得不到父王的重视，现在还在赵国做人质，即使安国君当上了秦王，您也很难争过其他的兄弟而当上太子啊！”子楚说：“那该怎么办呢？”吕不韦说：“要想不再做人质回到秦国，就必须有人在安国君和华阳夫人面前替您说好话。可是您现在穷，没有钱去买礼物给亲戚和其他宾客，这样也就没有人替您说话。我虽然也没什么钱，但我愿意拿出自己的钱财去秦国帮您打点一切，争取让安国君和华阳夫人能立您为嫡嗣。”子楚听完，连忙磕头说：“先生的计策如能成功，我当上大王后，一定与你共同分享秦国的一切。”

吕不韦拿出几百两黄金给子楚，作为日常开销，且叮嘱他要广泛结交朋友。又拿出几百两黄金买了许多昂贵的礼物，然后带上这些礼物去了秦国。

吕不韦通过华阳夫人的姐姐见到了华阳夫人，他带来的所有礼物都献给了她。他在和华阳夫人聊天的时候有意无意地提到了子楚，他说：“我在赵国做生意见过一个叫子楚的人，他非常有才能，而且很聪明，在赵国结交了许多朋友，大家都称赞他。听说他是秦国的公子，留在赵国做人质。”华阳夫人说：“是啊，他是夏姬的儿子。”吕不韦假装刚知道似的，说道：“哦，原来他是夏姬的儿子啊！”华阳夫人很奇怪，便问道：“难道你不知道吗？”吕不韦说：“还真没听他提起过。不过子楚倒是在话语中提到安国君和华阳夫人您，说非常思念你们，希望有一天能回到你们身边，侍奉两位。”华阳夫人听了非常感动。

吕不韦看见自己的计谋开始生效，心里也暗自高兴，同时他抓紧时机给华阳夫人的姐姐送去了许多珠宝，让她继续在华阳夫人面前帮他说话。华阳夫人的姐姐收了吕不韦的钱物，自然要帮吕不韦说话，她对华阳夫人说：“妹妹，你现在虽然很得安国君的宠爱，被立为正夫人，享受荣华富贵。可是有一天等你老了，不再年轻美丽，安国君还会像今天这样宠爱你吗？你又没有儿子，到那时你能依靠谁呢？不如现在从安国君这么多儿子中挑一个既有才华又孝顺的儿子，收做养子，把他立为嫡嗣，将来继承王位。这样即使安国君死了以后，你还有人可以依靠,你的地位也就不会动摇。"华阳夫人听了认为很有道理,就问道:"那姐姐看谁最合适呢?"她姐姐趁机进一步说道:"子楚再合适不过了。她的母亲夏姬长期被安国君冷落,他的排行又在中间,将来按照顺序怎么也轮不到他做太子。何况他现在又在赵国做人质,日子过得十分艰苦,如果这时候你能立他为嫡嗣,无疑是帮他脱离苦海,他一定会非常感激你,以后也一定会好好孝顺你的。"华阳夫人被姐姐说得动了心,决定找机会在安国君面前推荐子楚。

这天,华阳夫人正在与安国君一同欣赏歌舞。看着看着,华阳夫人突然哭了起来,安国君不知道发生了什么事,关切地问道:"夫人这是怎么了?为什么如此伤心?"华阳夫人趁机说道:"我虽然有幸得到您的宠爱,可是却一直没能为您生下一个儿子。将来我老了也没有子女可以依靠,希望您能答应我立子楚为嫡嗣,这样将来也不会被人欺负了。"安国君实在是太宠爱华阳夫人了,他不忍心看见华阳夫人如此伤心,于是就答应了她的请求。

在吕不韦的帮助下,子楚回到秦国。子楚非常感激他,心想自己以后如果做了大王,一定要好好报答吕不韦。

秦丞相吕不韦

子楚的父亲只当了一年的秦王就死了,很快子楚就当上了秦王,也就是庄襄王。子楚果然没有忘记自己的诺言,让吕不韦做了丞相,封他为文信侯,还赏给他许多土地和黄金。在秦国,没有人比吕不韦更能得到秦王的信任了。

精简点评

吕不韦得势后广纳贤士,他的门客最多的时候达到三千人。他让他们每人都记录下来各自的见闻与学说,汇集起来,编成一书,分为八览、六论、十二纪,总共二十多万字,命名为《吕氏春秋》。

秦纪

荆轲刺秦王

原文

荆轲至咸阳，因①王宠臣蒙嘉卑辞以求见；王大喜，朝服，设九宾而见之。荆轲奉图以进于王，图穷而匕首见，因把王袖而揕之；未至身，王惊起，袖绝②。荆轲逐王，王环柱而走。群臣皆愕，卒起不意，尽失其度。而秦法，群臣侍殿上者不得操尺寸之兵，左右以手共搏之，且曰："王负剑！"负剑，王遂拔以击荆轲，断其左股。荆轲废，乃引匕首擿王，中铜柱。自知事不就，骂曰："事所以不成者，以欲生劫之，必得约契以报太子也！"遂体解荆轲以徇。王于是大怒，益发兵诣赵，就王翦以伐燕，与燕师、代师战于易水之西，大破之。

注释

①因：通过。

②绝：断开，断裂。

译文

荆轲一行抵达秦都咸阳，通过秦王嬴政的宠臣蒙嘉，以谦卑的言词求见秦王；秦王嬴政大喜过望，穿上君臣朝会时的礼服，安排朝会大典迎见荆轲。荆轲手捧地图进献给秦王，图卷全部展开之后露出了匕首，荆轲乘势抓住秦王的袍袖，举起匕首刺向他的胸膛。但是未等荆轲靠近秦王身前，秦王嬴政已惊恐地一跃而起，挣断了袍袖。荆轲随即追赶秦王，秦王绕着柱子奔跑。这时，殿上的群臣都吓呆了，事发仓猝，大出意料，群臣全都不知所措。秦国法律规定，在殿上侍从的群臣不得携带刀剑。因此大家只好徒手上前扑打荆轲，并喊道："大王，把剑推上背！"秦王嬴政将剑推到背上，使剑套倾斜，剑柄向前，即拔出剑来回击荆轲，砍断了他的左大腿。荆轲身受重伤无法再追，便把匕首向秦王投掷过去，但却击中了铜柱。荆轲知道行刺的任务已无法完成，就大骂道："此事所以不能成功，只是想活捉你以后强迫你订立契约，归还所兼并的土地，以此回报燕太子啊！"由是，荆轲被分尸示众。秦王为此勃然大怒，增派军队到赵国，随王翦的大军攻打燕国。秦军在易水以西与燕军和代王的军队会战，大破燕、代之兵。

秦王嬴政

历史详解

子楚死后，他的儿子即位，这就是秦王嬴政，他继承先帝的遗志，一心想统一中原，不断向各国进攻。他拆散了燕国和赵国的联盟，使燕国丢了好几座城池。

燕国的太子丹原来留在秦国当人质，他见秦王政决心兼并列国，又夺去了燕国的土地，就偷偷地逃回燕国。他恨透了秦国，一心要替燕国报仇。但他既不操练兵马，也不打算联络诸侯共同抗秦，却把燕国的命运寄托在刺客身上。

他把家产全拿出来，找寻能刺秦王政的人。

后来，太子丹物色到了一个很有本领的勇士，名叫荆轲。他把荆轲收在门下当上宾，把自己的车马给荆轲坐，自己的饭食、衣服让荆轲一起享用。荆轲当然很感激太子丹。

荆轲

公元前230年，秦国灭了韩国；过了两年，秦国大将王翦占领了赵国都城邯郸，一直向北进军，逼近了燕国。

燕太子丹十分焦急，就去找荆轲。太子丹说："拿兵力去对付秦国，简直像拿鸡蛋去砸石头，要联合各国合纵抗秦，看来也办不到了。我想派一位勇士，打扮成使者去见秦王，挨近秦王身边，逼他退还诸侯的土地。秦王要是答应了最好，要是不答应，就把他刺死。您看行不行？"

荆轲说："行是行，但要挨近秦王身边，必定得先叫他相信我们是向他求和去的。听说秦王早想得到燕国最肥沃的土地督亢（今河北涿州一带）。还有秦国将军樊於期的人头，现在樊於期正流亡在燕国，秦王在悬赏通缉他。我要是能拿着樊将军的头和督亢的地图去献给秦王，他一定会接见我。这样，我就可以对付他了。"

太子丹感到为难，说："督亢的地图好办，樊将军受秦国迫害来投奔我，我怎能忍心伤害他呢？"

荆轲知道太子丹心里不忍，就私下去找樊於期，跟樊於期说："我有一个主意，能帮助燕国解除祸患，还能替将军报仇，可就是说不出口。"

樊於期连忙说："什么主意，你快说啊！"

荆轲说："我决定去行刺，怕的就是见不到秦王的面。现在秦王正在悬赏通缉你，如果我能够带着你的头颅去献给他，他准能接见我。"

樊於期说："好，你就拿去吧！"说着，就拔出宝剑，自刎而死。

太子丹事前准备了一把锋利的匕首，叫工匠用毒药煮炼过。谁只要被这把匕首刺出一滴血，就会立刻气绝身死。他把这把匕首送给荆轲，作为行刺的武器，又派了个年纪才13岁的勇士秦舞阳，做荆轲的副手。

公元前227年，荆轲从燕国出发到咸阳去。太子丹和少数宾客穿上白衣白帽，到易水（今河北易县境）边送别。临行的时候，荆轲给大家唱了一首歌：

"风萧萧兮易水寒，壮士一去兮不复还。"

大家听了他悲壮的歌声，都伤心得流下眼泪。荆轲拉着秦舞阳跳上车，头也不回地走了。

荆轲到了咸阳。秦王政一听燕国派使者把樊於期的头颅和督亢的地图都送来了，十分高兴，就命令在咸阳宫接见荆轲。

朝见的仪式开始了。荆轲捧着装了樊於期头颅的盒子，秦舞阳捧着督亢的地图，一步步走上秦国朝堂的台阶。

秦舞阳一见秦国朝堂的威严，不由害怕得发起抖来。

秦王政左右的侍卫一见，吆喝了一声，说："使者怎么变了脸色？"

荆轲回头一瞧，果然见秦舞阳的脸又青又白，就赔笑对秦王说："粗野的人，从来没见过大王的威严，免不了有点害怕，请大王原谅。"

秦王政毕竟有点怀疑，对荆轲说："叫秦舞阳把地图给你，你一个人上来吧。"

荆轲从秦舞阳手里接过地图，捧着木匣上去，献给秦王政。秦王政打开木匣，果然是樊於期的头颅。秦王政又叫荆轲拿地图来。荆轲把一卷地图慢慢打开，到地图全都打开时，荆轲预先卷在地图里的一把匕首就露出来了。

荆轲刺秦王

秦王政一见，惊得跳了起来。

荆轲连忙抓起匕首，左手拉住秦王政的袖子，右手把匕首向秦王政胸口直扎过去。

秦王政使劲地向后一转身，把那只袖子挣断了。他跳过旁边的屏风，刚要往外跑。荆轲拿着匕首追了上来，秦王政一见跑不了，就绕着朝堂上的大铜柱子跑。荆轲紧追不舍。

两个人像走马灯似的绕着大柱直转悠。

旁边虽然有许多官员，但是都手无寸铁；台阶下的武士，按秦国的规矩，没有秦王的命令是不准上殿的，大家都急得六神无主，也没有人去召台阶下的武士。

官员中有个伺候秦王政的医生，急中生智，拿起手里的药袋对准荆轲扔了过去。荆轲用手一扬，那只药袋就飞到一边去了。

就在这一眨眼的工夫，秦王政往前一步，拔出宝剑，砍断了荆轲的左腿。

荆轲站立不住，倒在地上。他拿匕首直向秦王政扔过去，秦王政往右边一闪，那把匕首就从他耳边飞过去，打在铜柱子上，“嘣”的一声，直迸火星儿。

秦王政见荆轲手里没有武器，又上前向荆轲砍了几剑。荆轲身上受了8处剑伤，自己知道已经失败，苦笑着说：“我没有早下手，本来是想先逼你退还燕国的土地。”

这时候，侍从的武士已经一起赶上殿来，结果了荆轲的性命。台阶下的那个秦舞阳，也早就给武士们杀了。

精简点评

荆轲刺秦不成，但是壮士视死如归、慷慨报国的精神依旧让人感叹不已。后来荆轲的好友高渐离也仿效好友，虽然最终也是失败，但是壮士的精神照耀千古。

李斯谏逐客

原文

王乃召李斯，复其官，除逐客之令。李斯至骊邑而还。王卒[①]用李斯之谋，阴遣辩士赍金玉游说诸侯，诸侯名士可下以财者厚遗结之，不肯者利剑刺之，离其君臣之计，然后使良将随其后，数年之中，卒兼天下。

注释

①卒：最终。

译文

嬴政看了李斯上的信，即召他入见，要恢复他的官职，并撤销逐客令。此时李斯已走到了骊邑，接秦王召令后即刻返回。嬴政最终采用了李斯的计策，暗中派遣能言善辩的人携带金珠宝玉去游说各国国君。对各国有名望、有势力的人，凡是可以用钱财贿赂的，便出重金收买，结交他们；凡是不肯受贿的，便持利剑刺杀他们。挑拨各国国君与臣民之间的关系，离间他们的感情，然后派良将率兵攻打各国。这样，几年之内，秦国终于兼并了天下。

历史详解

秦王政十年，即公元前237年，秦国势力已非常强大，各国客卿纷纷拥入秦国，以实现自己参与政事、加官晋爵的梦想。他们当中不乏有才能的人。各国客卿的崛起，使秦国政治中形成了一股新锐势力，严重地威胁了秦国宗室大臣的权势。

这些无所事事，如同蠹虫一般，却养尊处优的宗室大臣，不能忍受那些锐气十足的新贵，便纷纷向秦王上书，先是列陈前时的实例，说韩国间谍郑国为秦修建水渠，其目的是阻挠秦的东征进程；然后，他们又提出：从其他国家来秦的人，其目的也都跟郑国差不多，大抵都是代他们的主子向秦王游说，或是做间谍，反正有百害而无一利。秦王听了他们的话，便下令驱逐在秦国的一切别国客卿。

在被驱逐的人当中，有个叫李斯的青年人。他是著名学者荀卿的学生、韩非的同学，为了实现做官参政的愿望，他入秦国当了吕不韦的舍人，眼下是秦王政的客卿。逐客令一出，李斯大为着急：对个人而言，这意味着他刚刚开始有了希望的宏图即将不得施展；对秦国而言，这将堵塞秦的富强之途，无助于秦的扩大发展。于是，他连夜给秦王写了一封信，劝谏他收回逐客令，这就是著名的《谏逐客书》。

《谏逐客书》一开头便指出：

"臣闻吏议逐客，窃以为过矣。"（我听说要驱逐客卿，我个人认为这是错误的举动。）

然后，他举出大量实例，说明秦国的强盛有赖于客卿的功劳。有虞的百里奚、宋的蹇（jiǎn）叔、晋的丕豹、公孙枝、戎的由余五人对秦穆公的贡献；有商鞅变法在孝公时的成就；有张仪的计策对惠王的帮助；有范雎对昭王成帝业的决定之举，内容翔实，说理透辟。

张仪用智

之后，他又用了大量类比、比喻来说明逐客的不当。他说，秦国宫殿中罗致的宝物，如昆山玉、随和宝石、

李 斯

太阿剑、千里马等,哪一样是秦自己出产的?如果一定只用秦国产的东西,那大家的首饰、器皿都从哪里来?甚至后宫的美女从哪里来?就连大王每日所听的音乐,不也有很多都是别国的民歌吗?

在篇末,他指出,秦若想强盛,必须博采他国之长,包括宝物、美女,更要包括人才。"夫物不产于秦,可宝者多;士不产于秦,而愿忠者众。"(不产于秦的东西,有很多都是宝物;不产于秦的人才,也有很多对秦王忠心耿耿。)其中,"泰山不让土壤,故能成其大;河海不择细流,故能就其深",已成为被人千古传诵的名联佳句。

李斯这封辞采丰富、说服力强的信到了秦王案头,秦王读后,立即心悦诚服,遂下令收回逐客令。

精简点评

李斯被秦王大加赏识,他也不负众望,在秦王统一中国的事业中起过重大作用,后来还做了秦的丞相,成为一代名臣。

秦始皇焚书坑儒

原文

侯生、卢生相与讥议始皇，因亡[①]去。始皇闻之，大怒曰："卢生等，吾尊赐之甚厚，今乃诽谤我！诸生在咸阳者，吾使人廉问，或为妖言以乱黔首。"于是使御史悉案问诸生。诸生传相告引，乃自除犯禁者四百六十余人，皆坑之咸阳，使天下知之，以惩后；益发谪徙边。

注释

①亡：逃亡。

译文

侯生、卢生相互讥讽、评议始皇帝的暴戾，并因此逃亡而去。始皇闻讯勃然大怒，说："卢生等人，我尊敬他们，并重重地赏赐他们，现在竟然敢诽谤我！这些人在咸阳的，我曾派人去查访过，其中有的人竟妖言惑众！"于是令御史逮捕并审问所有的儒生。儒生们彼此告发，始皇帝就亲自判处违法犯禁的人四百六十余名，把他们全部在咸阳活埋了。还向全国宣扬，让大家都知道这件事，以惩戒后世。同时谪罚更多的人流放到边地戍守。

历史详解

秦始皇统一六国，开创了前无古人的事业，颇为得意。

公元前 213 年，秦始皇在咸阳宫大宴群臣。在宴席上，当时最有知识的七十多名儒生肃然站立，集体向秦始皇致敬。其中仆射周青臣的颂词最让秦始皇高兴，他说："想当年，我们秦国面积方圆不过千里，仰仗着您的天纵英明，一举统一了天下，现在所有的人都臣服在您的脚下。您把以前的诸侯国改置为郡县，派聪明能干的官员去管理。老百姓都安居乐业，再也不用担心战争的祸害。从古到今，没有人能与您的威德相比！"

周青臣的奉迎之词虽博得了秦始皇的欢心，却引起了一些儒生的反感。尤其是对推行郡县制的称颂，更让他们怒形于色。

淳于越是一个性急、耿直的人，周青臣的话音刚落，他便高声反驳道："我听说商朝和周朝之所以能统治天下达千年之久，主要是因为这两个朝代都分封子弟和功臣作为辅佐。今天皇上虽然贵为天子，可子弟却是平常的老百姓，无权无势。如果有人图谋不轨，篡夺您的天下，有谁能来救您呢？您应该效法商朝和周朝的做法，只有这样才能长治久安、享国万年。推行郡县制本来是您的过失，周青臣不仅不直谏相劝，反而阿谀奉承，这不是忠臣的作为！"

秦始皇没有立刻表明自己的态度，他让所有的大臣都来评议周青臣和淳于越的争论。

丞相李斯说："天下没有一律的统治模式。统治天下的人应该根据现实的变化来调整自己的统治策略。这样的道理，儒生们是永远都无法理解的。儒生们只知道死记一些书上的教条，厚古薄今，胡说八道，老以为自己高明，对当今的政治指手画脚，妄加评论。一般的老百姓不辨事理，也跟着他们瞎起哄。这样下去，就会使君主威势下降，朋党之风渐渐形成，应当予以制止，并建议除了秦国历史、医药、占卜、种树的书外，其余所有的书统统烧掉。"

秦始皇与李斯

秦始皇同意了李斯的建议，并诏告天下：如有不遵从命令者，格杀勿论。

嗜书如命的儒生们对焚书之举痛心疾首，迫于秦始皇的淫威，谁也不敢公开表示不满，但私下里，他们往往聚在一起诅咒秦始皇，发泄自己的怨气。

秦始皇知道实情后，勃然大怒："我养着这么多的儒生，是为了让他们帮我治理天下。他们不但不理解我的心思，还一个劲儿地在背地里说我的坏话，太可恶了！我如果不给他们点颜色看看，天下就没有安宁的日子了。"

秦始皇下令搜捕对自己不满的儒生，强调要从严整治。各地的官员为了表现自己的忠心，不遗余力地搜捕，并对捕获的儒生严刑拷打，逼迫他们互相告发。弱不禁风的儒生们哪受得了这样的皮肉之苦，纷纷屈打成招。一时间受牵连的儒生达460人之多。秦始皇命人在咸阳城外挖了一个大坑，将捕获的儒生统统给活埋了。

精简点评

焚书坑儒，虽对秦朝在统一思想上起到一定的作用，但它也严重地摧残了中国的文化。

蒙恬兄弟遇害

原文

扶苏发[①]书，泣，入内舍，欲自杀。蒙恬曰："陛下居外，未立太子；使臣将三十万众守边，公子为监，此天下重任也。今一使者来，即自杀，安知其非诈！复请而后死，未暮也。"使者数趣[②]之。扶苏谓蒙恬曰："父赐子死，尚安复请！"即自杀。

注释

①发:打开。

②趣:催促。

译文

扶苏接到诏书,哭泣着进入内室,打算自杀。蒙恬说:“陛下在外地,并未确立谁是太子。他派我率领三十万军队镇守边陲,令您担任监军,这乃是天下的重任啊。现在仅仅一个使者前来传书,我们就自杀,又怎么能知道其中没有诈呢?让我们再奏请证实一下,然后去死也不晚呀。”但是使者多次催促他们自行了断,扶苏于是对蒙恬说:“父亲赐儿子死,还哪里需要再请示查实呢!”随即自杀。

历史详解

秦王嬴政逐渐吞并了六国,统一了天下,并自称为“始皇帝”,也就是历史上的秦始皇。那时候,国家刚统一,天下并不十分太平。其中最让秦始皇烦心的是那些生活在北方的匈奴。

大将蒙恬受命去对付这些入侵者,他的威名让匈奴胆寒。可是匈奴擅长骑射,来去无踪,逐水草而居,虽然可以打败他们,却难以彻底解决边境问题。

这天蒙恬正坐在院中喝茶,他盯着高高的院墙看了半天,突然一拍脑门,说:“办法不是现成的吗?”原来这个办法就是在边境上修筑一道长城。从西边的临洮(今甘肃岷县)一直修到东边的辽东,一共有一万多里长。高大的长城把敌人挡在外面,他们也就不那么容易进入中原了。蒙恬赶紧把这个想法告诉了秦始皇,秦始皇听后非常高兴,立刻派蒙恬负责此事。蒙恬一方面负责修筑长城,另一方面继续率领军队镇守边疆。

一眨眼,蒙恬在边境镇守已经快十年了。匈奴都害怕他,很少有人敢再来侵犯,边境安宁了许多,修筑长城的工作进展得也很顺利,秦始皇对此非常满意,经常在许多大臣面前夸奖蒙恬的才能,也开始奖赏他的家人。蒙恬还有个弟弟,叫蒙毅,也很受始皇的赏识,官至上卿。始皇外出时总要带着他,还让他和自己同坐一辆车;待在宫里的时候,总让蒙毅在自己身边侍奉自己。此时,蒙恬和蒙毅在秦国的地位是没有人能比得上的。

国家渐渐走上了正轨，秦始皇很想到各地去游览，看看属于自己的大好河山。于是就派蒙毅去开路，蒙毅开山填谷，修筑了一条长达1800里的道路。路修得差不多时，秦始皇就病倒了，他派蒙毅到会稽山去祷告，希望神灵能让自己早日恢复健康。可是还没等到蒙毅回来，秦始皇就病死在路上了。

随行的赵高和李斯一起密谋，想帮秦始皇的小儿子胡亥夺取皇位，于是修改了遗诏。为了达到这个目的，须害死秦始皇的大儿子扶苏，他们就给扶苏下了一道圣旨，让他自杀。同时也给蒙恬送去了同样的一道圣旨，因为扶苏与蒙恬的关系十分亲密，赵高怕蒙恬产生怀疑，如果他率领手下三十万大军帮助扶苏造反，那后果就不堪设想了。

蒙 恬

果然，蒙恬根本就不相信使者送来的圣旨，坚决不肯自杀。蒙恬对扶苏说："您是皇上的大儿子，很可能就是以后的皇帝，您怎么能这么轻易就自杀呢？这说不定是别人的阴谋，想害死您啊。我们还是再去问一问皇上，如果真是如此，到时候我们再死也不迟啊！"使者一见蒙恬产生了怀疑，就赶紧催促扶苏自杀，说这是皇上的命令，不能违抗。扶苏叹了口气说："父亲要儿子死，做儿子的还有什么好问的呢？"说完就拔剑自杀了。

蒙恬连忙上前阻止，可还是晚了一步。蒙恬不甘心就这样冤死，趁人不备捡起地上的剑就向使者刺去，想杀出一条血路，冲出重围。可是使者早有准备，闪身避开了这一剑，并命令手下的人把蒙恬抓起来。蒙恬一个人势单力薄，最后还是被关了起来。

秦始皇死后，胡亥当上了皇帝，也就是秦二世。不久，蒙毅也从会稽山回来了。赵高一直和蒙家有仇，现在又掌握了国家大权，因此一心想要除掉蒙家的人。于是他趁机对胡亥说："其实先帝很早就想立您为太子，让您继承皇位。可是蒙毅却在先帝面前说您没有足够的才能治理国家，不应该立您为太子。还说扶苏比您能干，他才适合做太子。"皇帝听了非常生气，把蒙毅也关进了大牢。

蒙毅经不住严刑拷打，不久，就死在了狱中。

蒙毅死后，赵高又挑拨皇帝，让皇帝再杀了蒙恬。胡亥是个昏庸的皇帝，只知道吃喝玩乐，想都不想就按赵高的意思去做了。他派了个使者去见蒙恬。使者见到蒙恬后，就命令蒙恬说："你做了太多的错事，你的弟弟现在又犯了重罪，已经被杀了。按照法律，牵连到你，你也应该自裁。"

蒙　毅

蒙恬知道自己一定要死，就希望使者能帮他转达几句话给皇上。他说："我们蒙家世世代代对秦国一片忠心，多次为国家立下大功，皇上怎么能怀疑我们呢？虽然我现在被关在这里，但我手下有三十多万士兵，如果想造反的话，现在也来得及。可是我并没有这样做，那是因为我对皇上仍是忠心耿耿啊！不知道皇上有没有听过周成王听信小人谗言错怪忠臣周公旦的故事。最终周成王知错能改，杀死了造谣的人，重新重用了周公旦。正因为周成王犯了错能够立即改正，所以国家才能昌盛。皇上不该听信小人的谗言，怀疑我们这些忠臣啊！希望皇上也能悬崖勒马，否则国家将会灭亡。"

使者无奈地说："我是执行命令来杀你的，我可不敢把你的话说给皇上听。"蒙恬听了，长叹了一口气，然后服毒自杀了。

精简点评

蒙恬最终被杀、秦国统治根基动摇，这是秦始皇始料未及的事情。赵高、李斯出于个人私利，窃取秦国最高统治权，让胡亥登上皇位，使秦国的统治更加风雨飘摇。

赵高小人得志

原文

郎中令赵高恃恩专恣，以私怨诛杀人众多，恐大臣入朝奏事言之，乃说二世曰："天子之所以贵者，但以闻声，群臣莫得见其面故也。且陛下富于春秋，未必尽通诸事。今坐朝廷，谴举有不当者，则见短于大臣，非所以示神明于天下也。陛下不如深拱禁[1]中，与臣及侍中习法者待事，事来有以揆之。如此，则大臣不敢奏疑事，天下称圣主矣。"二世用其计，乃不坐朝廷见大臣，常居禁中；赵高侍中用事，事皆决于赵高。

注释

①禁：宫禁。

译文

秦朝郎中令赵高仰仗着受皇帝恩宠而专权横行，因报他的私怨杀害了很多人，因此恐怕大臣们到朝廷奏报政务时揭发他，就劝二世说："天子之所以尊贵，不过是因为群臣只能听到他的声音，而不能见到他的容颜罢了。况且陛下还很年轻，未必对件件事情都熟悉，现在坐在朝廷上听群臣奏报政务，若有赏罚不当之处，就会把自己的短处暴露给大臣们，似此便不能向天下人显示圣明了。所以陛下不如拱手深居宫禁之中，与我和熟习法令规章的侍中们在一起等待事务奏报，大臣们将事务报上来才研究处理。这样，大臣们就不敢奏报是非难辨的事情，天下便都称道您为圣明的君主了。”二世采纳了赵高的这一建议，不再坐朝接见大臣，常常住在深宫之中，赵高侍奉左右，独掌大权，一切事情都由他来决定。

历史详解

公元前210年，秦始皇在巡视全国途中突然去世，李斯和赵高一伙假传遗诏，帮助秦始皇的小儿子胡亥继承皇位，这就是秦二世。为此，李斯、赵高等人深受秦二世宠幸。

赵 高

秦二世平时不坐朝听政，每天深处禁宫，沉湎酒色，寻欢作乐。而赵高则在宫中侍奉左右，掌管事务，一切事情都由他说了算。丞相李斯见赵高目空一切，独断专行，渐渐对他不满。赵高得知后十分不悦，心中暗想：一山岂能容纳二虎，如不早做打算除掉李斯，来日李斯定会对自己不利。为了除掉李斯，他想了一个陷害李斯的办法。一天，赵高前去拜访李斯，对李斯说：“现在关东一带盗患猖獗，皇上不调兵前去围剿，反而增调服差役的人去修建阿房宫，还大肆搜集猎狗、良马这些无用的东西。我本想进谏，但考虑自己地位卑贱，就一直不敢劝谏。您是先帝时的大臣，为什么不去劝谏呢？”

李斯说：“是啊，我很早就想劝谏了。现在皇上不坐朝听政，总是深居内宫。我想求见他，他总是没有空闲，由于我要说的事事关重大，又不便请别人转达，所以我也一直未能如愿。”

赵高听完心中暗喜，不怀好意地说：“您如果真能劝谏皇上，等到皇上有空时我一定来通知您。”

过了些日子，一天秦二世与宫女饮酒作乐，玩意正浓。赵高见状，心想机会来了，便派人通知李斯说，现在皇上有空，可以进去奏事了。李斯闻讯，便连忙让人准备车马，径直来到宫门请求拜见二世。

二世闻听李斯有事前来奏报，心中不悦，不愿意接见。但李斯却固执己见，一再坚持求见。这恼怒了二世，大骂道："朕平常有空，他不来。朕今天玩兴正浓，他却来奏事。难道是李斯认为我年少无知，还是认为我见识浅陋？"

赵高趁机进谗言说："当初在沙丘为陛下皇位密谋时，丞相是参与了的。现在陛下安然登基，而丞相的地位并未因辅佐陛下而提高，丞相为此一直耿耿于怀。这次他前来进谏，恐怕是想借奏事之机要求割地称王吧。陛下您不问我，我原本是不敢说实话的。陛下有所不知，丞相的长子李由现做三川郡守，楚地反贼陈胜等人都是丞相家乡邻近县邑的子弟，因此他们才敢公然横行。反贼经过三川城下时，郡守李由任其来去，就是不肯出击围剿。另外，我还听说他们有书信往来，因为还未核实，所以我才不敢贸然禀告陛下。除此之外，我还听说丞相在宫廷之外，权力比陛下还大。"

二世听信了赵高的话，想惩办李斯，但又怕情况不实，就先派人调查三川郡守李由跟反贼暗中来往的事。

天下没有不透风的墙，加上李斯在朝中权势显赫，党羽耳目众多，因此李斯很快就得到了密报。为此，李斯就变被动为主动，连续上书揭发赵高说："赵高专擅大权，权力可与陛下相比。陛下您现在若不将他除去，恐怕日后后患无穷啊。"

二世非但不听，反而批驳说："这怎么会呢！赵高原来是宦官，他的地位是凭借自己的努力得来的，凭借忠诚得到升迁，依靠诚信保持地位。我确实认为他很贤能，而你却怀疑他，为什么呢？况且我不信赖赵高，又信赖谁呢！希望你不要再怀疑他了！"

二世原来就宠幸赵高，怕李斯杀了他，就私下里把李斯进谏的事告诉赵高。赵高听完说道："丞相蓄谋已久，所担心的只有我赵高一人。我死以后，丞相就会学田常谋反篡位了。"

话分两头，再说秦朝到了末年，朝廷暴戾苛政，赋税徭役沉重，民不聊生。一时间老百姓纷纷揭竿而起，起义的军队越来越多，秦王朝为了维护统治，不停地征调关中士兵攻打起义军。左丞相冯去疾、右丞相李斯、将军冯劫见状就劝谏二世，暂时停建阿房宫，减轻徭役，缓解矛盾。

二世听后非常生气，就将冯去疾、李斯、冯劫等人打入大牢，交给掌管刑狱的官吏审理，调查他们还有没有其他罪过。冯去疾、冯劫二人无法忍受羞辱，就上吊自杀了，只剩下李斯一人。

二世将李斯交给赵高审理，查问李斯与儿子李由一起谋反的情况。为给李斯罗织罪名，赵高将李家的宗族、门客全部抓来，一一酷刑拷问。为获取李斯口供，赵高费尽心思，对李斯用尽酷刑，光提审拷打他就有一千多次。最后李斯忍受不了折磨，只好含冤认罪。

李斯之所以没有自杀，是因为他自恃辩才过人，天下无人堪比，况且他认为自己劳苦功高，并无谋反企图，想上书为自己辩说，希望二世醒悟，将他赦免。

于是李斯就从监狱中给二世上书，奏疏中历数了自己从政三十多年，如何重用人才，富国强兵，吞并六雄，平定天下，拓展秦朝疆土，统一天下文字、度量衡的功劳。

李斯的奏疏呈报上去后，被赵高私自扣留下来，他不屑一顾地说："囚犯怎能上书！"

接着，赵高又派他的门客十多人，伪装成御史、谒者、侍中，轮番讯问李斯。李斯为证明自己清白，就据实回答审问，结果受到了赵高更加残酷的折磨。后来二世派人验证李斯的口供，李斯以为还会跟前些日子一样，终于没敢再更改自己的口供。

等李斯在供词上签字画押后，赵高便马上将口供呈报给二世。二世看完高兴地说："如果没有赵高，我差一点被丞相出卖了。"

当二世派去调查李由的人到达三川郡时，李由已被起义军杀死了。使者回来后，正赶上李斯被关进监狱，于是赵高就编造谎言，罗织了一些李由与起义军通谋的罪名。

最后，二世决定叛处李斯等人腰斩。在行刑那天，在咸阳街头刑场，李斯对他的次子说："我多想，再和你牵着黄毛猎狗，一起到家乡上蔡东门的野地里，去猎杀野兔。可那样的日子还会有吗？"说完父子二人相对而泣。

精简点评

李斯被诛灭了三族，秦二世就让赵高接替李斯做了丞相。从此以后，赵高在朝中一手遮天，其权势炙手可热，内外政务均由他独断专行，二世成了一个名副其实的傀(kuǐ)儡(lěi)皇帝。秦王朝的统治更加残暴，刚刚统一的中国更加风雨飘摇。

项羽破釜沉舟

原文

项羽已杀卿子冠军。威震楚国，乃遣当阳君、蒲将军将卒二万渡河救巨鹿。战少利，绝章邯甬道，王离军乏食。陈馀复请兵。项羽乃悉引兵渡河，皆沈①船，破釜、甑，烧庐舍，持三日粮，以示士卒必死，无一还心。于是至则围王离，与秦军遇，九战，大破之。

注释

①沈：通“沉”。

译文

项羽已经杀了“卿子冠军”宋义，威震楚国，就派当阳君黥布和蒲将军领兵两万渡黄河援救巨鹿。战事稍稍有利，即截断章邯所修的甬道，使王离的军队粮食短缺。陈馀于是又请求增援兵力。项羽便率全军渡过黄河，凿沉船只，砸毁锅、甑，烧掉营舍，携带三天的口粮，以此表示军队将决一死战，毫无退还之意。因此楚军一到巨鹿就包围了王离，与秦军接战，经九次交锋，大败秦军。

历史详解

秦朝末年，农民起义风起云涌。秦始皇死后，他的小儿子胡亥继位。他刚刚登上王位，就派大将章邯率领大军首先打败了陈胜、吴广的起义队伍，然后北渡黄河进攻赵国（这个赵国不是战国时代的赵国，而是新建立起来的一个政权),很快就攻下了赵国都城邯郸,赵王逃到巨鹿(今河北平乡西南)。章邯派一支秦军把巨鹿包围起来,自己带领大军驻扎在巨鹿南面的棘原。他还在棘原和巨鹿之间修筑了一条粮道,给围城军队运送粮草。

赵国哪是秦国的对手。于是,赵王一面死守巨鹿,一面派使者前往楚国求援。这个楚国也和赵国一样,是在秦朝末年产生的一个新政权,在它的麾(huī)下有刘邦、项羽两支部队。

赵使求救

公元前208年,赵国的使者到楚国后,就直奔楚宫去见楚王,一五一十地哭诉秦将章邯攻打赵国的暴行。当时,楚王正想派人往西进攻咸阳。他身边有几个老臣暗地里对他说:"项羽性子太暴躁,杀人太多;刘邦倒是个忠厚人,不如派他去。"当时项羽正好在场,他怒火中烧,就对楚王说道:"我们应当马上发兵救赵,我愿去跟章邯拼个你死我活!"

楚王说:"将军愿往,再好不过。"楚怀王就派宋义为上将军,项羽为副将,带领二十万大军到巨鹿救赵国。

但谁知宋义是个胆小之徒,楚国的兵马行至安阳(今山东省曹县)后,就安营扎寨,不再前进,一连46天一直按兵不动,不敢与秦军决战。项羽耐不住性子,去跟宋义说:"秦军包围了钜鹿,形势这样紧急,咱们赶快渡河过去,跟赵军里外夹击,一定能够打败秦军。"

宋义说:"我们还是等秦军和赵军决战以后再说。"他又对项羽说:"上阵跟敌人交锋,我比不上你;要说出谋划策,你就比不上我了。"

他还下了一道命令:"将士中如有不服从指挥者,就按军法砍头!"

这道命令明明是针对项羽的,项羽气得要命。公元前207年11月,北方已进入冬季，天气寒冷，这时又碰上大雨，加之楚营里军粮接济不上，兵士们受冻挨饿，都抱怨起来。

项羽说："现在军营里没有粮食，但上将军却按兵不动，自己饮酒作乐，这样不顾国家，不体谅兵士，哪里像个大将的样子。"一怒之下，他把宋义杀了。他提了宋义的头，对将士说："宋义背叛大王（指楚王），我奉大王之命，已经把他处死了。"

将士们大多是项羽的老部下，宋义在将士中本来没有什么威望。大伙见项羽把他杀了，都表示愿意听从项羽指挥。

项羽把宋义被处死之事，派人报告了楚王。楚王虽然很不满，也只好封项羽为上将军。项羽就立即分兵派将，他让手下将领带领两万人马，渡过漳河去攻打秦将章邯。听说楚军要渡河，章邯派两员秦将司马欣和董翳带兵去拦阻。那两个秦将不是项羽部将黥布等人的对手，一交锋就打了败仗，急忙后退。于是黥布等人就顺利地渡过了漳河并牢固地占领了河的对岸，接着，项羽立即率领所有的军队都渡过河去。并命令将士，每人只带3天的干粮，把军队里做饭的锅全砸了，把渡河的船只全凿沉了。这就是成语"破釜沉舟"的来历，釜就是锅。他对将士说："成败在此一举，3天里必须将秦兵打败。这次咱们打仗，只准进，不准退，我们要和敌人血战到底，不获全胜，誓不收兵！"将士们看到锅砸了，船沉了，一点退路也没有，因此，就都抱着死战到底的决心和秦军拼杀起来。

项羽的决心和勇气，对将士起了很大的鼓舞作用。楚军把秦军包围起来，楚兵喊声震天，锐不可当，个个士气振奋，越打越勇。以一当十，以十当百。经过九次激烈战斗，活捉了领兵秦将章邯，其他的秦军将士有的被杀，有的逃走，围困巨鹿的秦军就这样被瓦解了。

当时，各路将领来救赵国的有十几路人马。可是他们害怕秦军强大，都扎下营寨，不敢跟秦军交锋。这会儿，听到楚军震天动地的喊杀声，都挤在壁垒上看。这就是成语"作壁上观"的来历。他们瞧见楚军

项　羽

横冲直撞杀进秦营的情景，吓得伸着舌头，屏住了呼吸。等到项羽打垮了秦军，请他们到军营来相见的时候，他们都跪在地上爬着进去，连头也不敢抬起来。

大家颂扬项羽说："上将军的神威真了不起，自古到今没有第二个。我们情愿听从您的指挥。"打那时候起，项羽实际上成了各路反秦义军的首领。

精简点评

巨鹿一战，项羽的名字海内大震，而项羽也实际上成了各路反秦大军的最高首领，在他的带领下，各路义军奋勇征战，秦朝统治瞬间土崩瓦解。

汉纪

刘邦赴鸿门宴

原文

沛公旦日[①]从百余骑来见项羽鸿门，谢[②]曰："臣与将军戮力而攻秦，将军战河北，臣战河南；不自意能先入关破秦，得复见将军于此。今者有小人之言，令将军与臣有隙。"项羽曰："此沛公左司马曹无伤言之；不然，籍何以至此！"项羽因留沛公与饮。范增数目[③]项羽，举所佩玉以示之者三；项羽默然不应。

注释

①旦日：第二天。
②谢：道歉，请罪。
③目：看，视。

译文

第二天，刘邦带领一百多骑随从人员到鸿门来见项羽，道歉说："我与将军您合力攻秦，您在黄河以北作战，我在黄河以南战斗，没料到自己能先进入关中破秦，得以在这里与您重又相见。如今有小人之言搬弄是非，使您和我之间产生了隔阂。”项羽道：“这是您的左司马曹无伤散布的流言，不然的话，我何至于如此啊！”项羽于是就留刘邦与他一起喝酒。范增频频向项羽递眼色，并三次举起他所佩带的玉玦暗示项羽杀刘邦，项羽却只是默然不语，毫无反应。

历史详解

陈胜、吴广的起义不久就失败了，但他们引起的反秦斗争却是风起云涌、如火如荼。在这场斗争中，项羽、刘邦成为最重要的力量。

刘邦

不久，秦军被各地的义军打得节节败退。当时诸将约定：谁先攻入咸阳，谁就受封为咸阳王。项羽兵力强盛，作战英勇，连破秦军，他歼灭的秦军最多，可是刘邦却乘虚先打下了咸阳。

项羽大怒，兴师向刘邦问罪。当时，项羽兵多将广，有四十万军队，号称百万之师，驻扎在鸿门；而刘邦只有十来万人，驻扎在灞上。两地之间的距离只有40里。

范增知道项羽性格优柔寡断，为了坚定项羽剿灭刘邦的决心，范增故意用话刺激他：“刘邦以前在山东时，贪财好色。现在占领咸阳后，一改以前的陋习。他这样做的目的是为了收买人心。这个人的野心不小啊，迟早我们都会成为他的手下。”好胜的项羽听后更是生气，恨不得立刻把刘邦撕成两半。

项羽手下有一个叫项伯的人，他是项羽的叔父。项伯和刘邦的谋士张良是生死之交，他怕项羽打败刘邦后连张良也不放过，连忙偷偷跑到刘邦的营中，告诉张良项羽即将攻打

的消息，并劝说张良赶紧躲避，以免杀身之祸。张良说："刘邦一直对我不错，现在他有难，如果我离他而去，实在是不仁不义，我必须把这个消息告诉他。"刘邦知道后，大吃一惊，要求张良带他去见项伯。

刘邦见到项伯后，不断地奉承他，并一再要求和项伯结成儿女亲家。取得项伯的欢心后，刘邦装着委屈的样子说："我攻破咸阳后，不敢私自动一点东西，天天盼望项羽将军到来，以便把咸阳移交给他，现在却不料被他误会，我真感到痛心。希望你回去后把我的苦心转达给他。"

项伯连夜回到营中，把刘邦对他说的话全部向项羽说了一遍，并夸大了刘邦对项羽的敬畏之情，项羽的虚荣心得到了满足，火气去了不少。

第二天一大早，刘邦带着张良、樊哙等亲信来鸿门见项羽。项羽见刘邦态度谦恭有礼，怒气顿消，随即设宴款待刘邦。

在酒席上，范增不断地给项羽使眼色，暗示他下令拿下刘邦，以绝后患。项羽装着不明白的样子毫无反应。范增急了，偷偷对坐在身旁的项庄说："刘邦这个人是我们最危险的敌人，今天如果不除去他，必成大患。项羽将军心地太善良，不忍心下手。现在只有靠你出手了。你等会儿要求给大家舞剑助兴，在舞剑时可寻机干掉刘邦。"

项庄一口应承。过了一会儿，项庄站起来说："今日项羽将军和刘邦将军饮酒，是一件高兴的事，可惜军中没有音乐伴奏。要不我来舞几路剑，给大家添添兴致。"说着便拔剑起舞，项伯见来者不善，也拔剑和项庄对舞，并时时以身体遮挡刘邦，使项庄无法按计行事。

张良一见情况不妙，偷偷跑出帐外，对担任警戒的樊哙说："情况紧急！项庄在里面舞起剑来。项庄舞剑，意在沛公（指刘邦）。"樊哙一听，不顾门卫的阻拦，强行进入帐内。

项羽一见樊哙一副想拼命的样子，不禁问道："你是干什么的？"张良说："他是刘将军的手下。"项羽说："是条好汉子，递给他一些酒和肉。"樊哙把手中的盾牌放在地上，席地而坐，旁若无人地大吃大嚼起来。一会儿，项羽又说："好汉，你能喝点酒吗？"樊哙一抹嘴巴，大声嚷道："死都不怕，还怕喝酒？秦王残暴不仁，天下人都起来反对他。刘将军进入咸阳后，把宫室仓库都严加看管，日夜等着你的到来。他的功劳可谓不小了，听说你不但不打算奖赏他，还听从小人之言，欲加害于他。你这样做和秦王有什么两样？"项羽一时不知如何回答，只好讪讪地请樊哙入座。不多久，刘邦借口上厕所离开了大帐，张良、樊哙跟了出去。

刘邦准备离开项羽的军营，可又觉得不辞而别不太妥当。樊哙嚷道："做大事的人不应讲究这些细枝末节。我们现在在人家的手中，还讲那么多干吗？"刘邦便和几个手下悄悄跑回去了。

张良在外面呆了一会儿，他估计刘邦已返回了军营，便回到帐中，对项羽说："刘将军有点醉了，没法向您辞行，已先行离去，他走时特意留下了玉璧和玉斗各一对，玉璧送给将军您，玉斗送给范增将军，请你们笑纳。"

项羽没吱声，接过玉璧放在座位上。范增气得脸色发青，他把刘邦送给他的玉斗扔在地上，抽出剑不断地砍它，边砍边骂："唉，这样的人不值得为他卖力！将来夺得项羽天下的，必是刘邦，我们都要成为他的阶下之囚啊！"

刘邦就这样逃过一劫。

精简点评

鸿门宴是项羽、刘邦之间的第一次正面交锋，不过这种在酒席宴上的交锋丝毫不逊于战场刀枪剑戟的你来我往。项羽没有意识到刘邦对自己的潜在威胁，被刘邦的温顺表面蒙蔽，最终养虎为患，为后来的失败埋下伏笔。

韩信敢出奇兵

原文

魏王盛兵蒲坂以塞临晋。信乃益为疑兵，陈船欲渡临晋，而伏兵从夏阳以木罂渡军，袭安邑。魏王豹惊，引兵迎信。九月，信击虏豹，传诣荥阳；悉定魏地，置河东、上党、太原郡。

译文

魏王豹在蒲坂部署重兵以阻挡从临晋方面来的韩信军队。韩信便增设疑兵，排列出船只，好像要在临晋渡河发起进攻，而让埋伏的部队从夏阳乘坐大木瓮渡河，袭击安邑。魏王豹大惊失色，连忙领兵迎战韩信。九月，韩信进击俘获了魏豹，将他押解去荥阳，全部平定了魏地，设置了河东、上党、太原等郡。

历史详解

刘邦逃回灞上不久，项羽就带兵进入咸阳，他住进秦王宫，可谓春风得意。

这时有人向他建议，秦朝皇帝把天下害苦了，现在应该惩治他们。项羽连声说好，便派人把秦王子婴杀掉。又有人建议说，秦朝的官僚贵族比秦王更坏，他们逼得百姓家破人亡，也应该杀掉，项羽听了认为有理，便派人把咸阳城里的所有官吏、贵族杀了。就这样，项羽杀了秦国公子、皇室亲属800人，文武官员4000人，贵族豪绅上万人，一时血雨腥风。项羽还放火烧了阿房宫，掳掠了许多金银财宝和美女，然后离开咸阳东归。

西楚霸王

公元前206年2月，项羽自立为西楚霸王，建都于彭城（今江苏徐州）。然后又给一些起义将领和六国旧贵族封了王，秦朝的降将章邯、董翳、司马欣等人也被封了王，总共封了18个王。刘邦被封为汉王。

刘邦被分封到汉中、巴蜀等地，那在当时是偏远地区，他心里有怨言，但是不敢说。因为项羽有40万大军，而自己的力量很弱小，所以刘邦强忍心中的不满，带着自己的军队到南郑（今陕西汉中东）去建都。这时刘邦已暗下决心，待自己兵力强大，再与项羽一决雌雄，最后取而代之。

张良为刘邦出谋划策，深受刘邦赏识，但如今秦王朝已灭，张良的任务已经完成，也该回韩国了。

张良临行前，对刘邦说："大王，今日一别，不知何日再能相见。你们再往前走，就是栈道了，你们可以走一段烧一段。这样追兵袭来，也追不上你们了，还可以迷惑霸王，让他放心，知道你没有再回来之意。然后，您抓紧时间，招兵买马，积草屯粮，扩充军队，等待时机成熟了，便可从另一条道路杀过来，消灭项羽，夺得天下。"

刘邦非常舍不得张良离开，便对张良说："但愿我们还有见面的机会，我随时欢迎你的到来。”二人洒泪而别。

刘邦十分尊敬张良，对张良的临行之计非常赞同，便命令士兵走一段烧一段栈道。士兵很不情愿，本来就不愿意背井离乡，一看又烧了栈道，以为是汉王不想再回来了呢。有的人思乡心切，半路之上，趁人不注意便开了小差。

刘邦的人马在险峻的蜀道上前进，饱经风霜，好不容易到了南郑。

汉王刘邦开始修建都城，他不想在这里长久居住，也不想动用大量劳动力，便只修了一个小宫殿，这一举措深受当地百姓的欢迎。他拜萧何为相，任曹参、樊哙等人为将军。

士兵们到了这里，吃得很不习惯，再加上思念家乡，所以人心很不稳，常常有人悄悄溜走。刘邦愁得吃不香、睡不着，打算采取点措施，可一时又没有什么好办法。

这时韩信从项羽那里历尽艰难险阻来到了汉中，本想在这里得到重用，实现自己的抱负，但迟迟得不到汉王的重视。

这一天夜晚，韩信仰望夜空中的月色，感怀自己不被重用，不能施展自己的抱负，决定悄悄离去。他刚走没多远，萧何就去看望他。一见韩信走了，萧何心急如焚，心想：若去报告汉王，恐怕韩信已经走远。所以他骑上一匹快马，乘着月色就去追韩信。

天快亮了，他发现了韩信。

萧何把马停下，对韩信说：“韩壮士，请留步，我有话对你说。”

韩信停住了马，回头一看，是丞相萧何，心里也很感动，心想：丞相肯定是追了一夜，才赶到这里的。韩信把马头调转过来。

萧何说道：“你这样不辞而别，对得起我这个朋友吗？我已经向汉王推荐你三次了，汉王这个人很有主见，他不轻易听别人的，但是他若发现你是个人才，会非常欣赏你的。你这样匆匆离去，怎么能让别人发现你的才能呢？还是和我一起回去吧。”

韩信觉得萧何诚心诚意，便答应了丞相，和他一道回来了。这时，汉王正在着急。萧何走时，没有和刘邦打招呼，别人以为萧何也跑了呢，一夜都没有见到他的踪影，便去报告刘邦。刘邦一听很着急，萧何是自己的同乡，一起出生入死打天下，他跑了可怎么办呀？于是便立即派人去追。

天色渐近黄昏，萧何和韩信才回到宫中。萧何忙去拜见汉王，汉王正在焦急地等待他的消息，一听说萧何回来了，便责备道：“别人跑了，我不怪，我如此重用你，你怎么连声招呼都不打就跑了呢？”

萧何看刘邦着急的样子，赶紧解释道：“请大王息怒。我是去追韩信了，因为时间紧，我怕他跑远了，所以才没有向大王请示，还请大王多多原谅！”

刘邦气仍不消,问道:“你去追谁?”

“韩信啊!”

刘邦一听说是追韩信,更来气了:“我十几名将军都逃跑了,你一个也没有追,一个无名小卒跑了,你却连招呼都不打就去追他,他有什么奇特之处,值得你去追呀?”

萧何追韩信

萧何见汉王有些生气,便不急不慢地继续解释说:“大王,我汉中正缺一员文韬(tāo)武略的大将,其他逃跑的将军都没有这样的才能,惟独韩信文武精通,可以统率千军万马,帮助汉王大败项羽,夺得天下呀!如果大王想称霸天下,非得用韩信不可!”

刘邦很信任萧何,于是转怒为喜,答应接见韩信。

韩信见到刘邦,给他分析了天下形势,说道:“大王,现如今项羽在东方战事不断,他已派了主力在那里厮杀,我们可以借此良机从背后攻打他。虽然关中的雍王章邯、翟王董翳和塞王司马欣是项羽的忠实家犬,时刻监视着我们的行动,但我们可以‘明修栈道,暗度陈仓’,乘其不备,突出奇兵,打进关中,然后挥师攻打项羽。”

刘邦听后,非常高兴,觉得韩信果然是天下的奇才,他又想起张良临别时所说的计策,觉得韩信的办法非常有用。

汉王派人筑了一座高台,举行了隆重的典礼,拜韩信为大将军。

韩信当上了大将军,便派出一支老弱病残的队伍,去修复那些烧坏的栈道,让别人以为他要经过栈道,进攻关中。暗地里,他却率精锐部队,绕道陈仓,直指关中。

章邯得知汉军修复栈道的消息,心想:几百里的栈道,你一年也修不完。于是,他继续在宫中饮酒作乐,没有丝毫戒备。

这一天,韩信带兵到达关中。他对将士们说道:“大家思乡心切,如果想和家人在一起,我们就应奋勇杀敌。打败了敌军,我们就可以在关中不走了。”将士们士气高昂,大兵直取章邯的都城。

这时,章邯还在后宫饮酒作乐。一听说汉军杀到,他开始还有些不信,后来

韩信拜将

一看大兵已到城下，才慌忙持枪上马，仓促迎战。但他的士兵没有丝毫准备，节节败退。最后，韩信一举攻下了咸阳，收复了三秦。

精简点评

萧何月下追韩信，是因为韩信是真正的人才。而刘邦对韩信充分的信任，用其才占领了关中，为统一天下打下了基础。

韩信也最终一战成名，成为刘邦得力的战将。

陈平计除范增

原文

夏，四月，楚围汉王于荥阳，急；汉王请和，割荥阳以西者为汉。亚父劝羽急攻荥阳；汉王患①之。项羽使使至汉，陈平使为太牢具。举进，见楚使，即佯惊曰："吾以为亚父使，乃项王使！"复持去，更以恶草具进楚使。楚使归，具以报项王，项王果大疑亚父。

注释

①患：担心，忧虑。

译文

夏季,四月,楚军在荥阳围攻汉王,形势紧急。汉王向项羽请求议和,将荥阳西面的地区划归汉国。但范增却劝项羽火速攻打荥阳,汉王为此忧心忡忡。这时项羽派使者前往汉王处,陈平置备了丰富盛大的宴席,命人端去款待楚国的使者,一见到楚使,就假装惊诧地说:“我还以为是亚父的使者呢,原来竟是项王的使者啊!”随即将酒菜又端了出去,改换粗劣的饭菜送给楚使食用。楚使回国后,即把这些情况汇报给了项羽,项羽果然又对范增大加猜疑。

历史详解

刘邦占领了关中,可把西楚霸王项羽气坏了。项羽原本打算发兵西攻刘邦,可是东边也出了事,齐国的田荣挤走了项羽所封的齐王,自立为王,情况比西边更严重。项羽只好先去对付齐国。

汉王刘邦趁项羽和齐国相持不下之机,一直向东推进,攻下了西楚霸王的都城彭城。项羽又不得不扔下齐国,赶回来在睢(suī)水上跟汉军交战。

汉军大败,掉在水里淹死的不计其数,被俘的也不少,汉王的父亲太公和妻子吕后也被楚军俘虏了。

陈 平

汉王退到荥阳、成皋(都在今河南荥阳)一带,收集散兵。这时候,萧何从关中调来一支人马,韩信也带着军队来见汉王,汉军才重新振作起来。

汉王采取以攻为守的办法,一面守住荥阳,用少数兵力拖住项羽的军队;一面派韩信带领兵马,向北边收服魏国、燕国和赵国。

项羽的谋士范增劝项羽把荥阳迅速攻下来。汉王十分着急。他的谋士陈平便想出一条反间计,从内部瓦解楚军。

陈平派人混入楚营,散布谣言说钟离昧等人有功劳却得不到赏赐,就想与刘邦同谋,灭楚分地称王。

项羽一向多疑，听到这个消息，就信以为真，遂不与钟离昧等人商议军事，自己带兵把荥阳围得水泄不通，一连攻打了三天，见城中防卫森严，毫不动摇，也不能越雷池一步，项羽十分急躁。

张良等谋士又向刘邦献计，说："项羽攻城不下，正好派人去和他讲和，他肯定会答应，派人来讲条件，到时使用陈平之计，彻底离间他们君臣感情，就可解围了。"

"他如果不接受和谈怎么办？"刘邦怀疑地问。

张良说："项羽脾气暴躁，沉不住气，刚而不忍，连日攻城不下，心正焦急，使者一到，他必然接受。"

刘邦依计，派隋何往楚营游说。见了项羽，隋何厚礼甘言说了一通，说到刘邦被封为汉王，已经满足，不敢与项王分庭抗礼，愿意讲和，各守疆域，共保富贵，割荥阳以东为楚界，荥阳以西为汉界！

项羽想到刘邦势力日大，韩信又善于用兵，继续打下去，也不知道鹿死谁手，不如趁早讲和，休养生息，等候机会，便召范增等商量。

范增却反对这样做，他说："这是刘邦的缓兵之计，和谈不是本意，把战局拖住，专等韩信的救兵，才是真的。现在正可猛攻快打，把刘邦消灭了，再去对付韩信。"

项羽犹豫起来，又召见隋何，说："你暂且回城去，待我再考虑一下就通知你。"隋何吃了一惊，心知这必定是范增从中阻挠，破坏和谈，就对项羽说："在这个紧急关头，大王应自有主张，左右的话，恐有私弊，因为战胜也好，战败也好，别人一样可以不当楚官而当汉官，而大王您将怎么办？况且汉王尚未势穷力尽，韩信的几十万大军很快就会到来，内外夹攻，大王兵疲粮尽，那时进退不得，难道不后悔莫及吗？我替大王考虑，不如化干戈为玉帛。这样，不独汉王感恩戴德，老百姓也会讴歌陛下仁义呢！臣虽身在汉，实为楚臣，这些都是肺腑之言，望大王三思，不要被左右出卖了。"

项羽听了这番话很是欢喜，说："你说得有理，就这样决定了，你先回去，我随后派人进城去讲和。"隋何回去把情况告诉刘邦，刘邦问陈平："楚使不日将来谈和，你用何计对付？"陈平附耳说如此如此。刘邦大喜，密令陈平去进行。

项羽不听范增的劝谏，派虞子期到城内谈判。虞子期进城后，听说刘邦大醉未起，便暂到宾馆安歇，派手下人去了汉营。使者看见张良和陈平两人亲自出来迎接，殷勤地把他们邀进一间公馆里，好酒好肉招待，顺便问起范增的起居近况，大赞范增，并偷偷地问："亚父有什么吩咐？"楚使说："我是项王的使臣，不是亚父派来的。"张良、陈平两人一听，假装吃惊，说："我们还以为你是亚父派来的呢！"便叫一名小校过来，把那人带到另一间小屋里，改以粗茶淡饭招待，张良、陈平二人也不知道哪儿去了。

那人得到了刘邦接见的消息，回来向虞子期报告，特别提到张陈二人的话和态度，虞子期认为可疑，把这话藏在心里，整衣去见刘邦。可是刘邦还未梳洗，派人把他带到一间密室休息，等候接见。密室环境幽雅，设备齐全，那人奉陪了一会儿，托辞起身，说："虞将军先坐一会儿，待我去看汉王梳洗好没有。"

范 增

虞子期转身看看书桌，见有许多秘密文件，他就过去翻看，见到一封范增写给刘邦的信，说是要里应外合，共破楚军。虞子期大惊，忙把信藏在身边，准备回去呈给项羽邀功。这时有人来报，说刘邦召见，把他带到刘邦那里。刘邦又重复了一下和谈的论调，说愿与项羽分土而治。虞子期说："项王已依尊命，只想欲与大王见面详谈，别无他意！"

刘邦说："既然这样，先生请先回，等我商议好日期就去找项王见面。"虞子期回见项羽，传达了刘邦意见。悄悄地密报在城内所见情况，张良、陈平的态度，又把偷回来的那封信呈给项羽。项羽看罢大怒，说："老匹夫居然想出卖我？务必要查出实情，绝不饶恕！"范增知道了，在项羽面前力辩并无其事，说这都是陈平的反间计，目的在于离间君臣。

可是不管怎么说，项羽都听不进去。范增大怒，向项羽辞行说："天下事大致已定，大王您就自己看着处置吧，请让我将这副朽骨带回家乡！"项羽此时尚未醒悟，听任这位相随多年的忠诚谋士离去。范增走到半路上，背生恶疮，愤懑而亡。

精简点评

范增一走,围城的楚军便松懈下来,最终被刘邦冲出了重围。而项羽失去了范增,也就失去了左膀右臂,最终难逃失败命运。

楚汉鸿沟为界

原文

项羽自知少助;食尽,韩信又进兵击楚,羽患之。汉遣侯公说羽请①太公。羽乃与汉约,中分天下,割鸿沟以西为汉,以东为楚。

注释

①请:请回。

译文

项羽自己明白楚军颇为缺乏援助力量,而且军粮已经全部吃完,韩信又在进兵攻打楚军,为此十分忧虑。汉王这时派侯公前来劝说项羽,请求接汉王的父亲太公回去。项羽于是就同汉王定下条约:二人平分天下,以战国时魏惠王所开的名为“鸿沟”的运河为界,鸿沟以西划归汉王,鸿沟以东划归楚王。

历史详解

范增一死，楚营里再没人替霸王出主意，汉军受的压力也减轻了。汉王用少数兵力在荥阳、成皋一带牵制项羽的兵力，让韩信继续攻取北边、东边，又叫将军彭越在楚军后方截断楚军的粮道，使项羽的军队不得不来回作战。

楚汉双方就这样对峙了两年多。

公元前203年，项羽自己去攻打彭越，把手下将军曹咎留下来守住成皋，再三嘱咐他千万不要跟汉军交战。

汉王见项羽一走，就向曹咎挑战。一开始，曹咎说什么也不出来交战。汉王就叫兵士成天隔着汜水（流经荥阳西）朝着楚营辱骂。

一连骂了几天，曹咎实在沉不住气了，就决定渡过汜水，和汉军拼一死战。

楚军兵多船少，只好分批渡河。汉军趁楚兵刚渡过一半的时候，集中兵力，猛力攻击，把楚军的前军打败，后军也自乱阵脚，自相践踏，楚军大败。曹咎自知违反军令，无颜再见项羽，便在汜水边自杀身亡。

项羽在东边正打了胜仗，一听成皋失守，急忙赶到了西边对付汉王。在广武（今河南荥阳东北）地方，楚汉两军又对峙起来。

日子一久，楚军的粮食接应不上。项羽没法子，就把汉王的父亲绑了起来，放在宰猪的案上，派人大声吆喝：

"刘邦再不投降，就把你父亲宰了。"

汉王知道项羽吓唬他，也大声回答说："我跟你曾经结为兄弟，我的父亲也就是你的父亲。你要是把父亲杀了煮成肉羹（gēng），请分一碗让我尝尝。""分一杯羹"的典故就源于此。

项羽恨得咬牙切齿，真的想把太公杀了，又被项伯劝住了。

项羽派使者跟汉王说："现在天下闹得乱纷纷的，无非是你我两个人相持不下，你敢不敢出来跟我比个上下高低。"汉王要使者回话说："我可以跟你斗智，不跟你比力气。"

项羽又叫汉王出来，在阵前对话。汉王当面数落项羽的十大罪状，说他不讲信义，杀害义帝，屠杀百姓等等。项羽听得发火了，用戟(jǐ)向前一指，后面的弓箭手一齐放起箭来。汉王赶快回马，胸口已经中了一箭，受了重伤。

刘 邦

他强忍住伤痛，故意弓着腰摸摸脚，骂着说："贼人射中了我的脚趾。"

左右把汉王扶进了营帐。汉军听说汉王受伤，都慌了神。张良恐怕军心动摇，劝汉王勉强起来，到各军营巡视了一遍，大家才安定下来。

项羽听说汉王没有死，大失所望。接着，韩信在齐地大败楚军，楚军的运粮道又被彭越截断，粮草越来越少。

汉王趁项羽正在为难的时候，派人跟项羽讲和，要求把太公、吕后放回来，并且建议楚汉双方以鸿沟(今荥阳东南)为界，鸿沟以东归楚，鸿沟以西归汉。

项羽认为这样划定"楚河汉界"还不错，就同意了，放了太公、吕后，接着把自己的人马带回彭城。

精简点评

汉王这次讲和，只是一个缓兵之计。汉王用了张良、陈平的计策，不出两个月，组织了韩信、彭越、黥布三路人马一齐会合，由韩信统领，追击项羽。楚汉双方一场最后的决战就开始了。

霸王虽败犹荣

原文

于是项王欲东渡乌江，乌江亭长权船待，谓项王曰："江东虽小，地方千里，众数十万人，亦足王①也。愿大王急渡！今独臣有船，汉军至，无以渡。"项王笑曰："天之亡我，我何渡为！且籍与江东子弟八千人渡江而西，今无一人还；纵江东父兄怜而王我，我何面目见之！纵彼不言，籍独不愧于心乎！"乃以所乘骓马赐亭长，令骑皆下马步行，持短兵接战。独籍所杀汉军数百人，身亦被十余创。顾见汉骑司马吕马童，曰："若非吾故人乎？"马童面之，指示中郎骑王翳曰："此项王也！"项王乃曰："吾闻汉购我头千金，邑万户，吾为若德。"乃刎②而死。

注释

①王：称王。

②刎：自刎，自杀。

译文

这时项羽就想东渡乌江，乌江亭长把船停泊在岸边等着他，并对项羽说："江东虽然狭小，土地方圆千里，民众几十万人，却也足够用以称王的了。望大王您火速渡江！现在只有我有船，汉军到来，无船渡江。"项羽笑着说："上天要灭亡我，我还要渡江做什么呀！况且我与江东子弟八千人渡江西征，而今没有一个人归还；纵使江东父老怜爱我，仍然以我为王，我又有什么脸面去见他们啊！即便他们不说什么，难道我就不感到心中有愧吗！”于是就把自己所骑的骏马乌骓送给了亭长，命令他的骑兵都下马步行，手持短兵器与汉军交战。仅项羽一人就杀死了汉军几百人，项羽自己也身受十多处伤。这时项羽回头看见了汉军骑司马吕马童，就说：“你不是我的老朋友吗？”吕马童背过脸，指给中郎骑王翳说：“这就是项王！”项羽便说道：“我听说汉王悬赏千金买我的头颅，分给万户的封地；我就留给你一些恩德吧！”即自刎而死。

历史详解

公元前 202 年，韩信布置十面埋伏，把项羽围困在垓下（今安徽灵璧县东南），项羽的人马少，粮食也快完了。他想带领一支人马冲杀出去。但是汉军和诸侯的人马把楚军包围得重重叠叠。项羽打退一批，又来一批；杀出一层，还有一层；这儿还没杀出去，那儿的汉兵又围了上来。

项羽自刎乌江

项羽没法突围，只好仍回到垓下大营，吩咐将士小心防守，准备瞅个机会再出战。

这天夜里，项羽进了营帐，愁眉不展。他身边有个宠爱的美人名叫虞姬，看见他闷闷不乐，就陪伴他喝酒解闷。

夜幕降临了，只听得一阵阵西风吹得呼呼直响，风声里还夹着唱歌的声音。项羽仔细一听，歌声是由汉营里传出来的，唱的净是楚人的歌，唱的人还真不少。

项羽听到四面楚歌，不禁伤感，他失神似的说：“完了！难道刘邦已经打下西楚了吗？怎么汉营里有这么多的楚人呢。”

项羽再也忍不住了，随口唱起一曲悲凉的歌来：

力拔山兮气盖世，
时不利兮骓不逝。
骓(zhuī)不逝兮可奈何，
虞兮虞兮奈若何！

(这首歌的意思是："力气拔得一座山，气魄能压倒天下，可惜现在时运不利，乌骓马不肯跑。马儿不肯跑有什么办法？虞姬呀虞姬，我该如何将你安置？")

项羽一连唱了几遍，虞姬也跟着唱起来。霸王唱着唱着，禁不住流下了眼泪。旁边的侍从也都伤心得抬不起头。

当夜，项羽跨上乌骓马，带了800子弟兵冲过汉营，马不停蹄地往前跑去，据说虞姬不愿拖累项羽拔剑自刎而死。到了天蒙蒙亮，汉军才发现项羽已经突围，连忙派了五千骑兵紧紧追赶。项羽一路奔跑，待到他渡过淮河时，跟着他的子弟只剩下一百多人了。又跑了一程，却不料迷路了。

霸王别姬

项羽来到一个三岔路口，瞧见一个庄稼人，就向他问路。那个庄稼人知道他是霸王，不愿给他指路，哄骗他说："往左边走。"

项羽和一百多人就往左跑下去，越跑越不对头，跑到后来，只见前面是一片沼泽地带，连路都没有了。项羽这才知道是受了骗，赶快拉转马头，再绕出这个沼泽地，汉兵已经追上了。

项羽又往东南跑，一路上，随从的兵士死的死，伤的伤。到了东城(今安徽定远县东南)，再点了点人数，只有二十八个骑兵。但是汉军的几千名追兵却密密麻麻地围了上来。

项羽料想无法脱身，但是他仍旧不肯服输，对跟随他的兵士们说："我起兵到现在已经8年，经历过七十多次战斗，从来没打过一次败仗，才当上了天下霸王。今天在这里被围，这是天叫我灭亡，并不是我打不过他们啊！"

他把仅有的28人分为四队，对他们说："看我先斩他们一员大将，你们可以分四路跑开去，大家在东山下集合。"

说着，他猛喝一声，向汉军冲过去。汉兵抵挡不住，纷纷散开，当场被项羽杀死了一名汉将。

项羽到了东山下，那四队人马也到齐了。项羽又把他们分成三队，分三处把守。汉军也分兵三路，把楚军围住。项羽来往冲杀，又杀了汉军一名都尉和几百名兵士。最后，他又把三处人马会合在一起，点了一下人数，28 名骑兵只损失了两名。

项羽对部下说："你们看怎么样？"

部下都说："大王说的一点不错。"

项羽杀出汉兵的包围，带着 26 个人一直往南跑去，到了乌江（今安徽和县东北），恰巧乌江的亭长有一条小船停在岸边。

亭长劝项羽马上渡江，说："江东虽然小，可还有一千多里土地，几十万人口。大王过了江，还可以在那边称王。"

项羽苦笑了一下说："我在会稽郡起兵后，带了八千子弟渡江。到今天他们没有一个能回去，只有我一个人回到江东。即使江东父老同情我，立我为王，我还有什么脸面再见他们呢？"

他把乌骓马送给了亭长，也叫兵士们都跳下马。他和 26 个兵士都拿着短刀，跟追上来的汉兵肉搏起来。他们杀了几百名汉兵，楚兵也一个个倒下。项羽受了十几处创伤，最后在乌江边拔剑自杀。

精简点评

乌江水滚滚东流，似乎至今仍在诉说着项王的故事。虽然古语有云"成者王侯败者贼"，但是在今天看来，霸王项羽更有人格魅力，不以成败论英雄，项羽虽败，但是他的故事却万古流传。

贤相萧何

原文

汉王怒,欲攻项羽,周勃、灌婴、樊哙皆劝之。萧何谏曰:"虽王汉中之恶[1],不犹愈于死乎?"汉王曰:"何为乃死也?"何曰:"今众弗如,百战百败,不死何为!夫能诎于一人之下而信于万乘之上者,汤、武是也。臣愿大王王汉中,养其民以致[2]贤人,收用巴、蜀,还定三秦,天下可图也。"汉王曰:"善!"乃遂就国,以何为丞相。

注释

①恶:恶劣,不好。

②致:罗致,吸引。

译文

汉王刘邦大怒,想要攻打项羽。周勃、灌婴、樊哙也都鼓动他打。萧何规劝他说:"在汉中当王虽然不好,但不是比死还强些吗?"汉王道:"哪里就至于死呀?"萧何说:"如今您兵众不如项羽,百战百败,不死又能怎么样呢?能够屈居于一人之下而伸展于万乘大国之上的,是商汤王和周武王。我希望大王您立足汉中,抚养百姓,招引贤才,收用巴、蜀二郡的资财,然后回师东进,平定雍、翟、塞三秦之地,如此天下可以夺取了。"汉王说:"好吧!"于是就去到他的封地,任用萧何为丞相。

历史详解

萧何与韩信

萧何是江苏沛县人，他才能出众，办事认真，曾当过沛县的功曹掾（相当于县长助理）。他和刘邦的私人关系不错。刘邦有几次触犯刑律，全赖萧何从中庇护才得平安。刘邦当亭长后，办事大大咧咧，经常出现漏洞，萧何每次都替他周旋，使他免了撤职查办的惩罚。有一次刘邦率领一批民夫到咸阳服徭役，刘邦的朋友一般都送给他三百钱作路费，而萧何一人却送给他五百钱。

萧何跟随刘邦在沛县起兵后，一直是刘邦最有力的辅佐之一。

公元前206年，刘邦率领大军攻入咸阳，将士们纷纷到秦朝的仓库里掠取钱财，只有萧何无动于衷，他一人进入秦丞相府、御史府，将秦朝的法律、政令、地图、档案等重要资料全部清点接收，并进行分门别类的清理，从而使刘邦知道天下的地理位置、人口多少、强弱分布等，为以后夺取天下打下了基础。

项羽进入咸阳后，不仅不遵守“先入关中者王之”的约定，反而把刘邦分封到偏僻穷困的巴蜀、汉中一带为汉王。刘邦忍不下这口气，决定发动大军和项羽决一死战。萧何对他说：“虽然只是在汉中这样的穷地方为王，可这总比死要强得多啊！”刘邦说：“你说这话是什么意思？”萧何分析说：“现在我们和项羽相比，势力悬殊，你要去和他决战，这不是自取灭亡吗？俗话说，大丈夫能屈能伸，我劝你还是服从项羽的分配，先去汉中为王，然后招兵买马，不断地扩大自己的力量。只要卧薪尝胆，奋发图强，天下还能不是你的吗？”刘邦醒悟过来，迅速带领兵马来到汉中，并将周围的巴、蜀等地控制起来，此举为刘邦日后逐鹿中原赢得了一个有力的后方根据地。

刘邦进攻关中时，萧何留守汉中，他全力以赴，征集兵源，筹备粮饷，保证了刘邦在前线的作战需要。刘邦攻下关中后，东出函谷关，继续与天下诸侯争雄。而刚占领的关中正是满目疮痍，萧何又赶来进行了一系列的治理整顿，他辅佐太子刘盈，订立规章制度，建立宗庙、社稷、宫室，设立地方政权。可以这么说，

萧 何

刘邦率领将士在前方开拓疆土，功不可没，而对所夺的疆土进行治理巩固，却应归功于萧何。正是由于后方的巩固，军备物资的充足，刘邦才能一意向前，无后顾之忧。

萧何的军功得到了刘邦的肯定。刘邦称帝后，称萧何为开国第一功臣，不仅赏赐远重于别人，而且让萧何可以带剑上朝，免行参拜之礼，这是封建时代做臣子的最大荣誉和最高待遇。

萧何虽然得到刘邦的赏识，但他深知伴君如伴虎的道理，他时时警醒自己，做事一定要注意分寸，免得功高震主，惹来杀身之祸。

陈豨造反的时候，刘邦亲率大军前去镇压。刘邦走后不久，韩信在暗中准备谋反，萧何向吕后献计杀了韩信。刘邦听说此事后，派使者重赏萧何，并为他增派了五百名护卫。大家都为此事向萧何道贺。只有陈平不以为然，他对萧何说："你可能要大祸临头了。皇上给你增派五百名护卫，表面上是对你的奖赏，其实不然，这五百名护卫实际上是要监视你。这大概是韩信谋反的事，使皇上对你产生了疑心，毕竟韩信是你引荐的啊。希望你不要接受皇上的封赏。为了向皇上表明你并无二心，你应该把你的全部家产都捐献出来，作为皇上征战的军饷。这样做你才会博得皇上的信赖。"萧何自己也明白刘邦委派护卫的真实用心，正在惴惴不安，听了陈平的话，赶紧照办。此举果然博得了刘邦的欢心。

不久，黥布谋反，刘邦再次出征。在打仗的时候，刘邦经常派人回长安了解萧何的所作所为。萧何并未察觉，仍一如既往地专心于治理国家。萧何的一个朋友不忍心萧何遭到不测，他对萧何说："我真替你担心啊！你想一想，当年和皇上一起打天下的功臣，还有几

人健在？你现在贵为相国，可谓人臣之极了。你当相国以来，处处为民着想，深得民心。得民心对于想夺取天下的人来说，是极为重要的；而对于有大功的臣子来说，却不见得是件好事。皇上现在在外对你放心不下，正是猜忌这一点。为了免除皇上的疑心，你应该买点良田，利用职权谋取些私利，显示你胸无大志，这虽有些扰民，但对你的安全却是至关重要的。"萧何依计而行。

不久，刘邦得胜还朝，不少百姓在路上向刘邦告状，说萧何强买强卖，霸占民宅。刘邦收下了这些状子，心里为有百姓说萧何的坏话而高兴。他见到萧何后，笑着说："我不在的时候，相国可没少做利国利民的事啊！"他边说边把老百姓告萧何的状子全部递给萧何："你自己去向老百姓们解释这些事吧。"这只是开玩笑而已，刘邦并没有责怪萧何。

吕后

精简点评

萧何一辈子廉洁自律，为了避免功高震主，才不得不干些不利于民的事进行自污，想想真是可悲。伴君如伴虎，看看随刘邦一起打天下的功臣，有几个得到善终的呢？

张良全身而退

原文

张良素[1]多病，从上入关，即道引，不食谷，杜门不出，曰："家世相韩，及韩灭，不爱万金之资，为韩报雠强秦，天下振动。今以三寸舌为帝者师，封万户侯，此布衣[2]之极，于良足矣。愿弃人间事，欲从赤松子游耳。"

注释

①素：向来。

②布衣：平民百姓。

译文

张良向来多病，随从高帝进入函谷关，就静居行气，不吃粮食，闭门不出，说道："我家的人世代做韩国的宰相，及至韩国灭亡，我不吝惜万金资财，为韩国向强大的秦王朝报仇，使天下震动。如今凭借三寸之舌成为皇帝的军师，被封为万户侯，这已是一个平民所能享有的最高待遇了，对我来说足够啦。我只望抛开人间俗事，追随仙人赤松子去云游罢了。"

历史详解

萧何、张良、韩信，他们号称"汉初三杰"，在西汉建立的过程中，都是很有贡献的人物。张良是韩国人,他的祖父和父亲,曾先后担任五个韩王的相国。公元前230年,韩为秦所灭。当时张良年纪轻,没有在韩国做过官。因为祖父和父亲累世为韩相,家里很富裕,到韩亡的时候,还有奴仆300人。他的弟弟死了,也顾不得去安葬,他拿出全部家财寻觅有本领的人去刺杀秦王政,决心要替韩国报仇,这是因为他的祖父和父亲都曾担任过韩王的相国,深受韩王恩惠的缘故。

张良曾东往淮阳游学,学习当时通行的典章制度。在那里,他遇见了一位行侠仗义的隐士仓海君。由于仓海君的关系,张良认识了另一位勇猛有力的人,于是与他结为知己,谋划如何刺杀秦始皇。那位大力士准备了一个120斤重的大铁锤作为奋击的武器。

贤臣张良

公元前218年,始皇到东方巡视抵达阳武(今河南原阳),张良和那位力士隐蔽在博浪沙(今河南原阳县境内)那个地方,当始皇车队经过的时候,他们进行突然袭击。因为判断有误,没有搞清始皇到底是坐在哪一辆车上,所以力士一锤打去,只是把一部随从的车辆打坏。始皇见有人胆敢在路上行刺,大发雷霆,立即下令追捕,但没有捉到。于是,命令全国各地大举搜索。形势非常紧张,到处有关卡盘查,张良只好改名换姓,逃到下邳躲藏起来。

有一天,张良无事,从从容容地信步来到下邳的一座桥上,碰上一个老者。那老者穿着短袍,一看就知道是个贫寒而没有地位的人。他走到张良所站的地方,恰巧把一只鞋子掉到桥下去了,他回头对张良说:"孩子,下去给我把鞋子捡上来。"张良听了,感到很惊讶,他还从没有看见过这样傲慢无礼的人,当时真想痛骂他一顿。但看他年迈,就强忍怒火,下去帮他把鞋子捡了上来。那老者又说:"帮我把鞋子穿上。"张良觉得既然为他捡了鞋子,就帮他穿上吧,于是跪在地上帮他穿鞋。那老者也不客气,伸着脚让他穿上了,然后笑着而去,连谢谢都没有讲一句。

张良极其惊异,世上竟有这样傲慢无礼的人,他本能地随着老头去的方向注视着。只见那老头走了一里多路,又转身回来,对张良说:"孺子可教矣,过五天，刚天亮的时候，与我在这里会面。”张良于是感到更加诧异，很恭敬地行礼答道：“好。”

过了五天，天刚亮，张良如约前往，但那老头已经先在那里坐着。老头见张良来迟，生气地说：“和长辈相约，你却后到，这是为什么？”那老头气冲冲地扬长而去，临走时对张良说：“过五天再来见我，要早一点。”

五天后，鸡一叫，张良就去了，但又是那老头先到。那老头又生气地说：“又来迟了，是什么原因？”那老头和上次一样，又扬长而去，并对张良说：“过五天再早一点来。”

五天后，张良还没有等到半夜就去了，过了不久，那老头来了，看见张良先到，高兴地说：“应当是这样。”他拿出一册书来，对张良说：“读好这本书就可以辅佐别人完成帝王的大业。今后十年，时局会有大的变动，十三年以后，你在济水以北可以见到我，谷城山（今山东东阿）下的黄石就是我。”说完，飘然而去，再没有讲其他的话，以后也再没有出现过。

天亮，张良看那册书，原来是《太公兵法》，因而感到非常珍贵，经常研习苦读，一直读到滚瓜烂熟，对每句话的含义，都仔细地辨析，可以说是把它读通了。

张　良

张良生得文弱，状若妇人，既没有领兵进行过冲锋陷阵的战斗，也没有在后方做过支前工作，自然也就没有立过战功。但是他善于谋略，能运筹帷幄之中，决胜千里之外。在封功臣的时候，刘邦要他自己选择齐地3万户为封邑，张良却推让说：“当初我在下邳起兵，后来在留县（今江苏沛县东南）遇到陛下，这是天意。陛下采用了我的一些建议，侥幸地偶然料得准而没有出差错，我能封在留县就足够了，不敢接受3万户这样大的地方。”于是，汉高祖刘邦就封他为留侯。

张良所学，多属黄老之术，加上为人疏散，不大计较名利。因而在辅佐刘邦定夺天下后，即有了隐退之意。加上目睹刘邦大肆剿杀功臣，特别是诛杀淮阴侯韩信后，张良很心寒。又见一些功臣与贵戚之间争权夺利，丑态百般，张良更是无意于官场政治了。在被迫帮吕后稳定孝惠太子之位后，张良几乎不再过问政治了。

张良曾说:“我凭三寸之滑舌,荣为今上皇帝的军师,以致功封万户侯,这已经是活在世上的人的荣华富贵之极限了。知足者常乐,能忍者自安。这些对我已经足够了,我还想追求什么呢?”

张良求退隐

于是,张良开辟了一小片田地,自己也来学作耕稼,体验“五体俱勤”的自给自足生活。既可以遗忘尘世,还可以活络筋骨,修身养性,获得长寿。所以,任人怎么劝他也不愿出来过问政事,过着自耕自享的田园生活。神形完备,悠然自乐。世人更以此仰视张良,认为张良才是真君子。

精简点评

刘邦死后,孝惠帝即位,太后吕雉掌权,政治更加黑暗,张良也就再也没有过问政治,全然隐退了。由于吕后是得张良之助定位太子才得以掌权执政的,心里格外感激张良,所以对张良优厚有加。吕后劝张良说,人生不过百年,不必像修行君子一样苦了自己.张良依然无意过问世事,吕后等也只好由他去了,当然时不时还会派人去慰问、探望他。大约,吕后敬重的只有张良一人。

白登山的险情

原文

冒顿[1]纵精兵四十万骑，围帝于白登七日，汉兵中外不得相救饷。帝用陈平秘计，使使间厚遗阏氏。阏氏谓冒顿曰："两主不相困。今得汉地，而单于终非能居之也。且汉主亦有神灵，单于察之！"冒顿与王黄、赵利期[2]，而黄、利兵不来，疑其与汉有谋，乃解围之一角。会天大雾，汉使人往来，匈奴不觉。陈平请令强弩傅两矢，外乡，从解角直出。

注释

①冒顿：当时的匈奴首领，杀父自立，使匈奴迅速强盛，对中原王朝形成巨大威胁。

②期：约定日期。

译文

冒顿便发出精兵四十万骑，把高帝围困在白登山达七天之久。汉军这时内外无法呼应救援，高帝于是就采用陈平的秘计，派使者暗中用重金贿赂冒顿的阏氏。阏氏随即便对冒顿说："两个君主不应彼此困窘迫害。如今即使夺得了汉朝的土地，单于您也终究不能居住在那里。况且汉朝的君主也有神灵保护，望您明察！"冒顿与王黄、赵利约定好时间会师，但王黄、赵利的军队却迟迟不来，由此就怀疑他们与汉军有什么谋划，这才解开包围圈的一角。正好遇到天降大雾,汉军便派人在白登山与平城之间往来走动,匈奴人毫无察觉。陈平这时请求高帝命令士兵们用强弩搭上两支箭,箭朝外御敌,从解围的一角直冲出去。

历史详解

汉高祖刘邦

韩王信是战国时韩襄王的庶孙,身材高大威严,足有八尺五寸。他跟随刘邦多年,勇猛无畏。

公元前201年,匈奴骚扰北部边境,这里是韩王信的封地,因此他请求把自己的都城北迁到马邑(今山西朔州),以便对匈奴的入侵能快速反应。刘邦同意了韩王信的请求。

秋天,匈奴单于冒顿率领大军再度入侵,围困韩王信。大兵压境,韩王信惟恐抵御不过,暗地里数次派遣使者与匈奴交涉,谋求和解。刘邦及时发兵援救,击退了匈奴。刘邦得知韩王信多次派使者出使匈奴,怀疑韩王信存有异心,便派使者谴责韩王信说:"胡寇进攻马邑,君王的兵力难道不足以坚守城池吗?那是关系汉朝安危存亡的地方,所以朕才将它交给君王驻守。"

失去了刘邦的信任,迟早会遭灭顶之灾。韩王信被吓坏了,为了避免刘邦的杀害,他干脆公开反叛刘邦,投降匈奴,拱手将马邑奉送给匈奴,而且还与匈奴合兵攻击太原。

韩王信叛汉惹恼了汉高帝刘邦。西汉高帝七年(公元前200年)冬天,他亲自率大军讨伐,大破韩王信,斩杀了他的部将王喜,韩王信败逃匈奴。

韩王信的部下王黄等人纠集残兵部,与韩王信和匈奴单于冒顿合谋共击汉军。匈奴的左右贤王率领一万余骑兵,会合王黄等人,屯兵广武以南,攻击晋阳,被汉军打垮。汉军乘胜追击节节败退的匈奴军队。

坐镇晋阳的刘邦听说冒顿驻扎代谷,便派使者出使匈奴,刺探匈奴的军情。使者回报说:"匈奴只剩下老弱残兵和瘦瘠的马匹,不堪一击。"

韩王信

连续派出的十几个使者都带回了相同的情报。刘邦半信半疑,他又派郎中刘敬再去探听虚实。

刘敬归来,提醒刘邦说:"两军对垒,本应炫耀优势,掩盖短处。臣去匈奴时,却只见到瘦弱的老兵和疲老的马匹,其中一定有诈,他们是想麻痹对手,埋伏奇兵以取胜,臣认为不能轻易攻打匈奴。"

然而,在刘敬还没回来时,几十万汉军浩浩荡荡已经越过句注山追击匈奴。刘敬的劝阻让刘邦大怒骂道:"你这个齐虏,靠着三寸不烂之舌混上官职,现在竟敢胡言乱语阻挡我的军队。"

说罢,他立刻下令给刘敬戴上刑具,押解到广武囚禁起来。

汉军迎着朔风北上。由于天寒地冻,士兵的手被冻得红肿麻木。抵达平城(今山西大同)时,许多士兵的手指都冻掉了。一天,刘邦出城巡视,登上白登山观察局势。不想,匈奴的骑兵从天而降,将他们团团围困。

面对重兵,强行突围困难重重。时间一天天过去,刘邦一行的粮草供应也日渐紧张,他连忙派人向冒顿的阏氏奉送厚礼。

阏氏得到重金贿赂,便劝冒顿说:"即使夺得汉地,也不能久居。况且两个君主也不应互相攻击对抗。"

第七天清早,浓重的大雾弥漫天地之间,几步开外便不见人影。匈奴骑兵稍稍后撤。汉军派人试探地来回走动,但匈奴却毫无察觉。

这是突围的好机会,护军中尉陈平对刘邦说:"胡人的兵器全是弓矛,应该让士兵在强弩上安上两支利箭,箭头向外,以御匈奴骑兵的进击。同时,利用浓雾,慢慢地突出重围。"

白登之围

汉军避开匈奴骑兵,悄悄潜回平城。不久,汉军援军也匆匆赶到。匈奴骑兵只得退却。

白登突围后，刘邦迅速赶回广武，赦免了刘敬，道歉说："我没有听从刘公的劝阻，才被困平城。我已经全部斩杀了那些胡说可以攻打匈奴的使者。"随即又封刘敬为关内侯。

精简点评

白登之围，表明中原新兴王朝与北方游牧民族的实力有着一定的差距，从此之后刘邦改攻为守，用和亲政策改善与匈奴的关系，维护边疆的稳定。

刘邦亲征黥布

原文

冬，十月，上与布兵遇于蕲西，布兵精甚。上壁庸城，望布军置陈如项籍军，上恶之。与布相望见，遥谓布曰："何苦而反？"布曰："欲为帝耳！"上怒骂之，遂大战。布军败走，渡淮，数止战，不利，与百余人走江南，上令别将追之。……

汉别将击英布军洮水南、北，皆大破之。布故与番君婚，以故长沙成王臣使人诱布，伪欲与亡走越，布信而随之。番阳人杀布兹乡民田舍。

历史详解

淮阴侯韩信被吕后设计诛杀之后，淮南王黥布心里非常害怕，担心自己也难逃厄运。等到梁王彭越也被刘邦诛杀，尸体被剁成肉酱，分赐给各地诸侯的时候，黥布见到刘邦使者送来的彭越肉酱，心中更加惶恐不安。于是他便暗中调集军队,准备待机谋反。

黥布有一个宠妃,一次因生病前去就医。负责为她看病的医生,刚好与中大夫贲赫住对门。于是贲赫乘机送厚重的礼物以讨好黥布的宠姬,并在医生家设宴陪宠妃喝酒。黥布得知后就怀疑贲赫与自己的宠妃私通,想拘捕贲赫。

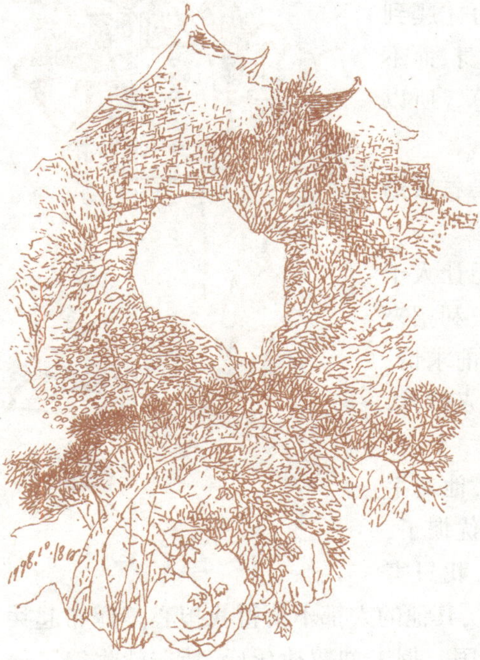

贲赫听说后非常恐惧,就连夜离家出逃,一直逃到长安。到长安后,他就将黥布想要造反之事向朝廷告发。刘邦得悉后便急忙与相国萧何商量对策,萧何建议说:“黥布应该不会做这样的事,恐怕是仇人妄图诬告他。我请求先把贲赫抓起来,再派人暗中查探黥布。”

再说黥布得知贲赫外逃到长安的事情后,担心他会说出自己的预谋,又见到朝廷使者探查出许多自己谋反的证据,知事已败露,于是他杀光贲赫全家,于汉高帝十一年(公元前196年)七月起兵造反。黥布造反的消息传到长安后,刘邦就赦免了贲赫,并任命他为将军。

刘邦召集众将商讨对策,原楚国的令尹薛公向刘邦进言说:“黥布造反不足为怪。假如他采取上策,崤山之东便不再归大汉所有了;如果他采取中策,两方谁胜谁负还难以预料;如果他采取下策,那陛下就可以高枕无忧了。”

刘邦问他说:“上策是什么?”

薛公回答说:“向东夺取吴地,向西攻占楚地,吞并齐地,占领鲁地,然后给燕、赵两国送去檄文,让他们在本国坚守,那么崤山以东就不再归大汉所有了。”

刘邦又问:“中策是什么?”

薛公答道:“向东夺取吴地,向西攻占楚地,吞并韩地,占据魏地,控制敖仓的存粮,堵住成皋口通道,那么谁胜谁负就难以预料了。”

刘邦接着问:“那用下策是什么?”

薛公答道:“向东夺取吴地,向西攻占下蔡,然后把辎重送回越地,自己回到长沙,那么陛下就可以高枕无忧,大汉就没有危险了。”

刘邦又问薛公:“那黥布会采取哪个计策?”

薛公说："一定会采取下策。"

刘邦接着又问："为什么他要舍弃上策、中策，反而采取下策呢？"

薛公回答说："黥布原来不过是在骊山上为秦始皇修陵墓的刑徒，他靠自己的努力才爬到今天的位置，这些都说明他只会顾及自身，而不顾及后代，不会为老百姓做长远的打算。所以说他一定会采取下策。"

刘邦听完薛公的话，非常高兴，于是就赏赐了薛公一千户食邑。

黥布

这个时候，刘邦正好生病，他原本想让太子替自己讨伐黥布。但是太子恐怕自己失利招来灾祸，便找到吕后请她为自己到刘邦面前求情。在吕后的一番哭诉下，刘邦只好放弃原先打算，决定亲自出征。

再说黥布刚造反时非常狂妄自信，他对手下的将领们说："皇上现在老了，养尊处优惯了，肯定不会御驾亲征。要是派其他将领，我只害怕韩信、彭越两人，而现在他们都已死了，其他的人都不值得我担心。"黥布起兵后果然如薛公所料，向东进攻吴地的荆国。荆王刘贾战死后，黥布就收编了他的军队，渡过淮河攻打楚国。

镇守楚国的主将见黥布来犯，就把军队分为三支在徐县、僮县一带迎战，想靠相互策应来出奇制胜。但有人劝说楚国的主将说："黥布善于用兵，人们一向惧怕他。而且兵法上说：'诸侯在自己领土上作战，士兵容易逃散。'如今楚军分为三支，敌军只要打败其中一支，其余的就会逃跑，哪里还能互相援救呢！"楚将不听，果然军队被黥布攻破一支后，其他两支就自行溃败了。接着，黥布军队势如破竹，不断向西进犯。

到了第二年十月，黥布叛军在蕲西与刘邦军队相遇。眼见黥布军队十分精锐，刘邦就避其锋芒在庸城坚守。当看到黥布叛军布阵像当年项羽军队的布阵后，刘邦心里既厌恶，又高兴。他与黥布远远对望，大声对黥布说："你为什么要造反？"黥布回答说："想当皇帝而已！"刘邦随即一面怒声斥责他，一面采用当年对付项羽的战法进攻黥布。经过一番混战，黥布军队大败，黥布只好带领一百多人逃到长江以南。后来，刘邦的军队一路追击，全歼了黥布的残部。黥布也在逃亡途中被杀。

精简点评

刘邦亲征，是刘邦排除异姓诸侯、清洗功臣的直接产物。但这也在一定程度上保证了中央王朝的统一和稳定。

白马之盟

原文

七月中，高后病甚，乃令赵王吕禄为上将军，军①北军；吕王产居南军。吕太后诫产、禄曰："高帝已定天下，与大臣约，曰：非刘氏王者，天下共击之。今吕氏王，大臣弗平。我即崩，帝年少，大臣恐为变。必据兵卫宫，慎毋送丧，毋为人所制。"

注释

①军：统领。

译文

七月中旬，太后病重，于是下令任命赵王吕禄为上将军，掌握北军；吕王吕产统领南军。太后告诫吕产、吕禄说："高帝在平定天下之后，和众大臣立下契约，说：不是刘姓而称王的人，天下人要一同征讨。我立吕氏为王，那些老臣们心中多不服。我就要去世，皇帝年幼，大臣们很有可能乘机向吕氏发难。你们务必要统率禁军，严守宫廷，千万不要为送丧而轻离重地，以免被人所制！"

历史详解

刘邦在和项羽争天下的时候，除了重用张良、萧何和韩信外，也得到了张耳、黥布、臧荼等人的大力协助。项羽实行割地分封时，这些人都被封为王，张耳是常山王，黥布是九江王，臧荼是燕王，在当时，他们的地位和汉王刘邦的地位是平等的。项羽性情粗暴，不断排挤他们；刘邦对他们则采用拉拢的手段，所以他们最终都投靠了刘邦。

刘邦做了汉朝皇帝，只好封这些有功之臣为王。这些人都封了王，韩信、彭越理所当然也得封王。韩信在楚汉战争未结束的时候封的是齐王，这时便改封为楚王；彭越被封为梁王。

汉高祖封这些异姓的功臣为王，是不得已的作法。他深知这些王很有能耐，害怕他们势力强大，会夺了他的江山。所以在封王后不久，他就开始寻找各种借口杀戮功臣，一个一个地来除掉这些异姓王。

刘邦

汉高祖称帝后不久，就借口燕王臧荼谋反，亲自带兵征讨，俘虏了臧荼，改封自己的好朋友卢绾做燕王。第二年，他听说韩信收留了曾是项羽帐下的钟离眛时，联想到韩信的军事才能，便认为韩信有谋反的意图，便生了讨伐韩信之心。但回头一想，自己的兵不如韩信的兵精锐，将领又比不上韩信的将领勇猛，如果真要打起来，害怕自己不敌韩信。于是他用了个计谋，假装要去楚国的云梦泽游玩，带着自己亲信的部队来到韩信的封地，准备找机会发动突然袭击。结果,韩信果然上当。

就这样,刘邦一个一个地除掉了异姓王,称帝后到逝世前,先后把分封出去的7个异姓王消灭了6个。空出来的王位,改封自己的兄弟子侄去接替。为了巩固自己的统治地位,他只相信自己的子弟,不再相信那些为他立过汗马功劳的异姓王了。

高祖在活着的时候不但亲手铲除异姓王,而且在临死之前还郑重其事地立下遗嘱,规定不许封异姓人为王。他这个遗嘱,是在征讨淮南王黥布的时候吃了苦头,才作出来的。

他费了九牛二虎之力,才打败了黥布,平定了这次叛乱。但汉高祖也被黥布军队的乱箭射伤,从此一病不起。

第二年,也就是公元前195年,汉高祖知道自己已经不行了,就带着文武大臣到太庙里去宣誓,立下了不许封异姓人为王的遗嘱。汉高祖叫手下人牵来一匹白马,亲自主持了杀马宣誓的仪式。他举起一杯血酒起誓说:"我自起事以来,已经12年了。当年跟着我打天下的英雄豪杰,都给了他们应有的封赏,我问心无愧。可是这些人当中,有的居功自傲,贪心不足,想来抢夺我刘家的天下。现在我在这里当着祖宗的灵位,立下一条不许违反的信条,希望大家发誓遵守:从今以后,凡不是刘姓的人,一概不许封王;没有功劳的人,一概不许封侯。谁违反这个盟约,天下人就共同讨伐他!"

汉高祖起誓完毕,把马血酒洒一半在地上,剩下的一半一仰头喝了下去。在场的人都照着他的样子,每人喝了马血酒,发誓永不违反这个盟约。

精简点评

汉高祖杀马宣誓,是为了怕异姓王造反,抢夺他的天下,因此才想出来的所谓长久计策。同时也是他与吕后的矛盾升级的产物。可是吕雉,他的妻子,在他死后,成为违反这个盟约的第一人。

萧规曹随

原文

参子窋为中大夫，帝怪相国不治事，以为“岂少朕与？”使窋归，以其私问参。参怒，笞窋二百，曰：“趣入侍！天下事非若①所当言也！”至朝时，帝让参曰：“乃者我使谏君也。”参免冠谢曰：“陛下自察圣武孰与高帝？”上曰：“朕乃安敢望先帝！”又曰：“陛下观臣能孰与萧何贤？”上曰：“君似不及也。”参曰：“陛下言之是也。高帝与萧何定天下，法令既明。今陛下垂拱，参等守职，遵而勿失，不亦可乎！”帝曰：“善！”

注释

①若：你。

译文

曹参的儿子曹窋任中大夫之职，惠帝向他埋怨曹参不理政事，惠帝说：“难道是因为我年纪轻吗？”让其回家时，以私亲身份探问曹参的口风。曹参大怒，鞭笞自己的儿子二百下，呵斥：“快回宫去侍候，国家大事不是你所应该讨论的！”到上朝时，惠帝责备曹参说：“那天是我让曹窋劝你的。”曹参立即脱下帽子请罪，并说：“陛下自己体察圣明威武比高帝如何？”惠帝说：“朕哪里敢比高帝！”曹参又问：“陛下再看我的才能比萧何谁强？”惠帝说：“你好像不如他。”曹参便说：“陛下说得太对了。高帝与萧何平定天下，法令已经明确。如今陛下垂手治国，我们臣下恭谨守职，大家认真遵守不去违反旧时法令，不就够了吗！”惠帝说：“是。”

历史详解

萧何和曹参早年都在沛县当官，后来又一块儿跟随刘邦起兵，两人关系本来不错。曹参是个将军，身经百战，立下赫赫战功，可在刘邦称帝后，他的官阶不如萧何，这使他和萧何的关系出现了裂痕。但萧何知道曹参是个治国的人才。

汉惠帝即位不久，相国萧何病重，汉惠帝亲自登门探望萧何，并问他谁可继任相国，萧何推荐了曹参。

曹 参

萧何一死，汉惠帝马上任命曾参为相国，曹参继任后，采取了清静无为的办法，一切按照萧何已经规定的章程办事，并无新的举措。

有些大臣见到曹参一副无所事事的样子，十分着急，想帮他策划策划。可他们一到曹参的家里，曹参只是一个劲地劝他们饮酒，并让他们莫谈国事。

汉惠帝也对曹参的作为有些不满，他以为曹参这么做是居功自傲、倚老卖老。他找来曹参的儿子曹窋说：“你回家的时候，找个机会问问你父亲，老皇帝刚去世，新皇帝还那么年轻，而他作为相国，却只知道天天饮酒，不问国事，像这样能治理好天下吗？但你不要说是我让你问他的。”

曹窋回家，把皇上教他说的话和曹参说了一遍。曹参大怒，把窋揍了一顿，说：“你该干什么就干什么去，天下的大事还轮不到你来插嘴。”

曹窋挨了一顿揍，有苦说不出，只能向皇上诉委屈。汉惠帝听了他的话，更感到不高兴。第二天，曹参入朝，汉惠帝责怪他说：“你何必要教训你儿子呢？他说的话是我让他说的。”

曹参一听此话，连忙请罪，接着又说：“请问皇上，你和高祖比，谁更聪明一些？”

汉惠帝说：“我哪能和高祖相比！”

曹参说："我和萧相国相比，谁更能干呢？"

汉惠帝迟疑了一会儿，说："你的才能好像比萧相国差一点。"

曹参说："皇上说的一点也不错。高祖和萧相国都是聪明过人的人，他们吸取了前朝兴衰的经验，为我们制定了一套完善的治国制度。我们只要遵此办理，不出差错就行了。现在天下太平不久，如果制度频繁更改，会造成人心混乱，这是治理国家的人忌讳的事。所以我宁愿让天下人认为我无能，也不愿沽名钓誉，扰乱百姓。"

汉惠帝这才明白了曹参的良苦用心。

曹参做了三年的相国，清静无为，没有给百姓增添丝毫的负担。老百姓很感激他，为他编了这样的一首歌：萧何制法，天衣无缝；曹参继任，守而不失。

精简点评

受惠于他的清静无为，百姓得到了安宁。

后世根据这件事总结了一个成语，就是"萧规曹随"。

田横五百士

原文

客穿其冢①傍孔，皆自刭，下从之。帝闻之，大惊。以横客皆贤，余五百人尚在海中，使使召之；至，则闻田横死，亦皆自杀。

注释

①冢：坟冢。

译文

两位宾客在田横的坟墓旁挖了个坑，都自刎而死，倒进坑里陪葬田横。高帝听说了这件事，大为震惊，认为田横的宾客都很贤能，余下的五百人还在海岛上，便派使者去招抚他们。使者抵达海岛，这五百人听说田横死了，也都自杀了。

历史详解

田横

秦朝末，齐国的田儋(dān)率领其兄弟及豪门子弟趁秦末大乱，杀了当地县令自立为王。田儋死后，其弟田荣继而为王。田荣战死后，田儋之子田广立为齐王(其时田横为相)，然后其部战败，随后田横收集残部乃自立为齐王。其间，可谓沧桑几变，历经风雨。

汉王刘邦曾派说客郦食其游说齐王田广和齐相田横联合抗楚。田广、田横同意倒向汉王刘邦。谁知，这时汉王大将韩信已经率大军奇袭了久攻不下的齐国重镇历下，加之韩信不知齐王已倒向了汉王，并派遣使者向汉王刘邦通报和缔约。所以韩信挥兵东进，直指齐都临淄。田广、田横见汉军兵临城下，非常气愤，以为汉军言而无信，被郦食其所出卖，因而恼羞成怒地烹杀了郦食其。然后，国破逃亡。齐国很快就被韩信、灌婴等汉将全部攻占了。

韩信等击破齐国后，齐相田横逃奔到淄博一带，并再次集聚残部自立为王，以图东山再起。于是，田横率军反攻汉军灌婴的部队，但被灌婴打得大败。不得已，田横只好再次逃亡，投靠了彭越。

梁王彭越一度中立，但又不坚定，一会儿倒向楚军，一会儿又倒向汉军。等到汉王刘邦最后灭了楚军，并剪灭了一部分诸侯，建立了汉帝国后，彭越仍旧被封为梁王，臣服于汉王朝。因而寄居在梁王彭越篱下的田横就非常担心。因为田横曾烹掉了刘邦的谋士郦食其，害怕有一天彭越会将他交给刘邦处置，从而遭到诛杀。田横恐惧不已，只好再次逃亡，率领下属追随者约500人逃入海中，据岛自安。

但是，汉高祖刘邦听说田横率众逃到海中岛屿上了，很为这件事忧心。就诏告天下说，田氏兄弟本来就是反秦平定齐地的有功之人，而且深得民心，齐地的贤人名士都乐意归附他们，如今他们躲入海岛，不招抚他们，恐怕皇帝落个遗贤在野的名声。于是，刘邦派使臣到岛上去宣布赦免田横等人的一切罪过，并召他们回汉朝做官，但田横害怕刘邦言而无信，很不放心，因而推辞说："我是有罪之人，曾经烹杀了陛下的使臣郦食其。而且，我听说郦食其的弟弟郦商已经是汉王朝的将军并且很有贤名，深得皇帝信任和重用，我等很担心这些，所以不敢听从诏令随便返回朝廷。我们只求做一个普普通通的老百姓，长年生活在海岛上就够了。"

使者还报刘邦，刘邦听后很不满意，认为田横显然是在对抗自己，一定要收服田横才放心。于是就召来郦商，对他说："齐王田横他们将返陆归顺朝廷，但他们很担心你会因为你哥哥郦食其的事而报复他们，所以迟迟不敢来，现在，我命令，如你们有人敢伤害田横他们，我定将你夷灭三族！"这样，郦商自然只得答应以大局为重，不念私仇旧怨了。

然后，刘邦再派使者上岛宣旨，并向田横等人说明了汉朝为他考虑的一切措施政策，以解除田横等人的忧虑。此外，还对他们说："你们回来，功劳大的将被封王，功劳小的也可封侯！"最后又不无威胁地说，再不服从可要派兵上岛了。

事情已经到了这一步，田横知道，只有离岛归顺一条路可走。于是，田横带了两名随从，随使臣归朝听命。

当他们一行人走到尸乡(今河南偃师)，田横还是忧惧不已，而且离京城越近越感觉害怕。于是他就对使臣请求说："不久，我们下等草民就要拜见天子了，这可得洗沐修饰一番，以示庄重，别污了陛下高贵的地方啊！"

使臣一听觉得很有道理，就决定稍作停留，洗沐修饰一番。田横趁使者不在时，对两名随从说："当年我是和汉王刘邦并立称王的齐王，如今人家做了天子，而我却成了他的俘虏之臣，这种耻辱叫我很难忍受。而且，我烹掉了郦食其，现在又与他的弟弟郦商共事刘邦，即便他慑于天子之令不敢加害于我，而我又有什么颜面见他呢？刘邦狡诈得很，他招降我，不过是怕我们据岛自重，对他构成威胁，而他一定要让我离开海岛到朝廷以便于控制罢了，他只有见到我的人头才放心。现在这里离刘邦所在的洛阳不过三十里路，待会儿我割下自己的头颅你们拿去见刘邦时，一定还不至于腐烂，应当可以让刘邦看得清楚并相信我已死了，那样他一定会满意的。”

接着，还不等随从醒过神来，田横已经拔剑自刎了。使者和随从只好捧着田横的头去见刘邦。刘邦心里很高兴，嘴上却感叹不已：“啊，田氏三兄弟相继称王，不是贤德之人怎么能做到呢！”于是下令，以王侯的身份厚葬田横，还加派两千士兵营葬并护墓。同时，拜封田横两名亲随为侯。

不料，营葬完毕，两名已被封侯的随从立即在田横墓边自杀身亡。刘邦这次着实震惊不小，认为田氏兄弟果然善于招揽才士，居然有人对他这样死心塌地。因此，刘邦赶紧派使臣到岛上去召还驻留的田横的追随者，然而使者很快回来报告说：“岛上的五百名田横亲信，一听说田横自杀了，也立即全体自杀，以表忠心来报答田横。”

精简点评

后来刘邦听了他们的故事唏嘘感叹不已，他深感五百壮士的忠贞与义气，令褒奖并厚葬他们。

田横与五百壮士的美名就这样传下了。

张释之公平断案

原文

是岁，释之为廷尉。上行出中渭桥，有一人从桥下走，乘舆马惊，于是使骑捕之，属廷尉。释之奏当："此人犯跸，当罚金。"上怒曰："此人亲惊吾马，马赖和柔，令他马，固不败伤我乎！而廷尉乃当之罚金！"释之曰："法者，天下公共也。今法如是，更重之，是法不信于民也。且方其时，上使使诛之则已。今已下廷尉。廷尉，天下之平也，壹倾，天下用法皆为之轻重，民安所错[1]其手足！唯陛下察之！"上良久曰："廷尉当是也。"

注释

①错：放置。

译文

这一年，张释之被任命为廷尉。文帝出行经过中渭桥，有一人从桥下跑出，惊动了为皇帝驾车的马匹；于是，文帝令骑士追捕，并将他送交廷尉治罪。张释之奏报处置意见："此人违犯了清道戒严的规定，应当罚金。"文帝发怒说："此人直接惊了我乘舆的马，仗着这马脾性温和，假若是其他马，能不伤害我吗？可廷尉却判他罚金！"张释之解释说："法，是天下公共的。这一案件依据现在的法律就是这样定罪；加罪重判，法律就不能取信于民众。况且，在他惊动马匹之际，如果皇上派人将他杀死，也就算了。现在已把他交给廷尉，廷尉是天下公平的典范，稍有倾斜，天下用法就可轻可重，没有标准了，百姓还怎样安放自己的手脚呢？请陛下深思。”文帝思虑半晌，说：“廷尉的判决是对的。”

历史详解

张释之，是西汉文帝时的廷尉（全国最高司法长官）。他不畏权势，依法办事，公平断案，得到后来人们的称赞。

张释之

他在担任公车令的时候，太子和梁王兄弟两人同坐一辆车入朝，到司马门而不下车。司马门是宫廷的外门。当时有禁令，凡是出入殿门和司马门的都得下车步行，违反规定的，罚金四两。公车令是掌管廷殿和司马门的，于是，张释之毫不客气地追了上去，禁止他们前进，同时把此事告到皇帝那里。薄太后听到孙儿违法，就去责问文帝，文帝取下皇冠向母后承认错误，说：“是我管教他们不严。”薄太后于是派使者拿了诏令去赦免太子和梁王不遵守制度的罪过，这样，他们才进入了殿门。

张释之担任廷尉以后，曾碰上两个棘手的案件。这两个案件文帝都曾亲自干预。

有一天，文帝外出，走到中渭桥，突然有一个人从桥下走出来，正碰上文帝坐的车子，驾车的马受惊，文帝在车内也吓了一跳。文帝很生气，派随从的骑兵侍卫把那个人捉住，交给廷尉衙门办罪。张释之受理了这个案件，就进行审问。那人说：“我是从长安县来的，走到这里的时候，听到禁止路人通行的传呼，说是车驾将至，于是我就躲在桥下。过了好久，我以为皇上已经过去了，便从桥下出来，想不到却恰巧碰上皇上坐的车子，所以我马上转身就逃走，想不到惊吓了驾车的马。”廷尉问得口供，根据罪行，依法处以罚金四两。张释之把这个判决上报给文帝，文帝很不满意，气愤地说：“这个人惊吓了我的马，幸亏我的马驯良，假使换了别的马，不就要翻车伤我么？而你，仅仅只判处罚金了事，这怎么行！”

张释之说：“法律，是天子您和天下百姓共同所有的。现在依法律只能是这样判处，假若要再加重些，这样的话法律在人民中就没有信用了。当他使陛下受惊的那个时候，您如果派人立刻把他杀掉也就罢了。现在既然交给了廷尉，廷尉是最高执法的人,应当公平执行法律,为天下大小官吏示范。如果一旦有了偏私和不公平,那其他大小官吏在执行法律的时候,都可以任意轻重了。这样的话,百姓还有什么容身之地呢?希望陛下仔细考虑一下。"文帝听了,很久没有作声。过了一会,说:"你定的罪是适当的。"

又有一次,有一个人偷了汉高祖庙中神座前供设的玉环。破案后,文帝怒不可遏,立即命令交给廷尉判罪。张释之依照法律规定,援引盗取宗庙内供应物件的罪名,上奏文帝,说这个人应当判死刑。

文帝看了判决书,大发脾气,说:"这个人罪大恶极,竟敢盗窃我先帝庙中的器物,我所以交廷尉审判,是打算把他定族诛之罪。你现在只依据法律处置,这不是我所要恭敬承奉宗庙的本意。"

张释之摘下头上的乌纱帽,磕头请罪,他说:"依法处断,这样已到最高限度了。即使罪名相等的,然而也要看危害的程度来分别高下轻重。如今他因盗窃宗庙器物便要族诛,那么万一有人冒犯长陵(高祖陵墓),那你又怎样去加重处罚他呢?"

文帝当时没有作声。过了很久,文帝与太后谈到这件事,他们认为廷尉的判决是正确的,才表示同意照那样执行。

精简点评

张释之由于能够公平断案,执法不阿,受到天下人的称赞。

汉文帝与冯唐

原文

上搏髀曰:"嗟乎,吾独不得廉颇、李牧为将!吾岂忧匈奴哉!"唐曰:"陛下虽得廉颇、李牧,弗[①]能用也。"

注释

①弗：不，非。

译文

皇帝拍着大腿说："我偏偏得不到廉颇、李牧那样的人做将军！有了这样的能征善战的大将，我难道还担忧匈奴的入侵吗！"唐说："陛下即使得到了廉颇、李牧也不能任用他们。"

历史详解

汉文帝时，有个叫冯唐的人，他的祖上是赵国人。到他父亲时，将家迁到了代国（今山西大同一带），汉朝建立以后，又搬到安陵（今陕西咸阳境）。冯唐被人们称为孝子，在汉文帝的时候，被推举为职位不高的中郎署长，当时他已有八十多岁了。

有一天，文帝乘车经过郎署，看见冯唐，顺便问他："老人家，你怎么还在做郎官？老家在什么地方？"冯唐告诉他，自己是代国人。文帝做皇帝以前，就在代国做王，文帝一听冯唐竟是自己的老乡，就来了兴趣，说："我住在代国的时候，我的属下时常跟我说起赵国将军李齐的事迹，尤其是大战钜鹿城下的一段故事，给我留下深刻印象，每每在吃饭的时候，我就想到了这件事。老人家，你也知道这个人吗？"

冯唐回答说："李齐虽然了不起，但是还比不上廉颇、李牧这两位将军。"文帝问："那是为什么呢？"冯唐说："臣的祖父在赵国的时候，担任官率将（官名，百人之长），和李牧很要好；臣的父亲原来是代国的丞相，和赵国将军李齐很要好，所以我知道他们的为人。"

文帝听冯唐说到廉颇、李牧的为人，非常高兴，拍拍大腿说："唉！我就得不到廉颇、李牧做我的将军，如果有这样的大将，我还要担心匈奴吗？"

冯唐说："恕愚臣直言，现在就是有廉颇、李牧，陛下也不一定能用他们。"文帝生气了，立即起身回宫。

过了不久，文帝把冯唐叫了去，责备他说："你为什么当众侮辱我，难道没有适当的机会，在人少空闲的时候再讲吗？"冯唐表示歉意，说："我是一个粗鲁的人，不知道什么是忌讳。"

正在这个时候,匈奴又大规模入侵西北,杀了当地官员。文帝感到非常忧虑,于是,忍不住又去把冯唐找来问:“你怎么知道我就不能用廉颇、李牧呢?”冯唐回答说:“臣听说古时候帝王派遣大将出征,都恭敬地远送,并亲自推着车轮,对他说:‘国门以内的事,归我来管;国门以外的事,都由将军你决定。’所有军功封爵奖赏,全都由将军做主,回来再向帝王报告。这是事实,并不是虚假之言。臣的祖父说,李牧做赵国的将军,驻守边防,军中有榷市(做买卖的地方),军市收的租税,全都由他自己动用,犒劳士兵。如何赏赐都由他决定,中央不从中干涉,把任务专诚委托他,付以全权,当然同时也要求他完成任务。所以李牧才能够充分发挥他的才能,他派出经过挑选的战车1300辆,擅长射箭的骑士13000人,英勇善战的士兵10万,于是,北面赶跑了匈奴单于,打垮了东胡,消灭了澹林(当时代国北边的民族);西面抑制了强大的秦国;南面支持了韩国和魏国。这个时候,赵国差不多可以称霸中原了。后来,碰上赵迁继位做了赵王,昏庸无能,听信郭开造谣说李牧准备反叛,终于把李牧杀了,任命颜聚替代他,结果是军队被打垮,士兵都逃散,赵王也被秦国活捉,赵国也被秦国灭掉。

冯 唐

汉文帝

“如今臣私下听到,魏尚做云中郡守,他把军市收的租税,完全用来犒劳士兵;把自己应得的俸禄也拿了出来,每5天必宰杀一次牛,犒劳指挥部里的宾客以及属下的军官和门下的舍人。由于他治军得法,所以匈奴躲得远远的,不敢接近云中军队控制的地区。敌虏曾经一度入侵,魏尚带领了车骑迎头痛击,斩杀甚众。士兵们本来都是普普通通的老百姓，是耕田种地的人，出来从军，哪里知道官府内部往来的文书和军中编制的花名册呢？他们只是整天努力作战，杀敌人，捉俘虏，向上级报告战功。而官府，只要看到所报的事状有一言半语不相合，办案的官吏便引用法规条文来进行制裁。奖赏得不到，而官员根据的法规却一定得照办。臣很愚蠢，总觉得陛下立法太严明，赏得太轻，罚得太重。且说云中郡守魏尚，由于报告战功的文书和核实的情况不符，少了 6 颗首级，这就算犯了罪，陛下把他交付有关部门审判，革掉了他的封爵，判处他一年徒刑。从这件事上可以看出来，陛下纵然得到廉颇、李牧，也是不能用他们的。臣实在愚蠢，触犯了忌讳，该死！该死！"文帝听冯唐说得有理，很高兴，当天就命令冯唐拿了符节去赦免了魏尚，恢复他原来的官职，仍旧为云中郡守。同时，又任命冯唐为车骑都尉。

精简点评

文帝很赏识冯唐，无奈冯唐已经八十多岁了，廉颇老矣。所以后人常引以为憾。唐代诗人王勃在《滕王阁序》中有"冯唐易老，李广难封"的句子，抒发的就是这种感叹。

周亚夫平乱

原文

初，文帝且①崩，戒太子曰："即有缓急，周亚夫真可任将兵。"及七国反书闻，上乃拜中尉周亚夫为太尉，将三十六将军往击吴、楚，遣曲周侯郦寄击赵，将军栾布击齐；复召窦婴，拜为大将军，使屯荥阳监齐、赵兵。

注释

①且:将要。

译文

当初,汉文帝临终前,告诉太子说:"假若国家有危难,周亚夫足以胜任军队统帅的重担。"等到七国叛乱的文书到达朝廷,景帝就任命中尉周亚夫为太尉,统帅三十六位将军及其部队,前去迎击吴、楚叛军;派遣曲周侯郦寄攻打赵国,派将军栾布攻打齐境叛军;景帝又召回窦婴,任命他为大将军,让他率军驻守荥阳,监督用兵于齐国和赵国境内的汉军。

历史详解

周亚夫

周亚夫,是周勃的儿子,以善于用兵、治军谨严而闻名。他作为绛侯的继承人而被封为条侯。

公元前158年,匈奴结集了重兵大规模地进犯北部边境。文帝任命宗正(负责皇族事务的长官,为九卿之一)刘礼为将军,驻军灞上;任命祝兹侯徐厉为将军,驻军棘门(今陕西咸阳市东北),任命河内郡郡守周亚夫为将军,驻军细柳(今陕西咸阳西南),命令他们分别守卫京城长安附近的三个战略据点,防备匈奴的进攻。

有一次,文帝亲自去慰劳军队。来到灞上和棘门的军营时,劳军的车驾都是长驱直入,没人前来阻拦,将军以下的军官都骑着马迎进送出。后来,文帝来到细柳军营,这里的情况却完全不一样:军官和士兵都披着铠甲,手里拿着擦得雪亮的刀枪,张弓搭箭,真是戒备森严。文帝的先行官吏来到营门,门卫不让他们进去。那些先行官吏说:“皇上就要到了!”守卫营门的都尉说:“将军有令,在军中只服从将军的命令。”

过了一会,文帝的车驾到了,也照样被挡在营门外不让进去。于是,文帝派使者拿了符节进营向将军周亚夫传达诏令:“皇上要进军营慰劳将士。”这时,周亚夫才下令打开营门,放车驾进来。进去的时候,守卫营门的军官郑重地对文帝的随从人员说:“将军有规定,军营内,车马不许奔跑。”文帝听了,只好吩咐放松马的缰绳,慢慢地走着。

文帝来到中军营帐,只见将军周亚夫穿着全副军装,手执兵器,威风凛凛地站在那里。他见了文帝,只是拱手表示欢迎,他说:“军装在身,例不下拜。请允许我以军礼朝见皇上。”文帝听了,大为震动,脸上立刻显得严肃起来,就靠在车前的横木上答礼;同时又派人上前致意:“皇上慰劳将军!”劳军仪式完毕,文帝离开军营。

文帝与周亚夫

出了细柳军营门,随从的官员都感到皇帝受到了轻慢,可是文帝却赞叹地说:“啊!这才是真正的将军。前些时候,我看到灞上和棘门两处的队伍,就像小孩子们在做游戏!如果敌人来偷袭,俘虏他们的将军也是很容易的。至于亚夫,敌人能够轻易侵犯他吗?”连连称赞了好长时间。过了一个多月,情况好转,这三路大军都撤除了,文帝就任命周亚夫为中尉,负责京城的治安。因此,后来人们就把纪律严明的军营称为“细柳营”。

文帝很赏识周亚夫,临终的时候,嘱咐太子刘启:“假如国家遇到紧急事变,周亚夫确实是能够统率军队,担当重任的人。”文帝去世,刘启继位,称为景帝。景帝任命周亚夫为车骑将军。

公元前 154 年,吴、楚等七个诸侯国联兵发动叛乱。这次叛乱的规模相当大,主谋和首领是吴王刘濞,他倚仗吴国地方辽阔,拥有 53 城,而且还具有冶铜、铸钱、煮盐等优越条件,早已蓄谋夺取皇位。

景帝派遣周亚夫率军东进平叛。行前,周亚夫向景帝请求说:“楚军剽(piāo)悍轻捷,难于和他们正面争锋。我们可以暂时把梁国舍弃给吴国,然后断绝敌军的粮道,这样才可以制服它。”景帝同意他的这个计划。

周亚夫将部队集结在荥阳。当时，吴军正在攻打梁国，梁国非常危急，请周亚夫派兵救援。但周亚夫却领兵向东北进发，在昌邑（今山东金乡县西北）深沟高垒，修筑起坚固的防御阵地，准备坚守。梁国天天派使者去请求发兵，周亚夫按照既定的策略，没有同意。梁王为此上书景帝，景帝派使者去给周亚夫下达命令，要他率兵救梁。周亚夫没有听从帝命，仍然坚守营垒不肯发兵。但是，他派弓高侯韩颓当率领轻装骑兵去断绝吴、楚军队的粮道。吴军缺乏粮食，士兵饥饿，多次挑战，想尽快与汉军决战，但周亚夫始终不予理睬。

有一天夜间，军中发生惊乱，有些人相互攻击，乱作一团，甚至闹到了周亚夫的营帐旁边，周亚夫仍镇定如一，睡在床上起都没有起来。过了一会，这种惊乱便安定了下来，又恢复了平静。后来，吴军把部队调到汉军营垒的东南角，周亚夫却在营垒的西北角加强戒备。不久，吴国的精锐部队果然扑到西北角发起猛攻，可是，无论如何也打不进去。吴军因为饥饿不能久战，不得不引军撤退。周亚夫于是立即派精锐部队追击，把吴军打得大败。

吴王刘濞丢弃了自己的军队，带着几千名将士逃到长江以南的丹徒进行防守。周亚夫在乘胜追击中，全部俘虏了吴国的将士，并悬赏黄金千斤捉拿吴王。一个多月后，越地的人杀了吴王，割下他的头前来报告请赏。

精简点评

由于周亚夫善于用兵，治军严谨，前后只三个月，就平定了吴、楚七国的叛乱，再一次维护了西汉王朝的集中统一，使诸侯王的势力受到致命的打击。从此以后，诸侯王国实际上变成了和中央直接统辖的郡一样的地方单位。

邹阳救梁王

原文

初，梁孝王以至亲有功，得赐天子旌旗。从千乘万骑，出跸入警。王宠信羊胜、公孙诡，以诡为中尉。胜、诡多奇邪计，欲使王求为汉嗣①。栗太子之废也，太后意欲以梁王为嗣，尝因置酒谓帝曰："安车大驾，用梁王为寄。"帝跪席举身曰："诺。"罢酒，帝以访诸大臣，大臣袁盎等曰："不可。昔宋宣公不立子而立弟，以生祸乱，五世不绝。小不忍，害大义，故《春秋》大居正。"由是太后议格，遂不复言。王又尝上书："愿赐容车之地，径至长乐宫，自使梁国士众筑作甬道朝太后。"袁盎等皆建以为不可。

注释

①嗣：储君。

译文

当初，梁孝王因为与景帝是一母所生的亲兄弟，关系最为亲密，又有平定七国叛乱的大功，被赐予天子使用的旌旗，出门都有成千上万的车辆马匹跟随，出跸入警。梁孝王宠信羊胜、公孙诡等人，并且任命公孙诡为中尉。羊胜和公孙诡有许多奇诡不正的计谋，想怂恿梁孝王争取成为大汉朝的未来继承人。当栗太子被废的时候，窦太后想让梁王为帝位继承人，曾利用宴饮的时候对景帝说：

"你出入乘坐大驾和安车，要让梁王在你身旁。"景帝跪坐在席上，挺直了身回答说："好。"喝完了酒，景帝就此征询大臣们的意见，大臣袁盎等人说："不成。过去宋宣公不传位给儿子而传位给弟弟，因此产生了祸乱，祸乱持续了五代人。小处不忍心，会伤害大义，所以《春秋》以大义主宰天地。"因此，太后的建议被阻止搁置，也就再不提让梁王继承帝位了。梁王又曾经上书给景帝："希望赐给我能容得下车辆通过的地方，直达太后居住的长乐宫，我自己派梁国的士兵修筑一条甬道，以便朝见太后。"袁盎等众多大臣都认为这个请求不可以答应。

历史详解

邹阳曾与严忌、枚乘等人一起在吴王刘濞那里任职。过了一段时间，刘濞的儿子在与皇太子下棋时，被皇太子用棋盘打死，刘濞对这件事心怀怨恨，称病不入朝，私下里阴谋反叛，邹阳就上书劝谏，但刘濞不听。

当时，汉景帝刘启的弟弟梁王刘武地位尊贵，势力很大，而且以爱才闻名。邹阳、枚乘、严忌知道刘濞不会听从他们的劝告，就都离开了刘濞，投奔了刘武。

邹　阳

刘武是景帝刘启的同母弟弟，很受窦太后的宠爱，窦太后希望景帝将来能把皇位传给刘武，而刘武也很希望能这样。可遭到袁盎等大臣的坚决反对，认为这是天下大乱的隐患。刘武听说后很生气，便派刺客把袁盎杀了。此前，邹阳曾加以劝阻，认为不能那样做。但刘武不听，仍我行我素。而今，事情败露，刘武怕自己被杀，才仔细思考了邹阳说过的话，很诚恳地感谢他，送给他千金，让他想办法在景帝那里求得解脱。邹阳平素知道齐国有位王先生，已经 80 多岁了，很有奇谋，就前去见他，对他说了这件事，以求解救之法。

王先生说："难啊！皇上有了怨恨，想实行诛杀，是很难解脱的。以太后的尊贵，骨肉的亲情，还不能阻止，何况是臣下呢？"

邹阳不死心，他要去各地请高人指教。王先生说："先生走吧，回来的时候，请经过我这儿，然后再西回。”

邹阳出行了一个多月，没能讨到计策，回程经过王先生那里，对王先生说：“我将西回，该怎么办呢？”

王先生说：“我先头想献上愚计，但又觉得不成熟，自以为浅薄寡陋不敢说出来。如果先生回去，一定去见见王长君。”

邹阳听了这话，心里一下就明白了，说：“遵命。”

邹阳向王先生告辞后，径直去了长安，拜见王长君。王长君是王美人的哥哥，后来被封为盖侯。邹阳在王长君那里逗留了好几天，趁着空闲对王长君说：“臣不是无缘无故来拜见长君的，臣自不量力，有件事事关您的吉凶，所以特来告诉您。”

王长君听说心中暗惊，谦恭地说：“愿闻其详。”

邹阳说：“臣私下里听说长君的妹妹在后宫很受宠爱，天下没有人能和她相比，而长君的行迹多不合常理。如今为了袁盎的事皇上穷追不舍，梁王害怕被杀。如果梁王被杀，太后忧伤泣血，无处发泄，必然会将满腔愤恨迁怒于您。臣担心您的处境危如累卵，私下里很为您担忧。”

王长君害怕地说：“那该怎么办？”

邹阳说：“如果长君能对主上说说，不要追究梁王的事，长君必定会与太后建立牢固的关系。太后感谢长君，长君的妹妹在太后宫和帝宫都会受到宠爱，地位就会像金城一样牢固。长君有存亡继绝的功劳，必定功德广布天下，留名后世。希望长君好好想一想。”

王长君说：“好。”

王长君抽空进宫为梁王向景帝求情，内史韩安国也为此事去见了长公主刘嫖。刘启见这么多人为刘武说情，况且刘武是自己的同母兄弟，自幼感情甚好，也就不再追究，不了了之了。

精简点评

邹阳在封建帝王的权力争夺中保全君主的兄弟情义，让景帝和梁王化解纠葛恩怨，诚为不易。

辕固刺猪

原文

窦太后好《老子》书，召辕固生问《老子》书。固曰："此是家人①言耳。"太后怒曰："安得司空城旦书乎？"乃使固入圈刺豕。景帝知太后怒而固直言无罪，乃假②固利兵，下圈刺豕，正中其心，一刺，豕应手而倒。太后默然，无以复罪，罢之。

注释

①家人：一般人，平常人。

②假：给，借。

译文

窦太后喜欢黄老学说，爱读《老子》，于是召来辕固生问他读《老子》的体会。辕固回答说："这不过是普通人的言论罢了。"窦太后恼怒道："它怎么能比得上管制犯人似的儒家诗书呢！"于是让辕固进猪圈刺杀野猪。景帝知道太后发怒了而辕固只是直言相告并无罪过，就借给他锋利的兵器。他下到兽圈内去刺杀野猪，恰好正中其心，野猪应手倒地。太后无语，没理由再治他的罪，只得作罢。

历史详解

汉景帝刘启时，齐人儒生辕固是博士。有一次他和另一位黄生在刘启面前争论。

黄生说："商汤和周武王取得天下，不能说是受命于天，只能算是弑君。"

汉景帝

辕固说："不对。夏桀和商纣暴虐淫乱，天下人心归汤、武，汤、武和天下一心去诛灭桀、纣，桀、纣的百姓不替他们效力而归附汤、武，汤、武不得已而立为君主。不是受命于天又是什么呢？"

黄生说："帽子虽然破旧，还得戴在头上；鞋子即使很新，也只能穿在脚上。为什么呢？因为上下是有区别的。桀、纣虽然无道，但他们仍然是君主；汤、武尽管圣明，他们却是臣子。君主的行为有过失，臣下不能义正词严地进行匡正，以便使天子得到尊重，反而责备他们，加以诛杀，取而代之，南面称王，这不是弑君又是什么呢？"

辕固说："按照先生所说，那么高帝取代秦朝做了天子，岂不错了吗？"

刘启见他们两个争得难解难分，又涉及高帝，就说："吃肉不吃马肝，不能算不知肉味。讨论学问的人不谈论汤、武受命，也不能说是愚蠢。"意思是马肝有毒，因此人们不敢吃，汤、武受命的论题犯忌，还是不说为好。

经过刘启这么一说，两个人才停止争论。从此以后，学者们没有谁再敢讨论汤、武是受命于天还是弑君篡位的问题。

窦太后喜欢读《老子》，有一次她召见辕固，问《老子》书中的问题。辕固不屑一顾地说："这是家里人说的闲言碎语罢了。"

窦太后生气地说："哪里去找像司空管理刑徒那样急功近利的儒家著

作呢？"

说罢，她就把辕固罚到猪圈里，让他去刺猪。

汉景帝刘启知道这是窦太后一气之下作出的决定，而辕固只是说话直率了点，罪不当诛。他就让人给辕固准备了一把锋利的兵器。辕固下圈刺猪，正刺中猪的心脏。只刺了一下，那头猪就应手而倒。

窦太后无话可说，没有办法再怪罪于他，就不再让他到猪圈里去了。

辕 固

精简点评

辕固廉洁正直，刚正不阿，是所有读书人的榜样和楷模。

飞将军李广

原文

六月，匈奴入雁门，至武泉，入上郡，取苑[①]马；吏卒战死者二千人。陇西李广为上郡太守，尝从百骑出，卒遇匈奴数千骑，见广，以为诱骑，皆惊，上山陈。广之百骑大恐，欲驰还走。广曰："吾去大军数十里，今如此以百骑走，匈奴追射我立尽。今我留，匈奴必以我为大军之诱，必不敢击我。"广令诸骑曰："前！"未到匈奴阵二里所，止，令曰："皆下马解鞍！"其骑曰："虏多且近，即有急，奈何？"广曰："彼虏以我为走；令皆解鞍以示不走，用坚其意。"于是胡骑遂不敢击。有白马将出，护其兵；李广上马，与十余骑奔，射杀白马将而复还，至其骑中解鞍，令士皆纵马卧。是时会[②]暮，胡兵终怪之，不敢击。夜半时，胡兵亦以为汉有伏军于旁，欲夜取之，胡皆引兵而去。平旦，李广乃归其大军。

注释

①苑：官家，官府。
②会：恰逢。

译文

六月，匈奴攻入雁门郡，直到武泉县，并攻入上郡，抢去了官府牧马场的马匹；汉军将士两千人战死。陇西人李广担任上郡太守，曾率领一百名骑士出行，遇到几千匈奴骑兵。匈奴人看见李广的小队伍,以为是汉军大部队派出的诱兵,都吃了一惊,占据高山摆开阵势。李广所率领的一百名骑兵都很害怕,想驰马逃跑回去,李广制止说:“我们离开大军数十里远,现在,如果就靠这一百骑兵的队伍逃跑,匈奴人追杀射击,我们马上就完了。现在我们留在这里,匈奴人必定把我们看成大军的诱敌队伍,一定不敢进攻我们。”李广命令骑兵们说:“前进!”来到距离匈奴阵地约有二里的地方,停止下来,李广命令说:“都下马解下马鞍!”他的骑兵说:“敌人很多,而且离我们很近,如果出现紧急情况,怎么办?”李广说:“敌人估计我们会逃跑;我命令都解下马鞍,向他们表示不逃跑,用这个办法来坚定他们认为我们是诱敌部队的想法。”于是匈奴骑兵便真的不敢进攻。有一位骑白马的匈奴将领出阵来,监护他的军队,李广上马,和十多个骑兵奔向前去,射死了匈奴的白马将军,又返回来,到达他的百骑阵营中,解下马鞍,命令战士们放开战马,卧地休息。这时,正好是黄昏,匈奴骑兵一直对李广部队的行为觉得奇怪,不敢进攻。到了半夜时分,匈奴军队仍然认为附近有埋伏的汉朝大军,想夜间袭击他们,便撤走了。到黎明时,李广才回到他的大军营垒。

历史详解

在文帝、景帝期间,匈奴人又不时在边界骚扰,为了抵御匈奴,汉朝涌现了一批抗击匈奴的名将。右北平郡太守李广就是其中杰出的一位。

李广身材高大,手臂修长,擅长骑射,打起仗来行踪飘忽不定,行动敏捷。匈奴人与他交战时间长了,都很怕他,称他为“汉朝的飞将军”。

公元前129年,匈奴派兵进犯上谷(今河北怀来)。汉武帝派卫青、公孙敖、公孙贺、李广四名将军带领人马分头出击。

在四名将军中,要数李广年纪最大,资格最老。李广在汉文帝时候就做了将军;汉景帝的时候,他跟周亚夫一起平定七国之乱,立过大功;后来,汉景帝又派他去做上郡(治所在今陕西榆林东南)太守。

有一次,匈奴进犯上郡,李广带着100个骑兵去追赶3个匈奴射手,追了几十里地才追上。他射死了其中的两个,活捉了一个,正准备回营时,远远望见有几千名匈奴骑兵赶了上来。

李广手下的兵士突然碰到那么多匈奴兵,不由得都惊慌起来。李广对他们说:“我们离开大营还有几十里地。如果现在往回跑,匈奴兵追上来,我们就完了。不如干脆停下来,匈奴兵以为咱们是来引诱他们的,一定不敢来攻击我们。”

接着,李广下令前进,在离开匈奴阵地仅仅两里的地方停了下来,命令兵士

李 广

一齐下马，把马鞍全卸下来，就地休息。

兵士们都发急了，说："匈奴兵马这么多，又这么近，要是他们打过来，怎么办？"

李广说："我们这样做，表示不走，使敌人相信我们是诱骗他们的。"

匈奴的将领看到李广这样布置，真的有点害怕。他们远远地观察汉军动静，不敢上来。

这时候，匈奴阵地上有一个骑白马的将军，走出来巡视队伍。李广突然带着十几名骑兵翻身上马，飞驰过去，一箭把他射死。然后再回到原地，下马躺在地上休息。

匈奴兵越看越怀疑。天黑下来，他们认定汉军一定有埋伏，怕汉军半夜袭击他们，就连夜全部逃回去。到了天亮，李广一瞧，山上已没匈奴兵，才带着一百多名骑兵安然回到大营。

这一回，汉武帝派了四路人马去抵抗匈奴。匈奴单于探明了汉兵的情况，知道四名将军中最难对付的是李广，就把大部分兵力集中在雁门，沿路布置好埋伏，命令部下活捉李广。匈奴兵多势盛，经过一场激烈的战斗，李广的人马被打散，李广自己也受了伤，被匈奴兵俘虏。

匈奴兵看李广受了重伤，把他放在用绳子织成的吊床里，用两匹马驮着，送到单于的大营去。

李广躺在那张吊床上动也不动，真的像死了似的。大约走了十几里地，他偷偷地瞅准旁边一个匈奴兵骑的一匹好马，使劲一挣扎，猛地跳上马，夺了弓箭，把那匈奴兵推下马去，调过马头拼命往南飞奔。

匈奴派了几百名骑兵追赶。李广一面使劲夹住马肚子，催马快跑，一面回转身来，拈弓搭箭，一连射死了几个追在前面的匈奴兵。匈奴兵眼看赶不上李广，只好眼睁睁地让他跑了。

李广虽然脱了险，但是因为他损兵折将，被判了死罪。汉朝有一条规矩，罪人可以拿钱赎罪。李广缴了一笔钱，总算赎了罪，回家做了平民。

过了不久，匈奴又在边境骚扰，汉武帝重新起用李广，担任右北平太守。

多少年来，李广一直在北方防守。因为李广行动快，箭法精，忽来忽去，让人摸不准他的路子。李广做了右北平太守，匈奴人害怕飞将军，不敢进犯。

右北平一带没有匈奴兵进犯，可是常有老虎出来伤害人。李广只要听说哪儿有老虎，总是亲自去射杀。

据说，有一次，李广回来晚了，天色朦胧，他和随从一面走，一面提防着老虎，忽然瞧见前面山脚下草丛里蹲着一只斑斓猛虎。他连忙拿起弓箭，使尽全力射了过去。凭他百发百中的箭法，自然射中了老虎。

手下的兵士见他射中老虎，拿着刀枪跑上去捉虎。他们走近一瞧，全愣了，原来中箭的不是老虎，竟是一块大石头，而且这支箭陷得很深，几个人想去拔也拔不出来。大伙儿真是又惊奇，又佩服。

李广过去一看，自己也纳闷起来，石头怎么能射得进去呢？他回到原来的地方，对准那块石头又射了几箭，箭碰到石头，只迸出火星儿，却再也射不进去了。但就是凭这一箭，人们都传说飞将军李广的箭能射穿石头。

精简点评

李广的一生，大都投入了抗击匈奴的事业。他身经大小七十几次战斗，由于他英勇善战，成为匈奴单于心目中可怕的劲敌。但是李广的一生不太走运，他虽然功高，却一直没能封侯，这也许和他性格过于耿介有关吧！

狂人东方朔

原文

朔曰："不可。夫宣室[①]者，先帝之正处也，非法度之政不得入焉。故淫乱之渐，其变为篡[②]。是以竖貂为淫而易牙作患，庆父死而鲁国全。"上曰："善！"有招止，更置酒北宫，引董君从东司马门入；赐朔黄金三十斤。

注释

①宣室：古代宫殿名。此处指汉代宣室殿。

②篡：谋乱。

译文

东方朔说："还是不行。宣室殿，本来是先帝处理政务的地方，不是讨论有关法度的政务的人都不得进入。所以，淫乱的苗头滋生发展，就会慢慢变成篡夺君位。正是由于这个道理，当年齐桓公因信用竖貂和易牙受害，而庆父死后，鲁国就得以保全。"武帝说："你说得好！"下诏让董偃停下来待命，重新在北宫设置酒宴，领董偃从东司马门入宫，皇上亲自赏赐给东方朔三十斤黄金。

历史详解

汉武帝即位后，十分重视招揽人才，为此他专门建立起了一套人才选拔制度。他在位期间连续大规模征召才能之士，令官吏陪同入京，沿途供给食宿。到京后，他亲自召见，被看中的授予官职。各方面突出人才的涌现，成为汉武帝时期鼎盛局面出现的一个重要原因。

东方朔原是齐地的一名儒生，由于他博学好古，通经术数，便成为被地方举荐的人才。他到长安时，随身携带了三千多块竹简，需要两个公车令一起扛才能举得起。武帝读完他的竹简就花费了两个月的时间。武帝见东方朔很有才能，就留他在自己身边。武帝每次与他谈话都谈得很高兴。

武帝非常赏识东方朔，经常赐给东方朔酒饭。每次他吃过饭后，总是把剩下的肉都揣在怀里带回家，结果连衣服都弄脏了。当武帝赐他绢帛时，他也都肩挑手举地往家拿。后来，他用赏赐得到的钱和绢帛娶长安的美女做媳妇，通常是娶一年就打发走，再换一个新媳妇。武帝左右的侍臣见他处事如此疯癫，就给他取了个叫"狂人"的外号。

一次武帝听说这事，就问他身边的侍臣："假如让东方朔担任一定的职务，不做这些疯疯癫癫的事，你们怎能赶得上他？"众人无言以对。

还有一次，东方朔在宫里正走着，有个郎官拦住他，告诉他说："人们都认为先生你是狂人。"

东方朔听后，摇头晃脑、得意洋洋地说："像我东方朔这样的人，就是在朝廷里避世的人！古代的人只不过在深山中避世罢了。”那位郎官听了很是吃惊。

东方朔喜欢饮酒，时常醉酒后就坐在地下唱道：“我在宫廷里避世就好，何必要到深山之中茅屋之下去避世呢！”

有一次，武帝在宫中闲来无事，他叫人在盆子下面扣了一只壁虎，让宫中那些卜占的人来猜。过了好半天，那些占卜的人一个个都没猜中。

待诏东方朔在一旁见状就对武帝说：“臣曾经学过《易》，请让臣猜猜看。”武帝答应了他的请求。

只见东方朔用占卜的蓍(shī)草排列成卦，口中念念有词，稍微掐算了一会儿，他说道：“臣以为那个东西像龙又没有角，把它叫作蛇吧，它又有脚。它善于在壁上攀援，臣觉得它不是壁虎就是蜥蜴。”

刘彻见东方朔猜中，拍手叫好，就立即赏给他10匹帛。接着，刘彻又让他猜别的东西，结果都被东方朔猜中。

当时一个叫郭舍人的侍从也在旁边，他见东方朔连连猜中很不服气，说道：“东方朔太狂妄，只不过是侥幸猜中罢了，并不是真懂术数。臣愿意让他再猜一次，假如他猜得中，就打臣200板；不能猜中，臣将得到赏赐的帛。”

于是他就把挂在树上的菟丝扣在盆里，让东方朔猜。东方朔想了一想说：“是用来垫盆的草垫子。”郭舍人幸灾乐祸地说：“果然东方朔猜不中。”

东方朔却争辩着说：“生肉叫做脍，干肉叫做脯；附在树上叫菟丝子，扣在盆下是草垫子。”

武帝见东方朔说得有理，就让人用板子打郭舍人。郭舍人受不了，痛得嗷嗷直叫。

东方朔就取笑他说：“口无毛，声嗷嗷，尻(kāo)益高。”笑他这嘴上无毛的小子，被打得嗷嗷直叫，臀部撅得越来越高。

郭舍人又气又恨，向武帝告状说：“东方朔擅自诋毁天子的从官，应当斩首。”

武帝就问东方朔：“为什么诋毁他？”东方朔说：“臣并不敢诋毁他，只是和他打隐语罢了。”

武帝就问：“这几句隐语都是什么意思？”

东方朔

东方朔不慌不忙地回答说：“口无毛指的是狗洞；声嗷嗷，是鸟哺育它们的幼子的声音；尻益高，是仙鹤低头啄食的样子。”

郭舍人还是不服，两人又争辩了一番，最后还是东方朔取胜。武帝见东方朔思维敏捷，对答如流，非常赏识他的才能，就任命他做了常侍郎，从此以后东方朔就受到了武帝的宠幸。

还有一次，是在夏天，武帝下令赏赐酒肉给在身边侍奉自己的官员。大家都来齐了，当时只有太官丞还没来。左等右等，还不见太官丞的身影，常侍郎东方朔等得有些不耐烦了，于是就独自拔出剑来割肉，并对其他人说：“伏天肉搁不住，我们应早些带回家，请接受赏赐。”于是他就私自割下一块肉揣着回家去了。事后太官丞就向武帝禀报了这件事。

第二天，东方朔入朝，武帝问他：“昨天赐肉，先生没等到诏令，却用剑割了肉回家,这是为什么呢?"

东方朔连忙脱帽,叩头谢罪。

武帝见状笑着说:"先生起来,你自责你自己的错误吧。"

东方朔就振振有词说道:"东方朔啊!东方朔啊!你接受赏赐不待诏令,这是多么的无礼呀!你拔剑割肉,是何等壮举!割肉又不贪多,是多么的廉洁呀!将肉带回家送给妻子,又是多么的仁义啊!"

武帝听完,哈哈大笑,说道:"让你自责,你反倒自夸起来了!"

武帝龙颜大悦,又赐给东方朔一石酒、一百斤肉,东方朔回家以后又交给了妻子细君。

精简点评

东方朔被人称为弄臣,但是这个弄臣之名却是对东方朔的一种侮辱。他志于天下,想要有所作为,却被皇帝看作弄臣,东方朔虽然机智善辩,但是始终难以施展自己的抱负。

老臣霍光的结局

原文

或说霍光曰:"将军不见诸吕[1]之事乎?处伊尹、周公之位,摄政擅权,而背宗室,不与共职,是以天下不信,卒至于灭亡。今将军当盛位,帝春秋[2]富,宜纳宗室,又多与大臣共事,反诸吕道。如是,则可以免患。"光然之,乃择宗室可用者,遂拜楚元王孙辟强及宗室刘长乐皆为光禄大夫,辟强守长乐卫尉。

注释

①诸吕：此处指西汉初刘邦死后吕后专权、吕氏家族掌控朝局后被灭的历史故事。

②春秋：年纪；年数。

译文

有人规劝霍光说："难道将军没有看过吕氏家族覆亡的故事吗？吕氏也是身处伊尹、周公的地位，主持朝政，专擅大权，却疏远皇族成员，不与他们共享朝权，因此失去了天下人的信任，最后走向了灭亡。如今将军身居高位，皇上年幼，应当纳用皇族成员，并多与大臣共商政事，共同振兴国家，与吕氏家族的作法相反。如果将军能这样去做，便可以免除祸患。"霍光认为有道理，便从皇室成员中选择一些可以担任官职的人才，任命楚元王之孙刘辟疆和大汉皇室成员刘长乐都为光禄大夫，刘辟疆还兼任长乐宫卫尉。

历史详解

公元前87年，汉武帝得病死了。即位的汉昭帝年仅8岁。按照汉武帝死前的嘱咐，由大将军霍光来辅助他。

霍光掌握了朝廷大权，帮助汉昭帝继续采取休养生息的政策，减轻税收，减少劳役，把国家大事管理得很好。

但是朝廷中有几个大臣却把霍光看作眼中钉，非把他除去不可。

左将军上官桀想把他6岁的孙女，嫁给汉昭帝做皇后，霍光没有同意。后来，上官桀靠汉昭帝的姐姐盖长公主的帮助，让孙女当上了皇后。上官桀和他的儿子上官安想封盖长公主的一个身边人做侯，霍光无论如何也不答应。

上官桀父子、盖长公主都把霍光看作眼中钉，他们勾结了燕王刘旦，想方设法要陷害霍光。

汉昭帝14岁那年，有一次，霍光检阅御林军（皇帝的禁卫军），还把一名校尉调到他的大将军府里。上官桀他们就抓住这两件事，假造了一封燕王的奏章，派一个心腹冒充燕王的使者，送给汉昭帝。

那封信上大意说：大将军霍光检阅御林军的时候，坐的车马跟皇上坐的一样。他还自作主张，调用校尉，这里面一定有阴谋。我愿意离开自己的封地，回

霍光辅政

到京城来保卫皇上，免得坏人作乱。

汉昭帝接到那份奏章，看了又看，把它搁在一边。

第二天霍光要进宫朝见，听到燕王刘旦上书告发他的消息，吓得他不敢进宫。

汉昭帝吩咐内侍召霍光进来。霍光一进去，就摘下帽子，伏在地上请罪。

汉昭帝说："大将军尽管戴好帽子，我知道有人存心陷害你。"

霍光磕了个头说："陛下是怎么知道的？"

汉昭帝说："这不是很清楚吗？大将军检阅御林军是在长安附近，调用校尉还是最近的事，一共不到十天。燕王远在北方，怎么能知道这些事？就算知道了，马上写奏章送来，还来不及赶到这儿。再说，大将军如果真的要叛乱，也用不着靠调一个校尉。这明明是有人想陷害大将军，燕王的奏章是假造的。"

霍光和别的大臣听了，没有一个不佩服少年汉昭帝的聪明。

汉昭帝把脸一沉，对大臣们说："你们得把那个送假奏章的人抓来查问。"

上官桀怕昭帝追查得紧，他们的阴谋要露馅，对汉昭帝说："这种小事情，陛下就不必再追究了。"

打这儿起，汉昭帝就怀疑起上官桀这一伙人来。

上官桀等并不就此罢休，他们偷偷地商量好，由盖长公主出面，请霍光喝酒。他们布置好埋伏，准备在霍光赴宴的时候刺死他，又派人通知燕王刘旦，叫他到京师来。

上官桀还打算杀了霍光之后再废去昭帝，由他自己来做皇帝。没想到有人早把这个秘密泄露了出去，让霍光知道了。

霍光连忙报告汉昭帝。汉昭帝命令丞相田千秋火速发兵，把上官桀一伙统统逮起来处死。

公元前 74 年，年仅 21 岁的汉昭帝得病去世，他没有孩子。霍光听了别人的意见，把汉武帝的一个孙子、昌邑王刘贺立为皇帝。刘贺原是个浪荡子，他从昌邑（今山东巨野东南）带来了二百多个亲信，天天跟他们一起吃喝玩乐，即位才 27 天，就做了 1127 件不该做的事，把皇宫闹得乌烟瘴气。

霍光和大臣们一商量，联名上书，请皇太后下诏，把刘贺废了，另立汉武帝的曾孙刘询为帝，这就是汉宣帝。

霍光长期把持朝政，渐渐形成势力，霍氏家族独断专行，骄横无比。这时，有一个叫徐福的茂陵人就预言：“霍氏一定会灭亡的。奢侈无度，就会傲慢不逊；傲慢不逊，就会冒犯主上；冒犯主上，就是大逆不道。这个样子又居人之上，一定会惹天怒招人怨的。霍氏家族长期把持朝政，为非作歹，怨恨他们的人太多了。天下之人都怨恨他们，而他们又做出大逆不道的事，怎么可能不灭亡呢？”

为此，徐福专门上书朝廷说：“霍氏权势强盛，陛下既然厚爱他们，就应当想法约束他们，不要让他们发展到灭亡的地步！”一连三次上书，朝廷都没有理会徐福。

公元前 66 年，霍氏家族谋反被朝廷诛杀，一些曾经告发过霍氏的人都受到了封赏，而徐福却没有受到丝毫赏赐。有人对此鸣不平，就上书汉宣帝说：“我听说，有一位客人到主人家拜访，看见主人家的烟囱是直的，旁边又堆着柴火，就对主人说：‘烟囱应改成弯的，还要把柴火搬远点，不然会发生火灾！’主人没有理会。

“不久，主人家果然失火，邻居们一起抢救，才把火扑灭。主人杀牛摆酒，感谢邻居。在救火中烧伤的被请到上座，其余的人就按出力大小依次就座，却没有请那位建议他改烟囱移柴火的人。

“有人对主人说：‘当初要是听了那位客人的劝告，就不用杀牛摆酒，根本就不会有火灾。现在论功酬谢，建议改烟囱、移柴火的人没有功劳，救火时被烧得焦头烂额的人才是上宾吗？’主人于是醒悟，将那位客人请来。

“茂陵人徐福曾经多次上书，说霍氏会作乱，应当预先防范。如果陛下接受徐福的建

徐福

议，就不需要划出土地分封列侯，臣下也不会谋反，遭受被诛灭的大祸。

“现在事情过去了，告发的人都受封赏，却只有徐福未获奖励。希望陛下明察，奖赏他‘曲突徙薪’的远见，让他位居于那些‘焦头烂额’之人的上面！”

汉宣帝看到这份奏折后，深明其意，就下旨将10匹绸缎赏赐给徐福，后来又任命徐福做了郎官。

精简点评

古人看重兴衰之道，从霍氏家族势力煊赫掌控朝局到被告谋反全族被诛，兴衰之道又有谁能自主掌控呢？

龚遂教化百姓

原文

勃海左右郡岁饥，盗贼①并起，二千石不能禽②制。上选能治者，丞相、御史举遂可用，上拜为勃海太守。召见，问：“何以治勃海，息其盗贼？”对曰：“海濒遐远，不沾圣化，其民困于饥寒而吏不恤，故使陛下赤子盗弄陛下之兵于潢池耳。今欲使臣胜之邪，将安之也？”上曰：“选用贤良，固欲安之也。”遂曰：“臣闻治乱民犹治乱绳，不可急也；唯缓之，然后可治。臣愿丞相、御史且无拘臣以文法，得一切便宜从事。”上许焉，加赐黄金赠遣。

注释

①盗贼：在古代汉语中，盗是小偷窃贼的意思，贼是强盗劫匪的意思。
②禽：禽通“擒”，擒拿，捉拿。

译文

渤海附近郡县闹饥荒，灾情严重，灾民们无以为生纷纷起来造反，当地太守无能，无法擒拿首恶控制局面。宣帝想挑选一名能够治理渤海的人，丞相和御史都推荐原昌邑王郎中令龚遂，宣帝便任命龚遂为渤海太守，并召见了他。宣帝问龚遂："龚君上任以后，准备用什么方法平息郡中的盗贼呢？"

龚遂回答说："海滨地区远离京师，没有受过圣人的教化，那里的百姓挨饿受冻，官员却不体恤他们，所以逼得陛下的子民偷了陛下的兵器在池塘里戏耍罢了。现在陛下打算派臣去镇压呢，还是安抚呢？"

宣帝听了龚遂的回答很高兴，说："选用贤良，本来就是为了安抚百姓。"

龚遂说："臣听说治理作乱的百姓就像整理乱绳，不能着急，要慢慢来，然后才能得到治理。希望丞相、御史不要用老规矩约束臣，使臣能见机行事。"

宣帝答应了龚遂的请求，又额外赏赐给他黄金，安排车辆送他出发。

历史详解

西汉宣帝刘询即位以后，渤海附近郡县闹饥荒，灾民们纷纷起来造反，太守无法控制局面。宣帝想挑选一名能够治理渤海的人，丞相和御史都推荐原昌邑王郎中令龚遂，宣帝便任命龚遂为渤海太守，并召见了他。

龚遂身材矮小，相貌平庸，当时已经七十多岁了。宣帝一见他，感到与自己所听说的不相符，心里有点儿轻视他，就问龚遂："龚君上任以后，准备用什么方法平息郡中的盗贼呢？"

龚遂回答说："海滨地区远离京师，没有受过圣人的教化，那里的百姓挨饿受冻，官员却不体恤他们，所以逼得陛下的子民偷了陛下的兵器在池塘里戏耍罢了。现在陛下打算派臣去镇压呢，还是安抚呢？"

宣帝听了龚遂的回答很高兴，说："选用贤良，本来就是为了安抚百姓。"

龚遂说："臣听说治理作乱的百姓就像整理乱绳，不能着急，要慢慢来，然后才能得到治理。希望丞相、御史不要用老规矩约束臣，使臣能见机行事。"

宣帝答应了龚遂的请求，又额外赏赐给他黄金，安排车辆送他出发。

龚遂到达渤海郡界后，郡里听说新太守到了，派军队去迎接他。龚遂让军队都回去，随即命令所属各县将追捕盗贼的官吏全部撤回，凡是拿着农具的都算良民，官吏不得追究，拿着兵器的才算盗贼。龚遂孤身一人乘车到了官府，郡中一片安宁，造反的灾民们也都解散了。渤海还有很多结伙打劫的人，听到龚

遂的命令,立即解散,丢掉兵器拿起了农具。于是渤海郡的盗贼全部平息,百姓安居乐业。龚遂又开仓救济贫民,选用品行优良的官员安抚管理百姓。

龚遂看到渤海地方风俗奢侈,人们喜欢经商,不愿务农,就以身作则,厉行节俭,鼓励百姓务农种桑,规定每人种一棵榆树、100 株薤、50 根葱、一畦韭菜,每家养两口母猪、5 只鸡。看到百姓有佩带刀剑的,就让他们卖了剑买牛,卖了刀买犊,还开玩笑地说:"为什么把牛和犊佩带在身上呢?"

龚遂规定春夏两季必须到田里耕作,秋冬两季又督促百姓收割,还让家家户户多储存果实之类。

精简点评

由于龚遂的不懈努力,郡中都有了积蓄,官吏百姓都很殷实富足,刑狱诉讼案件也没有了,龚遂的名声也越来越响。

王昭君出塞

原文

春，正月，匈奴呼韩邪单于来朝，自言愿婿汉氏以自亲。帝以后宫良家子[①]王嫱字昭君赐单于。

注释

①良家子：旧指出身良家的子女。

译文

春季，正月，匈奴呼韩邪单于前来朝见，请求准许他当汉家女婿，使他有缘亲近汉朝。元帝把后宫良家女子王嫱，别名王昭君，赏赐给呼韩邪单于。

历史详解

汉宣帝在位时，匈奴内部动乱不断，分为五支，其中一支在呼韩邪单于的带领下，投降了汉朝。

汉宣帝当然很高兴，公元前51年，呼韩邪单于要来长安朝见皇帝。汉宣帝送给他一套很好的衣帽、一颗金子做成的大印、一辆头等的马车，此外，还赏赐他很多的金银财宝、绫罗绸缎。

呼韩邪单于穿戴打扮好，坐着新马车，跟着汉朝使者来到了长安。汉宣帝用高于诸侯王的礼仪接待他，亲自出城迎接，文武大臣、各部落的酋长、各地的诸侯王以及老百姓多得数不清。当汉宣帝和呼韩邪单于登上渭桥，成千上万的人一齐高呼“万岁”。呼韩邪从来没有见到过这么大的场面，简直都惊呆了。汉宣帝请呼韩邪单于参加为他专门举办的宴会，他们两个互相敬酒祝福，关系非常融洽。

一个月后，呼韩邪单于恋恋不舍地回去了。汉宣帝派出 16000 名骑兵护送他，并给匈奴送去许多粮食。

郅支单于一看汉朝皇帝对呼韩邪这么好，很是嫉妒。但是，他想：自己虽然打得过呼韩邪，但是汉朝力量大，汉朝一旦帮助呼韩邪，那自己就不是他的对手了，不如乖乖地向汉朝臣服。于是，他表示愿意同汉朝和好，主动地向西搬迁。

汉元帝竟宁元年（公元前 33 年），呼韩邪单于又要求到长安来。原来，呼韩邪想和汉朝结亲，好使两国关系越来越友好。元帝心想：这次和亲，和前朝可不同，这对双方都有好处。于是，答应了呼韩邪单于的请求，他命令手下随从：“你们到宫中去挑选一个又美丽又能干的宫女，如果她愿意嫁给匈奴单于，我就把她像对待公主一样看待！”

汉元帝

宫中有许多宫女，她们个个都很漂亮，但大都是被强选入宫的。在宫中，她们整年整月见不着自己的亲人，有的连皇帝也见不着，都想早点从皇宫中出去，过上自由自在的生活。现在，虽然能够出去，但却要到很远很冷的北方，人生地不熟的，生活习惯又不同，所以，她们又不愿意离去。

这时候，有一个名叫王嫱的宫女站了出来，说她愿意嫁给匈奴单于。王嫱又叫王昭君，是湖北秭归人（今湖北西部），她能歌善舞，人又漂亮，又有才华，刚被选入皇宫不久，还没见到汉元帝。她想：和匈奴单于成亲，这可不只是她一个人的事，自己生活好不好是小事，汉朝和匈奴的友好才是大事。

汉元帝命人教王昭君说匈奴话，给她讲匈奴的风俗习惯，还教她学习琵琶，王昭君学得非常认真，琵琶弹得连鸟儿都不舍得飞走。

到了成婚的那一天，呼韩邪单于像汉人新郎官一样，亲自来迎娶新娘。他轻轻地揭下王昭君的红盖头，不禁看呆了：真是太美了！草原上没有一朵花儿能比得上她！汉元帝给的那份嫁妆也令人吃惊：金银无数，单是丝绸就有 18000 匹！呼韩邪高兴得连嘴都合不拢了。汉元帝也很高兴，他想：只要匈奴不再侵略，那就行了。

新郎新娘要回匈奴了，元帝和文武大臣来为他们送行。长安城内的老百姓也都向王昭君高喊：“一路平安！”王昭君激动得哭了，她看到一张张熟悉的笑脸，就好像都是自己的亲人一样，是啊，她以后就不会再回来了，也再见不到亲人了！但是，她觉得自己为了国家安定、人民幸福也多少尽了一份力，她要力争使汉匈两个民族永远友好，想到这，一种自豪感又涌上心头。

她抱起了琵琶，弹出了一首动听的曲子。这首曲子表达了她既高兴又忧伤的心情。后人把它称作《昭君怨》。由于有人又尊称王昭君为汉明妃，所以《昭君怨》又被叫做《明妃曲》，一直流传到今天。

王昭君

王昭君来到匈奴以后，把带来的先进知识和生产技术传给了当地的人民。她帮助呼韩邪单于改变匈奴族以前单一的游牧生活，不再整日骑在马背上，到处游荡。从那以后，匈奴人发展了自己的农业生产，学会使用中原先进的农具，使自己的粮食有了保障，生活也稳定下来。

王昭君还建议呼韩邪改革匈奴人的一些落后的风俗习惯，学习汉族的文化。在王昭君的大力帮助下，呼韩邪单于使匈奴族又繁荣起来，人口增多了，牛羊也到处可见。

呼韩邪单于非常喜欢王昭君，两人在一起生活得很好，并没有因为习惯不同而产生矛盾，夫妻俩很少吵架。第二年，王昭君生了一个儿子，可把呼韩邪乐坏了，整天抱着儿子，给他取名叫伊督智牙师，长大以后被封为匈奴的右日逐王。

匈奴有一个老风俗，新的单于要娶老单于的王妃为妻。就这样，当呼韩邪死后，王昭君又嫁给了新单于复株累若鞮，她又生了两个女儿，分别叫做须卜居次、当于居次。

在匈奴时间长了，虽然过得很好，王昭君还是很想家，她多想回到家乡，再见一见父母兄弟呀！可是，作为匈奴单于的王妃，出塞以后，是不能再回去了。王昭君经常梦到自己回到了家乡，和家乡人们一起唱歌、生活。

王昭君是个很爱国的女子。她经常派人送信回来，询问中原的情况，还送些特产给汉朝皇帝。当然，汉朝皇帝也不时地送一些贵重物品给匈奴单于。六十多年了，双方一直是这样友好地相处，和平地生活，再也没有打过仗，这里面有王昭君很大的功劳！王昭君年纪大了，在临死前，她告诉自己的儿子和女儿一定要和汉朝友好，要他们在她死后，把她埋在归化（今内蒙古自治区呼和浩特市）郊外，坟墓一定要向南建造，好让她永远望着自己的家乡。

她去世后，被埋在一块水土很好的朝阳山坡上，她的墓被叫做“昭君墓”。本来，那个地方靠近沙漠，很少有青草。可是昭君墓却始终长满了青草，所以，昭君墓又叫做“青冢（zhǒng）”。

精简点评

关于王昭君，历史学家有着数不清的疑问和考究。一方面她已成为民族团结的象征，但另一方面，昭君出塞，远离家乡只身塞外，多次归国而不得，这样的酸楚却要让一个女人来承担，历史未免有些残酷。

昆阳大战

原文

刘秀至郾、定陵，悉发诸营兵。诸将贪惜财物，欲分兵守之。秀曰：“今若破敌，珍宝万倍，大功可成；如为所败，首领①无余，何财物之有！”乃悉发之。六月，己卯朔，秀与诸营俱进，自将步骑千余为前锋，去大军四五里而陈；寻、邑②亦遣兵数千合成，秀奔之，斩首数十级。诸将喜曰：“刘将军平生见小敌怯，今见大敌勇，甚可怪也！且复居前，请助将军！”秀复进，寻、邑兵却，诸部共乘之，斩首数百、千级。连胜，遂前，诸将胆气益壮，无不一当百，秀乃与敢死者三千人从城西水上冲其中坚③。寻、邑易之，自将万余人行陈，敕诸营皆按部毋得动，独迎与汉兵战，不利，大军不敢擅相救。寻、邑陈乱，汉兵乘锐崩之，遂杀王寻。城中亦鼓噪而出，中外合势，震呼动天地。莽兵大溃，走者相腾践，伏尸百余里。

注释

①首领：首级，性命。

②寻、邑：王寻、王邑，当时王莽新王朝的大司徒王寻，大司空王邑。

③中坚：指古代军队中最精锐、最精悍的部分。

译文

刘秀（冲出昆阳的包围圈）来到了郾、定陵，他想要集中各营全部兵力，支援昆阳，但没想到各营将领贪惜既得财物，打算分兵留守。刘秀说："这次出战如果能破敌，珍宝财物要比现在多上万倍，我们的大事也可成功；如果我们为敌人所败，脑袋都保不住，还谈什么身家财物？"于是全军出动。6月8日，刘秀与各营一起向敌开进，亲自率领了一千多步、骑兵为前锋，当逼近王莽大军仅四五里的距离时，刘秀命大军摆开战斗队形，以待出击。王寻、王邑也派兵数千人出来迎战。刘秀亲自率领人马冲击，杀了莽军几十个人。诸将领都欢喜地说："刘将军平日就算见了小股敌人也很胆怯，今天见了这样的大敌，竟然这样勇敢，真是奇怪。以后还是请你在前面领导我们，我们协助你破敌！"刘秀又率军发起攻击，王寻、王邑的兵马退却，各部将领乘胜追击，又杀死成百上千的敌人。刘秀所部连连取胜，各将领胆量也更壮了，没有一个不是以一当百的。刘秀见全军振奋，于是就和敢死队三千人，从城西水道去冲击敌人的中坚。王寻、王邑平时就很瞧不起刘秀，他们以为刘秀不足为道。他们亲自率领了万余人巡视阵地，命令各营按部管束自己的部队，没有命令，不得擅自出动，竟单独去迎战汉兵。王寻等出战并不顺利，大军不敢擅自相救，王寻、王邑的阵脚大乱。汉兵乘胜一气打垮了莽军，并杀死了王寻。城中的汉军，见刘秀在城外取胜，也都倾巢而出，出城助战，内外夹攻莽军，喊杀之声震动天地。王莽军队再无斗志，由此而崩溃。莽军溃兵相互推挤践踏，死伤无数，尸体一直堆了一百多里路长，景象相当惨烈。

历史详解

王莽篡夺西汉天下以后，为了巩固统治，实行"改制"。但他的改制很不成功，加重了下层百姓的负担，使社会局面更混乱了。这时候，各地爆发了农民起义，尤其以绿林、赤眉起义的声势最大。

公元23年，绿林军各路将领拥立西汉王室刘玄为帝，建元“更始”，恢复了汉朝国号，这就是更始帝。不久，刘玄拜王凤为上公，刘演为大司徒，刘秀为太常偏将军。刘玄让王凤、刘秀等进攻昆阳（今河南叶县），让刘演围攻宛城。很快，王凤、刘秀就占领昆阳，接着又攻下临近的定陵（今河南舞阳县东北）、郾县等地，以保障汉军主力围攻宛城。

王 莽

当时新朝皇帝王莽见农民起义已成燎原之势，急得坐卧不安，马上派司空王邑和司徒王寻一起发兵平定山东地区。王莽还从各地征召通晓兵法的人为军官，任用身高一丈，体大十围的巨无霸为将军，又驱赶很多虎、豹、犀、象等猛兽以助军威。王邑抵达洛阳后，很快聚集各州郡的兵马42万人，号称百万，浩浩荡荡杀向昆阳，妄图一举歼灭义军，扼杀新建立的“更始”政权。五月，王邑在颍（yǐng）川会合，声势更加壮大。

驻守昆阳的汉军只有八九千人。当时，双方力量的对比非常悬殊，莽军旗帜蔽野，钲（zhēng）鼓之声闻数百里。汉军的一些将领见敌人来势凶猛，难以抵挡，纷纷退到昆阳城。许多人惦记着妻子儿女，主张放弃昆阳，化整为零，各自为战。刘秀劝阻说：“分散兵力只能被各个击破。宛城还没有攻克，不能前来救援。如果昆阳失守，其他地方都会被敌人占领。大敌当前，我们怎么能只惦念妻子财物临阵退缩呢！”

将领们听了，不满地说：“刘将军怎么敢这么教训我们？”

刘秀哈哈大笑，起身便走。这时，探马回来说：“敌军已经推进到城北，队伍长达几百里，只见一路烟尘滚滚，望不到队尾。”

将领们一向看不起刘秀，如今到了紧急关头，才互相议论说：“看来还得请刘将军出谋划策。”

经过商议，大家一致认

为,由于当时城里只有八九千人,就让王凤和廷尉大将军王常守卫昆阳,派刘秀带领五威将军李轶等13人,乘着夜色,冲出南门,到附近去征集援军。

昆阳城虽小,却很坚固,易守难攻。王莽的军队已经有十万军队抵达昆阳城下后,把昆阳围得水泄不通。严尤向王邑献策说:“昆阳虽小,却很坚固,难以攻破。现在刘玄正在围攻宛城,我们应当派主力去消灭他,把他打败了,昆阳就可以不攻自破。”

刘 秀

王邑说:“我以前围攻翟义,就是因为没有活捉他而受到责备。我要首先踏平昆阳,踩着叛贼的血迹前歌后舞,难道不痛快吗?”于是倾全力兵围昆阳,一时间小小的昆阳城就这样被围了几十重,城外旌旗蔽野,尘埃遮天,鼓声响彻云霄。

为了攻城,王莽军队制造了一座座高大的楼车,通过楼车向城内射箭,一时箭如雨下,连城里出门打水的人都要顶着门板,抵挡飞箭。接着王莽军队用战车撞城门,还挖掘地道打进城里。但是由于昆阳守军,众志成城严密防守,城池始终也没被王莽军队攻下来。王凤等乞求投降,但王邑、王寻根本不理睬,自以为大功指日可成,趾高气扬,不可一世。严尤建议说:“我们应当让城内被困的敌军逃出去,这样就会使围攻宛城的贼人害怕。”王邑不听。

再说刘秀杀出重围,到达郾县、定陵后,想要把那里的汉军都调往昆阳。但有些将领们贪恋财物,想分出一部分军队留守。刘秀见状劝阻说:“昆阳的财宝比这里要多得多。如果被敌人打败,脑袋都掉了,还要什么财物!"

到了六月,一日,刘秀和各路军队一同向昆阳进发。他亲自带领一千多步兵和骑兵做前锋,在离敌军四五里处摆开阵势。王寻、王邑一见汉军援兵到来,就立即派出几千人来迎战。刘秀一马当先,手起刀落,连斩几十个敌人。将领们见了,都竖起大拇指,高兴地说:"刘将军平时见到小股敌军都胆怯,如今面临强敌反倒英勇无比,太奇怪了!我们还愣什么,快冲向前去,助他一臂之力!"

刘秀越战越勇,敌军吓得连连退却。各路汉军一齐冲进去,杀死一千多敌人。汉军打了胜仗,胆气更壮,人人奋勇当先,以一当百.刘秀亲自率领3000敢死队从城西攻击王莽军队的主将营垒。王寻、王邑没把汉军放在眼里,亲自带领一万多人摆开阵势,下令其他各营不得擅动,他们要独自同汉军交战。汉军锐不可当,一下子就冲乱了敌人的阵脚。汉军乘机击溃敌军,斩杀王寻。

昆阳城中的汉军见援军已到,都击鼓呐喊地冲杀出来。汉军里应外合,杀声震天动地。王莽军队听说主将被杀,吓得惊慌失措,四下奔逃,自相践踏,沿路尸体枕藉,蔓延一百多里到处是王莽军兵的尸体。这时候,天空突然狂风大作,电闪雷鸣,屋瓦被风刮得乱飞,倾盆大雨下个不停。河水暴涨,呼啸而来。王莽军队携带的猛兽都吓得瑟瑟发抖。士兵竞相逃命,掉进水中溺死的不计其数,连河水都被堵塞了。王邑、严尤、陈茂等骑马踩着尸体渡河逃走。

汉军大获全胜,缴获了敌军抛下的全部辎重。一时间战利品堆积如山,接连搬运了几个月。对运不走的,最后只能就地烧掉。

精简点评

昆阳之战,是中国历史上有名的以少胜多的著名范例。经过昆阳大战,汉军消灭了王莽的主力部队。不久,汉军又攻入长安,杀死了王莽。

盖延两战睢阳

原文

盖延围睢阳，数月，克[1]之。刘永走至虞，虞人反，杀其母、妻；永与麾下数十人奔谯。苏茂、佼强、周建合军三万余人救永；延与战于沛西，大破之。永、强、建走保[2]湖陵，茂奔还广乐；延遂定沛、楚、临淮。

注释

①克：攻克。
②保：据守。

译文

盖延包围睢阳好几个月后，攻克睢阳。刘永逃到虞县，虞县叛变，杀了他的母亲和妻子。刘永和麾下数十人又逃往谯县。苏茂、佼强、周建集合大军三万余人来救援刘永。盖延和他们在沛县城西交战，将苏茂等人打得大败。刘永、佼强、周建逃脱，据守湖陵，苏茂逃回广乐。盖延于是平定了沛、楚、临淮三地。

历史详解

后汉刘氏家族的人为了争夺皇位，同宗操戈，相互残杀。先是刘玄杀了刘演，刘盆子又杀了刘玄，刘秀又将刘盆子降服。刘秀打败赤眉军后，只剩下刘永的势力可以与刘秀抗衡了。

刘永也是皇族成员，因此也打着汉朝的旗号招兵买马，他的根据地在今河南省东部、安徽省北部、山东省南部一带，定都睢阳（今河南商丘）。

公元26年，汉光武皇帝刘秀决定派虎牙大将军盖延率领3万精兵讨伐。

盖延大军非常勇猛，而且军纪严明。盖延对手下将领和士兵说道："不许骚扰百姓生活，违令者斩！"因此大军所到之处，都受到了百姓的热烈欢迎。大军势如破竹，一路占领了襄邑、麻乡，最后将睢阳团团围住。

盖 延

盖延大军在睢阳城下安营扎寨，刘永可吓坏了。这些年，他虽然不断积蓄力量，加强军队训练，但毕竟兵力不足，无法与刘秀抗衡。但他又不甘心束手就擒，便召来群臣商议如何破敌。

一位大臣对刘永说："陛下，据探马来报，盖延所率的将领中，有一个叫苏茂的人，原本是刘玄的部将，后来刘玄被杀，他才投靠了刘秀。但他对刘秀甚为不满，刘秀也一直没有重用他。我们不如利用这一点，劝降苏茂。"

刘永也觉得大敌当前，这倒是一条妙计，于是派人去劝降苏茂。

刘永的一员大将掩护着几个说客去见苏茂，向苏茂陈述利弊，并许诺说如果他投降，刘永不仅重赏，而且封他做王。苏茂本来对刘秀就有不满，这次派他出征，心里虽然十分不快，但也不敢违抗。所以刘永的大臣们一说，苏茂便立刻答应了，并且商议好，三更天带领军队前去投降，可以里应外合，共同攻打盖延大军。

三更时节，苏茂带领自己手下的士兵，在汉军中开了杀戒，而刘永也派人从城中出击。盖延大军一时大乱，还没攻打睢阳城，就损伤无数。

大将盖延气得肺都要炸了，他破口大骂苏茂，可苏茂早已逃到了睢阳城中。盖延不愧为一员大将，有着丰富的作战经验。他认真分析了一下当前形势，冷静下来，便决定死困睢阳。

小小的睢阳，被盖延大军整整困了三个月，城中的粮草已经所剩无几，外边没有救兵，更不会运进粮草。

城中的将士一片怨声，百姓更是叫苦不迭。足智多谋的盖延以为出击的时刻到了。

他命士兵们三更造饭，四更出击，盖延先派人悄悄地来到睢阳城下，又命人运来一批梯子，挑选了一批精兵良将，命他们悄悄爬上城墙。

刘永的守城士兵正在大睡，因为自从盖延大军来到睢阳边境，一直未曾开战。开始之时，守城的士兵还日夜巡逻，到了后来，渐渐地放松了警惕。再后来，士兵吃不饱饭，有的就有怨气，所以一到半夜，守城的士兵都躲在小屋里去睡觉了。

盖延派的人没费吹灰之力就顺利地爬上了城墙，拉掉铁栓，打开城门。盖延一看城门大开，立即带领着大军直入睢阳城。而这时，刘永的部队都还在睡梦之中。

结果刘永的人马死伤无数。刘永一看大势不好，慌忙从城中带着家属和护卫逃了出来，借着天黑才躲过了盖延的追杀，盖延很快就占领了睢阳城。

但是盖延并没有停下来，而是乘胜攻击。由于军队士气正旺，所以很快又占领了薛县、萧县、彭城、浦郡等地。盖延下令：不许伤及百姓！刘永的许多士兵一看盖延如此爱民，便纷纷投降。盖延非常善待俘虏，不但不歧视他们，反而派人给他们准备了一顿饱饭。

盖延虽然大获全胜，但没有捉到反贼苏茂，心里仍不痛快。后来，盖延听说苏茂正率领刘永的残兵败将赶往谯县，于是他亲自率兵追杀苏茂。

两军经过一场血战，由于盖延的军队英勇善战，而苏茂率领的军队早已丧失了战斗力，没过多久，苏茂率领的将士就逃的逃、亡的亡。苏茂在部下的掩护下，突出了重围，逃跑了。

刘秀委任新太守做睢阳城的地方官。但过了一年，这个地方官又投靠了刘永，刘永又重新入城，重整兵马，想东山再起。

刘秀大怒，又派大将盖延再次前去攻打睢阳城。盖延率大军仍是只围不攻，三个月后，城中士兵饿死无数，刘永只好冒险突围，但被大将盖延一刀砍下了首级，刘永的军队一见主将战死就四处奔逃。盖延再次占领了睢阳城。

刘永的儿子刘纡死里逃生，一口气逃到了垂惠，在那里自立梁王。苏茂也带领残兵赶到了那里，辅佐梁王。刘秀非常信任的平狄将军也起兵叛乱，投靠了梁王。

刘秀闻讯大怒，派大将盖延去攻打梁王。而此时，梁王正派庞萌围攻桃乡，盖延又奉命改道攻打庞萌的军队。

盖延在桃乡远处安营扎寨，而不攻打庞萌的军队。庞萌围攻桃乡二十余日，伤亡惨重，而且粮草也不充足了。他刚想带兵撤走，却被盖延从外包围，双方展开了激战。而桃乡城里的将士，也迅速出来攻击。庞萌大军里外受敌，被打得丢盔弃甲，人仰马翻。和庞萌一起围攻桃乡的苏茂一看败势已定，便带着庞萌，扔下士兵逃了出来。

苏茂、庞萌逃出来之后，直接跑到了昌虑，刘纡还有几万人马在那里驻扎。

盖延挥师前进，攻打昌虑。盖延一看地势，发现通往昌虑只有一条出口，就是建阳县。此地地势险要，盖延便把军队驻扎在那里，以逸待劳，等着刘纡的人马在此经过。由于昌虑缺少粮草，刘纡决定带领着那几万人马从建阳撤出去。

而这时，盖延的大军早已做好了准备。当刘纡的人马刚一走到建阳县，盖延立即指挥人马袭击刘纡的军队。刘纡的军队没有防备，被打得晕头转向，纷纷逃亡。

刘纡见主力已被消灭，便打算拼命杀出一条血路，可是盖延的人马越聚越多。盖延的军队将刘纡团团围住，最后刘纡死在乱剑之下。

精简点评

众多势力征战不已，刘秀依靠河北的地主武装力量的支持，逐渐壮大自己的力量，最终统一天下。

严子陵无意仕途

原文

严光字子陵，一名遵，会稽余姚人也。少有高名，与光武同游学。及光武即位，乃变名姓，隐身不见。帝思其贤，乃令以物色访之。后齐国上言："有一男子，披羊裘钓泽中。"帝疑其光，乃备安车玄纁，遣使聘之。三反而后至。舍于北军，给床褥，太官①朝夕进膳。

注释

①太官：官名。秦时设置，汉袭之。

译文

严光，字子陵，又名严遵，会稽余姚人。严光年轻时就有很高的名声，与刘秀一同游学长安。等到光武即位时，他立即改姓换名，躲起来不见光武。光武皇帝想着他有才德，就派人到处访求他。后来齐国臣属上书说："有一位很是奇怪的男子，披着羊皮衣服在沼泽中垂钓。"皇帝怀疑是严光，就备了可坐乘的小车、黑色和浅红色的布帛，派使者礼聘严光回朝。使者三次往返以后才得到严光的肯定答复来到朝廷。严光住在北军，床褥等皆有供给，由太官朝夕供应膳食。

历史详解

严子陵与汉光武帝

会稽余姚人严光，字子陵。他年轻时曾是汉光武帝刘秀的同窗，有很高的名望。刘秀称帝后，派人寻找严子陵，请他入仕。

严于陵看到汉光武帝夺得天下，知道定会封他做官，可他生来厌恶官场，不愿意享受朝廷俸禄。于是，他隐姓埋名，在齐县境内富春山（在浙江省桐庐县西）中过起了隐士的生活。一天到晚，忘情于山水之中，垂钓于溪水之畔，悠游自在，怡然自得。

有一天，有人在富春山认出严子陵，把此事报告了县令。

齐县县令上书光武帝："有一个人，身披着羊皮大衣，在富春山溪水边钓鱼，此人很像严子陵。"

汉光武帝立即命官吏备好车马，装上优厚俸禄，想把严子陵请出富春山，然而官车去了又回，均无所收获。这天，官吏又一次来到富春山，严子陵说："你们认错人了，我只是普通打鱼人。"使者不管他怎么解释，硬是把他推进了官车，快马加鞭，送他到了京城。严子陵住进了汉光武帝特意为他安排的房子，每日饭菜相当可口，数十名仆人为他效劳，然而对于这些他却不屑一顾。

侯霸与严子陵也是旧时好友。此时的侯霸已今非昔比，他做了汉朝的大司徒。侯霸听说严子陵已到皇宫，就让下臣侯子道给严子陵送去一封书信，表示对严子陵的问候。侯子道一见严子陵，便恭恭敬敬地把信递了过去。此刻，严子陵正斜倚在床上，听到是大司徒侯霸派人送信，仍然面无喜色。接过信，大概看了一下，便放在了桌子上。侯子道以为严子陵因为侯霸没有亲自看望而不愉快，忙又说："大司徒本想亲自迎接您，因为公事繁忙，一刻也脱不开身。晚上，他一定抽空登门拜访，请严先生写个回信儿，也好让我有个交代。"

严子陵想了片刻，命仆人拿出笔墨，他说，让侯子道写。信中写道："君房（侯霸字君房）先生，现在你做了汉朝大司徒，位列三公，这很好。如果你帮助君王为人民做了好事，大家都高兴，如果你只知道奉承君王，而不顾人民死活，终将身首异处，生命难保。"他说到这儿停了下来，侯子道请他再说些什么，严子陵没有吭气，侯子道讨了个没趣回到了侯霸那里。

侯霸听完侯子道的话，面有怒色，觉得严子陵不把他这个大司徒放在眼里。

汉光武帝

于是把严子陵的一番话，报告了汉光武帝，谁知汉光武帝却说："我了解他，就这倔脾气。"

当天，汉光武帝去看望严子陵，皇帝亲自登门，这可是件大事，得出门远迎。可严子陵根本不理，躺在床上养神。汉光武帝进来后，看到他这副情景，并不恼火，走过去用手轻轻地拍了拍严子陵的肚子，亲切地说："老同学，你难道不念旧情，来帮我一把吗？"严子陵说："人各有志，你为什么一定要逼我做官呢？"汉光武帝听后长长地叹了口气失望地走了。

有一晚，汉光武帝与严子陵叙旧。汉光武帝问："子陵啊，你看我比从前怎么样？""有点儿进步。"严子陵回答道。那晚，两人睡在一起，严子陵故意大声打呼噜，并把腿压在汉光武帝身上，汉光武帝毫不介意。第二天，一夜未回的汉光武帝轻描淡写地对仆人说："别害怕，我只是和严子陵在一起。"

精简点评

后来汉光武帝封严子陵为谏议大夫，他不肯上任，仍旧回到富春山中过他的隐士生活，种种地，钓钓鱼。富春山边有条富春江，江上有个台子，据说是当年严子陵钓鱼的地方，称为"严子陵钓台"。

南征北战的马援

原文

马援少时，以家用不足辞其兄况，欲就①边郡田牧。况曰："汝大才，当晚成。良工不示人以朴，且从所好。"遂之北地田牧。常谓宾客曰："丈夫为志，穷当益坚，老当益壮。"后有畜数千头，谷数万斛，既而叹曰："凡殖财产，贵其能赈施也，否则守钱虏耳！"乃尽散于亲旧。闻隗嚣好士，往从之。嚣其敬重，与决筹策②。

注释

①就：去，前往。
②决筹策：筹划决策。

译文

马援少壮年轻的时候，因为家庭贫困，辞别哥哥马况，准备到边郡一带种田放牧。马况说："你是大器晚成的人，能工巧匠不会拿出自己未雕琢的玉石示人。权且按照你自己的意愿，做你想做的事情去吧。"于是马援到北地种田放牧。他常对宾客们说："大丈夫立志，穷困潦倒就要更坚定，人到老迈时应当更雄壮。"后来，他拥有数千头牲畜，数万斛粮食。不久又叹息说："增长财富，可贵之处在于能够赈济施舍，要不然，这个人也不过就是守财奴而已！"于是把全部家产分送给亲友故旧。马援听说隗嚣礼贤下士，就去投奔他。隗嚣十分敬重马援，让他参与筹划决策。

历史详解

公元41年，交趾女子徵侧、徵贰姐妹聚众造反，得到九真、日南、合浦等地蛮夷部落的响应。叛军先后攻占了岭南六十多座县城，徵侧自立为王，一时间轰动天下。

汉光武帝刘秀得到消息后，就命令大将马援等人率军去南征交趾。

马援率军沿海边向南进军，逢山开道，遇水架桥，长途跋涉一千多里。因不适应南方气候，路途中有不少将士得病死去。到了第二年春天，大军抵达浪泊，开始与敌人交战，一举击溃敌人，杀敌数千，被俘投降的有一万多人。马援率军继续追击徵侧，直达禁溪。他连续出击，彻底击溃敌人，徵侧等四散奔逃。不久，徵侧、徵贰被抓获斩首。

为嘉奖马援，汉光武帝就封他为新息侯。马援闻讯后，就杀牛备酒，犒赏全军。

随后，马援率大小楼船两千多艘，战士两万多人，再次进击九真地区，剿灭徵侧的余党都羊等人。从无功县到居风县，一路追杀，消灭敌人五千多人，最后岭南地区全都平定了。

马援

为安定刚收复的地区，经禀报朝廷，马援将西于县分为封溪、望海二县，并组织人力修治城垣，挖河造渠，兴修水利。另外，他还把南越地区与汉朝律法有出入的十余条律法奏明朝廷，并向越人重新申明原有的制度，对他们加以约束。从此以后，南越地区一直奉行着马援确定的秩序。到了公元44年秋天，马援见这里百姓安居乐业，社会安定，就率大军凯旋回朝了。

公元44年9月，马援平定交趾叛乱返回洛阳后，平陵人孟冀前往迎接，并劝他以后在家好好休养。

马援感慨地说："现在匈奴和乌桓还在侵扰北部边境，我正要向皇上请战。男儿应该战死沙场，用马革裹尸，运回家乡安葬，怎么能在家跟儿女过日子呢？"

公元48年7月，武陵蛮人作乱，出兵攻打临沅。朝廷派武威将军刘尚征讨,结果全军覆没。马援当时已62岁,听到此事他请求挂帅出征。汉光武帝刘秀见他年事已高,没有答应。马援却拍着胸脯,不服气地说:“谁说臣老了！臣还能身穿铠甲,骑马驰骋。”

刘秀让他试一试。马援果真跨上战马,雄赳赳地来回跑了一趟。刘秀笑着说:“好一位精神抖擞的老翁!”

于是,刘秀派马援统领马武、耿舒等人,率领4万大军攻打五溪。大军出发时,马援对送行的友人杜愔说:“我老了,总担心不能马革裹尸,今天终于遂愿,死也瞑目了。怕只怕那些权贵子弟在皇上面前搬弄是非,这些真叫我放心不下呀。”

当然马援所说的话不是空穴来风,而是有所指的。原来,一次马援患病,刘秀的女婿梁松前去探望。梁松在床下拜见,马援却没有还礼,梁松对此很不高兴。梁松走后,儿子们不解地问马援:“梁松是皇帝的女婿,文武百官没有不惧怕他的,为什么父亲对他这么冷淡?”马援笑笑说:“我是他父亲的朋友,他身份虽然显贵,怎能不讲辈分呢?”后来,因梁松仗势骄横,马援批评过他,梁松就由此忌恨上了马援,并寻机报复。

马援进军五溪途中适逢酷暑,军中瘟疫流行,不少士兵都死去了。耿舒就此向朝廷进谗言告说马援指挥不当。刘秀随后就派梁松去责问马援,并兼任监军。

梁松到达军中时,马援也因染上瘟疫病逝了。但梁松不肯罢休,依然乘机诬陷他。他上奏朝廷说马援去南方打仗时如何搜刮大量财物。刘秀听信谗言后大怒,就降旨废黜了马援的爵位,并追查他的罪行。

马援的妻子儿女听说后十分恐惧,不敢将马援的棺柩运回祖坟,只是草草地葬在城西。一时间连马援的宾客旧友,也没有一个人敢上门吊唁。安葬完马援,他的妻子就用草绳把自己捆绑起来,到皇宫门口请罪。刘秀把梁松的奏章拿给他们看,马援的妻子才知道马援遭人诬陷。于是,马援的家人前后六次上书,为马援鸣冤。前任云阳县县令朱勃也上书为马援申冤,指出马援为朝廷效力22年,南征北战,终于马革裹尸,了却平生的抱负。这样的功臣,死后遗体居然不能归葬祖坟。死者不能自我表白,活人不敢替他辩护,令人痛心。他要求让朝廷大臣评议马援的是非功过，决定是否恢复爵位，使天下人不至于失望。

后来，刘秀看了马援的妻子和朱勃的奏章，了解了事情的真相，恢复了马援的爵位，严惩了诬告他的人，并允许把马援的灵柩运回祖坟重新安葬。

精简点评

马援为了维护国家统一而征战不休，伏波将军的功绩彪炳史册。

董宣不畏豪强

原文

陈留董宣为雒阳令。湖阳公主苍头①白日杀人，因匿主家，吏不能得。及主出行，以奴骖乘，宣于夏门亭候之，驻车叩马，以刀画地，大言数主之失；叱奴下车，因格杀之。主即还宫诉帝，帝大怒，召宣，欲棰杀之。宣叩头曰："愿乞一言而死。"帝曰："欲何言？"宣曰："陛下圣德中兴，而纵奴杀人，将何以治天下乎？臣不须棰，请得自杀！"即以头击楹，流血被面。帝令小黄门持之。使宣叩头谢主，宣不从；强使顿之，宣两手据地，终不肯俯。主曰："文叔为白衣时，藏亡匿死②，吏不敢至门；今为天子，威不能行一令乎？"帝笑曰："天子不与白衣同！"因敕："强项令出！"赐钱三十万；宣悉以班诸吏。由是能搏击豪强，京师莫不震慄。

注释

①苍头：奴仆。

②藏亡匿死:亡,逃犯;死,死刑犯。藏亡匿死,这里指刘秀未称帝前收留那些被官府通缉的逃犯。

译文

陈留人董宣担任洛阳令。刘秀的姐姐湖阳公主的奴仆白天杀人,就藏在公主家里,官吏不能逮捕他。后来公主出门,让这奴仆陪同乘车。董宣在夏门亭等候,叫车停下,上前扣住了马缰绳,用刀划着地,大声数落公主的过失,怒喝那奴仆下车,接着就杀死了他。公主立即回宫告诉了刘秀。刘秀大怒,召董宣前来,要用刑杖把他打死。董宣叩头说:"我请求说句话再死。"刘秀说:"打算说什么?"董宣说:"陛下圣德,复兴汉室,却放纵奴仆杀人,将怎么治理天下呢?我不等着被打死,请让我自杀吧!"就头撞大柱,流了一脸血,刘秀命太监拽住他。后来让董宣叩头向公主道歉,董宣不服从,就叫人使劲按他的脑袋。董宣两手撑着地面,到底不肯低头。公主对刘秀说:"你当平民百姓的时候,窝藏逃犯,官吏不敢上门来找;现在当了皇帝,威权就不能行使在一个县令的身上吗?"刘秀笑着说:"天子跟平民不同!"接着命令:"硬脖子县令出去!"刘秀赏钱三十万,董宣都分给了手下官吏。从此由于他能够打击豪强,京城的人,无不震惊害怕。

历史详解

光武帝刘秀统一全国后,实行休养生息的政策,希望国家经济尽快地恢复起来。当时,地方豪强势力很大,他们买卖人口,大搞土地兼并,不守国法。不过,严格执法的董宣不畏权势,对他们敢于按律法办。

董宣,字少平,陈留郡圉(yǔ)县(今河南开封东南)人。他自从当官以来,无论做什么都按法令办事,因此接连被提升,一直做了北海国(治所在今山东潍坊)相。上任后,他任命当地大族公孙丹为副手,辅佐他做一些日常事务。

公孙丹新建了一座住宅,他找来占卜的人想问问吉凶。占卜的人围着他的房子转了一圈,脸色阴沉地说:"这个宅子不适合居住,要是搬进去,您家一定会死人。"公孙丹一听着了急,心想:"刚盖好的房子,却不能住人,我岂不是白花了钱?"便问道:"有没有化解的办法呢?"占卜的人沉思一会儿,摇摇头说:"恐怕不好办。"公孙丹认为是需要他花钱,便爽快地说:"有什么要求,您直说就行了!"占卜的人这才告诉他,需要一个死人尸体,先在宅子里停几天消灾,然后才能搬进去住。公孙丹鬼迷心窍,凭着有钱有势,竟然大白天杀了个过路的行人,把尸体搬进新宅,企图借此消除灾祸。

被杀的那个人的家人，哭哭啼啼找到董宣，要他抓捕凶手，替他们申冤。董宣调查一番后，立即逮捕了公孙丹父子，并杀了他们。谁知，公孙家族却集合了三十多人，拿着兵器，气势汹汹地到北海相府闹事。董宣生气地把他们全部抓了起来，又怕他们出狱后再找官府闹事，便命令下属水丘岑把这些人全部杀掉。这个案件惊动了朝廷，董宣由于杀人太多，被传唤到京师受审，水丘岑也被牵连了进来。

光武帝

经过一番审讯，董宣和水丘岑都被判处死刑，关在大牢里。在死囚牢里，董宣还像往常那样，泰然自若地从早到晚诵读诗文，一点惧怕的样子都没有。到了处决的那一天，以前曾做过他下属的官吏给他送来了饭食，谁知董宣怒气冲冲地说："我一生从没吃过别人送的东西，何必临死时败坏我的名节呢？"说完，一口东西也没吃，就登上刑车被押走了。

就在刀已架上董宣的脖子，准备行刑的时候，光武帝派人骑着快马，赶到刑场，赦免了董宣。董宣对派来的使者说："水丘岑是听我的吩咐才去杀人的，即使有罪，也应该由我来负责，与水丘岑无关，请您告诉皇上杀我抵罪，放了他吧！"汉武帝听到使者的汇报，又了解了一下事情的真相，认为董宣严格执法但用刑过重，就把董宣贬为怀县县令，同时赦免了水丘岑。

董宣的严格执法，不仅只针对一般的罪犯，有时碰到势力强大的人犯了罪，他也一样毫不留情面。

光武帝有个姐姐叫湖阳公主，也是一个出名的地方豪强。有一次，她的一个奴仆在外面杀了人，躲进公主府，不敢出来。可是公主为了摆架子，有时竟然在出门时,让这个杀人犯陪同。董宣知道后,便一天天在公主经常路过的地方等候。这一天,湖阳公主又坐着马车出来了,跟着她的正是那个杀人犯。董宣看清楚后,就带着人冲到湖阳公主车前,让她把罪犯交给他。湖阳公主火了,大声斥责董宣,说他太无礼了。董宣不仅没被公主的气势吓倒,反而拿出宝剑,往地上一划,也大声地责备公主的不是。他叫手下人把那个杀人犯强拉下车来,宣布了罪状,当场就杀了。

董 宣

湖阳公主哭哭啼啼地跑到光武帝那里,向他哭诉这件事。光武帝一听也很生气,立刻传董宣进宫,吩咐侍卫拿着鞭子,要当面打死他,替姐姐出气。董宣到了宫里,先向光武帝叩了头,说:"在打死我之前,请允许我说一句话!"光武帝生气地说:"你还有什么话好说!"董宣抬起头回答道:"皇上凭着崇高的德行,恢复了汉朝的天下,如今却纵容手下杀人,这样下去,怎么治理国家?用不着打我,我自己死!"说完就把头狠狠地向就近的柱子上撞,一下子血流满面。光武帝急忙命令左右把他拉住,说:"我饶你不死,只是你得向公主赔礼磕头。"谁知,即使几个侍卫按着董宣的头,强迫他向公主赔罪,董宣也用两手死撑着地,坚决不肯叩这个头。光武帝十分佩服董宣,就把他放走了。

湖阳公主一肚子气,却没办法发泄。她对光武帝说:"你当初只是平民的时候,就收藏过一些犯死罪的人,而官吏也不敢到我们家里来抓人。如今,你已贵为天子,却连一个县令都制服不了吗?"光武帝笑着说:"天子不能和平民一样啊!"

后来,光武帝赏赐了董宣30万钱,董宣却一分不留地全部分给了县里的衙役属吏们,从此,董宣更加严格的打击那些为非作歹的人,使一些人对他又怕又敬。而老百姓却欢快地唱道:"因为有个董少平,不闻击鼓叫冤声。"他们称他是"强项令"(硬脖子的县令),没有一个不佩服他的勇气的。

董宣死的时候,光武帝派人到他家中吊唁,只见董宣的尸体只裹着一层破布,连个棺材都没有。汉武帝听到使者的回话,十分伤感地说:"董宣死后,我才真正知道他是如此廉洁啊。"命人按照古代大夫的葬礼安葬了他,并任董宣的儿子做了郎中。

精简点评

刚直不畏强权，廉洁爱惜百姓，这样的好官才是天下人共同爱戴的楷模。

专横的窦宪

原文

太后临朝[1]，窦宪以侍中内干机密，出宣诰命；弟笃为虎贲中郎将，笃弟景、瓌并为中常侍，兄弟皆在亲要之地。宪客崔骃以书戒宪曰："《传》曰：'生而富者骄，生而贵者傲'生富贵而能不骄者，未之有也。今宠禄初隆，百僚观行，岂可不'庶几夙夜，以永终誉'乎！昔冯野王以外戚居位，称为贤臣；近阴卫尉克己复礼，终受多福，外戚所以获讥[2]于时，垂愆于后者，盖在满而不挹，位有余而仁不足也。汉兴以后，迄于哀、平，外家二十，保族全身，四人而已。《书》曰：'鉴于有殷'，可不慎哉！"

庚戌，皇太后诏："以故太尉邓彪为太傅，赐爵关内侯，录尚书事，百官总己以听。"窦宪以彪有义让，先帝所敬，而仁厚委随，故尊崇之。其所施为，辄外令彪奏，内白太后，事无不从。彪在位，修身而已，不能有所匡正。宪性果急，睚眦之怨，莫不报复。永平时，谒者韩纡考劾宪父勋狱，宪遂令客斩纡子，以首祭勋冢。

注释

①临朝：指皇室女子亲临朝政主持大事。

②讥：讥讽，批评。

译文

窦太后临朝摄政，窦宪以侍中的身份入宫主持机要，出宫宣布太后的命令。他的弟弟窦笃为虎贲中郎将，窦笃的弟弟窦景、窦瓌为中常侍。窦家兄弟全都在接近皇帝、皇后的显要位置上。窦宪的门客崔上书告诫窦宪说："古书说：'生来就富有的人骄横，生来就尊贵的人倨傲。'生于富有尊贵而能不骄横倨傲的人，未曾有过。如今您的恩宠和官位正开始上升，朝中百官都在观察您的所作所为，怎能不像《诗经·周颂》所说'望能以终日的小心谨慎，求得终身的荣耀'呢！从前冯野王以外戚身份居于官位，被人称作贤臣；近代阴兴克己守礼，最终成为多福之人。外戚之所以被当时的人讥嘲，被后世的人责备，原因在于权势太盛而不知退让，官位太高而仁义不足。从汉朝建立以后，直到哀帝、平帝，皇后家族共计二十，而能保全家族和自身的，只有四位皇后。《尚书》说：'以殷商的覆亡，作为鉴戒'，岂能不谨慎吗？"

历史详解

东汉的好多皇帝命都很短，因为这样，便有许多小孩子皇帝，但他们决断不了政事，这样便形成了一个太后临朝执掌大权的传统。

公元 88 年，汉章帝病死，和帝继位，尊章帝的皇后窦氏为皇太后。和帝才 10 岁，窦太后临朝，因而，窦太后的哥哥窦宪便执掌了大权。这样，外戚的势力强大了起来。

这个窦宪，身材不高，可是脸大脖子粗，长得十分威武。他的颧骨底下长了条横肉，这横肉上下一抖动，谁见了都害怕。窦宪一掌权，便横行开了。

当年汉武帝费了很大的劲儿才把煮盐和冶铁的利益从豪强的手里夺过来，加强了中央集权统治。而窦宪掌权后第一件事却是废除了禁止私人煮盐和冶铁的法令，实际上，这也是窦太后的主意。她把盐铁的利益让给国内的大族和

窦宪

豪强们,是为了自己执政能得到他们的支持。这样一来,窦家的政权就能稳固了。窦宪的几个兄弟都做了大官,窦家一门的威风谁都比不上,窦宪的胆子因此也越来越大了。

窦宪为了稳住自己的大权,什么事都敢干。公元88年,汉章帝驾崩。汉和帝的伯父、都乡侯刘畅来到京师为先帝吊孝。刘畅毕竟是皇室成员,窦太后要办丈夫的丧事有时也与他商量,就把他召进宫里好几次。可窦宪多疑,他怕自己的妹妹重用刘畅,分了他的大权。便派刺客把刘畅暗杀了,窦太后一听到堂兄竟被人杀害,大为恼火,便吩咐窦宪去捉拿凶手,追查主使的人。这不是叫凶手捉拿凶手吗?窦宪就把杀人的大罪诬在了刘畅的兄弟刘刚身上,借口是他们兄弟不和,自相残杀。窦太后竟然信以为真,还派御史和青州刺史去查办在自己封地青州的刘刚。可世上终有明眼人,尚书韩毂上书给窦太后,说刘畅在京师遇害,而刘刚远在青州,应在京师捉拿凶手才是正理,如舍近求远,恐给奸臣暗笑。窦宪料到韩毂疑心到了自己身上,就立即请太后责备韩毂。窦太后偏听偏信,便斥责了说公道话的韩毂(gǔ),但韩毂仍坚持己见。这样,韩家这一世族便与外戚窦宪结下怨恨。后来,太尉何敞亲自出马调查此案,“纸里包不住火”,最后水落石出,窦宪无法抵赖。恰在这时,匈奴内乱需汉派兵平定,窦宪怕保不住命,便要求太后让他去攻打匈奴,算赎他的死罪。究竟是太后的哥哥,虽有人反对,窦太后还是下诏封窦宪为车骑将军,发兵北伐。刘畅就这么着稀里糊涂白死了。

当了车骑将军的窦宪威风又抖了起来。他一面叫他兄弟替他在洛阳大兴土木,盖造将军府;一面派人拿着书信给尚书仆射郅寿,嘱咐他照顾他的家属。郅寿倒是个硬汉,他不但不愿包庇窦宪,还上书告发他的罪恶。窦太后仍偏袒他的兄长。最后郅寿被逼得自杀身亡。对此三公九卿纷纷鸣不平,联名上书要求太后别让窦宪带兵。而窦太后把他们的奏章搁在一边,还是派她哥哥发兵去攻打匈奴。

北匈奴已经衰落了,不能抵抗汉兵,窦宪在稽落山打败了匈奴。汉军离开边塞三千多里,追匈奴兵直追到燕然山,这窦宪得意洋洋地还叫中护军班固写了一篇颂扬他功德的文章刻在山上，窦宪得胜还朝，比以前更加威风了。太后又拜他为大将军，还赏给他两万户的封地，叫他带着副将邓叠驻扎在凉州。从此，窦氏兄弟更加得势，窦宪的3个兄弟也都封了侯，他们的子弟、女婿、伯伯、叔叔、娘舅、外甥和他们的门客、心腹，都有封赏，其权势炙手可热。

窦宪等人有了如此势力，便更加横行无忌，几乎到了“顺者兴，逆者亡”的地步。各地的刺史、郡守、县令大多出自窦氏家族的门下。他们贪污勒索，贿赂公行，无恶不作。尚书仆射乐恢揭发了几个向窦家行贿而得官的人，上书批评窦宪。窦太后还算客气，只是把他的奏章搁在一边，但批准了乐恢告老还乡的请求。而窦宪却暗地里派人逼乐恢喝毒药自尽。

窦家兄弟把持朝政，独断专行，朝中大臣慑于他们的威势，都要看他们的脸色行事。这使得他们更加贪得无厌，为所欲为，百姓苦不堪言。

窦宪在窦太后的庇护下，甚至纠集力量，伺机造反。

窦宪谋反

这时，汉和帝一天天长大成熟起来。他看到窦宪他们依仗权势，祸国殃民，把国家弄得一团糟，非常痛心。现在又看到窦宪他们竟伺机造反，便暗地里组织起了自己的力量，依靠宦官郑众和几个得力的忠臣，等待时机，准备一举诛灭窦宪一党。

公元92年，汉和帝召窦宪从凉州回到京师洛阳，对窦宪一党来了个一网打尽，汉和帝念及窦太后养育之恩，没判窦宪兄弟斩刑，但令他们自杀。

精简点评

东汉中期以后的政治格局渐趋混乱，外戚和宦官的交替专权给东汉朝局造成巨大隐患，窦宪虽然在边疆立功，但是未能因此而免于一死。

班固著《汉书》

原文

初，班固奴尝醉骂洛阳令种兢，兢因[1]逮考窦氏宾客，收[2]捕固，死狱中。固尝著《汉书》，尚未就，诏固女弟曹寿妻昭踵而成之。

华峤论曰：固之序事，不激诡，不抑抗，赡而不秽，详而有体，使读之者亹亹而不厌，信哉其能成名也！固讥司马迁是非颇谬于圣人，然其论议，常排死节，否正直，而不叙杀身成仁之为美，则轻仁义，贱守节甚矣！

注释

①因：凭借，借着。

②收：逮捕。

译文

当初，班固的家奴曾经醉酒辱骂过洛阳令种兢。种兢便借着这个机会，不仅捉拿审讯窦家宾客，也趁机逮捕了班固。后来班固死在了狱中。班固一直在编著《汉书》，但他死时《汉书》尚未完稿。和帝下诏，命班固的妹妹、曹寿的妻子班昭继续撰写，完成此书。华峤这样评论道：班固记述史事，不偏激，不诋毁，不贬抑，不抬举，丰富而不芜杂，周详而有系统，令人一读再读，不知厌倦。正是由于这个原因，他才得以成名。班固讥刺司马迁的一些是非标准违背圣人之道，然而他自己的议事论人，却常常排斥死节，否定公正刚直，而且不记述杀身成仁者的美德。如此看来，班固本人则是太轻仁义、贱守节了！

历史详解

班固，字孟坚，东汉扶风安陵人。九岁便能为文，诵读诗赋。成年以后，更是博览群书，对九流百家之言都有研究。他学无常师，不注重章句，只要求掌握文章的主旨。班固为人宽厚，并不因自己的才能出众而傲视别人，因此儒生们都很仰慕他。

东汉明帝永平初年（公元58年），东平王刘苍任骠骑将军，辅佐朝政，开东阁聘请贤才。当时班固刚刚20岁，就向刘苍上书，盛赞当世名儒桓梁、晋冯、李育、郭基、王雍、殷肃等人，希望他予以重用。刘苍接受了他的意见。

班　固

班固的父亲班彪去世以后，班固返回故里，继续撰写班彪所著的《史记后传》，被人告发私改国史，被捕下狱。他的弟弟班超上书为他辩解，汉明帝刘庄又看过了他所著的书，很赏识他，就赦免了他，并任命他为兰台令史（俸禄百石的小官），与陈宗、尹敏、孟異一起撰成《世祖本纪》。班固又转迁为郎，负责典校秘书，其间他写成列传、载记等二十八篇。刘庄看后非常满意，就让他完成他先前所著的史书。

班固历时20余年，在东汉章帝建初年间基本修成《汉书》，记事起自西汉高帝刘邦元年（公元前206年），终于王莽新朝地皇四年（公元23年），有纪、表、志、传共一百篇，开创了纪传体断代史的体系。这部记载西汉历史的著作，在当时就受到人们的重视，学者争相传诵。

班固任郎以后，得到刘庄的信任与亲近，为报知遇之恩，班固也忠心尽职。当时京师洛阳已经建造起宏伟的宫殿，修筑起坚固的城池，但很多人仍然希望迁都长安。于是班固仿效前代司马相如、东方朔等人的做法，写了《两都赋》献给刘庄，颂扬京都洛阳，批驳那些主张迁都者的言论。

汉章帝元年（公元76年）汉章帝即位以后，由于他雅好文章，班固更加受到恩宠。章帝多次召班固入宫侍读，有时班固一连几天被留宿宫中。章帝每次出巡，班固就敬献赋颂，朝廷中讨论朝政大事，也常让他参加，发表意见。但是班固对他和父亲班彪前后两代官位最高不过为郎，总有生不逢时的感慨，曾作《宾戏》来自我解嘲。后来班固升任玄武司马。章帝召集诸儒在白虎观讨论五经异同，班固奉命撰集其事，纂成《白虎通义》。班固在朝臣讨论对西域和匈奴的政策时，也都发表过自己的意见。

班固著书

东汉和帝永元元年(公元 89 年)，班固随大将军窦宪远征匈奴，任中护军，参与谋议。窦宪大败匈奴，班固为他撰写了著名的燕然山铭文，在燕然山上刻石纪功。永元四年(公元 92 年)，窦宪获罪自杀，班固受牵连被免官。又因班固不约束教育他的几个儿子，任凭他们不法胡为，与洛阳县县令种兢结下积怨。种兢这时乘机罗织罪名进行报复，将班固逮捕入狱。当年班固死在狱中，享年 61 岁。

精简点评

班固的《汉书》与司马迁的《史记》可谓是汉朝的史界双璧，班固的成就与他的《汉书》为后人所铭记。

班超投笔从戎

原文

西域都护定远侯班超遣掾甘英使大秦、条支，穷西海，皆前世所不至，莫不备其风土，传其珍怪焉。及安息西界，临大海，欲渡，船人谓英曰："海水广大，往来者逢善风，三月乃得渡，若遇迟风，亦有二岁者；故入海，人皆赍三岁粮，海中善使人思土恋慕，数有死亡者。"英乃止。

注释

①掾：副官或官署属员的通称。

译文

西域都护、定远侯班超派遣属官甘英出使大秦帝国和条支王国。甘英走遍了西海一带，沿途所经，都是前代之人所未到过的地方，他在各处都全面了解风土人情，收集带走珍奇的物产。等到甘英到达安息国西部边界的时候，遇到了大海。他打算渡海继续前进，但是船夫告诉他说："这片海海域广阔，航海者如果遇到顺风，要用三个月才能到达彼岸；如果遇到逆风，也有用两年的时间才能到达对岸的。所以，渡海的人都带上三年的口粮。而且人在海上漂行，海上容易使人怀恋乡土，会经常有人死亡。"甘英这才作罢。

历史详解

唐代诗人杨炯抱着建功立业的想法，写下了“宁为百夫长，不做一书生”的豪迈诗句，激励自己拿起刀枪，征服西北边塞的敌人。其实，早在东汉，就有这样一位投笔从戎的书生，为平定西域，保证中原的稳定做出了巨大的贡献，他就是班超。

班超字仲升，是东汉著名历史学家班固的弟弟，他父亲班彪、妹妹班昭也是那时有名的史学家，和班固一起完成了《汉书》的创作。出生在这样一个书香世家，班超却表现出与他们不同的志趣。他身材高大，仪表堂堂，为人不拘小节，而且非常能吃苦耐劳。他虽然饱览群书，但并不满足于书本知识的获得，总是想把所学的东西用来建功立业。

当班固在家乡接受父亲的遗命续修《汉书》时，有人上书汉明帝，诬告班固私自修改国史，毁谤朝政。明帝下令逮捕班固，把他关进了监狱。班超马上赶到洛阳，求见明帝，说明情况后，请求代兄坐牢。明帝了解了真相，又为班超的一片诚心而感动，不仅释放了班固，还委任班超为兰台令史。兰台令史官职很低，也没有什么实权，只是负责抄写文书而已。在这种情况下，班超不仅感到有志难伸，而且还觉得非常无聊。

就在班超抄写文书期间，匈奴在东汉边境烧杀抢掠，给边境上的人民生活带来巨大的灾难。听到这种情形，正在抄写文书的班超把笔往地上一扔，气愤地拍着案台，大声感慨地说：“大丈夫没有其他抱负，只愿像傅介子、张骞那样立功边地，封侯归乡，怎么能在纸笔中消磨一生！”傅介子和张骞都是因出使西域立下大功而被封侯的人，是西汉赫赫有名的大臣。这样大的志愿对一个只是抄写文书的人来说，未免太不切实际了，因此班超遭到同事的取笑，说他在做梦。然而，班超凭着自己的才干和努力地争取，终于在31岁时，得到了一个假司马的军职，跟随大将军窦固出击匈奴，并立下大功，载誉归来。明帝和窦固都看到了班超的军事才能，因而在当年，明帝就派遣了班超和郭恂率领36人出使西域。班超终于有机会可以实现多年的愿望了。

在出使西域的过程中，班超以他高超的外交手段和智勇双全的政治才能，先后招附了鄯善、于阗，并帮助疏勒人赶走了龟兹，使他们摆脱了被龟兹控制的命运。在短短一年内，班超就继张骞之后再次打通了汉朝通往西域各国的道路，使汉朝与西域南面诸国的联系也有所加强。后来，窦固、耿秉又出兵降服了不肯归附的车师国，东汉王朝得以重新设置西域都护，并派兵驻扎在那里，防御匈奴的侵扰。

班超

班超帮助疏勒人立了自己的王，有了独立的政权，在当地以少量的士兵，打退了龟兹一次次的进攻。可是毕竟危险重重，刚登位的汉章帝担心班超孤立无援，便下诏让他回朝。谁知消息一传出，疏勒都尉因为担心疏勒又将被龟兹灭亡而拔刀自杀，希望以自己的死来挽留班超，全国上下也一片恐慌。一些手下不顾往日的威严，大声哭泣，抱住班超所骑的马腿不肯放。看到这种情况，班超十分感动，更坚定了实现凌云壮志的信心：他一定要在有生之年，帮助东汉实现各民族的完全统一。于是他上书章帝，要求留下，章帝收回了诏令。班超这一待就是 30 多年。

经过多年奋战，班超凭着卓越的军事才能和一贯“不入虎穴，焉得虎子”的勇气，先后征服了莎车、月氏，收降了龟兹和姑墨，诛杀了顽固抵抗的焉耆王和尉黎王，使西域 50 多个小国全部归附东汉王朝，统一的多民族国家重新得到巩固。由于班超的非凡表现，他先被任命为西域都护，又于公元 95 年被封定远侯，食邑千户。

班超回洛阳

班超在西域生活了 31 年，他不仅得到了朝廷的充分信任，西域各国对他也非常敬佩，他几次想回归中原，都被当地人死死挽留。直到公元 100 年，年近七旬的班超因年老多病思念故土才正式上书皇帝，要求东归。公元 102 年 8 月，班超回到洛阳，被授为射声校尉。可是，由于积劳成疾，他再也无法享受这些他早就应该享受的荣耀了。一个月后，班超病逝，享年71岁。

精简点评

班超以一介书生，在万里西域立下赫赫战功，成就了封侯的雄伟志愿。他当年以傅介子、张骞为楷模，而今，他在历史上创建的功绩，丝毫不比前二人逊色。

梁冀受诛

原文

梁皇后恃姊、兄荫势，恣极奢靡，兼倍前世，专宠妒忌，六宫莫得进见。及太后崩，恩宠顿衰。后既无嗣，每宫人孕育，鲜得全者。帝虽迫畏梁冀，不敢谴怒，然进御转希，后益忧恚。秋，节月，丙午，皇后梁氏崩。乙丑，葬懿献皇后于懿陵。梁冀一门，前后七侯，三皇后，六贵人，二大将军，夫人、女食邑称君者七人，尚公主者三人，其余卿、将、尹、校五十七人。冀专擅威柄，凶恣日积，宫卫近侍，并树所亲，禁省起居，纤微必知。其四方调发，岁时贡献①，皆先输上第于冀，乘舆乃其次焉。吏民赍货求官、请罪者，道路相望。

注释

①贡献：地方进贡给皇帝的物品。

译文

梁皇后仗着姊姊和哥哥的庇护和势力，穷极奢华，比起以前的奢侈行为还要加倍厉害，专宠嫉妒，皇宫里的其他嫔妃都不得见到皇帝侍奉桓帝。等到梁太后去世，桓帝对她的恩宠顿时衰退。梁皇后自己没有儿子，所以每次其他嫔妃怀有身孕，很少能得到保全。桓帝虽然畏惧梁冀，不敢谴责和发怒，然而让梁皇后来陪侍的次数变得稀少，梁皇后越来越忧愁愤恨。秋季，七月丙午，梁皇后去世。乙丑（二十七日），梁皇后谥号为懿献皇后，将其安葬在懿陵。梁家一门，前后共有七人得以封侯，并且梁家还出了三个皇后，六个贵人，两个大将军，夫人和女儿都享有食邑、而称君是七人，有三个人娶了公主为妻，其他担任卿、将、尹、校等官职的五十七人。梁冀把持朝廷威权、专擅专权，独断专行，凶暴放肆，日甚一日。宫廷禁军和皇帝身边的侍卫都有他安插的亲信，所以皇帝的起居饮食，哪怕是再细小的情况，他都必定了如指掌。向四方征调的物品，以及各地每年按时向皇帝贡献的礼品，都先将最好的呈送给梁冀，皇帝还得排在他的后面。官吏和百姓带着财物，到梁冀家里请求做官或者免罪的，在道路上前后相望。

历史详解

梁 冀

梁冀，字伯卓，妹妹是东汉顺帝的皇后，父亲梁商是东汉王朝的大将军。梁商死后，顺帝就任梁冀为大将军。梁冀从小就放荡不羁，任了将军后更加横行霸道，稍不如意，就把人杀死。

汉安三年（公元 144 年），顺帝死，两岁的刘炳继位，是为孝冲皇帝。梁冀的妹妹梁纳以皇太后临朝，梁家独揽了朝政大权。翌年，刘炳又死了，梁冀便扶持勃海王刘鸿之子年仅 8 岁的刘缵为皇帝，即汉质帝。质帝虽然年纪很小，人却十分聪明，他知道梁冀向来骄横霸道，在一次朝会上当着大臣的面，指着梁冀说："这是个跋扈将军。"梁冀听到后，心里充满仇恨，心想：这孩子这么厉害，长大后还能有我的好！就让手下人在进献给质帝的饼子里下了毒，质帝吃后，感到疼痛难忍，就让人召见太尉李固。李固急忙赶来问怎么回事。质帝忍着疼痛说："刚才吃了蒸饼，现在感到肚子闷，口干，喝点水也许能活。"一直站在旁边看着的梁冀赶忙阻止说:“不能喝,喝了水恐怕会吐。”梁冀话还没说完,质帝便倒在地上,打了几个滚而亡。质帝被毒死后,梁冀又立刘志为帝,称孝恒皇帝。

大将军梁冀的妻子孙寿有几分姿色,喜欢打扮得妖里妖气,眉毛描得又弯又细,涂脂抹粉,故意弄得眼角像有泪痕,走起路来腰肢扭捏作态,像是弱不禁风的样子,并装出一脸巧笑,用这些媚态来诱惑男人。孙寿生性嫉妒狠毒,能辖制梁冀,梁冀对她是又宠又怕。

孙 寿

当初,梁冀的父亲梁商献给汉顺帝刘保一个名叫友通期的美女,后来友通期犯了一点过失,刘保把她还给梁商。梁商不敢把她留在家,就把她嫁了出去。梁冀却派人把她偷回来。那时正逢梁商去世,梁冀名为服孝,却在城西另置房舍与她暗中同居。孙寿知道了,就趁梁冀外出,带了许多家奴把友通期抢回家,剪去头发,刮破面容,痛打一顿,还想向朝廷告发。梁冀十分恐惧,赶紧向孙寿的母亲磕头求情。孙母出面调停,孙寿只得作罢。但梁冀仍和友通期私通,生了个儿子,取名伯玉,偷偷藏着,不敢让人看见。孙寿还是知道了,就指使儿子梁胤把友氏一家统统杀掉。梁冀怕孙寿再害梁伯玉,常把他藏在夹壁墙里。

梁冀宠爱一个叫秦宫的监奴,让他当了太仓令,可以出入孙寿的住所。孙寿见秦宫一来,就把身边的侍者打发开,推说有事情要和秦宫商量,乘机和他私通。秦宫同时受到梁冀夫妇二人的宠爱,威权大震,连朝廷的刺史和太守赴任,都要前去拜见,向他辞行。

梁冀又按照孙寿的意图,把梁家许多在位当权的人免职,名义上表示谦让,实际是乘机提拔孙家的亲属。借孙家的名而担任侍中、卿、校尉、郡守和长吏的有十多人,这些人都是贪得无厌、凶暴荒淫之徒。他们各自派遣亲信把当地的殷实富户登记入册,然后罗织罪名,关进监牢,严刑拷打,叫他们出钱赎罪,出钱少的就被处死或流放。

有个叫士孙奋的扶风人,家里很有钱,但生性吝啬,梁冀把自己的一车一马送给他,然后向他借5000万钱,士孙奋畏惧梁冀的权威,勉强给了3000万。梁

冀大怒，就向当地官府控告说士孙奋的母亲是他家看守的奴婢，偷了白珠十斛、紫金千斤逃走，把士孙奋兄弟逮问害死在狱中，将他们的上亿家财全部没收。当时上缴朝廷的贡品，都要先把最好的送给梁冀，然后把次一等的留给朝廷。官吏和百姓带着钱财到梁家求官请罪的，一路上络绎不绝。梁冀又派门客出境，交结外国，多方搜求珍稀物品。还到各地找歌女童仆，派出的人仗势横行，奸污强夺良家妇女，殴打地方官吏和役卒，所到之处无不怨声载道。

梁冀还大修府邸，孙寿也在街对面大修宅院，竞相炫耀华丽奢侈。厅堂卧室门户相通，房屋冬暖夏凉，柱头、墙壁和门窗都镂金描彩，绘上云气仙境。楼台亭阁回环连接，水道蜿蜒，两岸有石砌的护栏，凌空架起飞桥。金玉珠玑和外国的珍奇异宝堆满仓库，连西域的汗血名马都弄来了。又大造园林，挖土筑山，仿照东西崤山，弄成十里九坡的样子，其中森林茂密，溪涧险绝，就像自然天成的一样，珍禽驯兽在园中飞来走去。

梁冀和孙寿一起坐着镶上金银的辇车，张着饰有羽毛的伞盖，在园内到处游观，身后跟随着成群的歌妓，一路吹奏乐曲，放声欢歌，有时夜以继日，纵情娱乐。宾客到门，都要先向守门人送礼行贿，门人积聚的钱财多达千金。梁冀不断向外扩展园林，规模就像皇帝的禁苑一样，包容了山林沼泽、丘陵荒野，极其宏大。

梁冀又在河南城西建造了一座兔苑，方圆有数十里，征调所属各县的民夫去修建亭台楼阁，费了几年的时间才完成。然后向各地发出文告调来活兔，在身上打上标记，放在园中。如果有人伤害了这些兔子，就要遭受酷刑，甚至被处死。有个西域商人不知道禁令，误杀了一只兔子，梁冀下令追查，受牵连被杀的有十几人。梁冀的两个弟弟私自派人到上党地区打猎，梁冀知道后就把他们的宾客抓起来，一下子杀了三十多人，没有一个活着回去的。

梁冀在城西也建造了房舍，专门收容那些为非作歹的逃亡罪犯。有时把无辜百姓抓去，充当奴婢，人数多达数千人，还把这些人称为“自卖人”。

这对夫妻竞相夸奢，把东汉朝廷搞得乌烟瘴气，一片黑暗。

后来，桓帝也感到梁冀权势太大，作恶太多，准备除掉他。桓帝没有实权，他只能依靠身边的宦官。公元159年的一天，桓帝在宦官的帮助下，突然宣布逮捕梁冀，收回大将军印绶。梁冀夫妇没有准备，畏罪服毒自杀，梁氏中外宗亲皆下狱处死。

梁冀伏诛

精简点评

梁冀死后，百姓们都欢呼雀跃，敲锣打鼓表示庆祝。一代外戚权臣就此在被钉在历史的耻辱柱上。

宦官之乱

原文

而帝乳母赵娆及诸女尚书，旦夕在太后侧，中常侍曹节、王甫等共相朋结，谄事太后，太后信之，数出诏命，有所封拜。蕃、武疾[①]之，尝共会朝堂，蕃私谓武曰："曹节、王甫等，自先帝时操弄国权，浊乱海内，今不诛之，后必难图。"武深然之。蕃大喜，以手椎席而起。武于是引同志尚书令尹勋等共定计策。

注释

①疾：痛恨。

译文

刘宏的乳母赵娆和一群女尚书日夜守候在窦太后身边，她们和中常侍（宦官）曹节、王甫等串通一气，极力讨窦太后的欢心。窦太后把他们当做亲信，有求必应，不时地给他们封赏。陈蕃、窦武深感忧虑。陈蕃悄悄地对窦武说："曹节、王甫等人，从先帝时就操纵国家大权，扰乱天下，不除掉他们，将后患无穷。"

窦武点头称是。于是，窦武便和尚书令尹勋等人商议，准备诛杀宦官。

历史详解

公元167年，东汉桓帝去世，身后无子。大将军窦武决定拥立汉章帝的玄孙12岁的刘宏为帝。刘宏只有12岁，窦武的女儿窦太后主持朝政。她把大小政事都交给太傅陈蕃处理。陈蕃和窦武同心协力辅佐朝政，他们把当时著名的贤士李膺、杜密、尹勋、刘瑜等人，都征召到朝廷，委以重任。人们都欢喜异常，期望由此出现一个太平盛世。

窦太后

刘宏的乳母赵娆和一群女尚书日夜守候在窦太后身边，她们和中常侍（宦官）曹节、王甫等串通一气，极力讨窦太后的欢心。窦太后把他们当做亲信，有求必应，不时地给他们封赏。陈蕃、窦武深感忧虑。陈蕃悄悄地对窦武说："曹节、王甫等人，从先帝时就操纵国家大权，扰乱天下，不除掉他们，将后患无穷。"

窦武点头称是。于是，窦武便和尚书令尹勋等人商议，准备诛杀宦官。

东汉灵帝建宁元年（公元168年）五月发生日食。陈蕃乘机对窦武说："蕃已年近八旬，别无所求，只想帮助大将军铲除祸害。现在正好借日食的机会，废黜宦官，来消除天象灾异。"

窦武表示同意。他禀告窦太后说："按照旧制，宦官只在宫内供职，如今却让他们参与朝政。他们的家人子弟，无恶不作，搅得民怨沸腾，应当把他们全部杀死。"

窦太后大吃一惊，连忙说："宦官历代都有，只应当诛杀有罪的，怎能一概废弃？"

窦武

中常侍管霸狡诈阴险，作恶多端，窦武决定先拿他开刀。他奏请窦太后，逮捕管霸及中常侍苏康等人，都处以死刑。然后，他又多次请求诛杀曹节等人，窦太后没有批准。

八月，太白星出现在西方。侍中刘瑜上书窦太后，说这种现象对将相不利，因为有奸人在主上身旁。同时又给窦武、陈蕃写信，让他们当机立断。窦武、陈蕃准备采取行动，他们任命朱寓为司隶校尉，刘祐为河南尹，虞祁为洛阳县县令。窦武奏请将黄门令魏彪免官，任命自己的亲信小黄门山冰接替。窦武让山冰弹劾长乐尚书郑飒，把郑飒押送到北寺监狱审问。陈蕃对窦武说："这些为非作歹的宦官，抓住就应当场杀死，还审什么！"窦武不听，派山冰、尹勋、侍御史祝王晋共同审讯郑飒，供词牵连到曹节、王甫。尹勋、山冰立即上奏，请求逮捕曹节等人。

九月初七，窦武在家休假。负责主管奏章的宦官把消息透露给长乐五官史朱瑀。朱瑀拆阅窦武的奏章后，破口大骂："宦官中作恶的人应当诛杀，可是我们又有什么罪过，非得斩尽杀绝！"接着，他故意大声喊叫："陈蕃、窦武上书太后要废帝，这是大逆不道！"

他连夜召集宦官中身体健壮而又亲信可靠的共普、张亮等 17 人，合谋诛杀窦武等人。曹节首先采取行动，他急忙禀报刘宏说："外面情况紧急，请陛下快到德阳前殿！"

说罢，他带着刘宏就跑，并把宫门关闭。随后，曹节召来尚书台官员，用刀逼着他们起草诏书，任命王甫为黄门令，持符节前往北寺监狱，逮捕尹勋、山冰。

山冰怀疑诏书是假的，拒不受诏。王甫杀死山冰和尹勋，放出郑飒。回宫后，他又劫持窦太后，夺取皇帝的印玺。他派中谒者守卫南宫，切断通往北宫的复道，又派郑飒持符节逮捕窦武等人。

窦武拒不受诏,跑到步兵校尉军营,和他的侄子、步兵校尉窦绍一起射杀使者。窦武召集了几千名北军五校尉营将士,下令说:“宦官谋反,有功者封侯重赏。”

陈蕃听说有变,立即带领他的部属和门生八十多人,手持刀剑,冲进承明门,一直来到尚书台门前。他挽起袖子,大声质问:“明明是黄门反叛,为什么诬蔑大将军?”

王甫正好从里面出来,听到陈蕃的呼喊,怒气冲冲地说:“窦武有什么功劳,一门三人同时封侯?窦府整日饮酒作乐,挥霍无度,这不是无道又是什么?你身为宰辅大臣,为什么要勾结叛贼?”

说罢,他命令武士逮捕陈蕃。陈蕃拔剑怒斥王甫,武士们吓得不敢上前。王甫气急败坏,喝令武士将陈蕃等人团团围住。陈蕃终因寡不敌众,被捕入狱。当天,他就被杀害。

宦官围攻窦武,连连失利。这时,护匈奴中郎将张奂被召回洛阳。曹节认为张奂刚到京师,不明内情,便假传圣旨,派他和行车骑将军周靖带领五校尉营留下的将士去讨伐窦武。拂晓时,王甫带领一千多虎贲武士和羽林军,与张奂会合。很快,他们抵达宫廷正门,和窦武对阵。王甫的兵力越来越多,他让士兵向窦武的军队大声喊话:“窦武谋反,你们都是皇帝的禁军,应当保卫皇宫,为什么要追随叛逆?先降者有赏!”

北军五校尉营的官兵虽然拥护窦武,但他们害怕宦官。听到喊话,军心涣散。从清晨到早饭时,几乎全部归降王甫。窦武、窦绍拼死突围,王甫紧追不舍。他们走投无路,只好拔剑自刎。

宦官把窦武、窦绍的头颅悬挂在洛阳都亭示众,又大肆搜捕窦武的亲族、宾客和亲戚,全部处死。窦太后被迁到南宫,窦武的家属全都流放到日南。从三公九卿以下,凡是陈蕃、窦武举荐的官员,以及他们的门徒和过去的部属,全部免职,不准再做官。

宦官大获全胜,弹冠相庆,士大夫则垂头丧气。

张奂升任大司农,因功封侯,当他发觉中了曹节等人的奸计后,懊悔不已。

精简点评

宦官得到朝廷实权，对于东汉的统治则是雪上加霜。从此东汉政治更加昏暗。

董卓洗劫洛阳

原 文

董卓性残忍，一旦专政，据有国家甲兵、珍宝，威震天下，所愿无极①，语宾客曰："我相，贵无上也！"侍御史扰龙宗诣卓白②事，不解剑，立挝杀之。是时，洛中贵戚，室第相望，金帛财产，家家充积，卓纵放兵士，突其庐舍，剽虏资物，妻略妇女，不避贵戚。人情崩恐，不保朝夕。

董卓入京

注 释

①极：极限。
②白：汇报。

译 文

董卓性情残暴狠毒，现在他控制朝政，手握全国的军队和国库的珍宝，威震天下，欲望没有止境。他对门下的宾客说："我的相貌，尊贵无人能敌！"侍御史扰龙宗晋见董卓汇报事情，没有解下佩剑，立刻就被打死。当时，洛阳城内的皇亲国戚很多，宅第相望，家家都堆满了金银财宝。董卓放纵部下的士兵冲入他们的内宅，强夺财物，奸淫掳掠妇女，皇亲国戚也没有放过。致使人心惶恐，朝不保夕。

历史详解

黄巾起义失败后，东汉王朝已处在风雨飘摇之中，皇帝的命令一出京城就成了一张废纸，没有人真心听从朝廷的调遣。西凉有个刺史叫董卓，他身材魁梧，生性残忍，跟当地的羌族人关系很好。在镇压黄巾起义的战争中，立了些功，成了割据西北的地方军阀。他向往着京城中的荣华富贵，但苦于没有机会。

黄巾起义

一天，董卓正在军营中饮酒作乐，忽然接到从京城来的一封信，原来是大将军何进的亲笔信。何进是当今何太后的亲戚，他和掌权的宦官们矛盾很深，想让董卓率兵入京除掉宦官，以达到借刀杀人的目的。这个消息正中董卓的下怀，他于是召集了三千精锐部队，昼夜兼程奔赴洛阳。

董　卓

不料何进的行动被他的对手宦官们得知，于是，他们先发制人，假造了一封何太后的书信，请何进进宫饮宴。何进信以为真，一进宫门就被几十名事先埋伏好的卫士砍倒在地。何进的部下袁绍得知何进被杀，率兵冲入皇宫，将杀害何进的宦官全部处死，算是替何进报了仇。这时，朝廷大乱，相互杀戮，皇帝被吓得胆战心惊,躲在深宫里不敢出来。

公元189年,野心勃勃的董卓也带着他的3000精锐部队赶到了洛阳。为了虚张声势,他耍了一个花招:白天他率着军队耀武扬威的进城,晚上趁着别人睡觉的时候,他把城里的军队偷偷地运出去,第二天,再耀武扬威的进城。如此几日,给人一种错觉,好像董卓有几十万军队开进了洛阳。朝中很多大官被他吓唬住了,就都纷纷投靠他,这样,董卓将所有大权独揽一身。后来,他竟然想废除这个不懂事的小皇帝,另立一个合乎自己心意的皇帝。

他找来了袁绍商量这件事,袁绍在朝中也很有权力,他的很多亲戚朋友都身居要职,董卓对他也是畏惧三分。

董卓欲行废立

见了袁绍,董卓先是试探着说:"我觉得当今皇帝没什么能力,我想立他的弟弟陈留王刘协为新皇帝,你看怎么样?"袁绍明白董卓的心意,心中气愤,回答说:"现在的皇帝并没有什么过错,您刚进洛阳就要把他废掉,我想大臣和老百姓是不会服气的。"董卓不耐烦了:"我让谁活,谁就能活;我让谁死,谁就得死。"他抚摩着自己的宝剑威胁袁绍:"您是不是怀疑我的剑不够锋利?"袁绍针锋相对,愤慨地说:"您的剑锋利,我的剑更锋利!"两人的会谈不欢而散。

袁绍连夜率领他的弟弟袁术和他的部下离开了洛阳。袁绍一走,董卓去掉了自己的眼中钉。第二天就宣布废少帝为弘农王,立陈留王刘协为新皇帝——也就是后来的汉献帝。

董卓自封为相国,他本来就凶恶残暴,这下手里有了生杀大权就更加横行霸道起来。有一次,洛阳城外举办庙会,四乡八镇的男女老少都来赶集,车水马龙非常热闹。董卓突然率兵包围了庙会,不由分说把手无寸铁的男子都杀了,把掠夺来的妇女和财物当作俘虏和战利品装满一辆辆牛车,敲锣打鼓地回到洛阳。夸口自己的军队多么英勇,打了一个大胜仗凯旋。

董卓的残暴激起了天下人的公愤。逃出洛阳的袁绍兄弟联络各地的将领,组成一只讨伐董卓的联军,他们推举袁绍为首领,有几十万人马,浩浩荡荡向洛阳进军。

董卓手下有个大将叫吕布,非常英勇,阻挡住了联军的进攻,但董卓觉得还是有些不放心,他想把都城从洛阳迁到长安,以避免被联军围攻。公元190年2月,董卓胁迫献帝及朝中大臣迁都长安。离开洛阳时,把上百年的东汉宫殿一把火烧光。宫殿中的金银财宝被抢掠一空。而且,他还杀京师富室,没其财物,悉驱百姓西徙。

很多老百姓不愿意背井离乡离开洛阳,董卓就命令军队向押送犯人一样强迫他们前往长安,并将他们的家夷为平地,让他们无家可归没有退路。洛阳千年古都顿时火焰冲天,成了一片瓦砾,老百姓的哭声昼夜不息。

迁都长安之后,董卓仍牢牢控制着大权,他自认为有恩于皇帝,毫不羞耻的让皇帝称自己为"尚父",朝中的大臣没有一个敢于起来反抗他。袁绍所率领的联军虽然号称几十万,但彼此不和睦,各存异心,都想保存自己的实力,谁都不想真刀真枪的和董卓交战。等到军队的粮食吃光了,大家再也没有心思讨伐董卓,就自动解散了。董卓从此更加飞扬跋扈,以为天下没有人再敢与他为敌。

董 卓

董卓为了巩固其统治,寻欢作乐,他在长安附近为自己建了一座新城,称作媚坞,城墙十分坚固,城中贮存了几十年都吃不完的粮食,还有不计其数的黄金白银。董卓得意洋洋地声称:"如果我做了皇帝,凭此可以雄居天下,若做不成,守着这座城足以安度晚年。"董卓的贪欲永无止境,他破坏了汉时流行的五铢钱,以小钱代之,造成物价飞涨,黎民百姓又蒙受了一次灾难。

精简点评

董卓洗劫长安,兵祸连年,关中二三年间,人烟稀少,田地荒芜,繁华的西京也成了"白骨露于野,千里无鸡鸣"的荒凉之地。

曹操陈留起兵

原文

春，正月，关东州郡皆起兵以讨董卓，推渤海太守袁绍为盟主。绍自号车骑将军，诸将皆板授官号。绍与河内太守王匡屯河内，冀州牧韩馥留邺，给其军粮，豫州刺史孔伷屯颍川，兖州刺史刘岱、陈留太守张邈、邈弟广陵太守超、东郡太守桥瑁、山阳太守袁遗、济北相鲍信与曹操俱屯酸枣，后将军袁术屯鲁阳，众名数万。豪杰多归心袁绍者，鲍信独谓曹操曰："夫略不世出，能拨乱反正者，君也。苟非其人，虽强必毙①。君殆天之所启乎！"

注释

①毙：死，失败。

译文

这年春正月，函谷关以东的各州、郡全都起兵讨伐董卓，各路大军公推勃海太守袁绍为盟主。袁绍自称车骑将军，诸将全都被临时授予官职称号。袁绍与河内郡太守王匡驻军河内、冀州牧韩馥留守于邺，供应联军的军粮。豫州刺史孔伷驻军颍川，兖州刺史刘岱、陈留郡太守张邈、张邈的弟弟广陵郡太守张超、东郡太守桥瑁、山阳郡太守袁遗、济北相鲍信和曹操都驻军酸枣，后将军袁术驻军鲁阳。各路军马都有数万人之众。各路豪杰诸侯大多以袁绍为首，只有鲍信对曹操说："谋略出众，能匡扶乱世的人，就是阁下了。假如不是这种人才，尽管现在还算强大，但是终究会走向失败。您恐怕是上天所派来的吧！"

历史详解

曹操

曹操，字孟德，小名阿瞒，沛国谯郡(今安徽亳州)人。祖父曹腾，以宦官历仕安、顺、质、桓四帝，封曹亭侯。父亲曹嵩，是曹腾养子，不知为何家之子。曹操祖辈世居高位，在政治上、经济上颇有势力。

20岁那年，曹操被任命为管理洛阳北部治安的官员，虽然官不大，但他做得很认真，一上任就命令部下特制了几十根五色大棒，悬挂在府门前并发出命令：如果有人犯法，无论他地位多高，都要用五色大棒加以责打。当时蹇(jiǎn)硕在朝中很有权力，他的叔叔仰仗他的势力在洛阳城里横行霸道，没人敢管。有一次蹇硕的叔叔在曹操管辖的地区闹事，触犯了曹操的禁令，曹操不由分说命人把他抓了起来。蹇硕的叔叔大喊大叫，说要告诉自己的侄子……话没说完已被按倒在地，五色大棒雨点般落到他的屁股上，这个罪大恶极的家伙连痛带怕，不一会儿便死了。老百姓听说曹操打死了蹇硕的叔叔都拍手称快，夸他是一个铁面无私的好官。

曹操也因此得罪了蹇硕，被调离京城洛阳，去前线攻打黄巾军。在战场上他立了功，升了官，又被调回了洛阳。这时在朝中掌权的正是董卓，董卓看曹操很有能力，就想拉拢他，任命他为骁骑校尉，好让他为自己卖命。但董卓生性残暴，滥杀无辜，曹操看出他早晚要垮台，所以不愿替他做事，但怕董卓报复，就逃离了洛阳，来到了陈留（今河南省陈留），在当地招兵买马，得到了很多大财主的资助。他的同族兄弟曹洪和夏侯惇也带人来投奔他。曹操组建了一支五千多人的军队，由他亲自统领操练。

一代枭雄曹操

这时已天下大乱，各州各郡的官员都在招兵买马抢着扩充自己的地盘，全国形成了几十个大大小小的军阀，其中属袁绍的势力最大。公元 190 年初，为了讨伐董卓，各路军队集合在一起组成联军，推举袁绍做首领，曹操也率自己的部队参加了联军。曹操主张团结大家的力量一鼓作气消灭董卓，可是别的将领都想保存自己的实力，害怕与董卓作战。没有办法，曹操只得一个人率领他的五千多人的军队，向董卓发起进攻。但他却犯了孤军深入的错误。这时董卓早有戒备，派手下大将徐荣率领一只精锐的部队迎击曹操。

曹操的军队刚刚组建，没有战斗经验，一见到狂风暴雨般射来的羽箭就慌了，纷纷掉转马头仓皇逃窜。曹操挥舞着令旗，呼喊叫骂，但都无济于事。徐荣的士兵越逼越近，潮水般涌来，慌乱中一箭正中曹操的肩头，曹操受伤翻身落马。徐荣见曹操落马，高喊着："活捉曹操，重重有赏！"几名士兵如狼似虎的扑向曹操。这时曹操的兄弟曹洪挥舞着大刀飞马赶来，他砍倒了几名士兵，救起曹操，杀开了一条血路。多亏兄弟曹洪拼死救护，曹操才没有当了董卓的俘虏。

他率领着自己的残兵败将回到联军营寨，这时袁绍正和其他的将领在帐中饮酒作乐，目睹此情此景，曹操难以遏制心中的愤怒，大声责备他们："你们这些懦弱自私的人，辜负了天下老百姓对你们的希望！"说完就率领自己的军队离开了联军。

公元 192 年，青州黄巾军进攻兖州，杀了刺史刘岱。曹操亲自率兵去增援，经过一场激烈的战斗，曹操打败了黄巾军，俘虏士兵三十余万，收其精锐，编为军队，号称“青州军”，成为曹军的骨干。公元196年，汉献帝在杨奉、董承等人的保护下，逃离长安，回到了洛阳。洛阳已是一片废墟，皇帝就住在临时搭建的草棚里，每天派大臣出去挖野菜充饥。

曹操知道了这件事，和手下的谋士商量：“如果把皇帝接到我们这里，就可以‘挟天子以令诸侯’了。”于是曹操立即派人把皇帝接到许昌，并改许昌为临时的都城，曹操还自封为大将军。

曹操的军队越来越多了，粮食就成了一个大问题，不吃饱饭，士兵怎么去打仗。由于连年战火，农村的田地都荒芜了，没人耕种，曹操就颁布了屯田令。鼓励农民去开荒耕种粮食，并给他们以奖励和保护，并下达命令：不管任何人损坏了庄稼都要严惩不贷。

恰巧有一次，曹操率兵出征，一只斑鸠从田地里扑剌剌地飞起，掠过曹操的马头，战马受惊长嘶一声奔向路旁的庄稼地，马背上的曹操怎么拉缰绳都不管用。结果一大片庄稼被马踏倒了，曹操立即跳下马，对执法的军官说：“我损坏了庄稼，请依法严厉地处罚我。”军官说：“您是军队的统帅，怎么能受处罚呢？”曹操严厉地说：“我定的法令，我当然要首先遵守。”见军官们迟迟不肯下手，曹操拔出腰刀，一刀割下了自己的一缕头发说：“先以发代头！等我率军胜利归来再处罚我！”

几年过去了，曹操的粮仓里装满了粮食，士兵们因为能吃饱饭，作战都很勇敢，四面八方的老百姓也纷纷来投奔他。从此他有了自己的地盘，势力不断壮大，成为可以和袁绍相抗衡的势力。

一代奸雄曹操

精简点评

曹操出身宦官家族，这就给他起兵准备了物质条件和资源，但是曹操立足天下，在政治立场上与宦官家族决裂，为他起兵准备了政治条件，加上他本人的谋略和见识，一代奸雄就此登上历史舞台。

白门楼斩吕布

原文

布将侯成亡其名马，已而复得之，诸将合礼以贺成，成分酒肉先入献布。布怒曰：“布禁酒而卿等酝酿，为欲因酒共谋布邪！”成忿惧[1]，十二月，癸酉，成与诸将宋宪、魏续等共执陈宫、高顺，率其众降。布与麾下登白门楼。兵围之急，布令左右取其首诣操，左右不忍，乃下降。

注释

①忿惧：又气又怕。

译文

白门楼吕布殒命

吕布部将侯成丢失一匹好马，不久又找回来，将领们联合送礼给侯成，向他道贺。侯成设宴招待诸将，先分一份酒肉献给吕布。吕布发怒说：“我下令禁酒，而你们又违令酿酒，打算借饮酒来共同算计我吗？”侯成又气又怕。十二月,癸酉(二十四日),侯成与宋宪、魏续等将领共同捉住陈宫、高顺,率领部众归降曹操。吕布率领左右亲兵登上白门楼,曹军四面紧逼,吕布命令左右亲兵砍下他的人头去投降曹操,亲兵们不忍下手,吕布于是下楼投降。

历史详解

董卓之乱后,东汉王朝名存实亡,各地官僚、豪强乘机争夺地盘,形成了大大小小的割据势力。当时,势力较大的有冀州(今河北中部、南部)的袁绍,幽州(今河北东部北部)的公孙瓒,扬州(今长江下游与淮河下游间)的袁术,荆州(今湖北、湖南)的刘表,徐州(今江苏北部)的吕布、兖州(今山东西南部)的曹操等等。

吕 布

公元 198 年,吕布与自称天子的袁术联合,派兵进攻豫州牧刘备。刘备被击溃,他连忙向曹操求救,曹操派将军夏侯惇率军援救刘备,结果被打得大败。后来,曹操亲自率军进攻吕布,进抵下邳(今江苏邳州市南)。他给吕布写信,向他分析形势,陈说利害。吕布见曹军势力强大,十分恐惧,打算投降。

但他的部下陈宫坚决不同意,他劝吕布说:“曹操远道而来,势必不能坚持很久。将军如果率领步兵、骑兵到城外驻扎,我率领剩下的军队守卫城池,如果曹操进攻将军,我就领兵从他们的背后进攻;如果曹军攻城,则将军在城外援救。这样,用不了一个月,曹军的军粮吃完,我们再大举进攻,就可以打败敌人。”

吕布认为他说得对,就准备留陈宫与高顺守城,自己率领骑兵切断曹军的运粮通道。

回家后,吕布的妻子听说此事,就对吕布说:“陈宫与高顺一向不和,将军一出城,万一他们俩闹起内讧,谁要是打开城门投降了曹操,将军以后在哪里立足呢？况且曹操对待陈宫，就像父母对待怀里的婴儿一样，陈宫还丢下曹操来归附我们；你待陈宫不如曹操待他那么好，就把全城交给他，把妻儿老小丢在这里，孤身一人率军远出，如果一旦发生变故，我哪里还能再做你的妻子呢？”吕布看到妻子悲伤的样子，就心软了。他改变原来的计划，偷偷派下属官员许汜、王楷向袁术求救。

袁术曾和吕布订下儿女婚姻。后来吕布与曹操联合，又拒绝了这桩婚事。

吕布与貂蝉

如今袁术见吕布向自己求援，本想袖手旁观，但经不起吕布的说客许汜、王楷多方游说，于是他让军队做好准备，造出要援救吕布的声势。

为讨好袁术，吕布计划夜里将女儿送出城，交于袁术。结果与曹军遭遇，经过短兵相接，仍然无法通过，吕布只好又退回城里。

再说曹操挖掘壕沟包围下邳城，过了很久也没能攻下，眼见士兵疲惫不堪，曹操打算撤军。谋士荀攸、郭嘉闻听后，就劝曹操趁吕布锐气还没有恢复，陈宫的策略还没有决定，迅速发动猛攻，一举消灭吕布。

曹操认为说得对，就命令曹军开凿沟渠，引来沂水、泗水灌城。

过了一个多月，吕布见情况一天比一天危急，就登上城墙对曹军说：“你们不要这样逼我，我要向曹公自首。”陈宫在一旁听到吕布这样说，就极力劝阻他。

一天吕布的部将侯成丢失了他的宝马，幸好不久后又找了回来，将领们一起送礼向他道贺。侯成把礼物里的酒肉分出一份，献给吕布。谁知吕布不但不受，反而斥责侯成违反戒酒令，预谋算计自己。对此侯成又气又怕，不久就率部下捉住陈宫、高顺等人向曹操投降。吕布听到消息悔恨不已，自知已到了山穷水尽的地步，于是他登上白门楼，命令手下砍下自己的脑袋，然后投降曹操。手下们不忍心下手，吕布就自己下楼向曹操投降。

曹操本是个心胸狭窄之人，尽管很仰慕吕布的才能，想使用他，但是又怕吕布日后背叛他，自己落得和丁原和董卓一样的下场，于是就下令处死了吕布。

精简点评

吕布虽然骁勇善战，但是反复无常、好利忘义，也只是一介武夫，最终难逃被灭的命运。

桃园三结义

原文

备少与河东①关羽、涿郡②张飞相友善；以羽、飞为别部司马，分统部曲。备与二人寝则同床，恩若兄弟，而稠人广坐，侍立终日，随备周旋，不避艰险。

注释

①河东：古郡名，在今山西运城、临汾一带。

②涿郡：古郡名，在今河北北部。

译文

刘备年轻时与河东人关羽、涿郡人张飞交情深厚，于是委派他们两人为别部司马，分别统领部队。他与这两人同榻而眠，情同手足，但是在大庭广众之中，关羽和张飞整日站在刘备身边侍卫。他们跟随刘备应付周旋，不避艰险。

历史详解

正是春意盎然的时节，鲜艳的桃花开满枝头，在香气弥漫的桃园中三个年轻人跪倒在地，焚香叩头，从今日起他们将结为兄弟，虽然他们不是同一父母所生，但他们拥有共同的远大理想。

桃园结义

大哥叫刘备，字玄德，涿郡（今河北涿州市）人，长得高大挺拔，耳朵尤其大，双手下垂长过了膝盖，他相貌奇特，据说他是西汉中山靖王的后代。二弟叫关羽，字云长，河东解良（今山西省解虞县）人，长得蚕眉凤眼，红彤彤的脸庞上充满了青春和朝气。三弟张飞，字翼德，与刘备是同乡，一脸络腮胡子非常威武。刘备自幼出身贫寒，靠卖草鞋和替人织苇席维持生计。东汉末年天下大乱，他看到老百姓因为战乱家破人亡，非常痛心，因此立下志愿要消灭军阀，让人民重新过上好日子。在朋友的帮助下，他招兵买马建立了一支自己的军队，关羽和张飞因为和他志同道合，也毅然决然地投奔他。三人谈得很投机，干脆就结拜为异姓兄弟。

刚开始的时候，和袁绍、曹操相比，刘备的势力显得很薄弱，只有几千人的军队。他先是被袁术打得大败，接着又中了吕布的圈套，自己的地盘也丢了，没办法只得投奔曹操，曹操非常器重刘备的才华，让皇帝封他为左将军。可刘备心里并不踏实，他有自己的雄心大志，不甘心一辈子做曹操的部下。他怕曹操察觉到自己的心事，便装出庸庸碌碌的样子，就每天在后院里浇水种菜，一开口就是白菜、萝卜，如何上肥、如何浇水，仿佛他对天下大事一点都不关心。

一天曹操派人请他一起喝酒，两个人一边喝一边谈着，突然曹操问刘备："您是很有见识的人，您看天下谁才是英雄？"

刘备不知曹操心里打的是什么主意，就敷衍着回答："我想淮南的袁术可以算是一位英雄，他是袁绍的弟弟，手下兵强马壮。"

曹操不以为然地摇着头，说："袁术只是一个酒囊饭袋，算不上是什么英雄。”

桃源三结义

刘备说：“那河北的袁绍应该算是英雄了，他手下有几十万军队。”曹操的头摇得更厉害了，“袁绍表面厉害，胆子却很小，猜忌苛刻却又没有威严，兵多而分画不明，将骄而政令不一，他更算不上是什么英雄。”

“那您认为谁是英雄？”刘备反问道。曹操放下酒杯，目光炯炯地注视着刘备：“天下称得上英雄的只有你和我两人！”

刘备以为曹操发现了自己是个胸怀大志的人，慌忙间吓得筷子落到了地上，正巧天上咔咔一阵雷声滚过头顶，刘备连忙说：“这雷真响，吓得我筷子都拿不住了。”曹操见他胆子这样小，大笑起来，从此不再戒备刘备。

刘备知道曹操早晚会发现自己的心思，就和关羽张飞商议脱身的办法。这时候，正赶上皇帝想除掉曹操，但曹操对皇帝监视得很严，皇帝就把自己的命令缝在一件袍子里，假装赐给大臣，让他们暗地里想办法除掉曹操。刘备也参与

关 羽

了这件事，成为反对曹操的一员。可事情没有成功，刘备怕曹操察觉到自己的反叛行为，忙向曹操自告奋勇要去前线作战。曹操很高兴，还分给了刘备一些军队。刘备带着关羽和张飞领兵离开了许昌。

三兄弟齐心协力打了个大胜仗。可他们再也不想回到曹操那儿去了，于是，就自己竖立了旗帜，公开反抗曹操。曹操听说以后十分气愤，马上就要率领军队讨伐刘备。有人提醒他：北方的袁绍正虎视眈眈，准备随时对我们发起进攻，如果我们讨伐东方的刘备，背后的袁绍前来偷袭，该怎么办？曹操自信地说："刘备胸怀大志，他对我的威胁最大。而袁绍御军宽缓，法令不立，士卒虽众，其实难用，没什么可怕的。"

袁 绍

曹操率领自己所有的军队浩浩荡荡杀向刘备。刘备见大事不好，连忙向北方的袁绍求救，但袁绍正像曹操分析的那样，虽然兵多，可胆子很小，犹豫不决，迟迟不肯出兵。结果，刘备被曹操打得大败，乱军之中，连关羽张飞两个兄弟也失散了，只剩下一个人，单枪匹马逃出重围。

刘备的二弟关羽保护着刘备的妻子儿女，被曹操的兵将团团包围在一座土山上。如果是关羽一个人，当然可以冲杀出去。但刘备的妻子儿女不会骑马，关羽一方面要抵挡敌人的进攻，一方面又要照顾她们，想安全地冲出重围就不那么容易了。曹操很爱惜人才，他知道关羽武艺高强，英勇善战，就想让他投

关羽千里走单骑

降。他派人去和关羽谈判，说只要投降，什么条件都可以答应。关羽思前想后，为了大哥家人的平安，他决定答应曹操，可有几个条件：一、只向皇帝投降，不是

投降他曹操；二、一旦有了刘备的消息，他还是要离开曹操，去追随刘备。曹操觉得这两条没什么，皇帝掌握在自己手里，投降皇帝就是投降自己。刘备多半已死于乱军之中，没有了刘备的消息，关羽就会死心塌地地为自己出力，所以他很爽快地同意了。

关羽保护着刘备的家眷，跟随曹操回到许昌。曹操为他修建了豪华的住宅，还让皇帝加封了他的官职，每天邀请他一齐喝酒，经常送给他金银财宝。可关羽根本没有把这一切放在眼里。他白天派人四处打听大哥的消息，晚上在灯下阅读孔子编订的《春秋》，一直到天亮。终于有一天，他探听到大哥还活着，逃到了河北，投靠了袁绍。关羽把这个好消息告诉了嫂子和侄子，大家喜出望外，连夜套好车，关羽把曹操平日送给他的金银财宝原封不动地放在大厅上，把自己的官印悬挂在屋梁，跨上战马，手提大刀，保护着刘备的家眷出了许昌。曹操手下的兵将想拦阻，可因为曹操和关羽有约在先，又害怕关羽的英勇，就都没敢动手。

就这样，关羽带领刘备的妻子儿女一路上风餐露宿，赶到了河北，找到了刘备，兄弟重逢。从此，刘备、关羽、张飞三兄弟情义更加深厚了。

精简点评

桃园结义是刘备发展自己势力的开始。从此以后，刘备以汉室复兴为口号，广结人才，招贤纳士，不断壮大自己的实力。

官渡之战

原文

曹操出兵与袁绍战，不胜，复还，坚壁。绍为高橹，起土山，射营中，营中皆蒙楯[①]而行。操乃为霹雳车，发石以击绍楼，皆破；绍复为地道攻操，操辄于内为长堑以拒之。操众少粮尽，士卒疲乏，百姓困于征赋，多叛归绍者。操患之，与荀彧书，议欲还许，以致绍师。彧报曰："绍悉众聚官渡，欲与公决胜败。公以至弱当至强，若不能制，必为所乘，是天下之大机也。且绍，布衣之雄耳，能聚人而不能用。以公之神武明哲而辅以大顺，何向而不济！今谷食虽少，未若楚、汉在荥阳、成皋间也。是时刘、项莫肯先退者，以为先退则势屈也。公以十分居一之众，画地而守之，扼其喉而不得进，已半年矣。情见势竭，必将有变。此用奇[②]之时，不可失也。"操从之，乃坚壁持之。

注释

①楯：盾牌。

②奇：兵家有"奇"与"正"的辩证分类，这里可以解释为出奇制胜的意思。

译文

曹操出兵与袁绍交战，没有取胜，又退回营垒，坚守不出。袁绍军中制造高楼，堆起土山，居高临下地向曹营射箭，曹军在营中行走，都要用盾牌遮挡飞箭。

曹操制成霹雳车,发射石块,将袁绍的高楼全都击毁。袁绍又挖地道进攻,曹军在营内挖一道长长的深沟,以抵御袁军从地下来攻。曹操兵少粮尽,士兵疲惫不堪,百姓无法交纳沉重的赋税,纷纷背叛而降附袁绍。曹操大为忧虑,给荀彧写信,说准备用退回许都的办法,引诱袁军深入。荀彧回信说:"袁绍集中全部军队到官渡,打算与您一决胜负。您以最弱者抵抗最强者,如果不能制敌,就将为敌所制,这正是夺取天下的关键。而且,袁绍只是布衣中的英雄罢了,能把人才召集在自己身边,却不能任用。以您的神武明智,加上尊奉天子、名正言顺,有谁能阻拦得住!如今,粮食虽少,但还没有到楚、汉在荥阳、成对峙时的困境。那时刘邦、项羽谁也不肯先向后撤,是因为先退就会处于劣势。您的军队只有袁绍军队的十分之一,但您坚守不动,扼住袁军的咽喉,使袁军无法前进,已长达半年。情势显现,已到终结,必将发生变化,这正是出奇制胜的时机,一定不能放弃。"曹操听从荀彧的劝告,于是坚守营垒,与袁绍相持。

历史详解

黄河浊浪滔天,奔腾的河水夹带着泥沙流向下游。伫立在岸边的袁绍心情仿佛黄河水一样混乱、愤怒。对岸就是他的死敌曹操。曹操挟持皇帝,势力越来越大,最近他又打败了刘备,下一个对手当然就是他袁绍了。俗话说,先下手为强,不能等着挨打,这次袁绍不顾手下谋士的反对,亲自率领十万军队,决心与曹操决一死战。

公元200年,袁绍挑选精兵十万,战马万匹,南下攻曹。他令大将颜良为先锋,率部渡过黄河,进攻白马(今河南省滑县)。颜良是袁绍手下最勇猛的大将,他立即率军渡过黄河,杀向白马。白马城小兵少,颜良一到,就把城池团团包围,发起猛烈的进攻。

此刻,曹操正和手下的谋士商量对策,他接到战报后,决定来个声东击西。他不去增援白马,却率领军队奔向延津(今河南延津西北),假装要在那里渡河,袭击袁绍的后方。袁绍果然中了计,他连忙派自己的主力去堵截曹操。这时,曹操突然率领一支精锐的骑兵杀回白马。正在攻打白马的颜良措手不及,被曹操打得落花流水,颜良也在乱军中送了命。等袁绍发觉上了当,曹操早已带领得胜的军队撤走了。

袁绍大为震怒,发誓一定为大将颜良报仇雪恨。马上命令另一员大将文丑

官渡之战

率兵渡过黄河追击曹操。谋士们劝他要冷静从事,可袁绍哪能听得进去。文丑的军队日夜兼程追赶着撤退的曹操,士兵们又饿又累,这时候前方出现了一条峡谷,两边悬崖高耸,树木参天,士兵们一拥而入,发现很多被遗弃的帐篷、牛马,还有一桶桶的美酒。他们以为是曹操撤退时慌忙间丢下的,就一窝蜂扑上去,你抢我夺。正混乱间,突然两旁的树林里冲出无数骑兵,只见刀光闪闪、箭如飞蝗,文丑的军队还没来得及上马,就纷纷被砍倒在地。原来曹操早已在这里设下了埋伏,还故意丢下许多东西麻痹敌人。这一仗曹操消灭了文丑和他的军队,取得了一场大胜利。

袁绍两战两败,损失了两员得力的大将和一万多精锐的军队,他恨不得把曹操抓来撕个粉碎。这一次他亲自率军渡过黄河,在官渡(今河南中牟)前扎下营寨。官渡是许昌的门户,官渡如果丢失,许昌就不保。曹操率领他的部下紧闭城门,监守在城墙上,袁绍的军队架着云梯日夜攻打,可总是一次次地被打退,鲜血染红了护城河。

见官渡如此坚固,袁绍想出了一条计策。他在官渡城外的几座土山上修建了高高的箭楼,然后派弓箭手登上箭楼,由于居高临下,城里的一切都看得很清楚,弓箭手是箭无虚发。射得曹操的士兵白天只能躲在房子里,曹操赶忙召集

谋士商量对策。一个谋士建议制造发石机，摧毁土山上的箭楼。很快，发石机被造了出来，它像一个个巨大的弹弓将数十斤的巨石弹射出去，打得土山上袁绍的弓箭手头破血流，抱头鼠窜，再也不敢登上箭楼向官渡城里射箭了。袁绍一计不成又想了一个办法，他派士兵连夜挖地道，想挖到城里来个里应外合，可又被曹操发觉了，曹操命令部下在城墙下挖了一条深沟，并将沟里注满了水，结果袁绍这条计策也落了空。

两军相持了一段日子，彼此互有胜负，官渡虽然还在曹操的手中，可他的军粮越来越少，再支撑一段日子就要弹尽粮绝了。这时袁绍手下的谋士许攸看出了曹操的破绽，他向袁绍建议：曹操的粮食不多了，我们应该借此机会派一支军队绕过官渡袭击许昌，切断他的运输线。没有了粮食，不用打，饿也把曹操饿死在官渡了。袁绍因为许攸是曹操的同乡没有采纳他的建议，把他臭骂了一顿哄了出去，许攸又羞又气就决定投降曹操。

官渡城中，曹操正坐在军营里发愁，忽然有人进来禀报："袁绍手下的谋士许攸前来求见。"曹操听后从床上一跃而起，没来得及穿鞋，光着脚跑出去迎接许攸，感激地说："您来了，胜利也就来到了！"两个人坐下，许攸向曹操询问："请问您营中的军粮还够吃多长时间？"曹操故作镇定地回答："半年没问题。"许攸哈哈大笑："请您说实话。"曹操回答说："不瞒您，只够吃三个月了。"许攸不高兴地站起来一边往外面走一边说："我是真心来投奔您的，您干嘛欺骗我，难道不信任我吗？"曹操连忙拉住许攸，一个劲地道歉："对不起，请先生原谅。我军中的粮食只够吃十天的了，请您帮我想个办法！"

许攸重新坐下，他告诉曹操："袁绍的军粮都囤积在乌巢，离官渡只有40里。看守的将领叫淳于琼，这个人爱喝酒，没什么真本事。如果派兵烧了他的粮库，袁绍就会不战自败。"曹操重谢了许攸，马上挑选了几千精兵，亲自率领奔向乌巢。他们化装成袁绍的士兵，打着袁绍的旗帜，混过了几道关卡，乌巢的守将淳于琼喝得大醉，躺在帐篷里鼾声如雷。这时曹操率领他的部下已摸进了乌巢的粮库，他们呐喊一声放起火来。霎时间火光冲天，袁绍十万大军的军粮被烧得精光。

袁绍的士兵看到乌巢起火，军心动摇，再也没有心思作战了，他手下的大将张郃、高览率领一部分军队投降了曹操。从乌巢回师的曹操，同官渡城内的部队两下夹击，一鼓作气打败了袁绍，十万大军死的死，逃的逃，所剩无几。曹操乘胜追击，占领了河北，袁绍又气愤又羞愧，吐血而死。

胜利而归

精简点评

官渡之战是历史上以少胜多的著名战役之一。这次战役对曹操统一北方起了决定性的作用。公元207年，曹操扫除了袁绍的残余势力，统一了北方，完成了他多年来的夙愿。在凯旋的路上，他登上了渤海边的碣石山，写下了著名的诗篇《观沧海》。诗中表达了曹操统一北方后的豪迈心情。

观沧海

东临碣石，以观沧海。
水何澹澹，山岛竦峙。
树木丛生，百草丰茂。
秋风萧瑟，洪波涌起。
日月之行，若出其中。
星汉灿烂，若出其里。
幸甚至哉！歌以咏志。

刘备三顾茅庐

原文

备由是诣[1]亮,凡三往,乃见。因屏人曰:"汉室倾颓,奸臣窃命,孤不度德量力,欲信大义于天下,而智术浅短,遂用猖獗,至于今日。然志犹未已,君谓计将安出?"亮曰:"今曹操已拥百万之众,挟天子而令诸侯,此诚不可与争锋。孙权据有江东,已历三世,国险而民附,贤能为之用,此可与为援而不可图也。荆州北据汉、沔,利尽南海,东连吴、会,西通巴、蜀,此用武之国,而其主不能守,此殆天所以资将军也。益州险塞,沃野千里,天府之土;刘璋暗弱,张鲁在北,民殷[2]国富而不知存恤,智能之士思得明君。将军既帝室之胄,信义著于四海,若跨有荆、益,保其岩阻,抚和戎、越,结好孙权,内修政治,外观时变,则霸业可成,汉室可兴矣。"备曰:"善!"于是与亮情好日密。关羽、张飞不悦,备解之曰:"孤之有孔明,犹鱼之有水也。愿诸君勿复言。"羽、飞乃止。

注释

①诣:到,往。

②殷:殷实。

译文

隆中对

刘备于是拜访诸葛亮，一共去了三次，才见到诸葛亮。于是，刘备让左右的人都出去，说道："汉朝王室已经衰败，奸臣窃据朝政大权，我不度德量力，打算伸张正义于天下，但智谋短浅，以至于遭受挫折，到了今天这个地步。但我的雄心壮志仍然未息，你认为应当如何去做？"诸葛亮说："如今，曹操已经拥有百万大军，挟持天子以号令天下，此人确实不可与他争锋。孙权占据江东，已经历三代，地势险要，民心归附，贤能人才都为他尽力，此人可以与他联盟，却不可算计他。荆州地区，北方以汉水、沔水为屏障，南方直通南海，东边连接吴郡、会稽，西边可通巴郡、蜀郡，正是用武之地，但主人刘表却不能守，这恐怕是上天赐给将军的资本。益州四边地势险阻，中有沃野千里，是天府之地，而益州牧刘璋昏庸懦弱，北边还有张鲁相邻，虽然百姓富庶，官府财力充足，却不知道珍惜，智士贤才都希望有一个圣明的君主。将军既是汉朝王室的后裔，信义闻名天下，如果能占有荆州与益州，据守险要，安抚戎、越等族，与孙权结盟，对内修明政治，对外观察时局变化，这样，就能建成霸业，复兴汉朝王室了。"刘备说："很好！"从此与诸葛亮的情谊日益亲密。关羽、张飞对此感到不满，刘备对他们解释说："我得到诸葛亮，是如鱼得水，希望你们不要再说了。"关羽、张飞才停止抱怨。

历史详解

荆州的将军府中张灯结彩，大厅里酒香扑鼻，荆州长官刘表正在设宴款待远道而来的刘备。自从袁绍被曹操打败了之后，刘备带领着关羽、张飞逃到了

刘备请诸葛亮出山

南方，投靠在刘表的门下。刘表让他去镇守新野县，一晃已经几年了。刘表待刘备很好，二人以兄弟相称，这次刘表又把刘备召到荆州想和他叙叙旧。几杯酒下肚，刘备不禁有些伤感，他抚摸着自己的大腿，看着自己有些发胖、不再那么敏捷的身体，不禁流下了眼泪。刘表问他为什么，他叹息着说："想当年我四处征战，天天生活在马背上，身体健壮，身手敏捷，如今养尊处优的生活，让我长胖了，变得臃肿笨拙了，而时间如流水，我的事业还没能开始，这一切怎么能不让我伤心！"

刘备回到了新野，想到自己虽然有关羽、张飞这样的勇将扶持，可缺少一个能出谋划策、善于治理国家的帮手。这时他打听到有个叫司马徽的人很有见识，就去登门拜访。他向司马徽请教怎样开创自己的事业，司马徽微笑着回答："当今天下，'卧龙凤雏'可谓是天下俊杰，您只要得到其中的一人就可以成就大事。"刘备赶忙询问："'卧龙凤雏'是什么人，现在住在哪里？"司马徽说："卧龙就是诸葛亮，凤雏就是庞统，两人都是善于行军打仗、治理国家的大贤士。"刘备把司马徽的话牢牢地记在心里，回到新野后四处打探二人的下落。

有一天，一个相貌英俊的读书人来拜见刘备，那人谈吐高雅，说起天下大事条条是道，刘备激动地问："您就是卧龙先生吧？"那人说："不，我叫徐庶，卧龙诸葛亮先生是我的好朋友，我的才华与他比起来就好比萤火虫和太阳相比一样。"刘备接着问："您知道诸葛亮先生住在哪吗？"

徐庶回答："诸葛亮先生住在襄阳城外的卧龙岗。"

原来，诸葛亮字孔明，道号卧龙，祖籍琅琊阳都（今山东省沂水县南）。他少年丧父，跟着叔叔来到了襄阳，后来叔叔也去世了。他就定居在隆中（今湖北省襄阳西北)的卧龙岗,每日读书种田。诸葛亮勤奋好学,对于治理天下有自己独到的见解。他经常自比为管仲、乐毅,管仲曾辅佐齐桓公成为春秋时期的霸主,乐毅曾帮助燕昭王打败了强大的齐国,两人都是古时著名的英雄豪杰。诸葛亮虽然满腹经纶,却不愿轻易出来做官,他要辅佐的是能够真正礼贤下士又胸怀大志的人,这样的人太少了。

公元202年,刘备准备了贵重的礼物,轻车简从,只带着关羽、张飞风尘仆仆地来到了隆中。只见群山环抱,山清水秀,如诗似画,景物幽雅。几个农人正在田里辛勤的劳作,刘备跳下马向他们打听:"诸葛亮先生住在哪里?"他们遥指远方的一带青山:"诸葛先生就在那边的卧龙岗下。"刘备和关张二人牵着马,一路走去。

只见那山蜿蜒盘旋,仿佛似一条就要腾空而去的巨龙,山脚下,松柏掩映中有几间茅草屋,偶尔传来几声犬吠,更加衬托出周围的幽静恬淡。刘备掸了掸身上的尘土,走上前轻轻叩门,门吱呀的一声开了。里面闪出一名眉清目秀的小书童:"请问先生您找谁?"刘备连忙抱拳施礼:"卧龙先生是否在家,我是新野县的刘备,今日前来拜见。"小书童眨了眨眼,打量着刘备:"对不起,我家先生出门了。""卧龙先生什么时候回来?"刘备焦急地追问。"不知道,大概十天半个月左右。"说完小书童转身进去,吱呀一声关上了屋门。

刘备在门前呆站了片刻,张飞上前拉了拉刘备的衣角:"走吧,大哥,我们今天算白跑一趟!"三个人垂头丧气地走在回新野的路上,关羽和张飞一边走一边抱怨:"诸葛亮也不见得有什么能耐,大哥没必要亲自跑来,下回派个手下人把他接到新野县就完了。"刘备连忙摇头:"不行,不行,对待贤士应该谦恭有礼,我不亲自来怎能表达我求贤若渴的心情。"

三顾茅庐

半个月过去了,刘备准备了更贵重的礼物,带着关张二人再次来到隆中,卧龙岗下依旧是松柏掩映。刘备轻叩屋门,这次出来的是一个年轻的读书人,刘备连忙上前鞠躬:"您一定是卧龙先生吧,我是新野县的刘备,今天总算见到您了!"那人连忙还礼:"很抱歉您认错人了,我是诸葛亮的弟弟,我哥哥出门了还没回来。”旁边的张飞不耐烦了："他到底去哪了？害得我们白跑了两次！”刘备赶忙摆手制止张飞，对诸葛亮的弟弟说："那我下次再来，请您转告卧龙先生，我对他慕名已久，想登门向他当面求教，请他能够答应。”三人又吃了一个闭门羹，关羽张飞抱怨得更加厉害了："诸葛亮怎么这么大架子，他有点太不识抬举了！下次我们率领一支军马来把他抓去，看他还推三阻四！”刘备说："你们真是胡闹！你们难道没听过周文王请姜子牙的故事吗？周文王不辞辛苦亲自拜见姜子牙请他出山，后来姜子牙帮助他和他的儿子打败了商纣王，你们刚受了这点委屈就满肚子牢骚，这能成就我们的事业吗？”

又过了些日子，刘关张三人再次出现在隆中，地里干活的农人都认识他们了，这是他们第三次来拜访诸葛亮。其实诸葛亮一直在家里，他是在考验刘备是否真的能够礼贤下士。

诸葛亮

草庐门打开了，还是第一次那个眉清目秀的小书童，他笑盈盈地向刘备鞠躬："卧龙先生今天在家，不过他在睡午觉。”刘备说："那先不要惊动先生，我在外面等着。”刘关张三人站在松树下，一个多时辰过去了，小书童出来："先生醒了，请您进去呢。”

刘备走进屋门，只见书桌旁坐着一人，头戴纶（guān）巾，手中摇着一把鹅毛大扇，神态从容，目光炯炯（jiǒng）。刘备连忙上前施礼，诸葛亮也抱歉地站起身，说："让您白跑了两次，实在对不住，您这样看中我，我心里非常感激。”两人一见如故，坐下来畅谈天下大事。

诸葛亮摇着扇子，不急不慢地缓缓说道："当今天下曹操统一了北方，手下有一百万军队，并且挟持天子，号令天下，他占有天时；孙权割据江东，土地辽阔，百姓安定，手下有一大批杰出的文臣武将，并且依仗着长江天险，他占有地利；而您要仁慈地对待百姓，顺应他们的要求，就可以占有人和。现在荆州的刘表庸庸碌碌，他根本守不住这块地方。您有皇族血统，加上人心归附，应该占据荆州接任他的统治，益州号称‘天府之国’加上地势险要人民富足，那是您成就事业的最好地方。您占有了这两个地方，就可以和北边的曹操、东边的孙权相抗衡，然后联合孙权抗击曹操，三分天下的局面就可以形成了。”刘备双手一拍：“听先生一席话，胜读十年书，您能不能跟我出山，干一番轰轰烈烈的大事业？”诸葛亮说：“您这么看中我，我怎么还能再推辞呢！”

于是诸葛亮跟随刘备回到新野，做了刘备的军师。

精简点评

刘备自己得到了诸葛亮就像鱼得到了水，刘备的事业从此有了新的转机，势力越来越大了。

周瑜火烧赤壁

原文

时操军众已有疾疫。初一交战，操军不利，引次江北。瑜等在南岸，瑜部将黄盖曰：“今寇众我寡，难与持久。操军方连船舰，首尾相接，可烧而走也。”乃取蒙冲① 斗舰十艘，载燥荻、枯柴，灌油其中，裹以帷幕，上建旌旗，预备走舸，系于其尾。先以书遗操，诈云欲降。时东南风急，盖以十舰最著前，中江举帆，余船以次俱进。操军吏士皆出营立观，指言盖降。去北军二里余，同时发火，火烈风猛，船往如箭，烧尽北船，延及岸上营落。顷之，烟炎张天，人马烧溺死者甚众。瑜等率轻锐继其后，雷鼓大震，北军大坏。

注释

①蒙冲:战船。

译文

当时曹操的部队中已发生疾疫。两军初次交战,曹军失利,退到长江北岸。周瑜等驻军在长江南岸,周瑜部将黄盖说:“如今敌众我寡,难以长期相持。曹军正把战船连在一起,首尾相接,可以用火攻,击败曹军。”于是,选取蒙冲战船十艘,装上干荻和枯柴,在里边浇上油,外面裹上帷幕,上边插上旗旗,预先备好快艇,系在船尾。黄盖先派人送信给曹操,谎称打算投降。当时东南风正急,黄

赤壁大战

盖将十艘战船排在最前面,到江心时升起船帆,其余的船在后依次前进。曹操军中的官兵都走出营来站着观看,指着船,说黄盖来投降了。离曹军还有二里多远,那十艘船同时点火,火烈风猛,船像箭一样向前飞驶,把曹军战船全部烧光,火势还蔓延到曹军设在陆地上的营寨。顷刻间,浓烟烈火,遮天蔽日,曹军人马烧死和淹死的不计其数。周瑜等率领轻装的精锐战士紧随在后,鼓声震天,奋勇向前,曹军大败。

历史详解

公元208年9月，滚滚长江奔向天际。这时汉大丞相曹操伫立在江边，他思潮汹涌，眼前千万只战船威武雄壮、排列有序，旗帜和桅杆密集如森林，刀矛枪剑映着日光寒气逼人，这是他庞大的水军。数年来他统一了北方，这次率数十万大军南下，意在消灭割据在南方的刘备和孙权，完成自己统一天下的大业。出师以来势如破竹，先是荆州的刘琮不战而降，接着又在当阳击溃了刘备。现在只有江对面的孙权还能负隅顽抗，不过他想，凭着他的声势只需要一纸书信就可迫使孙权乖乖地来投降。

宴长江曹操赋诗

此刻在长江边上的夏口（今湖北省武汉市），刚被曹军打败的刘备正在为自己的军师诸葛亮送行，原来诸葛亮要去江东劝说孙权一起抗曹。诸葛亮博学多才、聪慧过人，他看到了曹军的弱点，相信只要孙刘两家联手就能打败不可一世的曹操。

在柴桑（今江西九江市西南）东吴的将军府中，孙权正焦急地踱来踱去，曹操大兵压境，形势严重，他正不知该何去何从，这时有人禀报刘备的军师诸葛亮拜见。孙权的眼睛一亮，连忙请入。

两人互致仰慕之情以后，诸葛亮就开门见山地说：“现在曹操占领了荆州，下一个进攻目标就是东吴了，将军要是抵抗就应下定决心，不然就趁早投降，再犹豫不决就大祸临头了。”孙权冷冷地反问：“那么，你家刘将军为什么不投降曹操？”诸葛亮慷慨地说：“刘将军是汉氏宗亲，他胸怀大志，怎么能动不动就投降敌人呢？”果然孙权中了诸葛亮的激将法，愤怒地拍案而起：“江东土地辽阔，人民富足，加上十万精兵，我决不能把这一切白白奉送给敌人。况且刘将军刚刚战败，抵抗曹操只能靠我了！”诸葛亮说：“您尽管放心，刘将军虽然败了一仗，但还有水陆军两万。曹军虽然人多，从北方一路打到南方，已十分疲敝，犹如强弩之末，况且北方的军队不擅长水战，新占领的地方人心浮动，只要我们两家同心协力，一定可以打败曹操！”听了诸葛亮的这番分析孙权心里的一块石头落了地,立即在将军府召开军事会议。

东吴的文臣武将齐聚一堂商讨作战计划。这时候恰巧曹操派人送来了战书,信中威吓说:"我奉了皇帝的旨意,率军南征,一路上战无不胜,如今在长江北岸陈兵八十万。将军是否敢与我决一死战?"众人看了都有些胆战心惊。张昭是东吴资格最老的谋士,他迫不及待地说:"曹军人多势大,又假借着皇帝的旨意,我们本来仰仗的是长江天险,但如今人家占了荆州,又有那么多的战船,我看这个天险也不大靠得住,不如早早投降皆大欢喜的好。"张昭这一开头,很多人都跟着响应,只有鲁肃沉默不语。

听了众人的话,孙权非常沮丧地走出了会议厅,这时鲁肃跟了出来,孙权问他:"你觉得众人说的怎样?"鲁肃诚恳地说:"我们是您的部下,投降了,马上可以升官发财,而您不行,您是东吴的最高统治者,东吴完了,曹操能轻易放过您吗?""你说得对。"孙权握住鲁肃的手,"这话说到我心里去了,那些人贪生怕死真让我失望。"鲁肃接着说:"赶快把在鄱阳湖的水军都督周瑜召回来,共商抗曹大计。"

周 瑜

回到柴桑的周瑜,在军事会议上慷慨陈词,力主与曹操决战,他和诸葛亮的分析一样,认为:"北方军队不善水战,而且水土不服士兵容易生病,兵再多也没有用。"周瑜接着分析:"曹操号称军队有 80 万,实际上只有二十多万,而且有一部分是荆州的降兵,他们疑虑重重,军心涣散。只要您给我 5 万精兵,我保证一定能打败曹操。"孙权听了周瑜的话更加坚定了自己的决心,他挥剑斩落了桌子的一角,宣称:"谁要是再说投降的话,就跟这桌子一样的下场。"

第二天,周瑜被任命为东吴的水军都督,领兵进军赤壁(今湖北江夏区西),和曹操的军队隔江对峙。果然曹军士兵水土不服,很多人拉肚子、中伤寒。而且北方人不习水性,长江上风大浪高,战船颠簸摇晃很厉害,士兵们整天呕吐,哪还有力气打仗?后来曹操想了一个办法:把战船用铁链连在一起,仿佛一个大的平台,士兵们可以在上面骑马奔驰。这种连环战船平稳得就像陆地一样,也再没有人晕船了。

周瑜的部下黄盖看到这种情况,向周瑜建议:“要打败曹操不能硬拼,得用巧计。如今他们把船都连在一起,如果我们用火攻,他们的水军将无处可逃。”可是怎样接近曹操的水军呢?于是黄盖给曹操写了封信,谎称自己见东吴大势已去,想率领部分战船前来投降。曹操以为自己的强大吓破了东吴军队的胆,对黄盖的假投降深信不疑,还定好了具体的日期迎接黄盖。黄盖准备了十艘大船,船上装满了浸着油的干草和枯枝,上面蒙着布,船头插着投降的旗帜。

火攻曹营

十一月的一天,江上刮起了东南风,夜晚降临,黄盖的船队乘风破浪驶向曹操的水军营寨。曹军听说黄盖来降,都拥挤着伫立在船头观看。黄盖的船队越来越近,突然船上火光冲天,投降的船变成了火船,借着迅猛的东南风撞进了水寨。由于曹军的船都连在一起,火势迅速蔓延开来。火光映红了江水,烟雾弥漫遮蔽了星月。士兵们有的跳入水中,但北方人大都不会游泳,被淹死的人不计其数。周瑜、刘备的军队水陆并进,猛烈攻击。战鼓声、呐喊声惊天动地,仿佛决了口的江水,曹操的军队再也无力抵抗,全线败退。几十万人死的死、逃的逃,损失大半。曹操的胡子被烧焦了,象征着权利和尊严的大红袍也被烧了几个破洞,率领着残兵败将从华容道逃回许昌。

火烧赤壁

精简点评

赤壁之战是孙权和刘备以少胜多取得了决定性的胜利。从此,孙权巩固了他在江东的统治,刘备占领了四川,他们与北方的曹操三足鼎立,三国的局面开始形成。

郭嘉屡出奇计

原文

备合兵得万余人,布恶之,自出兵攻备;备败走,归曹操,操厚遇之,以为豫州牧。或谓操曰:"备有英雄之志,今不早图,后必为患。"操以问郭嘉,嘉曰:"有是。然公起义兵,为百姓除暴,推诚杖信以招俊杰,犹惧其未也。今备有英雄名,以穷①归己而害之,是以害贤为名也。如此,则智士将自疑,回心择主,公谁与定天下乎!夫除一人之患以沮四海之望,安危之机也,不可不察。"操笑曰:"君得之矣!"遂益其兵,给粮食,使东至沛,收散兵以图吕布。

注释

①穷:走投无路。

译文

刘备集合起一万余人的部队，吕布认为受到了威胁，就亲自出兵攻打刘备。刘备败走，投奔曹操。曹操对他的待遇十分优厚，又让朝廷任命他为豫州牧。有人对曹操说："刘备有英雄大志，如今不趁早除掉他，必然会有后患。"曹操为此征询郭嘉的意见，郭嘉说："这种说法是对的。但是，您兴起义兵，为百姓除暴，诚心诚意地招募天下英雄豪杰，还唯恐他们不来。如今刘备有英雄之名，因走投无路前来投靠，而您却杀掉他，这将会使您得到谋害贤才的恶名。果真如此，有才智的人士将各自疑虑，改变心意，另选主人，您还去和谁一起平定天下？因除去一个人的祸患，而失去天下人的期望，这是关系今后安危的关键，您不可不仔细考虑。"曹操笑着说："你分析得很对。"于是拨给刘备一些军队，供应粮草，让他往东到小沛一带，集合被击溃的残部，与吕布对抗。

历史详解

郭嘉，字奉孝，颍(yǐng)川阳翟人。他少年时就胸有大志，并且很有远见。他见天下将要大乱，自20岁左右就隐居匿迹等待时机，同时秘密结交豪杰。许多见识高超的人对郭嘉出众的才干都非常赞叹。

当时，曹操的心腹谋士死了，身边没有人能替代，荀彧就推荐了郭嘉，曹操召见了他，并向他询问天下大事以及攻打袁绍有无胜利把握等。郭嘉胸有成竹，侃侃而谈，从道义、用人、执法、用兵、决策等十个方面分析袁绍必败之理。曹操大喜，并说："能助我成大业的，一定是这个人。"

公元198年九月，曹操采纳郭嘉的谋略进攻吕布，曹军首战便攻破了吕布的重镇——彭城，俘获了彭城相侯楷，接着又攻至下邳，在下邳城郊和前来迎战的吕布交锋，打败了吕布的骁将成廉。吕布见势不妙，死守下邳城。曹军乘胜围城。夜晚，天昏地暗，郭嘉对曹操说："我们可以在北门少置兵力，故意让吕布知晓，他必定会从此门突围求援，然后在半路埋伏兵力，杀他个片甲不回。"曹操连声叫好，按郭嘉的谋划去布置。吕布果然从北门杀出，率千余骑向袁术求救，到半路上被数倍曹军围困，幸亏吕布一杆方天画戟天下无敌，突出重围，只身逃回下邳，从此不敢再出城应战。

曹操久攻不下，便想退军。郭嘉等人竭力劝说曹操继续攻城，郭嘉分析说："吕布虽然骁勇，但没有智谋。他现在三战皆败，锐气已衰竭了，三军以将为主，主将没有锐气，则士兵更无斗志。另外，吕布虽有陈宫做谋士，但吕布刚愎自用，加上陈宫主意一向来得慢，如今正好乘吕布锐气未恢复，陈宫主意没有拿定之时，进军急攻。”

到了秋天，阴雨连绵，泗水、沂水都涨满了，郭嘉看到这一情况，就劝曹操亲自率军攻城，自己带一小队人马掘开河堤，引泗河、沂河水灌城，顿时，河水滔滔而下，下邳成了一座水中孤岛。吕布无奈投降，被曹操所杀。

郭　嘉

征乌桓是曹操平定北方的最后一场大战。郭嘉在平定乌桓的战役中，更是胆识超人，神机妙算，大建功勋。

乌桓是古代居住在我国北方的一个少数民族。东汉末年，居住在辽西、辽东、右北平的乌桓民族，趁内地战乱之机，不断兴兵向内地骚扰，而北方各路割据者都想利用乌桓作为混战中兼并对手的资本。袁尚兵败后逃入乌桓，企图依靠乌桓的力量卷土重来，恢复袁氏在河北的势力。

公元 207 年，曹操准备率军北征乌桓。曹军众将都以为袁尚只不过是小角色，不足为惧；而且大军进攻乌桓，后方空虚，刘备必然会鼓动刘表派军攻许都。在众口一词的反对声中，曹操犹豫了。郭嘉独具慧眼，极力劝曹操出兵。他认为，乌桓距离中原很远，对曹军的远征必然毫无防备，攻其不备，必然会大获全胜。郭嘉继续向曹操分析：“袁绍长期统治黄河以北，积极拉拢乌桓贵族，河北官吏、名士久受袁绍恩惠。只要袁氏的后人还在，对冀州地区就有潜在的威胁。现在我们刚攻占青、徐、幽、并四州，还没有站稳脚跟，就丢开四州去南征，袁尚必然会借乌桓的兵力卷土重来，那样的话，青、冀诸州恐怕就不再是我们的了。”最后针对大家怕刘表偷袭的心理，郭嘉再次凭超人的洞察力说服诸将：“刘表只不过是个坐着论道的人，他知道自己驾驭不了刘备，委派重任怕约束不了他，委派轻任又怕刘备不给他卖力。这就决定了刘表的偷袭实现不了，我们虽倾力远征，曹公也不必担心刘表。”

曹操听了郭嘉的分析之后，坚定了进攻乌桓的决心，便迅速率军出征。大军行至易县，郭嘉又建议说：“兵贵神速。现在我们千里奔袭敌人，携带的辎重太多，影响行军速度，如果敌人探听到消息，必然会严加防备，我们就很难获胜。

不如留下辎重，轻装抄小路前进，乘其不备而袭取。”曹操决定采纳这一险计，率兵出卢龙塞，直逼柳城（今辽宁朝阳南）。乌桓单于发觉时，曹军距柳城仅一百多里，仓猝之间拼凑了数万骑兵与曹军交锋，结果大败，曹操彻底肃清了袁氏的残余势力。

从柳城返军途中，郭嘉不幸患病，病情迅速加重，曹操不断派人去探视，不久，郭嘉病死。曹操悲痛万分，亲自到灵堂去吊丧，仰天痛啸：“奉孝病逝，犹如砍我一臂啊！”这一年，郭嘉才37岁。

精简点评

建安十三年（公元208年），曹操和孙、刘联军大战于赤壁，遭火攻后，大败而回，路上曾感慨地说：“郭奉孝如果还活着，一定不会使我遭此惨败。”由此可见，郭嘉对于曹魏集团的重要性。

曹操怒杀杨修

原文

修字德祖，好学，有俊才，为丞相曹操主簿，用事曹氏。及操自平汉中，欲因讨刘备而不得进，欲守之又难为功，护军不知进止何依。操于是出教，唯曰：“鸡肋”而已。外曹莫能晓，脩独曰：“夫鸡肋，食之则无所得，弃之则如可惜，公归计决矣。”

注释

①晓：通晓，明白。

译文

杨修，字德祖，勤奋好学，才学出众，后担任丞相曹操的主簿，为曹操做事。等到曹操自己亲征汉中，想要讨伐刘备但是大军不能前进，想要固守又很难有所收获，正在为难时，亲兵护卫不知道当夜军中口令，曹操说了鸡肋，一干官员没有一个能弄明白的，只有杨修自己说："鸡肋，吃着没有多少肉，扔了就很可惜，看来曹公已经下了班师的决心。"

历史详解

曹操进兵汉中，杨修作为行军主簿随大军出发。

曹操在汉中驻兵好几个月，想要前进，又被马超阻挡住；想收兵回中原，又怕被蜀兵耻笑，心中犹豫不决。正在为难时，亲兵给他端进来一碗鸡汤，曹操看见碗里的鸡肋，心里不由生出几分感慨。正要喝汤，夏侯惇走进营帐问道："今天晚上的口令是什么？"曹操随口答道："鸡肋！"夏侯惇向众将传令，今天夜里的口令是"鸡肋"。于是大家回答口令时，都说"鸡肋"。主簿杨修听到了"鸡肋"两个字，便让跟随他的士兵收拾行李，准备回家。别的营中士兵看见了，也纷纷效仿，收拾兵器、铠甲，准备好撤军事宜。

杨修与曹操

有人赶快去向夏侯惇报告，夏侯惇大吃一惊，就派人把杨修请到自己的帐中问道："你为什么要收拾行装？"杨修得意地对夏侯惇说："从今天夜里的口令来看，便能断定曹公不过几天就要退兵了。鸡肋，吃起来没有肉，丢了吧，还有点味道，太可惜。现在进兵不能取胜，退兵又怕蜀兵耻笑，待在这儿又没有什么好处，等到曹公真正想退兵时，免得临行慌乱，拉东丢西，所以先收拾行装。"夏侯惇拍着杨修的肩膀说:“您真是曹公的知己啊!”于是也回去收拾行装去了,夏侯惇这么一行动,全军的士兵几乎都开始准备撤军。

当天晚上,曹操心烦意乱,睡不着觉,就手提钢斧绕着营寨悄悄地察看。见士兵们都在收拾兵器、粮草,急忙回到自己帐中,派人找来夏侯惇问道:“你怎么敢私自下令退兵?”夏侯惇说:“主簿杨修猜出了大王要退兵的意图,告诉了我。”曹操又派人把杨修召来,问他怎么知道自己要退兵?杨修就把对夏侯惇说的话又重复了一遍。曹操大怒:“你好大的胆子,居然敢散布谣言,扰乱军心!”喝令武士将杨修推出去斩了,又把脑袋挂在辕门外示众。

原来杨修这个人仗着自己才华出众,不受约束,行为狂放,几次得罪了曹操。

曹操曾经下令建造一座花园。造成后,曹操亲自前来观看,看完不说好也不说坏,拿起笔在门上写了一个“活”字就走了。大家都莫名其妙,不知曹操到底是什么意思。杨修知道后,对监造花园的人说:“‘门’里面一个‘活’字,就是‘阔’呀,丞相可能是嫌园门建得太阔了。”于是监造花园的人又召来工匠,重新修筑了一座园门,又请曹操来观看,曹操非常高兴,问道:“谁猜出了我的用意?”身边的大臣说:“是杨修。”曹操嘴上虽然连连称赞杨修聪明,心里却暗暗忌妒。

还有一次,塞北的少数民族为了表示对曹操的尊重,送来了一盒酥。曹操就在盒子上写了“一合酥”三个字,然后把它放在桌子上。杨修来求见曹操,曹操不在,杨修进入房中,看见桌子上的盒子,就打开分给大家吃掉了。曹操回来以后,问杨修为什么私自分掉那一盒酥。杨修道:“盒子上写着‘一合酥’,拆开来看就是‘一人一口酥’,我只是执行了丞相您的命令啊。”曹操脸上虽挂着笑容,其实内心却已开始讨厌他这种自作聪明的人。

曹操疑心很重,老是怕别人谋害自己,常常吩咐身边的人说:“我梦中喜欢杀人,只要我睡着了,你们千万不要靠近我。”有一天,曹操假装睡着了,把被子踢落在地上,侍奉他的人看见了,急忙走过去捡起来,要给他盖上。曹操跳起来拔剑杀了这个人,又蒙头大睡。第二天醒来,假装吃惊地问:“昨天谁杀了我的侍卫?”其他的侍卫都说:“被丞相梦里杀掉了。”曹操一副追悔莫及的样子,传令厚葬这个人,又给他的家属许多钱。只有杨修知道事情的真相,在埋葬那个侍卫时,杨修指着棺材说:“恐怕丞相不在梦里,而是你在梦里吧。”曹操后来听人讲了这件事,更加讨厌杨修了。

真正触动曹操杀机的,却是因为杨修卷入了太子位角逐的纠纷中,曹操见杨修介入他的家事,当然非常气愤。

曹操的儿子曹植,喜欢杨修的才能,常常邀请他到家里谈论轶闻趣事,整夜都不休息。曹操和众位大臣商议,想立曹植为太子。曹丕听说了,就密请吴质

到他府商量对策。又怕被人发觉，就让吴质藏在一个大筐里，上面放些布匹，别人问起，就说是布匹，用马车把吴质拉进了曹丕府中。正好杨修看见了吴质从筐里爬出来。他和曹植是好朋友，当然希望曹植能当太子，于是，就跑去向曹操告密。曹操派人去曹丕府检查，曹丕慌忙告诉了吴质。吴质说："不用担心，明天用大筐装上布匹拉到府里来，迷惑一下他们。"第二天，曹丕就派人按吴质所说的话去做了。曹操派的人检查了几次，发现全是布匹，就回去把情况报告了曹操。曹操怀疑杨修陷害曹丕，更加厌恶他了。

可惜杨修一点也没有觉察到，照旧帮曹植夺太子位。曹操想试试曹丕、曹植两人的才能，让他们出邺城去办事，暗中却吩咐门官，不要放他们出去。曹丕先到城门下，门官挡住了他，曹丕只好返回去了。曹植却先向杨修去讨主意，杨修说："你奉父亲的命令出城，有人阻拦，杀掉他就行了。"曹植认为杨修的话很对，就准备好马车，带领几名亲兵出发了，到了城门口，门官照样拦住了他。曹植喝道："我奉父王命令出城，谁敢阻拦！"说完下令将门官杀了，出城而去。曹操听说了这件事，认为曹植比曹丕办事果决。后来有人告诉曹操说："这都是杨修教给曹植的。"曹操非常不高兴，从此不太喜欢曹植。

杨修还替曹植作了许多关于治国、用兵问题的答案，让曹植背熟。每当曹操问曹植这些问题时，曹植都对答如流，曹操不禁起了疑心。后来曹丕买通了曹植身边的人，让曹植的仆人偷偷来告诉曹操，那些答案全是杨修教给曹植的。曹操听了大怒："这狗东西，居然敢骗我！"这时已有了杀杨修的想法，现在只不过把扰乱军心作个借口罢了。

精简点评

杨修死时，才45岁，正是年富力强的年龄，却因才误身，被奸诈多疑的曹操所杀，实在令人叹惜。

庞统英年早逝

原文

刘备围雒城[1]且一年，庞统为流矢所中，卒。法正笺与刘璋，为陈形势强弱，且曰："左将军从举兵以来，旧心依依，实无薄意。愚以为可图变化，以保尊门。"璋不答。雒城溃，备进围成都。诸葛亮、张飞、赵云引兵来会。

注释

①雒城：在今四川广汉市。

译文

刘备围攻雒城近一年，庞统不幸被流矢射中，不久就死了。法正写信给刘璋，分析了形势的强弱对比，并说："左将军刘备起兵后，对您仍有旧情，实际上没有恶意。我认为您应改变态度，以保住家门的尊贵。"刘璋未予答复。刘备攻破雒城，进而包围了成都。诸葛亮、张飞、赵去也率兵入川，与刘备会合。

历史详解

庞统,字士元,号“凤雏”,他才华出众,与“卧龙”诸葛亮并称于世。

庞统早年很不得志,没有机会施展抱负,只好到大街上摆摊测字,替人算命,以此维生。

后来,庞统遇见了诸葛亮,诸葛亮知道他有治国之才,劝他为刘备效力,并给他一封推荐信让他带着。初见刘备,庞统没有拿出诸葛亮的信。刘备把他当成了一个普通的求职者,给了他一个耒阳县令的小官。

庞统到了县里,仍不改老毛病,整天只谈论大谋大略,对于公事不闻不问。到任百余天,从没有升过堂。刘备听说了这件事,就派张飞到耒阳县去免掉庞统的官。

张飞到耒阳,庞统醉眼蒙眬地问:“张将军有什么事吗?”张飞大喝:“您到任百日,案件积累如山,却不闻不问,我是奉命来治你罪的。”庞统听完,哈哈一笑,说:“将军息怒,看我来处理这些小事。”说着就命令衙役去准备升堂,自己也穿好官服和张飞一起来到公堂。

这时衙外告状的人足有一百多人,在堂上跪了黑压压的一大片。庞统一拍惊堂木,大喝:“你们有什么冤情,快点诉来,老爷为你们明冤。”只见那些人你一言我一语,争先恐后地诉说起来,大堂上嗡嗡一片,张飞听得耳根子发麻,也没有听清一句话。庞统却左手一支笔,右手一支笔,双管齐下,字如龙飞凤舞,不到半天工夫,一百多件案子处理完毕。件件清清楚楚,告状的双方都心服口服。

张飞见了庞统这样的本事,不由得目瞪口呆,再也没有提治罪的事就走了。

张飞回报了庞统日断百案的奇事。正好,诸葛亮也回到了荆州,在刘备面前盛赞庞统才略过人。刘备便召见庞统,向他道歉。庞统这才取出了诸葛亮的推荐信,刘备说:“先生要是早取出军师的信,就不会让我委屈您的大才了。”随后,就让庞统做了诸葛亮的副手,做自己军国大事的特别顾问。

刘璋迎请刘备到益州去,刘备就让诸葛亮镇守荆州,自己和庞统一起到了益州。刘璋与刘备相会于涪城。庞统劝刘备:“在相会的宴会上,趁机杀死刘璋,就可以一举坐镇益州。”刘备有点顾虑,认为初来乍到,恩威信誉还都没有,

庞统

这样做不妥。刘璋回成都后，刘备为刘璋征讨汉中的张鲁。庞统又进计刘备："暗选精兵，昼夜急驰，直袭成都。刘璋懦弱，又没有什么准备，大军一到，一举成功，这是上策。诱刘璋的名将杨怀、高沛参加宴会，趁便囚禁，夺其部下，这是中策。退回白帝城，与荆州相接应，慢慢找机会，这是下策。"刘备认为上策太急，下策太缓，采用了中策。斩杀了杨怀、高沛，准备挥师成都。

刘备设宴庆功，饮酒作乐，对庞统不无得意地说："今日宴会，真是开心啊。"庞统却冷冷地说："征伐他人之国视为快乐，这可不是仁人用兵。"刘备借酒装疯，怒问："周武王伐纣，天下响应，难道不是仁人之兵吗？你说得不对，应该快点下去！"庞统退出宴席。不一

会儿，刘备就后悔自己失礼于庞统，请庞统回到宴席上。庞统吃喝自如，跟没发生什么事一样，也不向刘备谢罪。刘备沉不住气了，问道："刚才争论，是谁的错？"庞统回答："君臣都有错。"两人相视大笑。

精简点评

庞统在作战中为流矢所中，死时年仅36岁，壮志未酬，真是令人惋惜。

东吴名将吕蒙

原文

周瑜、程普将数万众，与曹仁隔江未战。甘宁请先径进取夷陵，往，即得其城，因入守之。益州将袭肃举军降，周瑜表以肃兵益横野中郎将吕蒙。蒙盛称："肃有胆用，且慕化①远来，于义宜益，不宜夺也。"权善其言，还肃兵。曹仁遣兵围甘宁，宁困急，求救于周瑜，诸将以为兵少不足分，吕蒙谓周瑜、程普曰："留凌公绩于江陵，蒙与君行，解围释急，势亦不久。蒙保公绩能十日守也。"瑜从之，大破仁兵于夷陵，获马三百匹而还。于是将士形势自倍，瑜乃渡江，屯北岸，与仁相拒。十二月，孙权自将围合肥，使张昭攻九江之当涂，不克。

注释

①化：教化，开化。

译文

周瑜、程普带领着几万军队，与曹仁隔长江对峙，尚未开战。甘宁请求能够让他自己先去夺取夷陵。后来甘宁率部前往，一到当地就很快占领了夷陵，入城据守。益州武将袭肃率领全军前来投降。周瑜上表孙权，请求用袭肃的部队扩充横野中郎将吕蒙的兵力。吕蒙极力称赞袭肃说："袭肃是一个有胆识，有才干的人，而且他因我们的归化，远来投奔。从道理上讲，应该扩充他的兵力，而不是去夺去他的军权。"孙权赞同吕蒙的看法，把袭肃的军权归还给他。曹仁调动兵马包围甘宁，甘宁被困在其中，处境危急，急忙向周瑜求救。其他将领们以为己方兵力单薄，不足以解救甘宁。但是后来吕蒙对周瑜、程普说："留凌统驻守江陵，我与您前去解围，也不会需要太长的时间，我保证凌统能守住十天。"周瑜同意他的建议，在夷陵大破曹仁军队，获战马三百匹归来。于是，全军上下士气倍增，周瑜就渡过长江，驻兵北岸，与曹仁相持。十二月，孙权亲自率军包围合肥，派张昭率军攻打九江郡所属的当涂，未能攻克。

历史详解

东吴名将吕蒙，少年时家境贫困，没有条件读书。但他作战英勇，屡立战功。

有一次，他跟随姐夫邓当攻打山越人，小小年纪的他竟一马当先，冲在最前面，山越人见他来势汹汹，顿时乱了阵脚。于是，他们趁机发动攻势，把山越人打得一败涂地。这件事后，有人把吕蒙勇战山越人的情况报告了孙策，孙策十分赏识吕蒙的志气和勇敢。

吕　蒙

孙权继位后，就提升吕蒙做平北都尉。建安十三年（公元208年），孙权派吕蒙为先锋，亲自攻打黄祖，以报杀父之仇。黄祖派他的部将水军都督陈就前来迎战。陈就用绳索把战船连成一片，屯在江口。孙权的兵船刚一靠近，陈就命令士兵射箭，打退了东吴军的进攻。吕蒙琢磨出这次失败的原因，就选派了一百多条小船，让士兵手执钢刀，身披铠甲，冒着弓箭，冲到战船旁边，砍断绳索。自己带领士兵从后面掩杀过来。陈就见东吴军攻势凶猛，就弃船上岸。吕蒙紧追不放，追到跟前，手起刀落，砍死了陈就。东吴军乘胜攻城，黄祖弃城逃跑，被孙权的部将冯则一箭射于马下，一刀砍死，孙权报了父仇，就班师回东吴，

孙 策

提升吕蒙做了横野中郎将。

吕蒙从小没有机会读书，识字不多。他带兵镇守一方，每向孙权报告军情时，只能口传，不能书写，很不方便。一天，孙权对吕蒙和蒋钦说："你们从十五六岁开始，一年到头打仗，没有时间读书，现在做了将军，就得多读些书呀。"吕蒙说："军务实在太忙，哪里顾得上读书。"孙权说："我不是要你做一个博古通今的大学问家，只要你粗略地多看看书，多了解一些事情，能够拿历史作为借鉴就行了。你说忙不过来，难道还有我忙吗？我常常抽空读书，觉得读书有许多好处。"孙权还用汉光武帝刘秀在军事紧张的时候仍然手不释卷的故事鼓励吕蒙好好读书。

吕 蒙

在孙权的启发和鼓励下，吕蒙开始发奋读书。他读《孙子兵法》《六韬》，也读《左传》《论语》等。一有空闲，他总是拿着书，聚精会神地阅读，从前人的著作中汲取知识和营养，从中得到教诲，后来竟达到了博览群书的地步。

鲁肃做都督的时候，仍然以老眼光来看待吕蒙，以为吕蒙只是一个文化水平不高的武将。有一次，鲁肃路过吕蒙的驻防地区，同吕蒙谈话。吕蒙问鲁肃："您肩负重任，对于相邻的守将关羽，您做了哪些防止突然袭击的部署？"鲁肃说："这个，我还没考虑过！"吕蒙就向鲁肃陈述了吴蜀的形势，提了五点建议。鲁肃听了非常佩服，赞扬吕蒙见识非凡，认为吕蒙已是一个文武双全的人才。鲁肃走到吕蒙跟前，拍拍吕蒙的后背说："真是聪明一世，糊涂一时，吕兄进展如斯，我还蒙在鼓里，先前总以为你只有勇武，不想，听君一席话，茅塞顿开，原来吕兄也是满腹经纶之人，可笑愚弟走了眼。"

吕蒙一笑说："士别三日，理当另眼相看，况且你我之别，远非三日，如何知我有多大变化，今日一叙，老弟你可不能再用老眼光来看我了。"

精简点评

打那以后，鲁肃与吕蒙成了好朋友。不久他又接替鲁肃统率东吴的军队，成为一代名将。

关羽大意失荆州

原文

关羽自知孤穷，乃西保麦城。孙权使诱之，羽伪降，立幡旗为象人于城上，因遁走，兵皆解散，才十余骑。权先使朱然、潘璋断其径路。十二月，璋司马马忠获[1]羽及其子平于章乡，斩之，遂定荆州。

注释

①获：俘获，收获。

译文

关羽自知孤立困穷，便向西退守麦城。孙权派人诱降，关羽伪装投降，把幡旗做成人像立在城墙上，然后逃遁，士兵都跑散了，跟随他的只有十余名骑兵。孙权已事先命令朱然、潘璋切断了关羽的去路。十二月，潘璋手下的司马马忠在章乡擒获关羽及其儿子关平，予以斩首，于是，孙权占据荆州。

历史详解

关羽，是家喻户晓的三国名将。“过五关斩六将”的故事，几乎无人不知。但是，由于他的骄傲，终于败走麦城，为东吴名将吕蒙所杀。

孙、刘联兵大败曹军后，关羽领兵驻扎在荆州，与曹操的军队对峙。

公元219年，刘备自立为汉中王，分封了五虎将：前将军关羽，右将军张飞，左将军马超，后将军黄忠，翊将军赵云。

关羽对黄忠与自己同列五虎将之一，心里老是不高兴，他要在疆场上大发虎威，显示自己不愧为五虎将之首，也让老黄忠感到惭愧。

孙权

这一年秋天，关羽率领荆州大军，向驻守在樊城的曹仁发起进攻。樊城虽小，却是战略要地。曹操怕有闪失，忙派于禁、庞德率领7队人马火速增援。他俩到了樊城后，曹仁让他俩领兵驻扎在樊城城外的北面，以便内外呼应。

八月里，秋雨连绵，弄得关羽愁眉不展。道路泥泞不利于作战且不去说，城内有曹仁,城外有于禁、庞德,关羽处于腹背受敌的境地。

没想到老天爷帮了关羽的大忙。没过几天,河水泛滥,樊城城外的洪水上涨深达数丈。于禁、庞德率领的七队人马驻在低处,洪水一来,淹死无数,剩下的人马只好转移到高处避水。如此一来,洪水隔断了城内、城外的联系,于禁、庞德成了瓮中之鳖。

关羽见状大喜,立即率军乘船向于禁、庞德发起攻击。于禁逃又无处逃,打又打不过,只好向关羽投降。庞德胆气过人,独自站在大堤上手挽强弓拼死力战,从清晨战至午后,他的箭支用尽,终于被俘,因不肯投降而被关羽斩杀。

于禁投降、庞德被杀、七队人马全军覆没的消息如同一声炸雷,惊得曹操坐立不安,江东的孙权也深受震动。

一时间,附近的许多地方官纷纷向关羽投降,甚至许都以南的一些官员也暗中与关羽商谈投降事宜。

关羽得到于禁的数万官兵后,粮草不继,便派兵夺取孙权储存在附近的粮食,供应自己的部队。孙权闻讯后大怒,派兵时时骚扰关羽。

孙权对荆州垂涎已久,趁机写信给曹操,请求允许他讨伐关羽,为曹操效力,同时请求曹操不要把消息泄露出去,使关羽有所防备。

曹操就此事向大臣们征询意见,许多人都赞成为孙权保密。董昭却说:“我们明里可以答应为孙权保密,暗中须将消息透露出去。关羽知道了孙权上表的内容,一定会撤除樊城之围,这样做还可以激化孙权和关羽的矛盾,我们可以坐收渔利。”曹操同意他的看法,暗地里将孙权将要攻打关羽的消息散布出去,同时命徐晃立即率领人马援救樊城。

被围的曹军得知援兵将至,孙权也将攻打关羽,士气倍增。关羽得到消息

关羽

也暗暗吃惊，对是否撤去对樊城的包围犹豫不决。这时徐晃领兵赶到，设计击败了关羽军。

孙权得到曹操的应允，委派吕蒙为主帅，准备向关羽大举进攻。吕蒙说服孙权起用年轻将领陆逊与关羽周旋，然后他借口有病将兵权交给这位年轻将领。

关羽闻报由年轻后生陆逊接替吕蒙，认为陆逊不足挂齿，心中麻痹起来。陆逊来个顺水推舟，派人给关羽送去一封措词恭谦的信，关羽看了来信，更不把陆逊放在眼中。他放心大胆地将后方的军队调来，增援攻打徐晃、曹仁的部队。

关羽将后方的部队调走，荆州防务空虚。孙权闻报后大喜，亲自率领大军开赴前线。他让吕蒙为前部，悄悄向荆州方向移动。吕蒙将精兵伪装成商人，分几批渡过长江，来到荆州地域，神不知鬼不觉地拿下沿江岗楼，致使荆州的警戒完全失灵。关羽对东吴军已经到来之事，竟然一无所知。

关羽领兵在外，屡屡催促驻守在江陵、公安的糜芳和士仁供应军需物资，军需物资往往未能全部运到，关羽为此大怒。糜芳、士仁生怕关羽惩罚自己，对关羽产生了二心。

吕蒙乘机施出了离间计。他写信给士仁，向他分析利害得失，士仁考虑了一番，便向东吴投降。吕蒙带着士仁到江陵，要士仁向糜芳劝降，糜芳怕关羽回来后责罚自己，便也开城投降。

关羽得知荆州一带失守，大吃一惊，连忙点齐人马，向南撤退，他想夺回失去的城池，挽回自己一手造成的败局。

关羽一面南撤，一面连连派出使者与吕蒙会见。吕蒙对关羽的使者都予以热情接待，并允许他们在城里自由活动。将士的家属有的向使者询问亲人情况，有的托使者带信。使者返回后，将士们向使者询问家中情况，得知一切平安，将士们都无心恋战，完全丧失了斗志。

正在此时,孙权抵达江陵,荆州的文武官员全部归附。这时关羽陷入了困境,前有东吴大军,后有曹操军队,前进不得,后退也不成。

吕蒙、陆逊见攻击的时机已到,率部迎头攻击。一边是养精蓄锐之师,一边是疲惫不堪、军心动摇之旅,一经交锋,关羽军立即溃败。

吕蒙占荆州

关羽看看身边的将士,只剩下几百人,连突围逃走都困难,哪里还能再收复荆州!关羽长叹一声,说:“我关羽称雄一世,没料到落到今日这种地步!”

他的儿子关平轻轻地说:“天无绝人之路。眼下之计,是否找个地方歇息一下再说?”

关羽略一思索,说:“先往麦城(今湖北当阳东南),再作计议。”关羽一行刚进麦城,吕蒙便率大军赶到,把麦城层层包围。

骄横一世的关羽并没有气馁。他一面设法突围,一面期盼救兵赶到。一连几天过去了,望眼欲穿的官兵们连一个援兵的人影也没见到。

孙权派人去劝降,关羽假装答应下来。关羽趁东吴军疏忽之机,率众突出了麦城。孙权估计关羽会突围逃跑,事前已命朱然、潘璋切断了通往西川的道路,并在路上挖好陷阱,只等关羽自投罗网。

关羽突出麦城后,不敢走大路,只拣崎岖不平的险路走。这时候,跟随他的只有关平和十几个骑兵。他们没跑出几十里,朱然、潘璋领兵挡住了去路。关羽拍马上前,准备再拼杀,哪知战马才跑出几步,就“轰隆”一声连人带马掉进陷阱。关平连忙来救,也落入另一个陷阱。

朱然、潘璋命人将关羽、关平五花大绑捆好,押赴大营送到吕蒙面前。吕蒙好言劝降,招来的却是关羽一顿臭骂。他见关羽不肯屈服,便将关羽关押起来。

吕蒙想将关羽父子押赴江陵，又怕途中出事，万一纵虎归山，那可不得了。他思索再三，将关羽父子就地斩首。

精简点评

荆州一带落入孙权之手，东吴实力大增，刘备僻处蜀中，实力大损。三国之间的矛盾冲突，也变得更复杂激烈了。

魏纪

刘备兵败彝陵

原文

汉主升马鞍山，陈兵自绕，逊督促诸军，四面蹙之，土崩瓦解，死者万数，汉主夜遁，驿人自担烧铙铠断后，仅得入白帝城，其舟船、器械，水、步军资，一时略尽，尸骸塞江而下。汉主大惭恚曰："吾乃为陆逊所折辱，岂非天耶！"将军义阳傅肜为后殿，兵众尽死，肜气益烈。吴人谕之使降，肜骂曰："吴狗，安有汉将军而降者！"遂死之。从事祭酒程畿溯江而退，众曰："后追将至，宜解舫[1]轻行。"畿曰："吾在军，未习为敌之走也。"亦死之。

注释

①舫：船。

译文

汉王登上马鞍山，环绕自己布置军队，陆逊督促各军四面围攻，紧缩包围圈，蜀军土崩瓦解，战死一万余人。汉王连夜逃走，驿站员亲自挑着兵器铠甲在险要路口焚烧，以阻挡吴军的追击，汉王才得以逃入白帝城。蜀军的船只、器械，水、陆军的军用物资，一下子全被夺取；尸体塞满长江江面，顺流而下。汉王既惭愧又失望地说："我被陆逊羞辱，这是天意啊！"将军义阳人傅彤掩护大军退却，部下全部战死，他却愈战愈勇，吴军劝他投降，他大骂说："吴国的狗东西，哪有汉将军会投降的！"终于血战而死。从事祭酒程畿逆长江乘船退却，部下说："后面追兵紧迫，应把两船联结的方舟拆开，轻舟撤退。"程畿说："我从军以来，还未学过如何逃跑。"也战死了。

历史详解

刘 备

关羽被杀的消息传到蜀中，刘备悲痛万分。自从桃园三结义以来，刘备、关羽、张飞亲逾手足。关羽对刘备忠心耿耿，为刘备创立西蜀立下了赫赫战功，如今关羽被杀，怎能使他不悲痛！刘备感到伤心的另一个原因，是荆州的丧失。荆州地区不仅土地肥沃，物产丰富，也是军事上的要冲之地。从荆州北上可以攻打魏国，东下可以攻打吴国，荆州落入东吴的手中，对刘备也是一个极大的打击。所以刘备发誓要消灭东吴，为关羽报仇。

五虎将之一的赵云劝刘备道："我们主要的敌人是曹操，而不是孙权。如果消灭了魏国，东吴自然会来归顺。现在曹操刚死，曹丕夺取了帝位，我们正好利用这个机会顺应民心，号召天下豪杰讨伐曹贼，而不应将曹魏搁置一旁，先跟东吴交锋。"刘备报仇心切，对赵云的话一句也听不进，决意亲自领兵攻打东吴。

公元221年，刘备命张飞率领一万精兵从阆中（今四川阆中西）出发，到江州（今四川重庆）与大军会师。

张飞作战勇猛，但是性情暴躁，常常鞭打部下。他与关羽同甘共苦多年，情深谊长。这次出兵为关羽报仇，他的心情十分激动。他对部下要求更加严格，稍有错处便严加惩处。部队出发前夕，部将张达、范强刺杀了张飞，提着他的脑袋投奔了孙权。

刘备闻报张飞遇难,抑制不了自己的惊骇,失声叫道:“老天爷啊,我的义弟张飞又死了!”他愈加愤怒,调集了几十万大军向东吴进攻。

孙权夺取荆州后,吴蜀的边境西移至巫山附近。刘备派吴班、冯习为先锋,率领四万大军向东攻去,自己领兵紧随其后。吴班、冯习率领大军翻山越岭,在巫县(今湖北巴东)打败吴军。他俩乘胜追击,一直攻到秭(今湖北秭归)附近。

消息传到孙权那里,朝廷上下一片震动。孙权曾一再派人向刘备讲和,都遭到刘备拒绝。蜀军大兵压境,孙权不得不起兵应战。那时候,吕蒙已经病逝,孙权起用了年轻将领陆逊为大都督,统率五万人马抵御蜀军。

冯习、张南领兵长驱直入,大有一举荡平东吴之势。到了彝陵(今湖北宜昌东南),吴军不再后撤。两军扎下大营,遥遥相对。蜀军兵营相连,建有数十座营垒。蜀军以冯习为大都督,以张南为先锋,随时准备与吴军一决雌雄。吴军虽然停止了退却,但却不与士气高昂的蜀军正面交锋,而是采取深沟高垒,紧守关隘,避免与蜀军决战。

蜀军的另一支部队,抵达猇亭以南的夷道(今湖北宜昌西),把孙权的侄儿孙桓层层包围。

吴军将领纷纷请战,陆逊坚决不同意。他对部将说:“刘备亲自领兵东下,士气高昂,兵锋所及,锐不可当。我们若去攻打,必然要遭巨大伤亡,如果失败了,我军主力难以保全。眼下只宜坚守,观察变化,捕捉到战机之后,才能大举进行反击。”

有些将领主张援救孙桓,陆逊也不同意,说:“夷道城池坚固,储粮充足,孙桓一向爱护士卒,上下同心,夷道一定能守住。”

吴军不少将领久经沙场,对陆逊的做法很不满意,他们嘴上没说什么,但都认为陆逊惧怕蜀军。

刘备企图一举歼灭吴军的有生力量,无奈陆逊坚守不出。刘备为了激怒吴军,天天派兵到陆逊的大营前骂阵,可是陆逊就是置之不理。

刘备见激将法不起作用,企图引诱吴军出阵。他派吴班率领几千人在吴军阵前的平地上扎营,不断地向吴军挑衅;他又派八千精兵埋伏在山谷里,准备接应吴班军,只要吴军一出动,伏兵立即从山谷杀出去。

众将按捺不住,又到陆逊那里去请战,陆逊还是不同意出战,众将也无可奈何。

刘备见这一招不灵,只得把山后的伏兵调出,开赴陆逊大营的正面,继续挑战。吴军众将见附近山谷中有伏兵开出,未免心惊,暗中庆幸没去攻击吴班,不然的话就中了刘备的诡计。从此以后,众将对陆逊才稍稍心服。

双方对峙了七八个月,蜀军一直找不到机会与吴军决战,时间一长,蜀军的锐气渐消。天气也一天天热起来,长江边暑气难当,蜀军官兵叫苦不迭,希望能到凉爽的地方扎营。

刘备欲战不能,撤退又于心不甘。他命令驻扎在山谷中的大军来到谷外,命水面上的军队移驻陆地,大军在深山密林中休整,准备秋后再向吴军大举进攻。

原先陆逊顾忌的是蜀军士气盛,江面、山谷中都有蜀兵,现在战局发生了变化,这正是与敌人决战的好机会。

陆逊传下命令:准备向蜀军发起攻击。众将无不诧异,纷纷说道:“要是攻击蜀军,应在敌军刚进入困境时发起。现在敌人深入国境已有五六百里,在险要之处都作好了防备,现在发动攻击,这怎么行!”

陆逊向众人解释道:“刘备饱经沧桑,对付他必须小心在意。他刚发动进攻时思虑周详,我们无法进行反击。刘备长时间找不到我军漏洞,已经无计可施,内心焦躁,难免有所疏忽;再说蜀军官兵驻扎时间已久,士气已衰。我们应该抓住这大好时机,击溃蜀军。”

火烧连营

他先派出小股部队进行试探性进攻,结果大败而归。众将领叹息道:“唉,这真是白白作出牺牲。”陆逊却从这次进攻中摸到了蜀军的虚实,想出了破敌之计。

一天傍晚,东南风刮得正急。陆逊命令每个士兵携带一束干草,向蜀军大营发起冲击。吴军官兵憋了半年多的恶气一下子迸发出来,奋不顾身地向前冲去。官兵们点燃干草,顺风放起火来,不消片刻,连在一起的四十多座蜀军营寨陷入一片火海之中。蜀军官兵被烧得焦头烂额,像发了疯一样向没火的地方逃窜。吴军大发神威,猛虎般地向敌人扑去。蜀兵只顾逃命,哪里还能抵挡吴军的攻击!

经过一阵猛烈的冲杀,漫山遍野都是蜀军官兵的尸体,连大将张南、冯习都没能逃脱,做了刀下之鬼。

在众将的保护下,刘备逃到马鞍山(今湖北宜昌北)上。他匆匆命令残兵败将布防,企图挽回败局。陆逊命令各路大军从四面八方掩杀上去,与蜀军作短兵相接的拼搏，蜀军已无退路，只得奋起抵抗。经过一番激烈战斗，蜀军的防线被撕开一道缺口，这下子蜀军全线崩溃，官兵们一个个没命地冲下山向西逃窜。

刘备策马拼命地逃，吴军骑兵紧紧地追。掩护刘备的官兵纷纷落马，情况越来越危急。逃至一个驿站，防守的蜀军赶紧把战袍、器仗等堆在刘备逃过去的山路上，然后点起了火，这才挡住了吴国的追兵。刘备马不停蹄地逃到白帝城，总算松了一口气，看看跟随着逃出的人马，已经寥寥无几。

彝陵一战，蜀军损失极为惨重，伤亡、逃散的人马达几千万，车、船、器仗、军需物资全部丢弃。

精简点评

经此一败，刘备既痛心又惭愧，无颜返回成都。到了第二年，他郁闷地病死在白帝城。蜀国实力大损，后在诸葛亮的辛苦操持下才缓回元气。

刘巴恃才傲物

原文

备之自新野奔江南也，荆楚群士从之如云，而刘巴独北诣[①]魏公操。操辟为掾，遣招纳长沙、零陵、桂阳。……

成都之围也，备与士众约："若事定，府库百物，孤无预焉。"及拔成都，士众皆舍干戈赴诸藏，竞取宝物。军用不足，备甚忧之，刘巴曰："此易耳。但当铸直百钱，平诸物价，令吏为官市"。备从之。数月之间，府库充实。

注释

①诣：到，往附，依附。

译文

刘备在新野的时候，荆州许多名士都追随他。江北的名士都涌到了江南，而江南的大才子刘巴反而到江北投降了曹操。

刘备从此非常恨刘巴。曹操任命刘巴为官，派刘巴到江南去抗拒刘备，招降长沙、零陵、桂阳等郡县。……刘备在围攻成都的时候，与手下将士相互约定："等到大事一定，打破城池，一切府库财物都分给士兵。"等成都打破以后，士兵大抢财物，刘璋的储积，一扫而空。平定以后，军用不足，刘备十分忧虑。刘巴说："这事好办，赶快铸造一些大钱，一枚面值一百文。再把货物定出价格，开放市场，那些被士兵抢去的财物都会从市场上收回来。"刘备照办了，数月之间，府库又充实了。

历史详解

刘备在新野驻兵时，荆州许多名士都追随他。江北的名士都涌到了江南，而江南的大才子刘巴反而到江北投降了曹操。

刘备从此非常恨刘巴。赤壁之战后，曹操派刘巴到江南去坚守城池，抗拒刘备。刘巴坦率地对曹操说："刘备的目的是荆州，江南是守不住的。"曹操固执地说："如果刘备攻打江南，我派大军做你的后盾。"刘巴明知江南守不住，但他还是听从了曹操的命令，到了零陵去策反。刘巴如此效命曹操，更加引起刘备的忿恨。

刘巴到了江南，正如他所料，刘备、诸葛亮已站稳了脚跟，他前进不得，后退不能。当诸葛亮劝他投降时，刘巴就写信给诸葛亮，表示自己绝不投降。他在信上说："我冒尽艰险，来到自己的乡土，我没有能力打动这些民众。但是我绝不改变初衷，即使把性命交给大海，也不回头看一下荆州。"诸葛亮回信挽留，劝说刘巴："刘备英才盖世，人人都归附他，天命可知，你为什么还犹豫呢？"刘巴回答说："我奉曹公之命南下，没有完成使命已是失职，至少应当回去销差。你们不借道，我也不要求，你们别劝我投降。"就这样，刘巴想回回不成，就改姓为张，投奔了刘璋。刘璋非常高兴，只要有什么大事，都向他请教。

公元211年，刘璋听信张松、法正等人的话，引荆州的刘备到四川，讨伐张鲁。刘巴劝阻刘璋，他说："刘备是人杰，不可久为人下，他入蜀，一定会成为国家的大害，不能让他进入四川。"昏庸的刘璋不听。刘备到四川后，刘璋替他补充兵源，接济粮饷，刘巴再次劝说："迎刘备入四川已错了一步，再让他讨张鲁，等于是放虎归山。"等到刘备兵临城下，刘璋追悔莫及，只好出城投降。这时，只有刘巴、黄权两个人闭门不出。刘备的将士愤怒不已，要去杀这两个人。刘备连忙下令："敢杀刘巴者，我诛他三族。"刘巴这才向刘备赔礼，表示归附，刘备对他立即加以重用，任为左将军。

刘 巴

刘备围攻成都，为了鼓励士气，曾许下诺言，打破城池，一切府库财物都分给士兵。等成都打破以后，士兵大抢财物，刘璋的储积，一扫而空。平定以后，军用不足，刘备十分忧虑。刘巴说："这事好办，赶快铸造一些大钱，一枚面值一百文。再把货物定出价格，开放市场，那些被士兵抢去的财物都会从市场上收回来。"刘备照办了，数月之间，府库又充实了。连诸葛亮都称赞说："出谋划策，我是比不上刘子初的。"

张飞喜欢和士大夫交朋友，他十分敬仰刘巴的名声，就去刘巴家里做客，刘巴不理睬他，一句话都不说，张飞很生气。诸葛亮知道后，劝说刘巴："张飞虽然是一个武人，可他很敬慕你；再说，当今正是用人之际，文的武的都是主公需要的人才，你就不能放一放架子吗？"刘巴回答说："堂堂大丈夫，当结交四海英雄，

岂能和一个大兵说话!”刘备听到后,气愤地说:“我想定天下,才容纳各种人才,刘子初竟来捣乱,他本来就心在曹营,岂是帮我打天下的。”言语之间,露出了杀机。话一出口,又觉不妥,就解嘲说:“刘子初才智过人,当然只有我刘备才能驾驭他,难怪他不服张飞。”

刘备准备当皇帝时,刘巴和益州雍茂劝说刘备:“曹丕称帝,中原的人未必服他,他们正要来蜀中投靠大王,兴复汉室,如果你也称帝,他们会失望的。”刘备听了这话,大倒胃口。他碍于刘巴的名气,就宽容了他。而雍茂就没有那幸运了,刘备找了个借口把他杀了。从此以后,就没有人来投效刘备了。

后来,刘备再也没有重用过刘巴,只让他起草一些文诰、策命之类的东西。

精简点评

刘巴见识不凡,实为一个栋梁之材,但是由于自己恃才傲物,加上不被君主赏识,所以很容易被埋没。

诸葛亮七擒孟获

原文

汉诸葛亮率众讨雍,参军马谡送之数十里。亮曰:“虽共谋之历年,今可更惠良规。”谡曰:“南中恃其险远,不服久矣;虽今日破之,明日复反耳。今公方倾国北伐以事强贼,彼知官势内虚,其叛亦速。若殄尽遗类以除后患,既非仁者之情,且又不可仓卒也。夫用兵之道,攻心为上,攻城为下,心战为上,兵战为下,愿公服其而已。”亮纳①其言。谡,良之弟也。

注释

①纳:采纳。

译文

蜀国丞相诸葛亮率兵讨伐雍,蜀汉参军马谡亲自送行到数十里之外。诸葛亮说:"虽然南征之事我们一起谋划了多年,但是今天请你提出更多的好建议。"马谡说:"南中依恃地形险要和路途遥远,人心浮动,叛乱不服已经很久了。即使我们今天将其击溃,明天他们还会反叛。目前您正准备集中全国的力量北伐,以对付强贼,叛匪知道国家内部空虚,就会加速反叛。如果将他们全部杀光以除后患,那种做法既不是仁厚者所能做出来的,而且也不可能在短期内办到。用兵作战的原则,以攻心为上,攻城为下;以心理战为上,以短兵相接为下,望您能使其真心归服。"诸葛亮采纳了他的建议。马谡,是蜀汉主要谋臣马良的弟弟。

历史详解

瞿塘峡是三峡中最险峻的峡谷。两边的峭壁相距只有几十米,崖壁像刀削过的一样,直插云霄。浩浩荡荡的长江咆哮着奔腾入谷,一排排的巨浪撞击着江中的礁石,粉碎成无数水沫,散落空中。白帝城坐落于瞿塘峡的谷口,蜀汉皇帝刘备的临时行宫就设在这里。此刻的刘备失魂落魄地望着脚下的江水。他的几十万军队就如同浪花一样被撞得粉碎。想到自己打了一辈子的仗,如今竟然败在一个刚出道的年轻人手下,真是又惭愧又愤怒,刘备病倒了。他整日在行宫里唉声叹气,一会儿想到自己的失败,一会儿又想起了关羽张飞,想起春天的桃园,三人结拜为兄弟,一晃已经过去了几十年,自己再也见不到他们了。公元223年4月,刘备知道自己的日子不多了,就派人到成都召来了诸葛亮。刘备让诸葛亮坐在他的床旁,抚摸着他的脊背,感慨地说:"我真后悔不听从你的劝告,落到了今天这个下场。你的才华胜过曹丕十倍,你一定能完成恢复汉朝江山的事业。我的儿子刘禅没有什么本事,他如果不成器,你就自己做蜀汉的皇帝。"诸葛亮慌忙跪倒在地,磕头出血,恳切地说:"您放心,我一定竭尽全力辅佐太子,直到我生命结束的那一天。"刘备终于安心地闭上了眼睛,死的时候63岁。

诸葛亮

刘备的儿子刘禅继承了皇位，历史上称他为后主。诸葛亮不忘刘备的嘱托，一心一意地辅佐刘禅。这时候，云南的部落首领孟获见到蜀汉刚刚换了皇帝，打了败仗，元气大伤，就乘机起来造反。他率领十多万军队向蜀汉大举进攻。形势紧迫，诸葛亮只好亲自出征讨伐孟获。他手下的参谋马谡年轻有为，向诸葛亮提出建议："孟获的部落出于偏远地区，即使我们暂时打败了他们，等我们一撤军，他们还会重新造反。所以我看关键要征服他们的心，团结他们，使他们成为我们永远的朋友。"诸葛亮非常赞成马谡的看法。

五月的云南已经很炎热了，茂密的树林中潜伏着无数毒蛇猛兽，加上成群的蚊子吸食人血，环境十分恶劣。诸葛亮在泸水（金沙江）边与孟获的军队相遇。只见孟获披着犀牛皮做的盔甲，骑着一头白色的大象，手提大刀，威风凛凛，双方一交战，诸葛亮佯装失败，率军慌忙后撤，孟获见大名鼎鼎的诸葛亮竟然败在自己手里，一时间高兴得昏了头，催促军队奋勇向前。不料中了诸葛亮的埋伏，一头栽下大象，当了诸葛亮的俘虏。孟获被五花大绑地压到诸葛亮面前。诸葛亮连忙命人为他松绑，问他是否愿意投降。孟获很不服气，觉得自己全是出于不小心，才偶然失败。诸葛亮于是放了他，让他回去好好准备再来交战。

结果，没过多少日子，诸葛亮略施小计，又抓住了孟获。诸葛亮问他："这次你服不服？"孟获还是不以为然，他觉得诸葛亮靠的是施展诡计胜了他，要是真刀真枪地干，他绝不会输。诸葛亮见他不服，就第二次放了他。

这回孟获学乖了。他在泸水南岸筑起坚固的营寨，躲在里面，就是不出战。他想，蜀军远道而来，只要拖下去，等他们粮食吃光了，自然会不战而退的。泸水又宽又急，诸葛亮派人到上游水浅的地方渡河，没有想到士兵一下水就纷纷晕倒在水中。诸葛亮急忙找来当地人询问，才知道，原来这里天气热，水中有毒气，必须在晚上凉爽的时候渡河才可以。诸葛亮于是命令军队白天休息，等到夜里刮起了凉风,士兵们趟着河水登上对岸。

孟获以为诸葛亮不知道泸水的秘密,还在营寨里蒙头大睡呢。此时诸葛亮的军队已悄悄地摸到了孟获的营寨外,一声呐喊,蜀军冲入孟获的军营,孟获还没来得及穿上衣服,就又当了俘虏。诸葛亮问他:“你已经第三次被我所抓获,你还不服气吗?”孟获狡辩着:“你趁我睡觉的时候,偷袭我的营寨,也算不得什么英雄好汉。”诸葛亮见他仍然不服,又放了他。

再放孟获

这回孟获率领着他的手下人逃到了一个大山洞里。通往这个山洞的道路非常难走,而且一路上干旱缺水,只有一口泉水叫做“哑泉”,谁不小心喝了,就立刻变成哑巴。诸葛亮打听到了孟获躲藏的地方,就率领军队追击而来。道路崎岖,旁边是深不见底的山涧,走了很远的路,竟然找不到可以喝的水。士兵们渴得嘴唇都裂了。忽然,前面出现了一口泉水,大家一拥而上,咕嘟咕嘟地喝了起来。没有想到,刚喝完水的人都张口结舌不会说话了。大家马上把这个消息报告给诸葛亮。诸葛亮知道一定是水中有毒。他找到了当地人仔细询问,得知附近住着一位老人,整日在山中采药,善于治病解毒。诸葛亮听说后,立刻亲身去拜访老人,并说自己到云南绝对不是来欺压百姓的,自己真心要和当地人做朋友。老人为诸葛亮的至诚所感动,交给诸葛亮自己配置的草药。中毒的士兵们吃了草药都恢复了健康。把草药掺入泉水,泉水就失去了毒性。解除了干渴,士兵斗志高昂,很快就到了孟获藏身的洞口。孟获本以为哑泉至少要让诸葛亮的军队损失大半,剩下的渴也渴死在路上。等到他被押到诸葛亮面前,没想到自己又成了诸葛亮的俘虏。

这是孟获第四次被诸葛亮放走了,他吸取了前几次的教训,对付用兵如神的诸葛亮决不能采用一般的办法,他命令手下人到深山里抓来很多毒蛇猛兽,偷偷地在营寨里训练它们,他相信这是他战胜诸葛亮的秘密法宝。过了些日子,孟获带着人向诸葛亮叫阵,两边的军队列好阵势,只见孟获一摆手中的令旗,从他的身后突然冲出很多野兽,有舞动长鼻子的大象,有张着血盆大口的豹子、恶狼,还有很多吐着信子的大蟒蛇,蜀军哪见过这个阵势,一下子慌了,纷纷调头逃跑,这一仗孟获大获全胜。

孟获心里别提有多高兴,他盘算着下一次一定要活捉诸葛亮,以雪自己几番被擒的耻辱。诸葛亮回到营寨,手下的将领都垂头丧气的,大家只知道和人作战,却不知怎样对付这些毒蛇猛兽,还是诸葛亮足智多谋,他提醒大家:"你们小时候一定玩过舞龙灯的游戏吧?"大家莫名其妙,不知道诸葛亮是什么意思,于是诸葛亮命令手下的士兵穿着兽皮,脸上涂着油彩装扮成狰狞可怖的怪兽的样子,而且每人手里都拿着一只长长的火炬。

第二天孟获带着他的毒蛇猛兽排好了阵势,诸葛亮的军队刚刚出营,那些饥饿的毒蛇猛兽就扑了上来,只见诸葛亮不慌不忙,也是把令旗一摆,身后冲出无数张牙舞爪的怪兽,手里高举着熊熊燃烧的火炬,他们大喊大叫着冲向孟获的军队,毒蛇猛兽都最害怕火,一见无数吐着火的怪兽向着自己扑来,转身就逃,这下孟获的军队可就遭了殃,被大象踩死的,被毒蛇咬伤的不计其数。蜀军乘机冲了上去,又一次俘虏了孟获。

就这样,诸葛亮一次次地抓住孟获,又一次次地放了他。到了第七次的时候,诸葛亮刚说要放他,孟获实在感到太惭愧了,他跪倒在地,哽咽着说:"从古至今,没有谁对待敌人像您这样仁慈的,我从心里服气了,我保证永远不反了,我们整个部落都感激您的宽容。"

精简点评

诸葛亮不是用刀枪,而是用仁慈宽容征服了孟获的心。从此蜀汉的后方安宁稳固,使得诸葛亮能专心对付北方的曹魏政权。

马谡失街亭

原文

初，越嶲太守马谡，才器过人，好论军计，诸葛亮深加器异。汉昭烈临终，谓亮曰："马谡言过其实，不可大用，君其察之！"亮犹谓不然①，以谡为参军，每引见谈论，自昼达夜。及出军祁山，亮不用旧将魏延、吴懿等为先锋，而以谡督诸军在前，与张郃战于街亭。

谡违亮节度，举措烦扰，舍水上山，不下据城。张郃绝其汲道，击，大破之，士卒离散。亮进无所据，乃拔西县千余家还汉中。收②谡下狱，杀之。

注释

①不然：不以为然，不是这个样子。

②收：收押。

译文

起初，越嶲太守马谡，才气和抱负超过常人，喜好议论军事谋略，诸葛亮对他深为器重；昭烈帝刘备临终之时对诸葛亮说："马谡言语浮夸，超过实际才能，不可委任大事，您要对他多加考察。"诸葛亮还认为不是这样，让马谡做参军，时常接见一起谈论，从白天直到黑夜。等到出兵祁山，诸葛亮不用旧将魏延、吴懿等为先锋，而是让马谡统领各军在前，同张郃在街亭交战。

马谡违背诸葛亮的指挥调度，军事行动混乱无章，放弃水源上山驻扎，不在山下据守城邑。张郃断绝马谡取水的道路，发动进攻并大败马谡，蜀军溃散。诸葛亮前进没有据点，就攻取西县一千多人家回到汉中。把马谡关进监狱，杀了他。

历史详解

诸葛亮平定南中之后，又经过两年准备，公元227年冬天，就带领大军驻守汉中。因为汉中接近魏、蜀的边界，在那里可以随时找机会进攻魏国。

孔明出祁山

离开成都的时候，他给后主刘禅上了一道奏章，要后主不要满足于现状，妄自菲薄；要亲近贤臣，疏远小人；并且表示他决心担负起兴复汉朝的责任。这道奏章就是历史上有名的《出师表》。

过了年，诸葛亮采用声东击西的办法，传出消息，要攻打郡城（今陕西眉县），并且派大将赵云带领一支人马，进驻箕谷（今陕西褒城北），装出要攻打郡城的样子。魏军得到情报，果然把主要兵力调去守郡城。诸葛亮趁魏军不防备，亲自率领大军，突然从西路扑向祁山（今甘肃礼县东）。

蜀军经过诸葛亮几年严格训练，阵容整齐，号令严明，士气十分旺盛。自从刘备死后，蜀汉多年没有动静，魏国毫无防备，这次蜀军突然袭击祁山，守在祁山的魏军抵挡不了，纷纷败退。蜀军乘胜进军，祁山北面天水、南安、安定三个郡的守将都背叛魏国，派人向诸葛亮求降。

那时候，魏文帝曹丕已经病死。魏国朝廷文武官员听到蜀汉大举进攻，都惊慌失措。刚刚即位的魏明帝曹睿比较镇静，立刻派张郃带领五万人马赶到祁山去抵抗，还亲自到长安去督战。

马 谡

诸葛亮到了祁山，决定派出一支人马去占领街亭（今甘肃庄浪东南）作为据点。让谁来带领这支人马呢？当时他身边还有几个身经百战的老将。可是他都没有用，单单看中参军马谡。

马谡这个人确是读了不少兵书，平时很喜欢谈论军事。诸葛亮找他商量起打仗的事来，他就谈个没完，也出过一些好主意。因此诸葛亮很信任他。但是刘备在世的时候，却看出马谡不大踏实。他在生前特地叮嘱诸葛亮，说："马谡这个人言过其实，不能派他干大事，还得好好考察一下。"但是诸葛亮没有把这番话放在心上。这一回，他派马谡当先锋，王平做副将。

马谡和王平带领人马到了街亭，张郃的魏军也正从东面开过来。马谡看了地形，对王平说："这一带地形险要，街亭旁边有座山，正好在山上扎营，布置埋伏。"

王平提醒他说："丞相临走的时候嘱咐过，要坚守城池，稳扎营垒。在山上扎营太冒险。"

马谡没有打仗的经验，自以为熟读兵书，根本不听王平的劝告，坚持要在山上扎营。王平一再劝马谡没有用，只好央求马谡拨给他 1000 人马，让他在山下临近的地方驻扎。

张郃率领魏军赶到街亭，看到马谡放弃现成的城池不守，却把人马驻扎在山上，暗暗高兴，马上吩咐手下将士，在山下筑好营垒，把马谡扎营的那座山围困起来。

马谡几次命令兵士冲下山去，但是由于张郃坚守住营垒，蜀军没法攻破，反而被魏军乱箭射死了不少人。

魏军切断了山上的水源。蜀军在山上断了水，连饭都做不成，时间一长，自己先乱了起来。张郃看准时机，发起总攻。蜀军兵士纷纷逃散，马谡要禁也禁不了，最后，只好自己杀出重围，往西逃跑。

王平带领 1000 人马，稳守营盘。他得知马谡失败，就叫兵士拼命打鼓，装

出进攻的样子。张郃怀疑蜀军有埋伏，不敢逼近他们。王平整理好队伍，不慌不忙地向后撤退，不但 1000 人马一个也没损失，还收容了不少马谡手下的散兵。

街亭失守，蜀军失去了重要的据点，又丧失了不少人马。诸葛亮为了避免遭受更大损失，决定把人马全部撤退到汉中。

诸葛亮回到汉中，经过详细查问，知道街亭失守完全是由于马谡违反了他的作战部署。马谡也承认了他的过错。诸葛亮按照军法，把马谡下了监狱，定了死罪。

马谡自己知道免不了一死，在监狱里给诸葛亮写了封信，说：“丞相平日待我像待自己的儿子一样，我也把丞相当作自己父亲。这次我犯了死罪，希望我死以后，丞相能够像舜杀了鲧还用禹一样，对待我的儿子，我死了也没牵挂了。”

诸葛亮杀了马谡，想起他和马谡平时的情谊，心里十分难过，流下了眼泪。以后，他真的把马谡的儿子照顾得很好。

诸葛亮认为王平在街亭曾经劝阻过马谡，在退兵的时候，又用计保全了人马，立了功，应该受奖励，就把王平提拔为参军，让他统率五部兵马。

诸葛亮对将士们说："这次出兵失败，固然是因为马谡违反军令。可是我用人不当，也应该负责。"他就上了一份奏章给刘禅，请求把他的官职降低三级。

刘禅接到奏章，不知该怎么办才好。有个大臣说："既然丞相有这个意见，就依着他吧。"刘禅就下诏把诸葛亮降级为右将军，仍旧办丞相的事。

由于诸葛亮赏罚分明，以身作则，蜀军将士都很感动。大家把这次失败当作教训，士气更加旺盛。这年冬天，诸葛亮又带兵杀出散关（今陕西宝鸡西南），包围了陈仓（今宝鸡东），杀了一个魏将；第二年春天，又出兵收复武都（今甘肃成县）、阴平（今甘肃文易西北）两个郡。后主刘禅认为诸葛亮立了功，下了一道诏书，恢复诸葛亮的丞相职位。

精简点评

马谡骄傲大意，失守街亭，对诸葛亮的全局部署造成致命打击，但这也是诸葛亮用人失策的直接原因，所以他要自贬职位，为自己的失策赎罪。

诸葛亮出师未捷

原文

是月,亮卒于军中。长史杨仪整军而出。百姓奔告司马懿,懿追之。姜维令仪反旗鸣鼓,若将向懿者,懿敛军退,不敢逼。于是仪结阵而去,入谷然后发丧。百姓为之谚曰:“死诸葛走生仲达。”懿闻之,笑曰:“吾能料生,不能料死故也。”懿案[1]行亮之营垒处所,叹曰:“天下奇才也!”追至赤岸,不及而还。

注释

①案行:巡视。

译文

这个月,诸葛亮在军中去世,长史杨仪整顿军队而退。百姓跑着去报告司马懿,司马懿追赶汉军。姜维命令杨仪调转战旗方向,擂响战鼓,像是即将对司马懿进攻。司马懿收军后退,不敢向前逼近。于是杨仪结阵离去,进入斜谷之后才发丧。百姓为此事编了一句谚语说:“死诸葛亮吓走活仲达。”司马懿听到后笑着说:“这是我能够意料诸葛亮活着,不能料想诸葛亮已死的缘故。”司马懿到诸葛亮驻军营垒处所察看,感叹说:“真是天下的奇才啊!”追到赤岸,没有追上蜀军而还。

历史详解

诸葛亮平定南中地区，稳固后方，他依法治国，励精图治，努力积蓄力量，准备实现刘备恢复汉室山河的宏愿。从公元228年开始，他四出祁山，但每次都无功而返。到了公元231年，诸葛亮第五次出祁山，围困曹魏将军贾嗣、魏平等人的部队，攻打天水。魏明帝曹睿听说后，就派大将军司马懿率领车骑将军张郃、后将军费曜、征蜀护军戴陵、雍州刺史郭淮等人讨伐诸葛亮。

张郃劝司马懿分出一部分军队驻扎在雍县、郿县，作为后军。司马懿说："要是前军能独自抵挡敌人，将军的话是对的。要是抵挡不了，军队却又分为前后两部分，这就是当年西楚的三军之所以被黥布擒获的原因。"他没有采纳张郃的意见。

司马懿

诸葛亮听说魏军将到，就亲自指挥汉军收割上邦的麦子。各将领都很害怕，司马懿说："诸葛亮顾虑多，决断少，他必定安营自固，然后才动手割麦。我们能争取到两天的时间，只要行动快点，足够了。"于是，魏军昼夜兼程，轻装前进。诸葛亮闻讯，连忙退兵。司马懿高兴地说："我们日夜兼程，十分疲劳，精通兵法的人是不会放过这样的军队的。诸葛亮却不敢占据渭河，这就好对付了。"

他率军进驻汉阳，与诸葛亮对峙。接着，司马懿派出部将引诱汉军。双方刚交战，诸葛亮又指挥军队退却。魏军追击到祁山，诸葛亮就屯兵卤城，占据南北二山，并切断水路，设立重围。司马懿随后命令军队向汉军发起攻击，诸葛亮见状连忙逃跑。魏军则紧追不舍，一时间俘获斩杀了数以万计的汉军。

见到汉军溃败，魏军上下一片欢庆。这时军师杜袭、督军薛悌说来年麦熟季节，诸葛亮还会入侵，陇右缺粮，应当在冬天预先运粮过去。司马懿笑着说："诸葛亮兵出祁山，屡遭挫折，即使以后还出兵，肯定不再攻城，而是寻求野战的机会。这样,他肯定把目标放在陇东,而不在陇西。诸葛亮每次出兵都恨粮少,回去必然积蓄粮草。我估计,庄稼没有三熟,他不会动兵。"

果然,到了第三年,诸葛亮又率领十几万大军穿过斜谷,在郡县的渭河南安营扎寨。曹睿连忙派征蜀护军秦郎率步兵、骑兵两万,增援司马懿。等众将领兵会师后,司马懿对将领们说:"诸葛亮要是胆大的话,必定会抢占武功,顺着山势向东进军,这样长安就要受到很大的军事压力。要是他西上五丈原的话,那么各军就安然无恙了。"

诸葛亮接受以前北伐粮草不济的教训,果然西进五丈原,由士兵开垦荒地,解决军粮问题。接着,他想北渡渭河。司马懿知道诸葛亮的意图后,就派兵增援阳遂,加强那里的防御力量。援军与诸葛亮在积石相遇,他们逼近五丈原,与汉军交战。诸葛亮无法前进,只好退守五丈原。

曹睿认为诸葛亮远道而来,必定想速战速决,就命令司马懿坚守阵地,静待其变。诸葛亮多次挑战,司马懿就是不理睬。诸葛亮派人送来妇女的服饰,羞辱司马懿。司马懿大怒,上书朝廷,请求出战。曹睿不同意,并派使节来制止魏军出兵。

不久,诸葛亮派使者来。司马懿有意不提军事,反而问起诸葛亮的起居情况。他说:"诸葛公起居如何?"

使者说:"丞相每天都起早贪黑地忙碌。"

司马懿问:"诸葛亮一天吃多少米?"

使者回答说:"丞相饭量不大,一天只吃三四升。"

司马懿又问:"他什么事都亲自过问?"

使者回答说:"凡二十杖以上的责罚都要丞相亲自审批。"

使者走后,司马懿对别人叹息道:"诸葛孔明这样食少事杂,怎能久在人世?"

后主刘禅得到诸葛亮生病的消息,赶快派大臣李福到五丈原来慰问。李福

跟诸葛亮谈了一些军国大事,就走了。

过了几天,李福返了回来。他看到诸葛亮病势转重,哭了起来。诸葛亮睁开眼睛,对李福说:“我懂得您回来想问些什么。您所要问的人,我看就是蒋琬吧。”

李福说:“丞相说的是。皇上正要我问丞相,万一身子不好,由谁来继任您的工作。那么请问蒋琬之后,谁可以继任呢?”

诸葛亮说:“可以由费祎接替。”

李福还想再问下去,诸葛亮闭上眼睛不回答了。公元234年8月,这个年纪才54岁的蜀汉丞相终因劳累成疾,病死在军营里。

按照诸葛亮生前的嘱咐,蜀军将领没有把他去世的消息透露出去。他们把尸体裹着放在车里,布置各路人马有秩序地撤退。

司马懿得告消息,立即出兵追击。蜀将姜维见形势危急,按着诸葛亮生前的吩咐让杨仪掉转旗帜,鸣响战鼓,摆出要进攻魏军的样子。司马懿见状,怕诸葛亮诈死,也不进逼。

过了一天,魏军来到汉军原先的营垒查看虚实,得到大批的地图、书籍和粮草。司马懿这才意识到诸葛亮已经死了,他赞叹地说:“真是天下奇才!”有部将认为诸葛亮不一定死了。司马懿则说:“军事家所看重的军书密计、兵马粮草都抛弃了,就像人扔掉五脏一样,还能活吗?应当马上追击!”

这时汉军离开五丈原已久,虽然魏军急驰追赶,还是没有追上汉军。后来,当地百姓为此编了一个谚语:“死诸葛吓走活仲达。”司马懿听到后也不生气,只是笑着说:“我能算计他活着时候的事,却无法算计他死后的事。”

精简点评

司马懿是诸葛亮在北方的唯一对手,但是司马懿活的时间却比诸葛亮要长,或许天不假寿,所以就有了“出师未捷身先死,长使英雄泪满襟”的悲壮故事。

蒋琬治国有方

原文

刘备以零陵蒋琬为广都长。备尝因游观，奄至广都，见琬众事不治，时又沉醉①。备大怒，将加罪戮。诸葛亮请曰："蒋琬社稷之器，非百里之才也。其为政以安民为本，不以修饰为先，愿主公重加察之。"备雅敬亮，乃不加罪，仓猝但免官而已。

注释

①沈醉：酩酊大醉。

译文

刘备占据四川后，任命蒋琬为广都县令。县令这芝麻官，蒋琬感到非常屈才，自己的聪明才智没有用武之地。于是他天天喝酒，从来不理政事。

有一次，刘备出巡到了广都，蒋琬正喝得烂醉如泥，无法前往迎接。刘备到了县衙一看，许多人跪在门前，等候大老爷升堂。见了这种情景，刘备火冒三丈，下令把蒋琬立即处死。诸葛亮听到了这个消息以后非常着急，立即快马赶来，面见刘备，为蒋琬求情。他说："蒋琬是国家的栋梁之材，并不是那种只能做管理方圆百里的县令的人才。再说，他也没有犯什么大的过错，主公还是放了他吧。"于是，刘备赦免了蒋琬。

历史详解

蒋琬是诸葛亮的后继者，在蜀汉政权的中后期，起着相当重要的作用。

蒋 琬

刘备占据四川后，任命蒋琬为广都县令。县令这芝麻官，蒋琬感到非常屈才，自己的聪明才智没有用武之地。于是他天天喝酒，从来不理政事。

有一次，刘备出巡到了广都，蒋琬正喝得烂醉如泥，无法前往迎接。刘备到了县衙一看，许多人跪在门前，等候大老爷升堂。见了这种情景，刘备火冒三丈，下令把蒋琬立即处死。诸葛亮听到了这个消息以后非常着急，立即快马赶来，面见刘备，为蒋琬求情。他说："蒋琬是国家的栋梁之材，并不是那种只能做管理方圆百里的县令的人才。再说，他也没有犯什么大的过错，主公还是放了他吧。"于是，刘备赦免了蒋琬。

没过多久，蒋琬被调任到什邡（fāng）做县令，他一改以前的作风，尽心理政，受到当地老百姓的称赞。

这段时期，蒋琬做了一个梦，看见一头牛在他门前，身上血流如注。他找占梦先生赵直圆梦，赵直告诉他，这是个大吉大利的梦，说他将来要当三公丞相的。

刘备当了汉中王以后，真的把蒋琬调任京师成都，让他做了尚书郎。后来刘禅继承了皇位，诸葛亮辅佐他。诸葛亮知道刘禅庸碌无能，一切大小事情都得自己亲自处理。他起用蒋琬为自己的副手，先后任丞相府参军、长史等官职。

诸葛亮在临死之前，上书给刘禅："我如果死了，国家大事适合托付于蒋琬。"刘禅遵照诸葛亮的嘱托，任蒋琬为尚书令、大将军，封安阳亭侯。

诸葛亮在伐魏前线病死后，外有强敌压境，内有杨仪、魏延不和，朝野笼罩着一种惶恐不安的气氛。蒋琬刚居高位，一举一动都会给国事带来影响。面对这种复杂的局面，蒋琬胸有成竹，镇定自如。他既不因丞相之死而悲悲切切，不知所措；也不因为掌握了大权而喜于形色，轻举妄动。他沉着冷静，有条不紊地处理国家大事，和平日没有什么两样。属下看到蒋琬这样临危不乱，稳重谨慎，无不叹服。刘禅也更加尊重他，升蒋琬为大司马，总揽国家大权。

对于蒋琬的提升和显赫的地位，不是所有的人都心服口服。担任东曹掾的杨戏，向来沉默寡言，性格高傲内向。蒋琬每次找他商议公事，他不是躲在家里不见，就是置之不理，一副清高孤傲的样子，弄得蒋琬十分难堪。

见此情景，就有人向蒋琬进言说："您每次和杨戏议事，他都不理不睬，这样傲慢无礼，分明是看不起大人，您就教训他一下吧。"蒋琬听了，并不生气，而是心平气和地解释说："人的心各有不同，就好像人的面孔各有不同一样，如果一个人口是心非，当面一套，背后一套，这种卑劣行为，连古人都看不起。我了解杨戏，他不是那种口是心非的人，所以我们在一起议事时，他不愿违心地同意，如果公开表示反对，又显得我的意见不对，影响我的威信，所以他只好沉默不语，这样做正是他认为最恰当的办法。"蒋琬这一番体谅他人的谈话，后来传入杨戏耳中，杨戏非常感动，与蒋琬的关系缓和了许多。

督农官杨敏是个自高自大的人，他只服诸葛亮一个人。蒋琬当了大司马后，他经常在别人面前说："蒋琬处理问题平庸，工作没有一点起色，远不如诸葛丞相。"有人把这些话传给了蒋琬。蒋琬听后非常坦然地说："我的才干的确比不上诸葛丞相，别人这么说又有什么关系呢。"

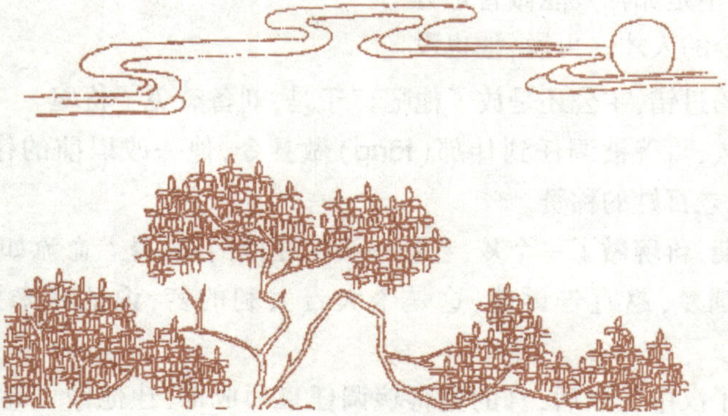

蒋琬认为，诸葛亮的北伐路线多经过山区，道路崎岖，军粮难以接应。他制定了从水路东下，用船只运粮的计划。

姜维北伐时，蒋琬就派杨敏从水路运粮。谁知道杨敏根本不把蒋琬的命令当一回事，玩忽职守；而姜维也因为军粮缺乏，差一点全军覆没。蒋琬非常生气，把杨敏革职，关在狱中，后主刘禅知道这件事后，下旨处死杨敏，株连三族，许多人都认为杨敏必死无疑。

正在处理公务的蒋琬听说了这件事,急忙进宫,他对后主刘禅说:“杨敏犯了军法,应当治罪。但他当督农时,工作很出色,现在正是用人之际,不应杀他,再说,杨敏犯法,他的家人并没罪过,我们不能因为一个人有过失就株连全家啊,请圣上三思。”刘禅想了想,就赦免了杨敏的家人,对杨敏也从轻发落,只把他流放到南疆。

蒋琬又张罗了几次北伐,但都因为蜀国力量太弱小,没有结果。惨淡经营十几年后,于公元243年病逝成都,蒋琬死后,由费祎任大将军录尚书事,接替他的职务。

精简点评

蒋琬严于律己,宽以待人,受到蜀国上下的尊重。人们也因他才智超群,治国有方,与诸葛亮、费祎、董允合称为“四相”,又被誉为“四英”。

司马懿平辽东

原文

六月,司马懿军至辽东,公孙渊[①]使大将军卑衍、杨祚将步骑数万屯辽隧,围堑[②]二十余里。诸将欲击之,懿曰:“贼所以坚壁,欲老吾兵也,今攻之,正堕其计。且贼大众在此,其巢窟空虚。直指襄平,破之必矣。”乃多张旗帜,欲出其南,衍等尽锐趣之。懿潜济水,出其北,直趣襄平;衍等恐,引兵夜走。诸军进至首山,渊复使衍等逆战,懿击,大破之,遂进围襄平。

注释

①公孙渊：公孙渊，字文懿，辽东襄平人。辽东太守公孙度之孙，公孙康之子。后反叛，自称燕王。被司马懿平定。

②堑：防御用的壕沟，护城河。

译文

六月，司马懿大军到达辽东，公孙渊命大将军卑衍、杨祚统率步、骑兵数万人驻扎在辽隧，围城挖掘了长达二十余里的壕沟。魏军将领们想要攻城，司马懿说："敌人之所以坚守壁垒不肯决战，是打算拖死我军，现在攻打他们，正中其计。而且敌人主力在此，他们的老巢必定空虚，我军直指襄平，必能攻破。"于是，打出许多战旗，佯作要向南方出动，卑衍等率全部精锐部队随之向南。司马懿率军暗中渡过辽河，向北挺进，直扑襄平。卑衍等人大为惊恐，率军连夜撤回。魏各路大军进抵首山，公孙渊再命卑衍等迎战。司马懿迎击，大败卑衍，遂进军包围襄平。

历史详解

辽东太守公孙渊向魏国投降后，但他仍然独霸一方，根本不把魏明帝曹睿放在眼里。后来，公孙渊勾结北方的鲜卑贵族，反叛魏国。曹睿见势，就急忙从长安调回司马懿，让他率领大军去讨伐辽东的叛乱。

司马懿回京后，曹睿问他："您认为公孙渊会用什么计策迎战？"

司马懿回答说："对公孙渊来说，弃城而逃是上策，拒守辽东是中策，死守襄平是下策。"

曹睿又问："您看他会采用哪一种策略？"

司马懿自信地说："公孙渊认为我军孤军远征，不能持久。所以，他一定先在辽河抵抗，然后退守襄平。"

曹睿接着问："您往返需要多久？"

司马懿回答说："去百日，回百日，攻百日，中间休息共六十日，一年足够了。"

公元238年，司马懿率领大军北上。公孙渊听到消息，吓得魂不附体，他马上派使者再次向东吴称臣求救。可孙权只是派兵前往辽东边界观望。

不久,司马懿大军抵达辽东,公孙渊派步兵和骑兵几万人驻守辽隧,企图阻止魏军。

司马懿洞察了公孙渊的意图后,就指挥军队从南面佯攻,吸引公孙渊的精锐部队,然后他暗中渡过辽河,沉舟船,烧桥梁,依傍辽河修筑长围,继而又向北挺进,直扑襄平。公孙渊发现魏军北上,顿时慌了手脚,马上出兵截击,结果被司马懿杀得大败。之后,魏军包围了襄平。

当时正值初秋时节,大雨如注,辽河暴涨,魏军的运粮船队可以从辽口直抵城下。然而,大雨接连下了一个多月还不停,平地水深数尺。魏军将士十分害怕,想把营垒移到高地去。司马懿传令军中:“有敢说迁营者,斩!”

城里的敌人见魏军被水围住,便和从前一样,放人出城砍柴放牧。魏军将领要求抓出城的人,司马懿不准。这样,出城砍柴、放牧的人越来越多。司马懿的部将陈硅不知司马懿葫芦里装的什么药,就问司马懿:“先前攻打上庸,八支军队同时出发,日夜兼程,只用了十六天就攻下新城,斩了孟达。这次我们远道而来,反而这么悠闲自在,我不明白是什么道理。”

司马懿微微一笑,说:“那一次,孟达兵马少,但粮草可以支撑一年。我们的兵马比孟达多四倍,但粮草连一个月也支持不了,不速战能行吗?如今是敌众我寡,敌饥我饱,何况天下大雨,强攻难以奏效。我们不怕攻不下城,就怕贼人逃走。我们的包围还没有最后完成,要是抢掠他们的牛马,袭击樵夫,不就逼着他们逃走吗?我们故意示弱,就是为了让他们安心地留下。他们越守,形势对他们越不利。”

过了些日子,大雨终于停下来。一时间晴空万里,天蓝如洗,阳光变得格外明媚。司马懿见时机已到,就立即下令合拢包围圈。接着他又让士兵在城下高堆土山,深挖地道,并用盾牌、楼车、钩梯、冲车日夜攻城,魏军士兵向城中射去的箭和投掷的砸石密集如雨。又过了些日子,公孙渊的粮草渐渐耗尽,陷入了困境。这时守城的士兵们耐不住饥饿,竟自相残杀,以人肉为食。

不久,公孙渊见走投无路,只好派相国王建、御史大夫柳甫出城,请求司马懿解围退兵。

可司马懿二话没说就杀死使臣,发布檄文痛斥公孙渊的罪行,严令他立即放下武器。

接着,公孙渊派侍中卫演去商定投降日期,并许诺把他的儿子送去做人质。

司马懿见到卫演后嘲讽道:“作战有五条原则,能战就战,不能战就守,不能守就跑,跑不了就投降,不投降就死。公孙渊不愿亲自请降,那就是决心去死,还送什么人质!"

几天后,襄平被司马懿攻破。公孙渊又领兵向东南方向逃去,可魏军在后面紧追不舍,一直追到梁水岸边,公孙渊才被杀死。

精简点评

司马懿平定辽东,一鼓作气,率领大军乘胜追击,一举消灭了公孙渊的残余势力。至此,辽东一带全部得到了平定。

刘禅乐不思蜀

原文

丁亥,封刘禅为安乐公,子孙及群臣封侯者五十余人。晋王与禅宴,为之作故蜀技,旁人皆为之感怆,而禅喜笑自若①。王谓贾充曰:"人之无情,乃至于是;虽使诸葛亮在,不能辅之久全,况姜维邪!"他日,王问禅曰:"颇思蜀否?"禅曰:"此间乐,不思蜀也。"郤正闻之,谓禅曰:"若王后问,宜泣而答曰:'先人坟墓,远在岷、蜀,乃心西悲,无日不思。'因闭其目。"会王复问,禅对如前,王曰:"何乃似郤正语邪!"禅惊视曰:"诚如尊命。"左右皆笑。

注释

①自若:自如,像平常一样。

译文

丁亥(二十七日),魏元帝封刘禅为安乐公,刘禅的子孙及群臣封侯者五十余人。晋王与刘禅一起宴饮,为他表演蜀国的歌舞,旁人都为之伤感不已,而刘禅却高高兴兴同平时一样。晋王对贾充说:“人之无情,竟然到这种程度;即使诸葛亮还在,也不能辅佐他长久平安,何况姜维呢!”过了几天,晋王问刘禅说:“你还思念蜀国吗?”刘禅说:“在这里很快乐,不思念蜀国。”郤正听到后,就对刘禅说:“如果晋王以后再问,你应当哭着回答说:‘祖先的坟墓,都远在岷、蜀,我心常常西望而悲,没一天不思念。’然后闭上眼睛。”后来晋王又问他,刘禅就像郤正说的那样回答,晋王说:“你说得怎么像郤正的话?”刘禅惊讶地睁开眼说:“确实像您所说的那样。”左右之人都哈哈大笑。

历史详解

刘 禅

诸葛亮死后,蜀汉后主荒废朝政,宠信宦官,国势渐渐衰弱下去,曹魏也趁机南下进攻蜀汉。到了公元 263 年冬天,曹魏大将邓艾直逼蜀汉都城成都。蜀人做梦也没有想到魏军那么快就打过来了,根本没做守城的准备。汉后主刘禅吓得六神无主,连忙召集群臣商量对策。有人认为蜀汉和东吴是友好邻邦,应该投奔东吴;也有人说南中七郡地势险要,易守难攻,建议撤到南中去。而大臣谯周却认为最安全的办法就是投降,他说:“陛下要向东吴称臣,将来曹魏吞并了东吴,还得向曹魏称臣。同样是称臣,丢一回脸总比丢两回脸强。至于逃到南中,兵临城下,还来得及吗?”

大臣们都觉得谯周的主意不错，可刘禅不甘心就这么丢了皇位，还想逃到南中去。谯周接着又上书说："南中是蛮夷的地方，他们当初是被诸葛丞相用武力逼迫才归顺的，战乱波及那里，他们非反叛不可。"刘禅见无计可施，无奈之下为了保命，只好派张绍等人手捧玉玺向邓艾投降。

刘禅的儿子——北地王刘谌非常有骨气，听说后很气愤，他对刘禅说："就算真是大祸临头，我们父子君臣也应该背水一战，共同为保卫社稷而死。不然，将来还有什么脸面去见先帝？"说完，他就跑到刘备的庙里大哭了一场。回到家里，刘谌先杀死妻子儿女，然后横剑自杀。

再说张绍等人捧着蜀汉的玉玺见到了邓艾，邓艾大喜，马上给刘禅写信，表示接纳投降。接着，邓艾率军来到成都北门外。刘禅命人打开城门，亲自带着太子、诸王以及文武大臣六十多人，反绑着自己的双手，拉着棺木向邓艾投降。邓艾代表魏元帝曹奂替刘禅松了绑，并派人焚烧了棺木，正式受降。从此，持续了42年的蜀汉王朝就此灭亡了。

蜀汉灭亡以后，当时已掌握魏国大权的司马昭对汉后主刘禅留在成都很不放心，于是他派人将刘禅全家接到洛阳。公元264年3月，为笼络人心，稳定对蜀地的统治，司马昭就以魏元帝的名义封刘禅为安乐公，还把他的子孙及蜀汉原有的五十多名大臣封了侯。一天，晋王司马昭大摆酒宴，款待刘禅和他的旧臣。席间，司马昭特地叫人为刘禅表演蜀汉歌舞，想试探试探他的反应。蜀汉的众多旧臣看了表演，想到往昔的情景，个个不免黯然伤神，只有刘禅没有丝毫感觉，高兴得又说又笑。司马昭看在眼里喜在心里，他对身边的贾充说："一个人要是无情无义到了这种地步，就算诸葛亮在世也无法辅佐他，何况姜维呢！"

又过了些日子，司马昭故意问刘禅说："你还想不想蜀地？"

刘禅回答道："此间乐，不思蜀。"

后来，原蜀汉秘书令郤正私下对刘禅说："如果晋王再问起这样的事，你要一边哭一边说：'祖先的坟墓都远在蜀地，我没法尽孝，常常望着西边暗自伤悲，没有一天不想念的。'然后闭上眼睛就行了。"刘禅点了点头。

过了不久，司马昭果然又问刘禅说："你还想念蜀地吗？"刘禅想起郤正的叮嘱，就按照他教的那样说了一遍，末了又紧闭双眼，装作要哭的样子。司马昭听

了一愣，问他："你说得怎么那么像郤正的话。"

刘禅惊讶地睁开眼，傻乎乎地盯着司马昭说："就是他教我的，晋王怎么知道？"

旁边的人听了都忍不住哈哈大笑。

精简点评

也有人认为刘禅这样说是为了自保，所以才装出一副白痴的样子，不管怎样，从这时起，司马昭才知道刘禅实在不成器，不会对自己构成威胁，也就没有想杀害他。

司马懿诛曹爽

原文

戊戌，有司奏“黄门张当私以所择才人与爽，疑有奸。”收当付廷尉考实，辞云：“爽与尚书何晏①、邓飏②、丁谧③、司隶校尉毕轨、荆州刺史李胜等阴谋反逆，须三月中发。”于是收爽、羲、训、晏、飏、谧、轨、胜并桓范皆下狱，劾以大逆不道，与张当俱夷三族。

注释

①何晏：字平叔，南阳宛人。三国时期魏国玄学家，汉大将军何进之孙，后来党附曹爽，而累官侍中、吏部尚书，列侯专政，后曹爽为司马懿所杀，何晏也被杀并夷三族。

②邓飏：字玄茂，南阳新野人，魏明帝时曾任尚书郎，洛阳令等官职。再后依附曹爽，出任颍川太守、大将军长史。后事败被夷三族。

③丁谧：字彦靖，沛国谯人，曹爽辅政时被提拔为散骑常侍，党附于曹爽。后与何晏等一干同党被杀并皆夷三族。

译文

戊戌（初十），有关部门奏告“黄门张当私自把选择的才人送给曹爽，怀疑他们之间隐有奸谋。”于是逮捕了张当，交廷尉讯问查实。张当交代说：“曹爽与尚书何晏、邓飏、丁谧、司隶校尉毕轨、荆州刺史李胜等人阴谋反叛，等到三月中旬起事。”于是把曹爽、曹羲、曹训、何晏、邓飏、丁谧、毕轨、李胜以及桓范等人都逮捕入狱，以大逆不道罪劾奏朝廷，并与张当一起都被诛灭三族。

历史详解

公元240年，魏明帝曹睿病重，当时太子曹芳只有8岁。他派人去请大将军司马懿和武卫将军曹爽，准备托孤。

司马懿、曹爽见皇帝向他们托孤，连忙跪下，齐声说道："臣蒙陛下重爱，感激不尽，一定不负陛下的重托，死而后已。"

曹睿嘱托完毕，两人怀着复杂的心情退出皇宫。

不几天，曹睿驾崩，太子曹芳即位，尊皇后为皇太后，加封司马懿、曹爽为侍中，共同执掌朝廷大权。曹爽、司马懿各领着三千人马，轮流护卫皇宫，不敢松懈。

司马懿

曹爽是皇室宗族，是魏武帝曹操的侄孙、小皇帝曹芳的父辈，自从掌握大权后，野心勃勃，要独揽大权。但司马懿是三朝元老，功劳高，有威望，而且谋略过人，在朝廷中有相当大的势力，因此，曹爽还不敢公开与司马懿斗。他表面上仍然对司马懿很恭敬，有事也经常向司马懿请教，可是背地里却利用手中的权力，任用亲信，罢黜与自己政见不合的人，想借此孤立司马懿，然后再伺机夺权。司马懿早把曹爽的举动看在眼里，但表面上仍然装糊涂。后来，干脆谎称自己年迈有病，不上朝参与政事。

司马懿称病不问朝政，这正中曹爽心意，他乐得独揽大权。于是他在朝廷上大力扶植党羽，排斥异己，骄奢淫逸，吃穿服用，一切都和皇帝一样，成天与亲信们在一块饮酒作乐，甚至私自留用皇宫中的宫女在自己府中做歌妓。

曹爽虽然独揽朝廷大权，可他对司马懿仍然放心不下。司马懿虽然自称年老多病，不问朝政，可他老奸巨猾，处事谨慎，谁知他是真有病还是假有病？

河南尹李胜讨好曹爽，得到曹爽的信任，曹爽就把李胜召到京城，任命他为荆州刺史。李胜临去上任时，曹爽安排李胜以探望为名，到司马懿府中去探听虚实。

曹爽

李胜来到司马懿府门，向守门人说明来意，不一会儿，司马懿的两个儿子司马昭和司马师迎了出来，把李胜接到府中，各自谦让着坐下，宾主互相说了一些客套话。李胜对司马昭兄弟说："李某有幸受朝廷恩典，升任荆州刺史，即将赴任，感念太傅昔日对我的栽培，今天特意来看望太傅。"

司马昭说："家父年迈，卧病在床，一般情况下是不接见外人的。李大人荣任荆州刺史，前来看望，非同一般，待我禀告家父一声。"说罢，司马昭让司马师陪着李胜，自己去见司马懿。

很快司马昭就转了回来，对李胜说："烦请李大人屈尊到家父寝所一见。"说着司马昭在前带路，李胜在后跟随，穿过一个回廊，来到后院，走进正房的外室坐下等待。过了好一会儿，才见司马懿衣冠不整，不断地喘息着，由两个侍女一左一右地架着，从内室慢慢走出。

李胜慌忙站起身来，向司马懿行礼问安。司马昭对李胜说："李大人免礼罢，家父身体难支，还要更衣。"

旁边走过一个侍女，用盘子端着一套衣袍来到司马懿面前，请司马懿更衣。司马懿颤颤巍巍地伸手去拿衣服，刚拿起衣服，他的手无力地往下一垂，衣服掉在了地上。侍女赶忙拾起衣服，帮司马懿穿上，两个侍女搀扶着，小心地让司马懿半躺着坐在躺椅里。

司马懿喘息了一会儿，慢慢地抬起右手，用手指指自己的嘴，上气不接下气地说："粥，粥。"

一个侍女连忙出去，端着一碗粥来到司马懿面前，司马懿颤抖地用手去接，可他的手抖动得太厉害，最终还是拿不住碗。侍女只好端碗送到司马懿的唇边，用汤匙一小口一小口地把粥送进司马懿口中。司马懿的嘴慢慢地蠕动着，粥不断地从嘴角流出来，流到下巴的胡须上，又顺着胡须滴落在他的衣襟上。

喝着喝着，司马懿突然咳嗽起来，嘴里的粥喷了出来。不仅喷到他自己身上，还喷了喂粥的侍女一身。侍女放下手中的碗，拿过毛巾给司马懿擦身上的粥。司马懿叹了一口气，闭上眼睛。

李胜看见司马懿这副样子，就走上前去，对司马懿说："太傅，大家都说您的中风病复发了，没想到您的身体竟这样糟，我们真替您担心！"

司马懿慢慢地睁开眼睛，气喘吁吁地说："我老了，又患病在身，活不多久了。我不放心的是我的两个儿子，你今天来，我很高兴。我以后就把两个儿子托付给你了。"说着说着，眼中流下泪来。

李胜连忙解释说："太傅不必伤心，我们都盼着您早日康复呢。我马上要到荆州赴任，今天特意来拜望您，向您辞行。"

司马懿故意装糊涂，说："什么？你要去并州上任，并州靠近胡人，你去了要很好地加强戒备，防止胡人入侵。"

李胜见司马懿年老耳聋，听不清他的话，就重复说："太傅，我不是去并州，是去荆州。"司马懿听了，故意对李胜说："你刚去过并州？"

司马昭凑上前去，大声对司马懿说："父亲，李大人不是去并州，而是去荆州。"

"哦，是去荆州，那更好了。唉，我人老了，耳聋眼花，不中用了！"司马懿对李胜说。

李胜认为司马懿确实老病无用了，就站起身来，对司马懿告辞说："太傅多保重，您的身体会好起来的，以后有机会进京，我会再来拜望您的。"说完就离开了太傅府。

李胜见到曹爽，高兴地说："司马懿人虽活着，却只有一息尚存，已经老病衰竭，离死不远，不值得您忧虑了。"

曹爽听了，心中大喜，当即把李胜留在府中，饮酒庆祝。从此以后，曹爽根本就不把司马懿放在心上了，更加独断专行。

公元248年春，按照惯例，曹魏皇帝宗族要去祭扫高平陵，曹芳起驾，曹爽、曹羲等兄弟全部随驾同行，一行人耀武扬威，浩浩荡荡开出了洛阳城。

等曹爽他们出城不久，司马懿就精神抖擞地带领着司马昭、司马师披挂上马，率领着精锐士兵占领了洛阳各城门与皇宫，把洛阳城四门紧闭，不准人随便出入。然后假传皇太后的诏令，废曹爽为平民，并派人把诏令送到皇帝曹芳那里。

曹爽得到了司马懿兵变的消息，大吃一惊，不知所措，就把皇帝的车驾留在伊水南岸，命令士兵修筑防御工事，以防止司马懿的进攻。

桓范没有随曹爽同行，留在城中，见城中有变，就骑上一匹快马，飞奔洛阳城南门，来到南门，城门已经关闭，由一个将领带着士兵把守着。

桓范下马走上前去，见守门的将领是自己曾经提拔过的官吏司蕃，他心中生计，把手中的版牒朝司蕃亮了亮说："我奉诏前往见皇帝，请你快点开门！"

司蕃对桓范说："桓大人，太傅有命令，没有他的许可，任何人不得出城。您有诏书，先给我看看吧。"

桓范听了大声呵斥道："你难道不是我过去提拔的官吏吗？怎么敢这样对待我？快放我出城，否则，别怪我不客气！"

司蕃见桓范动怒，不敢阻拦，就开了城门，放桓范出去。

司马懿得知桓范出城的消息，也没有责怪司蕃，他对蒋济说："曹爽的智囊去了。"

蒋济说："桓范确实很有智谋，可曹爽就像劣马贪恋马房的草料一样，只会顾恋自己的家室而不愿作长远打算，所以他是不会采纳桓范的建议的。"

司马懿点了点头，笑着说："你说得对，谁胜谁负，过不了多久就会见分晓了。"

桓范来到曹营，见了大将军曹爽，对曹爽说："司马懿父子发动兵变，关闭了洛阳城门，他们是要置大将军于死地啊。如今洛阳难回，最好的办法就是挟持

天子到许昌，借天子的名义召集天下兵马，讨伐司马懿。"

曹爽摇了摇头，犹豫不决地说："那样做恐怕不行吧，司马懿父子精明狡猾，势力强大，我们不是他们的对手。"

桓范见曹爽没有主见，就转身对旁边的曹羲说："如今只有这一条路可行，你们为什么还犹疑不定呢？当断不断，必有后患，难道司马懿会放过你们吗？

普通百姓有一人被劫做人质，人们还希望他能存活，何况你们与天子在一起，挟天子以号令天下，谁敢不从？"

曹羲看了看桓范，沉默不语。

桓范急了，又流着眼泪对曹爽说："大将军，你不能再犹豫了，否则我们都会成为司马懿父子的刀下之鬼哪！"

曹爽仍然不说话，像热锅上的蚂蚁，在屋里来回走动着。

桓范一直苦苦劝说着曹爽兄弟，可是从傍晚一直劝到深夜，曹爽仍然下不了决心。

雄鸡报晓，已经是五更天了。桓范、曹爽等彻夜未眠。曹爽突然停住脚步，把佩刀往地上一扔，对桓范说："即使投降司马懿，我仍然不失为富贵人家！"

桓范见曹爽竟做出投降的决定，对着曹爽喊道："大将军，您不能这样做，您会后悔的！"

"你不要多说了，我的主意已定。"曹爽对桓范说。

桓范大哭起来，说："想不到像曹子丹这样的伟人，却生下你们这一群无能的兄弟！没想到我今日受你们的牵连也要祸灭九族了！"就这样边说边哭，悲痛地走了出去。

曹爽带领着部下，乖乖地向司马懿投降了，司马懿喜出望外，想不到曹爽就这么轻易地屈服了。他下令免去曹爽的官职，废为庶民。

精简点评

曹爽以为这样自己就可以像平民百姓一样过平安的生活了，其实他想错了。公元 249 年正月，司马懿就唆使亲信告发曹爽谋反，下令把曹爽兄弟及其亲信桓范、何晏等人抓起来砍了头，并灭掉了三族。

晋纪

羊祜以德服人

原文

羊祜不附结中朝权贵，荀勖、冯统之徒皆恶之。从甥王衍尝诣祜陈事，辞甚清辩；祜不然之，衍拂衣去。祜顾谓宾客曰：“王夷甫方以盛名处大位，然败俗伤化，必此人也。”及攻江陵，祜以军法将斩王戎。衍，戎之从弟也，故二人皆憾[1]之，言论多毁[2]祜。时人为之语曰：“二王当国，羊公无德。”

注释

①憾：怨恨。

②毁：诋毁。

译文

羊祜刚正不阿，不徇私情，荀勖、冯统等朝中权贵都不喜欢他。羊祜的堂外甥王衍，也没有因为有口才而得到羊祜的栽培提携。一次，在晋军攻打江陵的时候，王衍的堂兄王戎因违犯军法，差点被羊祜杀头。因此，王衍、王戎两兄弟都很怨恨羊祜，并经常私下诋毁他。当时的人为此编了谚语说："二王当国，羊公无德。"

历史详解

羊祜是晋武帝司马炎时期的重臣，在晋朝建国的过程中发挥过重要作用。他胆识过人，为人正直，很受司马炎的赏识。公元269年2月，为消灭东吴政权，司马炎任命羊祜掌管荆州各项军事，镇守襄阳；任命卫瓘统领青州各项军事，镇守临淄；任命司马伯统领徐州各项军事，镇守下邳。

羊祜赴任后，广施仁政，很受江汉一带百姓的爱戴。在与东吴的战斗中，他的军队抓获了大量的东吴俘虏，对待这些人，他宽怀仁厚，非常善待他们。对于那些不愿继续当兵的，只要他们愿意回家，他就为他们发放盘缠，让他们顺利回乡。

为满足军队的粮饷供给需求，羊祜特意调集部分守城士兵，在城外开荒种地。在他的努力下，士兵们开垦了八百多顷农田，完全实现了军队粮食的自给。他刚到任时，军中存粮不足百日；到了后期，积累的粮食足够军队吃上十年。在军中，羊祜从不穿铠甲，经常只穿着宽松轻薄的衣服。在他居住的地方，贴身侍卫也不过十几人。

公元272年9月，东吴西陵督步阐向晋朝投降。羊祜奉命前去接应他，由于没有成功，被贬为平南将军。

回来以后，他实行修明德信的策略，感化东吴人，积极促使他们归顺，收到了良好的效果。

每次与东吴交战，他都事先与对方约好开战日期，从不作突然袭击，对此，他的一些部下很有微词。为防止这些人进献诡计，每次军事部署时，他都想方设法事先灌醉他们，使他们不能说话。每次羊祜的军队行军进入东吴境内，割取路边的谷子充作军粮时，他都要求手下准确记下数量，以便送回等值的绢帛补偿主人。每次他与部下一起在长江、沔水一带打猎时，他从不越界到东吴。如果赶上猎物先被吴人打伤，然后被晋兵得到时，他都要求兵丁送还吴人。通过这些事情，羊祜很好地塑造了晋国的形象，使东吴边境的老百姓心悦诚服。

羊祜与东吴大将陆抗在边境陈兵对峙的那些日子里，由于双方主将彼此钦佩，因此二人常常派使者互相来往。陆抗送给羊祜美酒时，羊祜喝起来从不怀疑。陆抗赶上有病了，向羊祜求药，羊祜总是派人及时送去，陆抗服用时也从不犹豫。见到这种情况，陆抗的部下很是担心，常劝他防备为好，但陆抗却总是笑着说："羊祜怎么会用毒杀人呢？"东吴皇帝孙皓听说羊祜与陆抗在晋吴边境修好的事情后，很是震惊，就责问陆抗。陆抗辩解说："一邑一乡都讲信义，更何况我们大国呢？如果我不这样做，岂不是彰显了羊祜的美德，成全了他的美名。"

羊祜刚正不阿，不徇私情，从不攀龙附凤、任人唯亲。荀勖、冯紞等朝中权贵都不喜欢他。羊祜的堂外甥王衍，也没有因为有口才而得到羊祜的栽培提携。一次，在晋军攻打江陵的时候，王衍的堂兄王戎因违犯军法，差点被羊祜杀头。因此，王衍、王戎两兄弟都很怨恨羊祜，并经常私下诋毁他。当时的人为此编了谚语说："二王当国，羊公无德。"

公元278年6月，羊祜因操劳过度得了重病，眼见自己时日无多，抱负未能实现，他就请求入朝觐见司马炎。到了晋都后，司马炎特地让他乘坐车子上殿，并免了他朝拜的礼节直接落座。羊祜向司马炎谈了攻取东吴、统一天下的设想，司马炎大加赞赏。

考虑到羊祜病重，不方便一次次进宫，司马炎就派中书令张华专程去羊祜那里详细询问计策。羊祜说："东吴国主孙皓暴虐到了极点，惹得天怒人怨，人心尽失，现在是我们攻吴的最佳时机，可以不战而胜。如果孙皓不幸死了，吴人再立一个贤明的君主，那么即使我们拥有百万大军，我们也无法消灭吴国！"

张华听后非常赞同他的话。羊祜接着说："成就我理想的人，就是你啊！"

司马炎接受了羊祜的建议，决定派他率领军队去攻吴。羊祜知道后，就对司马炎说："攻取东吴不一定要我去，而攻取之后，就要烦劳皇上您亲自考虑了。功名我不敢要求，但如果事情成功，要委派官吏前去治理时，我希望皇上慎重选择合适的人选。"

这年11月，羊祜因病去世。司马炎听到消息后，哭得十分哀伤。那一天，天寒地冻，眼泪流到胡须上都结成了冰。荆州的百姓听说羊祜去世，自发罢市，街巷里哭声一片。就连东吴戍边的士兵闻听此事没有不掉眼泪的。

由于羊祜生前喜欢到岘山游玩，襄阳人为了纪念他，就在岘山上为他建庙立碑。每逢凭吊时节，百姓就去祭祀他，人群络绎不绝。凡是到此的人，只要见到那块记载羊祜生前事迹的石碑，莫不为羊祜的生平而动容，没有不落泪的，所以后来人们把这块石碑称作"堕泪碑"。

精简点评

桃李不言下自成蹊，羊祜如此受人敬重，与他高贵的人品是分不开的，羊祜一生为国为民，理应受到人们的爱戴和尊敬。

三路大军灭东吴

原文

是日，濬戎卒八万，方舟百里，鼓噪入于石头，吴主皓面缚舆榇，诣军门降。濬解缚焚榇，延请相见。收其图籍①，克州四，郡四十三，户五十二万三千，兵二十三万。

注释

①图籍：地图典籍文件等。

译文

这一天，王濬的水军几乎没有遇到抵抗，一帆风顺地到了建邺。建邺附近一百里江面，全是晋军的战船，王濬率领水军将士八万人上岸，在雷鸣般的鼓噪声中进了建邺城。

孙皓眼见已到了山穷水尽的地步，只得派使者给晋军送去投降书。没过几天，孙皓就让人反绑自己的双手，用车载着一口棺木，率领文武群臣到王濬军营前投降。王濬替孙皓解开绳索，烧毁棺木，接收了吴国的地图。攻克了吴的四个州，四十三个郡，五十二万三千户，二十三万名士兵。

历史详解

公元263年，司马昭灭了蜀汉，不久就病死了。他的儿子司马炎把挂名的魏元帝曹奂废了，自己做了皇帝，建立了晋朝，这就是晋武帝。从公元265年到

竹林七贤的故事

原文

谯郡嵇康，文辞壮丽，好言老、庄而尚奇任侠，与陈留阮籍、籍兄子咸、河内山涛、河南向秀、琅邪王戎、沛人刘伶特相友善，号竹林七贤。皆崇尚虚无，轻蔑礼法，纵酒昏酣，遗落世事①。

注释

①遗落世事：不问世事。

译文

谯郡人嵇康，文章写得雄壮清丽，喜好谈论《老子》《庄子》，高节奇行，行侠仗义。他与陈留人阮籍、阮籍的侄子阮咸、河内人山涛、河南人向秀、琅邪人王戎、沛国人刘伶是至交好友，号称“竹林七贤”。他们都崇尚虚无之论，轻蔑礼仪法度，每日以纵情饮酒为乐，不问世事。

历史详解

司马氏夺取政权以后，大搞高压政治，不与他们合作的人就要受迫害。

当时有些文人不愿意投靠司马氏集团，却又不敢跟它进行斗争，他们感到苦闷和恐惧，就采取了消极反抗的办法。他们经常几个人聚集在一起，寄情山水，饮酒赋诗，并且故意不拘形迹，披头散发，衣冠不整，表示蔑视权贵，不同凡俗。这些人的典型代表被称为“竹林七贤”。这七个人是：阮籍、嵇康、山涛、刘

阮 籍

伶、向秀、阮咸、王戎。七人当中,以阮籍和嵇康为首,诗文多有佳作。

阮籍性情豪放,脾气古怪。他不满意现实,经常用酒来麻醉自己,喝醉了,就跑到山野荒林长啸,发泄胸中的闷气。人们不了解他的心情,背地里都说他是发痴。其实阮籍并不痴,他很有政治才能。曹魏末年,阮籍被任命为东平相,他骑着一头小毛驴去上任。到任后,他下令把衙门前面的屏障全部拆除,使衙门内外能够互相望得见,消除了老百姓怕衙门的心理,缩短了官民之间的距离。仅仅用了十天工夫,阮籍就把东平郡治理得秩序井然,显示了他那杰出的政治才能。

阮籍经常用酒来麻醉自己,那么做是因为他还有一层想法,就是借酒醉来装糊涂,逃避司马氏对他的收买。有一次,司马昭替儿子司马炎向阮籍家求婚,阮籍不愿意把闺女嫁给司马氏家族,就故意喝得烂醉,装聋作哑,一直醉了六十多天,终于躲了过去。

阮籍对人会使用青白眼。对那些满嘴仁义道德的封建卫道士,他就翻着白眼看他们;对像他自己一样反对封建礼教的人,就用青眼相待。他写过一篇《大人先生传》的文章,把那些满嘴仁义道德的人比喻成躲在人们裤子缝里的虱子。

嵇康也是一个脾气很古怪的人。他长得一表人才,学识极其渊博,不但善于弹琴作诗,还很有力量,擅长打铁,算得上是个文武全才。嵇康看不起司马氏集团这一帮人,故意对他们冷嘲热讽,并且坚决拒绝司马氏集团的收买。有一次,司马昭的心腹钟会因羡慕嵇康的博学,带着他自己写的宣扬封建礼教的《四本论》向嵇康请教,想借此抬高自己的身价。那天嵇康和向秀正好在大树底下打铁,他们两人远远地看到钟会来了,就互相使了个眼色,有意要奚落一下这个权贵。向秀使劲地拉风箱,嵇康挥臂举锤打铁,谁也没有看钟会一眼。钟会夹着文章站了一会儿,自觉没趣,只得灰溜溜地走了。嵇康在钟会要走的时候冷冷地问道:"何所闻而来?何所见而去?"意思是说,想打听什么来的?见到了什么走了?钟会无可奈何地回答:"闻所闻而来,见所见而去。"意思是说,想听到应听到的而来,见到了所见到的才走。嵇康和向秀这样奚落钟会,是为了发泄对司马氏弄权的不满,也可以说是一种消极的反抗。

"竹林七贤"中年龄最小的是王戎,他比阮籍小二十岁。王戎从小就很聪明,六七岁的时候,有一次他到宣武场去玩耍。宣武场是士兵们操练的地方,在场地的一角用铁栅栏关着许多猛兽。关在铁栅栏里的猛兽看到去玩的人多了,就大声吼叫起来。正在玩耍的人们一听猛兽吼叫,不论大人小孩都吓得四散奔逃,独有小王戎一点也不害怕,他依旧站在铁栅栏前镇静地看着那些吼叫的猛兽。事后有人问王戎:"你为什么不害怕猛兽?"王戎回答说:"关在铁栅栏里的野兽,出不来,怕什么?"又有一次,王戎和一群小朋友在路边玩耍。路边有一棵李子树,上面结了许多李子。小朋友们看见了,都争先恐后地爬到树上去摘李子,只有王戎一人站在那里看热闹,没有去摘。有人问他为什么不去摘李子,王戎说:"路边的树上还有那么多李子,准是苦李子。"那人不信,摘一个来尝,果然是苦李子。

后来,在司马氏集团的威胁利诱之下,"竹林七贤"也逐渐地分化,各奔前程去了。比如,山涛就被收买,做了司马氏政权的尚书吏部郎。他希望嵇康也出来做官,替司马氏集团效劳。嵇康坚决拒绝,还特地写了一封《与山巨源绝交书》。在这封信中,嵇康痛骂山涛,怪他不该违背当初的志愿,做了司马氏手下的官,更不该想把别人也拉下水。嵇康表示自己决不同流合污,并且对司马氏统治下的虚伪、残酷的政治,作了无情的揭露和批判。在这封与山涛绝交的信中,嵇康虽然也表露了一种消极厌世的思想,但是总的来说,信的语言尖锐深刻,可以算得上是一篇痛快淋漓的好文章。

嵇康的无情揭露,对司马氏集团是一个沉重的打击。司马氏知道对嵇康这样的人利诱不行,就决心要杀他。嵇康被逮捕下狱,关了一些日子,被押到洛阳东市去受刑。临死以前,嵇康要了一把琴,从容不迫地弹了一曲《广陵散》,曲调悠扬悲壮,使当时聚集在东市的三千多名太学生都为之落泪。他们请求司马氏集团赦免嵇康,让他到太学里去做老师。司马氏当然不会答应这种请求,还是把嵇康处决了。嵇康死的时候只有四十岁。

嵇康被杀以后不久，阮籍也病死了。“竹林七贤”中活着的，继山涛之后，其他四个人也先后做了司马氏集团的官，但是他们当中的一些人内心还是很痛苦的。后来，向秀从洛阳回家途中，路过嵇康在山阳（今河南省修武县东南）的旧居，怀念起当年的竹林之游，写了一篇《思旧赋》。赋写得很短，只有一百多个字，几乎是刚开头，就收了尾。因为心里有话却说不得，干脆把思旧之情埋在心底。

精简点评

上层统治者争权夺势，一些有思想有主见的文人志士就会身不由己地成为他们的政治牺牲品，像嵇康那样的人在历史上数不胜数，令人扼腕叹息。

东海王的覆灭

原文

东海孝献王越既与苟晞有隙[①]，河南尹潘滔、尚书刘望等复从而谮之。晞怒，表求滔等首，扬言：“司马元超为宰相不平，使天下淆乱，苟道将岂可以不义使之！”乃移檄诸州，自称功伐，陈越罪状。帝亦恶越专权，多违诏命；所留将士何伦等，抄掠公卿，逼辱公主；密赐晞手诏，使讨之。晞数与帝文书往来，越疑之，使游骑于成皋间伺之，果获晞使及诏书。乃下檄罪状晞，以从事中郎杨瑁为兖州刺史，使与徐州刺史裴盾共讨晞。晞遣骑收潘滔，滔夜遁，得免；执尚书刘曾、侍中程延，斩之。越忧愤成疾，以后事付王衍；三月，丙子，薨于项，秘不发丧。

注释

①隙:矛盾,隔阂。

译文

东海孝献王司马越与苟晞产生怨恨后,河南尹潘滔、尚书刘望等人又附和他并挑拨他与苟晞的关系。苟晞发怒,表奏索求潘滔等人的头颅,扬言道:“司马元超身为宰相而不公正,造成天下混乱,我难道能够不坚持正义而听任他?”于是苟晞向各州传布檄文,称颂自己的功绩,列举司马越的罪状。怀帝对司马越专权,多次违抗诏书旨意,也感到厌恶,司马越留下来的部将兵士何伦等人,抢掠公卿大臣,逼迫污辱公主。怀帝秘密赐给苟晞亲笔诏书,让苟晞征讨司马越。苟晞多次与怀帝有文书往来,司马越对此也起疑心,派游动的骑兵在成皋地区监视,果然查获苟晞的使者以及诏书。于是司马越也下达檄文公布苟晞的罪状,以从事中郎杨瑁担任兖州刺史,让他与徐州刺史裴盾一同征讨苟晞。苟晞派骑兵拘捕潘滔,潘滔连夜逃跑,得以逃脱。苟晞抓住尚书刘曾、侍中程延,把他们都杀了。司马越忧愤成疾,把后事托付给王衍。三月,丙子(十九日),司马越在项县去世,但秘不发丧。

历史详解

晋朝的八王之乱,以东海王司马越的胜利而告终。但他倒行逆施,也没能坚持多久。

自从惠帝死后,东海王司马越让皇太弟司马炽即位,是为怀帝。那怀帝可与惠帝不同,他不但是个健全的人,而且有自己的头脑,颇懂治国安邦之道,又懂得汲取教训。虽然是司马越拥立他为皇帝,可司马炽深知,自己只不过是司马越的傀儡,是他手中的一粒棋子。而要摆脱这种地位,便要培植自己的力量,伺机除掉司马越。

司马越根本没把怀帝放在眼里。他自封为丞相之后,便坐镇许昌,后来又移师荥阳,遥控身居洛阳的怀帝。他认为怀帝是自己的掌中之物,还能有什么作为呢?不料怀帝趁他不在洛阳之机,培植了一大批心腹,主要有:散骑常侍王延、尚书何绥、太史令高堂冲、中书令缪播、太仆卿缪胤。他们见怀帝是个人物,便同心同德扶持他。有了他们的支持,怀帝的羽翼逐渐丰满,但是消息很快传到司马越耳中,这下可惹恼了他。

永嘉三年三月的一天,东海王率大军气势汹汹回到洛阳。他身佩利剑直闯皇宫,对怀帝说,缪播等人谋反,应当立即处死。怀帝极力否认此事,东海王见他如此,便火了,派部将把皇宫团团围住,硬逼怀帝召集大臣上殿。怀帝无奈,只得照办。

缪播、缪胤等大臣刚一露面,东海王便命人将他们捆起来,然后让怀帝降旨处斩。怀帝一言不发,默默地反抗。一时相持不下,朝上气氛非常紧张。满朝文武大部分是东海王的党羽,有少数不是,但此刻唯求自保,哪里还敢吱声?良久,东海王突然大声吼道:“王景听令:命你将这些乱臣押赴刑场处决,不得有误!”说完,离开金殿,扬长而去。

怀帝身为皇帝,却无力庇护自己这几个忠心耿耿的大臣,只能听凭东海王摆布,一时气极,潸然泪下。他走到大臣们面前,一一抚摸手臂,君臣顿时哭成一片。那王景不管这些,遵东海王之令,将这些大臣押下殿去杀了。

这些被杀的大臣,大多都正直而又有才干之人,特别是缪播、缪胤还是对东海王有功之人。他们曾冒着生命危险到河间王司马颐那里巧施离间计,使河间王杀了统兵大将张方,东海王才得以不费吹灰之力取得胜利。而此刻他竟不念旧情,翻脸不认人,将二人诛杀。由于他一贯实行“顺我者昌,逆我者亡”的政策,看谁不顺眼,即刻杀之,并且凌驾于皇帝之上,致使满朝文武心怀不满。

而此时,有一股力量正在迅速崛起,时刻威胁着西晋的安全。那就是原在成都王部下为官的刘渊。永嘉二年十月,刘渊在蒲子城称帝,国号大汉。东海王司马越只顾在朝廷内部争权夺利,控制怀帝,丝毫没有注意到刘渊的动向。而刘渊却一直虎视眈眈窥视着司马越,窥视着西晋王朝。他听说司马越倒行逆施,滥杀无辜,致使上下怨声载道,心中窃喜,觉得晋朝离灭亡不远了。于是任刘景为灭晋大将军,率领大军向洛阳逼近,又派大将石勒进攻钜鹿(今河北平乡西南)、常山(今河北正定南部)。

不料刘景非常残忍,所到之处,奸淫烧杀,无恶不作。汉主刘渊是个有仁心的人,闻之大怒,立刻罢免了刘景的大将军之职,让儿子刘聪接任。

石勒指挥战争

石勒大军捷报频传，刘渊闻之大喜。但他最终也没有看到汉军灭了西晋。汉河端二年（公元310年），这位做了四年汉王、三年皇帝的汉主突然患病，不治身亡。太子刘和继位，但不久便死于同室操戈。重兵在握的灭晋大将军刘聪继位，改元光兴。

晋怀帝听说刘聪来伐，有心抵抗又苦于没有掌兵实权，便命人请东海王来商量。那东海王早就听说刘聪、石勒大军所向披靡，锐不可当。他可不愿为了一个怀帝而丧失自己的实力。于是对怀帝说，自己要带大军出洛阳讨伐石勒、刘聪。怀帝知道他想带兵逃走，根本不想与晋朝江山共存亡，但仍苦苦挽留。东海王才不理他这一套，径自带着许多大臣和十万精兵走了，丢下了怀帝和一座空城。

东海王走后，晋廷乱成一片。有些奸佞小人乘机挟持怀帝，在皇宫里胡作非为，抢劫钱财，奸淫宫女，甚至连武帝的女儿广平公主也不放过。怀帝被人囚禁，手中无兵，敢怒不敢言。

石勒得知晋廷情况，加快征讨步伐，先后攻下江夏、许昌，直逼洛阳。晋廷一片恐慌。怀帝忙命河北诸镇援助洛阳。青明都督苟晞得知朝中情况，立即起兵，先讨伐东海王。经过连日激战，杀掉了囚禁怀帝的东海王亲信刘曾、程廷，吓跑了潘滔。

永嘉五年三月，苟晞率兵直捣东海王的驻地项县。此时东海王已陷入绝境，一面是苟晞，一面是石勒。两支劲旅对他形成夹击之势。东海王看不到希望，又急又怕，忧虑成疾，竟一命呜呼了。

他的手下王衍派人送东海王的尸体回东海国，路遇石勒大军。石勒痛恨东海王，觉得晋廷大乱、生灵涂炭，都是此人过错，生不得活擒，死也要惩处。于是命人将东海王的尸体焚烧，然后将骨灰扬掉，以此惩戒后人。

至此，西晋八王之乱随着最后一个王——东海王司马越的覆灭宣告彻底结束。

精简点评

八王之乱，西晋中央政权失去了对各地的绝对控制，同时边疆少数民族也在不断涌进中原，一场民族大融合和政治军事的混战正在酝酿之中。

不可一世的王敦

原文

戊辰，敦举兵于武昌，上疏罪状[①]刘隗，称："隗佞邪谗贼，威福自由，妄兴事役，劳扰士民，赋役繁重，怨声盈路。臣备位宰辅，不可坐视成败，辄进军致讨，隗首朝悬，诸军夕退。昔太甲颠覆厥度，幸纳伊尹之忠，殷道复昌。愿陛下深垂三思，则四海乂安，社稷永固矣。"沈充亦起兵于吴兴以应敦，敦以充为大都督、督护东吴诸军事。敦至芜湖，又上表罪状刁协。帝大怒，乙亥，诏曰："王敦凭恃宠灵，敢肆狂逆，方[②]朕太甲，欲见幽囚。是可忍也，孰不可忍！今亲率六军以诛大逆，有杀敦者，封五千户侯。"敦兄光禄勋含乘轻舟逃归于敦。

注释

①罪状：罗列罪状。
②方：比喻，比作。

译文

戊辰(十四日),王敦在武昌举兵,给元帝上疏罗列刘隗的罪状,内称:"刘隗奸佞邪恶,谗言惑众,残害忠良,作威作福。随意发起事端,动用百姓服劳役,士民疲惫扰苦,赋税和劳役负担繁重,怨声载道。我担任宰辅的职位,不能对此无动于衷,于是进军声讨。倘若刘隗早上授首,众军傍晚即退。往昔商朝天子太甲败坏国家制度,幸好接纳了伊尹忠诚无私的处置,才使商朝国运重新昌盛。我希望陛下再三深思,那么将会四海安宁,国家长存。"沈充也在吴兴起兵与王敦相呼应,王敦任沈充为大都督、督护东吴地区军事事务。王敦到达芜湖,又上表罗列刁协的罪状。元帝勃然大怒,乙亥(二十一日),下诏说:"王敦凭仗国家对他的恩宠,竟敢肆行狂妄、叛逆之事,把朕比作太甲,想把我幽禁起来。是可忍,孰不可忍!我现在亲自统帅六军前去诛戮这个大叛贼,有谁能杀掉王敦,封为五千户侯。"王敦的兄长、光禄勋王含乘坐轻便小舟逃回到王敦身边。

历史详解

东晋时,王氏家族权力很大。从西晋初年开始,王戎即很受司马炎的信任。王衍是王戎的堂弟,在西晋后期成为主管朝政的大臣,与东海王司马越平起平坐。王衍还将自己的弟兄王澄、王敦等分别任命为荆州刺史和青州刺史。后来王衍被石勒杀死,王澄、王敦还在荆州、青州,没有遇害,成了东晋元帝司马睿的重臣。东晋时扶司马睿当皇帝最有功劳的是王导,王导与王敦等人也是叔伯弟兄,所以在东晋朝,王氏家族地位最高。时称"王马共天下"。

王敦是个极其残忍凶狠的人。当年,大贵族王恺、石崇互相斗富,经常把朝中有权有势的大官请到家中赴宴。王恺设宴时,让家中的女艺人吹笛助兴,只要有一点走调,王恺便将吹笛人杀掉。客人们对王恺动不动就杀人很不安,而王敦却毫不在乎。石崇设宴,让家中的美女劝酒,客人不喝,就杀掉劝酒的美女。王导虽然不会喝酒,也勉强喝下去,而王敦却不干,他不想喝就不喝,看着石崇连杀了三个美女。王导实在看不下去,责备王敦,说他太固执,而王敦却冷漠地说:“他杀他家的人,跟你我有什么关系?”

王澄是王敦的哥哥,从小就经常教训王敦,王敦也非常怕他,但也暗暗怀恨这个哥哥。当王澄在荆州被打败逃到王敦处避难时,王敦就不怎么尊重他了,王澄还想摆出架子来教训王敦,王敦一气之下,就把王澄和他的卫兵全部杀了。

当司马睿正式称帝以后,王敦在江南的声望越来越大,他因为平定流民起义立了大功,一直被提升到大将军的位置。当时,王导在东晋都城执政,王敦在长江中上游总管兵权,王氏弟兄权力太重,老百姓都唱出了“王与马,共天下”的民谣。司马睿想控制一下王氏弟兄的权力,便任用刘隗、刁协、戴渊、周顗等人为亲信。王敦不满,上表给司马睿,要求重用王导,司马睿不但不予理睬,还在军事上逐渐分散王敦的权力。王敦更加不满了,终于在公元 322 年(晋元帝永昌元年)发动兵变。

王敦从武昌发兵,王敦的死党沈充从吴兴(今浙江吴兴一带)起兵响应,南北同时向建康进攻。王敦的发兵理由是斩杀皇帝司马睿身边的奸臣,这奸臣就是刘隗。他还给晋元帝写了一封奏章,说刘隗强占国家的财产,不会治理国家,弄得老百姓生活很穷苦等等。

晋元帝司马睿见王敦造反,非常气愤,立即让刘隗、戴渊守卫京城,任命王导、戴渊、周顗等人领兵防御王敦,又命令右将军周札专门守卫石头城(石头城故址在今江苏南京清凉山,是当时的军事重镇)。王敦领兵来到石头城下,用部将杜弘的建议,猛攻石头城,城中守将周札坚持不住,率兵投降,王敦的士兵基本上没有伤亡,便占领了石头城。石头城一攻破,建康就很难保卫。周顗、刘隗等人本来就不会打仗,士兵们与王敦的军队一接触就四散奔逃,溃不成军。王导这时候也不愿出去和王敦作战,只说自己士兵战败。晋元帝司马睿急得坐卧不安,只得把刘隗、刁协找来,流着泪对他们说:“你俩赶快逃命吧,王敦是一定要杀了你俩的!”刁协和刘隗这才领着家里的人出城逃命去了。

王敦占据了石头城，晋元帝的士兵失去了战斗力，眼看着只能任王敦宰割了。可王敦还不想背一个造反的名声，他装成一副忠臣的面孔，派人对晋元帝说自己起兵是迫不得已，只要杀掉皇帝身边的几个奸臣就行了。晋元帝司马睿无可奈何，只得发下诏书，说王敦不但无罪，而且有功，给他加封为丞相，封武昌郡公。诏书到达时，王敦坚决推辞，不受加封，但也不听元帝退兵的命令，在石头城驻下来，也不去朝见皇帝。

精简点评

这次兵变后，王敦实际上掌握了东晋的军事、政治的全部权力，把和他政见不合的人杀死的杀死、免官的免官，还任用了一批个人的亲信、死党，然后，才再次领兵回到武昌镇守。从此后，晋元帝父子都对王敦恨之入骨。

王猛扪虱谈天下

原文

北海王猛，少好学，倜傥有大志，不屑细务，人皆轻之。猛悠然自得，隐居华阴。闻桓温入关，披褐[①]诣之，扪虱而谈当世之务，旁若无人。温异之，问曰："吾奉天子之命，将锐兵十万为百姓除残贼，而三秦豪杰未有至者，何也？"猛曰："公不远数千里，深入敌境，今长安咫尺而不渡灞水，百姓未知公心，所以不至。"温嘿然无以应，徐曰："江东无卿比也！"乃署猛军谋祭酒。

注释

①褐：粗布短衣。

译文

北海人王猛，从小好学，才能卓越，胸怀大志，不屑于琐碎事务，人们都轻视他。王猛却悠然自得，隐居于华阴。当他听说桓温入关后，便披着粗布衣服去拜访他，边摸着虱子边谈论当时的大事，旁若无人。桓温觉得他与众不同，便问道："我奉天子之命，统率十万精兵为百姓消灭残存的寇贼，然而三秦的豪杰之士至今没有人前来归附，这是为什么呢？"王猛说："您不远数千里，深入敌土，如今长安近在咫尺而您却不横渡灞水，百姓们不知道您的意图，所以不来。"桓温沉默不语，无以应答，过了一会儿说："长江以南没有人能和你相比！"于是就安排王猛暂任军谋祭酒。

历史详解

王猛，字景略，北海剧县（今山东寿光南）人，以卖畚（běn）箕（jī）为生。他自幼博读兵书，志向远大，但他耿介拔俗，恃才放旷，不肯迎合世人，行为谈吐常有些怪异，因此不为凡俗之流所赏识。

晋穆帝永和十年（公元354年），桓温伐关中时，曾于灞上驻军。王猛听说后，就前去拜访他。当时王猛身披短袄，鬓发蓬乱，看起来貌不惊人，还有些寒酸。王猛一边与桓温交谈，一边在短袄上捉虱子，捉住便把虱子捏死，其神态颇为自得。

桓温见此奇人，心中暗暗称异，不敢怠慢。他问王猛："我奉天子之命进驻关中，替百姓除害，为何关中豪杰无人来见我？”

王猛答道：“将军行军千里，深入敌境，到了离长安仅隔咫尺之地，却又屯兵不动了，大家看不透你的心思，所以没有人来欢迎你。”

王猛的话，正说中桓温的心思。因为桓温是个野心家，他出师北伐，并不像祖逖那样真正是为了恢复中原，而是为了捞取政治资本，所以他到了灞上就停止前进了。他打的算盘是：如果真的消灭前秦，打下长安，司马氏的东晋朝廷就会派人来接收物产富饶的关中，而他桓温最多只能捞得个空头的威名，倒不如屯兵灞上，作出可进可退的姿态，以便伸手向东晋朝廷要权、要钱、要粮、要兵，倒可得到实际的好处。东晋朝廷也害怕桓温这一手，所以一再阻止桓温继续北伐，几次叫他回师南下。

桓温觉得王猛很有谋略，有心重用他，可是王猛没有下决心跟随桓温，便留在北方了。

公元357年，前秦的东海王苻坚经人举荐找到了王猛，一谈之下，甚是赏识他的才华。苻坚得到了王猛，就像当年刘备得到了诸葛亮。他立刻成为苻坚的主要谋臣。这年六月，苻坚杀前秦主苻生而自立，任王猛为中书侍郎，掌管机要。此后，王猛历任京兆尹、吏部尚书、司隶校尉、尚书令、录尚书事、都督中外诸军事等要职。

王猛身居高位，得到苻坚的信任，引起了一些官员的妒忌。一天，曾跟随苻坚征战立下汗马功劳的樊世见到王猛，呵斥他说：“我辈辛勤耕耘，你这乡下野人却来坐享其成！”王猛面无表情地慢慢说：“不但要你耕耘，你还要给我烧熟了端来。”樊世闻言大怒，扬言要切下王猛的狗头挂在长安城门口。

又有一次,樊世和王猛二人在苻坚的面前吵了起来,王猛虽少言语,但他那轻视的态度、冷冷的眼神和农民般的举止却引起了樊世的无比愤怒。樊世以粗陋之辞大骂王猛,令苻坚失色动容。苻坚于是认定樊世倚功欺人,将其斩首于马厩。

苻坚皇后强氏之弟强德是个无赖,常干些强抢民女之类的事,横行京城。王猛刚被任命为京兆尹,便下令逮捕强德,将请求处决强德的呈文送至苻坚面前。苻坚还未及批复,他这边已将强德处死。数月之间,氐族权贵被杀被刑的已有二十余人。氐族权贵从此闻王猛名而色变,王猛抑制贵族势力的一系列举措也得以顺利推行。

为什么王猛以一介草民,得到了苻坚如此信任和重用?因为王猛打击氐族权贵、抑制贵族中的保守势力,正是在加强苻坚的中央集权地位,巩固君主的统治。而那些有功的贵族往往居功自傲,还时时有势力膨胀、觊觎皇位的兆头。王猛既顺应了苻坚之意,又以他的卓越才能使前秦的封建化程度大大提高。

王猛抑制氐族贵族势力的手段是加强法治,使原先贵族们享有的特权纷纷丧失。苻坚即位之初,始平(今陕西兴平东南)多氐族贵族,苻坚便任王猛为始平县令。王猛刚到任,便不由分说地鞭死了一名不法的官吏,使得贵族们纷纷上书苻坚,要求惩治这大胆的野夫。苻坚亲自审问王猛:“为政以德化为先,为什么刚到任便杀戮多人?”王猛答道:“治太平之国要用礼,治混乱之邦要用法。”苻坚听后点头,接受了王猛的法治主张。

王猛前后任相职16年,死于前秦建元十一年(公元375年)。在王猛的治理下,前秦政治清明,任用人才,奖励农桑,兵强国富,战无不克,境内升平,国家大治。据《晋书》记载,当时关中一带秩序安好,百姓丰乐,自长安至各州,沿途种植槐树柳树,每隔20里有亭子,供行人休息,隔40里有驿站,供行人住宿,沿路还有商品贸易。

王猛日日夜夜为前秦的国事操劳，终于积劳成疾，一病不起。苻坚见王猛病重，十分难过，经常亲自去看望他。王猛临死之前，苻坚问他以后的国家大事怎么办。王猛说："东晋虽然偏处江南一角，但是它以晋朝的正统作为号召，民心还是归向它的。我死了以后，您千万不要急着去打东晋，而是应当先把自己的国家治理好，再作长远的打算。"说完，他就死了，那年他五十一岁。

精简点评

苻坚在王猛的帮助下，励精图治，同时努力发展军事，于王猛去世后一年统一了黄河流域。

宋纪

刘裕受禅称帝

原文

六月,壬戌,王至建康。傅亮讽[1]晋恭帝禅位于宋,具诏草呈帝,使书之。帝欣然操笔,谓左右曰:"桓玄之时,晋氏已无天下,重为刘公所延,将二十载;今日之事,本所甘心。"遂书赤纸为诏。

注释

①讽:暗示。

译文

六月,壬戌(初九),宋王刘裕来到建康。傅亮用委婉的语言暗示晋恭帝将帝位禅让给宋王,并且草拟了退位诏书呈给晋恭帝,让他亲自抄写一遍。晋恭帝欣然提笔,并对左右侍臣说:"桓玄之乱的时候,晋朝已失掉天下,后来幸赖刘公才得以延续将近二十年,今日禅位给他,是我甘心所为。"于是将傅亮呈来的草稿作为正式诏书抄写在红纸上。

历史详解

刘裕原本是个出身贫苦的小军官，随着在镇压农民起义、北伐灭燕和后秦的战争中建立一个又一个功勋，他逐渐掌握了东晋的实权。

公元418年6月，晋安帝封刘裕为宋公。第二年正月，他又加封刘裕为宋王。不久，晋安帝去世，晋恭帝继位。眼看自己势力一天天壮大，刘裕就做起了皇帝梦，想废掉晋恭帝取而代之。为了冠冕堂皇地迈出这一步，他感到难以启齿，为此左思右想，茶饭不思。

一天，他终于想出了一条妙计，想通过部下推举的形式达到做皇帝的目的。于是他特地摆下酒席，宴请自己的部下。席间，他不紧不慢地说："自从桓玄篡位，帝位就已经转移了。是我首倡大义，复兴晋王朝。多少年来，我南征北战，出生入死，平定四海，功成业著，才有了现在尊贵的待遇。如今，我已经是垂暮之年……常言说'物忌盛满'。我的地位这样尊贵，恐怕不会永远安宁吧。我很想奉还爵位，回京都养老，诸位以为如何？"然而，他的部属并不明白他说这番话的目的，以为他只是炫耀炫耀自己的辉煌历史罢了，因此大家纷纷举杯，争先恐后地为他歌功颂德。刘裕大失所望，却又无可奈何。

不过，他的话还是引起一个人的注意。这个人就是中书令傅亮。在回家的路上，他反复琢磨刘裕那番话的意思。"回京都养老……"他沉吟着。突然，他一拍大腿，笑了起来："宋王用心良苦啊！"他长叹一声，马上返回刘裕的王宫。

这时，天色已晚，宫门紧闭。正在灯下冥思苦想的刘裕听到仆役禀告"中书令傅亮求见"，顿时眉头一展。他知道傅亮博学多才,不是凡庸之辈。像傅亮这样的人,对时事一定洞若观火。于是,他迫不及待地让人把傅亮带进来。

傅亮请命

一见面,刘裕就笑容可掬(jū)地说:"你一定有什么好消息吧。"

傅亮说:"不,我是来辞行的。"

"你要去哪儿?"刘裕疑惑地盯着他。

傅亮笑了笑,缓缓地说:"我暂且回京都一趟。"

刘裕心头豁然一亮,马上站起来,急切地问:"你想带多少人去?"

傅亮说:"些许小事,有几十个人就够了。"

说罢,傅亮便与刘裕告辞,星夜赶回京都建康。原来,傅亮正是为刘裕着想,这次进京就是想帮助刘裕取得帝位。他首先派人把皇宫内外控制起来,然后觐见晋恭帝,强迫他把宋王刘裕调回京都,辅佐朝政。等刘裕一到建康,傅亮马上就逼晋恭帝退位。晋恭帝此时已是无计可施,只好俯首听命。随后他眼含热泪,写下了自愿退位、由刘裕接替自己的诏书。

精简点评

刘裕接受晋恭帝的禅位,改国号为宋,成为刘宋王朝的第一代皇帝,至此,在东南偏安一隅的东晋王朝寿终正寝了。

刘义符不务正业

原文

营阳王居丧无礼，好与左右狎昵[1]，游戏无度。特进致仕范泰上封事曰："伏闻陛下时在后园，颇习武备，鼓鞞在宫，声闻于外。黩武掖庭[2]之内，喧哗省闼之间，非徒不足以威四夷，秖生远近之怪。陛下践祚[3]，委政宰臣，实同高宗谅暗之美；而更亲狎小人，惧非社稷至计，经世之道也。"不听。

注释

①狎昵：行为举止过于亲近，轻佻不庄重。

②掖庭：宫中旁舍，妃嫔居住的地方，这里指代深宫。

③践祚：皇帝即位。

译文

营阳王刘义符在服丧期间违背礼数，喜欢与左右侍从亲昵轻佻，游玩嬉闹，不能自我节制。特进退休的范泰上书说："我听说陛下常常在后花园那里学习武功，声音非常嘈杂，以致鼓声都远远地传出宫外，在禁宫和中枢禁闼喧哗胡闹，打打杀杀，终究不会有什么好的效果。这样做不但不能让四夷顺服，而只能使远近各邦觉得怪诞不经。陛下即位，却把政务都交给了宰相大臣去处理，实际上同商朝的高宗武丁一样，可以获得服丧期间闭口不言的美誉。但是您却与小人如此亲近，恐怕这不是治理国家的好办法。"刘义符根本不听范泰的劝告，依旧我行我素。

历史详解

刘裕死了，太子刘义符继位。他整日不理朝政，朝政大权渐渐把持到中书监尚书令傅亮、司空徐羡之、领军将军谢晦手中。

刘义符是个不务正业、喜怒无常之人，做了皇帝更是唯我独尊，想干什么就干什么，行为举止荒唐至极。

刘义符自己觉得玩腻了，便从宫外又找来一些胡作非为的少年陪他玩。这些人都是市井无赖，什么阴险的损招都使得出来。一天，一个恶少见刘义符闲暇无聊，便卑躬屈膝地走到他面前，小声说："皇上，我听人说商朝时候有个美女叫妲己，纣王非常喜欢她。但她很不开心，纣王就命人给妲己设'蛋盆'玩，一下就把妲己逗笑了。我想这'蛋盆'一定非常有趣。我们也试试?"刘义符一听，小眼睛一转，立刻拍手道："好，我们今天就玩'蛋盆'！"

他们在紫云殿前设了一个巨大的铜缸，又令人捉来毒蛇、蝎子等五毒虫无数投入缸中，最后又从死囚牢里提出一个大汉，剥光衣服，丢进缸中。是人哪受得了五种毒虫在身上乱咬乱爬呢？这大汉又痛又怕，悲呼欲绝，而这帮恶少却围在缸边又跳又笑，无比开心。不一会儿，这大汉就连惊带吓，加上身中剧毒，气绝身亡。刘义符便又命人丢进去一个老头儿。如此几次三番，弄得紫云殿上鬼哭狼嚎，那声音无比凄厉，闻听之人无不动容变色！大臣们知道此事后忧心忡忡。但均知小皇帝喜怒无常，也不敢相劝。

又一天中午，刘义符在紫云殿上假寐，忽然一块漆皮掉下来，正好落在他的眼皮上。他一下就蹦了起来，满肚子火儿无处可泄，便命内侍敲响了景阳钟。

这景阳钟可不是随便乱敲的，群臣一听景阳钟响，以为出了什么大事，三步并作两步跑上金銮宝殿。到了金銮殿上一看，只见小皇帝刘义符正气定神闲地坐在龙椅上，不时还捏捏鼻子，挖挖耳朵。大臣们面面相觑，不知道这小皇帝又要要什么新花样。

刘义符见大臣们都急急而来，那无名之火，早已泄了一半，便阴阳怪气地说道："掐指算来，朕登基已四月有余。可现如今仍住在破破烂烂的紫云殿里，"说到这儿，他环视了一下满朝文武，见无人搭话，就生气地接着说道，"那哪是人住的地方?！朕现在住在紫云殿里整日寝食难安，噩梦连连。而你们却都住在华美的府院，只知自己享受，置朕的大宋江山于不顾。朕今限你们三个月之内，拆掉紫云殿重建，至少要比现在的大4倍！"说毕，好像长出了一口恶气，靠在龙椅上闭目养神。

众大臣一听，皆知他不定又从哪儿冒出这么一个主意，此时一派胡言乱语，用不了多久又该改章程了,可是又不敢轻易出言相劝。正都犹疑不定,只见一人走出朝列,众人不禁都松了一口气。出来之人正是中书监尚书令傅亮。他对刘义符说道:“现在国库空虚,北方战事不断,不如过几年,国库富足,再大兴土木不迟!”话音刚落,徐羡之、谢晦也站出来,支持傅亮的意见。

刘义符听罢,心里蹿火。正在此时,不知是谁在这静悄悄的金銮殿上放了一个响屁,刘义符一听,气极而笑,道:“谁如此大胆,在金銮殿上放狗屁! 给我斩了!”

文武大臣一听这很不像话,但无可奈何,纷纷跪地,请皇上开恩。刘义符眼睛翻了翻,然后指着傅亮、徐羡之、谢晦三人说:“留着你们的狗头也行,来人! 脱下他们的裤子,用手绢将他们的屁眼给我堵上!”

众大臣一听,更不像话了,但又哭笑不得,只有仍然跪在地上为三位大臣求情。刘义符见满朝文武替三人求情,自知不能做到了,便伸伸懒腰道:“算了,饶你们这一回。但明天都得给我拆紫云殿去,不去还得斩!”

散朝以后,三位大臣憋了一肚子火,便聚集在傅亮家中,商量来商量去,不由商量出一条计策:干脆一不做二不休,废了他! 让刘裕的小儿子继位。

于是三人开始总结刘义符的罪状。这非常容易,俯拾皆是。他们把那罪大恶极的条目写清楚了,准备奏请张太后。正在此时,家人送进一件公文,展开一看是庐陵王刘义真(刘裕的二儿子)写来的,内容大意是指责三位大臣擅权欺君,识相的就拨出重银修建庐陵王府,否则就要不客气。三位大臣看罢,肺都要气炸了,又恨又怒,一致决定,连刘义真一块废掉。

刘义符与刘义真哥俩矛盾极深。傅亮等人便欲假刘义符之手先废刘义真。第二天,他便来找刘义符,但是左找也找不见,右找也找不见。正当傅亮走到神武门不想再找,想先回府再做道理的时候,忽然看见前面宫门不远处的官场府下非常热闹。他心里起疑,走到近前一看,不由得大怒。只见眼前做买卖的,人来人往,俨然是一个集市。这

废帝

还了得！谁竟敢把皇宫当集市?！他再定睛一看，皇帝刘义符竟在那里卖豆腐。皇帝主持宫市，学习引车卖浆之流，这不是亡国之兆吗？不过很快傅亮就平静下来，心想：这是天要灭你，你这皇帝还能当多久！他也不问刘义符别的，递上废庐陵王奏陈书让刘义符过目。刘义符有些不耐烦地说："这事你负责办就行了！"

傅亮一听，也不搭话儿，到后宫找到刘义符最宠幸的司马皇后传了皇上口谕，要过传国玉玺，盖上玉印，当即就派人去寿阳将刘义真废为庶人，押往新安(今江苏省万安西北)。途中又密令将其勒死，下一步，就准备废刘义符。

机会很快就来了。一天，傅亮听说皇上从华林园打猎回来去了天渊池边，登舟夜饮，并在舟中留宿。他立即于次日清晨带人将刘义符押回紫云殿，当堂宣读废帝诏书，然后解往吴郡(今江苏省苏州市)。

还没到目的地，傅亮就暗中派人把刘义符射死。

精简点评

在南北朝时期，政权像走马灯似地变换，弑君、夺位的事情太平常了，这也是政治动荡不安的重要表现形式。

刘义隆自毁长城

原文

帝久疾不愈，刘湛说司徒义康，以为“宫车一日晏驾，道济不复可制。”会帝疾笃[1]，义康言于帝，召道济入朝。其妻向氏谓道济曰：“高世之勋，自古所忌。今无事相召，祸其至矣。”既至，留之累月。帝稍间，将遣还，已下渚，未发；会帝疾动，义康矫诏召道济入祖道，因执之。三月，己未，下诏称：“道济潜散金货，招诱剽猾[2]，因朕寝疾，规肆祸心。”收付廷尉，并其子给事黄门侍郎植等十一人诛之，唯宥其孙孺。又杀司空参军薛彤、高进之；二人皆道济腹心，有勇力，时人比之关、张。

道济见收，愤怒，目光如炬，脱帻投地曰：“乃坏汝万里长城！”魏人闻之，喜曰：“道济死，吴子辈不足复惮。”

注释

①笃：病势沉重。

②剽猾：强悍狡猾。

译文

刘义隆身患重病，他担心自己死后，檀道济控制朝政，就下令召檀道济入朝。当时檀道济的妻子很害怕,对他说:“自古以来,大将功高震主,会被帝王猜忌。现在朝廷无事召你,恐怕大祸临头了。”檀道济虽然有所顾虑,却又无可奈何。来到京都后,刘义隆把他留了几个月。直到第二年二月,刘义隆的病情稍微好转,才放他回去。

到檀道济在秦淮河上了船,还没来得及出发时,刘义隆的病又发作了。刘义隆的弟弟刘义康假借刘义隆的名义把檀道济追了回来,并对外宣称,檀道济乘皇帝有病的机会,企图谋反,就下令把檀道济和他的儿子们全部处死。薛彤、高进之等檀道济的部属也都惨遭杀害。檀道济被逮捕时,怒不可遏,两道目光像火炬一样,把头巾狠狠地摔在地上说:“你们是在毁坏你们自己的万里长城!”北魏人听到檀道济被杀的消息非常高兴,都说:“檀道济死了,刘宋那些竖子就没有值得我们忌惮的了。”

历史详解

檀道济是刘宋王朝的开国元勋。他精于谋略,善于用兵,功勋卓著,在朝中享有很高威望。

公元429年,宋文帝刘义隆派征南大将军檀道济率兵北伐。二十几天内,檀道济与北魏交战三十多次,打得北魏节节败退。刘宋大军乘胜前进,直抵历城。

然而就在檀道济志得意满的时候,北魏将领叔孙建瞅准机会率领一支轻骑兵截断了宋军的粮道,烧毁了刘宋的粮草。檀道济一下子陷入困境,无法继续前进,只好从历城撤退。

在撤退的路上,宋军中有一个逃兵投奔了北魏,把檀道济因为粮草匮乏而撤军的情况告诉了魏军。北魏大军闻讯立即追赶上来。一时间,远远望去,只见魏军来的方向烟尘滚滚。刘宋大军笼罩在一片惶恐的气氛之中。

一天晚上,宋军大营灯火通明,檀道济带领一些士兵用升、斗量沙子,装进粮袋里,还让他们用筹码计数,并大声唱念。粮袋装满沙子后,再把军营里剩余的粮食拿出来,覆盖在沙子上。北魏的探子夜里听到宋军唱念筹码的声音,到天亮再一看,发现刘宋营内粮食堆积如山,便连忙回去禀报。魏军以为那个逃兵是故意欺骗他们的,就把他杀了。

北魏追兵虽然不敢轻举妄动,但他们的骑兵从四面八方围拢过来,险情还是没有排除。檀道济让官兵们都身披铠甲,他自己穿一身白色的衣服,坐在马车上,然后命令队伍整齐有序地缓缓后撤。北魏人都知道檀道济用兵神出鬼没,一看他这副样子,不知他在搞什么把戏,根本不敢追击。最后,檀道济依靠

自己的镇静和智谋，保全了军队，使刘宋大军终于安全地返回。这以后，北魏军队好长时间也没再敢轻易南犯。

檀道济以善于用兵著称一时，而且他的左右心腹也都是身经百战的勇将，如司空参军薛彤和高进之，世人称他们俩是关羽、张飞。檀道济的儿子们很有才气，在朝廷内外颇有影响。正因为这样，刘义隆对檀道济一直很不放心。

公元435年，刘义隆身患重病，他担心自己死后，檀道济控制朝政，就下令召檀道济入朝。当时檀道济的妻子很害怕，对他说："自古以来，大将功高震主，会被帝王猜忌。现在朝廷无事召你，恐怕大祸临头了。"檀道济虽然有所顾虑，却又无可奈何。来到京都后，刘义隆把他留了几个月。直到第二年二月，刘义隆的病情稍微好转，才放他回去。

到檀道济在秦淮河上了船，还没来得及出发时，刘义隆的病又发作了。刘义隆的弟弟刘义康假借刘义隆的名义把檀道济追了回来，并对外宣称，檀道济乘皇帝有病的机会，企图谋反，就下令把檀道济和他的儿子们全部处死。薛彤、高进之等檀道济的部属也都惨遭杀害。

临刑时，檀道济悲愤地说："知道吗，你们是在自毁长城！"

檀道济被杀后，消息很快传到了北魏，当时北魏的文武官员一时间欣喜若狂。他们庆幸地说："檀道济一死，刘宋就不值得担忧啦。"果然，善于用兵的檀道济一死，不久北魏就趁机南下进犯刘宋了。

精简点评

后来刘义隆见到北魏军肆意横行，而朝中又缺乏栋梁之材时，才后悔错杀了檀道济。统治者心胸狭窄，目光短浅，国运怎么可能长久呢？

江湛急流勇退

原文

义康方用事，人争求亲昵，唯司徒主簿江湛早能自疏，求出[1]为武陵内史。檀道济尝为其子求婚于湛，湛固辞；道济因义康以请之，湛拒之愈坚。故不染于二公之难。上闻而嘉之。湛，夷之子也。

注释

①出：出外做官。

译文

刘义康权势鼎盛的时候，人们都争相奉迎，与他亲近。唯独司徒主簿江湛早有远见，与他疏远，要求出任武陵内史。檀道济曾经为他的儿子向江湛求婚，江湛坚决推辞。檀道济又请刘义康出面，江湛推辞的态度更加坚决。因此没有受到檀道济、刘义康大祸的牵连。文帝听说后，对他加以奖励。江湛是江夷的儿子。

历史详解

南朝宋文帝刘义隆的弟弟刘义康在哥哥即位不久曾一度辉煌。他几乎总揽了朝中大权，威势无比，并且掌握着选拔地方官员的权力。于是，举国上下，怀着做官梦的，纷纷前来拜访他，送钱送礼，走后门之风愈演愈烈。他的门前，车水马龙,络绎不绝,热闹非凡。

时间一长,刘义康便有了奇思异想,认为接替哥哥做皇上的就是自己,天下许多人也这样认为。于是,奉承巴结刘义康的人越来越多。这种现象不能不引起南朝宋文帝刘义隆的反感和高度警惕。刘义康无疑成为他的一个严重威胁,刘义隆便时刻等待时机除掉刘义康。

当时,江湛在刘义康手下做主簿(将帅重臣的幕僚长官)。如果刘义康以后真能当上皇帝,那江湛也可以弄个尚书之类的要职当当。但是他看出了刘义康野心勃勃,锋芒毕露,以后肯定不会有好下场。因此,当人们都急相攀附刘义康这一"高枝",以展翅飞翔、升官发财时,他却急流勇退,从刘义康的身边离开,要求到武陵去当一名不起眼的小官。

刘义康一开始不想放江湛走,但在他一再恳求下,最后只好答应了他。由此,刘义康开始对江湛产生了反感情绪。

武陵在江州境内,属江州刺史管辖。当时檀道济是江州的刺史。他看到江湛有一个女儿,貌若天仙,才华出众,便想和江湛结为儿女亲家。

在当时,檀道济还是个实权人物,谁要是能攀上他,实在是一件极为不易又很荣耀的事情。檀道济也很自信,以为江湛攀上自己这个亲家,是求之不得的,不会不答应。但是,善于深思远虑的江湛早就看出来,檀道济不会长久的,所以断然拒绝了这门婚事。即使有人劝他说,檀道济是他的顶头上司,惹不起的,可他仍不改变自己的主意。

江湛拒绝了檀道济提出的婚事,使檀道济有点下不了台,而且觉得自己既然已经提出,就非要达到目的不可。但是求婚的事情总不便来硬的,于是就拜托刘义康说媒。

刘义康觉得这不过是一句话的事,便一口答应了。他写了一封信派人送给江湛,以为会马到成功。谁知道,江湛见是刘义康做媒,拒绝之辞更加坚决,根本没有回旋的余地。刘义康非常生气,对江湛更为不满,不少人都替他捏了一把汗。江湛自己却若无其事,心里暗自高兴。

时间不久,檀道济和刘义康相继被杀,以前巴结讨好他们的人也受到牵连,不杀即贬,下场都很悲惨。而江湛却我行我素,相安无恙。

精简点评

在上昏下乱的时代,保持清醒的头脑,眼光长远一点,才能全身免祸。

范晔造反不成

原文

帝之燕武帐冈也,晔等谋以其日作乱。许曜侍帝,扣刀目晔,晔不敢仰视。俄而座散,徐湛之恐事不济,密以其谋白帝。帝使湛之具探取本末,得其檄书、选署姓名,上之。帝乃命有司收掩穷治。其夜,呼晔置客省,先于外收综及熙先兄弟,皆款服。帝遣使诘问晔,晔犹隐拒;熙先闻之,笑曰:"凡处分、符檄、书疏,皆范所造,云何于今方作如此抵蹋①邪?"帝以晔墨迹示之,乃具陈本末。

注释

①抵蹋:抵赖。

译文

文帝到武帐冈赴宴,范晔等人图谋在这天发动叛乱。许曜侍卫文帝,将佩刀微微拔出,向范晔使眼色,范晔不敢抬起头来看。不一会儿,宴席结束,徐湛之害怕事情不能成功,就将孔熙先等人的阴谋全都报告了文帝。文帝让徐湛之仔细探听事情的先后情况,徐湛之拿到了他们起兵的檄文以及被选入参加叛乱的人的名单呈送给文帝。文帝于是命令有关部门严密搜捕追查。这天夜里,范晔被召唤入宫后就被软禁在客省内。事先已经在外面逮捕了谢综和孔熙先兄弟,他们全部服罪。文帝又派人审问范晔,范晔还在隐瞒抗拒,孔熙先听到这个情况后,大笑着说:"我们所有的筹划、讨伐檄文及信件等等都出于范晔之手,为什么到现在还这样抵赖呢?”文帝将范晔亲笔写的东西拿出来给他看,他才将事件的始末招供出来。

历史详解

范晔是南朝刘宋时期人,学识渊博,精通经史,文章绝伦,是当时公认的天下奇才。我国著名的历史著作《后汉书》正是出自他的手笔。范晔恃才傲物,胸怀大志,一心想在政治上大展宏图。宋文帝刘义隆在位时期,范晔因才华横溢,担任太子詹事。

当时朝中有位大臣叫孔熙先,早些年他父亲因犯法被抓,后来在宋文帝的弟弟彭城王刘义康的庇护下,他的父亲才免了牢狱之灾。为此,他对彭城王刘义康感恩戴德,忠心支持刘义康篡夺皇位。

孔熙先见范晔有远大抱负,有才能,且地位特殊,因此,极力拉拢范晔一起辅佐彭城王刘义康篡夺皇位。

为了达到目的,孔熙先首先通过范晔的外甥结识了范晔,然后经常和范晔一起赌博,每次都故意输给范晔。当两个人关系密切了以后,孔熙先就开始诱导范晔。他说:“范先生,你看彭城王……这人怎么样?”

范晔闻言沉默不语,因为他知道孔熙先虽有纵横天下的才气和抱负,但为人比较轻率,因此,不敢贸然倾吐衷肠。

孔熙先故意装出漫不经心的样子说:“彭城王罢了官,落了难,天下人都为他鸣不平。谁不知道彭城王英明果断……虎落平川呀!不过,我最近观察天象,主上必定死于非命。”

范晔听后吃了一惊,他盯着孔熙先问:“当真?”

孔熙先连忙说道:“我怎敢欺骗范先生呢!彭城王做天子只是早晚的事,我们只要举举手,就可以坐收美名。”

范晔疑惑地问:“是吗?不过……”

孔熙先打断范晔的话,接着说:“不是我恭维先生,提起您的名字,天下谁人不知,谁人不晓?现在朝廷中有人嫉妒中伤先生。皇上又相信他们,您争得过他们吗?”

范晔听后,一时低头不语。

孔熙先看出他动心了,也知道由于他在家里不孝敬母亲,宋文帝刘义隆很看不起他,便进一步煽动说:“范先生世代清白,可皇上拿范先生当猪狗,不允许范家同皇室结亲,范先生为什么还要为他卖命?”

范晔的脸微微一红。虽然他内心已经跃跃欲试,但还是下不了决心,因为他过去曾是刘义康的部属，得罪过刘义康。

孔熙先看出他的心事，笑着说："范先生不必过虑。彭城王让范先生的外甥做了官，这意思范先生还不明白吗？"

两个人谈话以后不久，范晔的外甥果然捎过话来，说彭城王已向范晔表示歉意。

于是，范晔造反的决心下定了。

不久，他和孔熙先、丹阳尹徐湛之等人经过策划，决定由他伪造一封刘义康给徐湛之的信，命令徐湛之杀死皇帝身边的坏人，然后用这封信去鼓动他们的同伙造反。

这一天，刘义隆外出赴宴，担任刘义隆贴身侍卫的许曜刚好是范晔的同伙。范晔决定利用这个机会杀死刘义隆。然而，在宴会上，范晔吓得直发抖，连头也不敢抬起来。好容易鼓起勇气抬头一看，却见许曜微微拔出佩刀，向他使眼色。他心一慌，又低下头去。就这样，千载难逢的良机被白白地错过。

徐湛之见事情没有成功，害怕事情败露，就抢先向刘义隆揭发了造反的阴谋，并交出有关文件和参加叛乱的人员的名单。刘义隆马上下令搜捕。范晔和孔熙先以及他们的同伙被一网打尽，很快被全部处死。

精简点评

在狱中，范晔写了一首诗，诗中说："虽无嵇生琴，庶同夏侯色。"意思是说自己虽然不能像嵇康那样在被杀前要张琴弹，却能像夏侯玄那样临刑时面不改色。这首诗被传出后，一时间成为当时人的笑柄。文人参与政治叛乱，能有好结果的少之又少。

崔浩遭忌恨

原文

玄[1]舅崔浩[2]，每与玄言，辄叹曰："对子真[3]使我怀古之情更深。"浩欲大整流品，明辨姓族。玄止之曰："夫创制立事，各有其时；乐为此者，讵有几人！宜加三思。"浩不从，由是得罪于众。

注释

①玄：卢玄，字子真，范阳涿人也。曾祖谌。
②崔浩：字伯渊，清河郡人。仕北魏道武、明元、太武帝三朝。
③子真：卢玄的字。

译文

卢玄的舅舅是司徒崔浩，崔浩每次跟卢玄谈话，常常叹息说："面对卢玄子真，使我思古之幽情更深。"当时，崔浩打算严格整顿朝中官员的流品，辨明官员的出身和姓氏等级。卢玄劝阻他说："创立一种制度，改革现行的规章，必须因时而异。赞成您这项措施的，能有几个人！希望您能三思而行。"崔浩没有听从，因此便得罪了许多大臣。

历史详解

北魏的崔浩是"三朝元老"，因为他博学多才，几位皇帝都很看重他。北魏道武帝拓跋珪在位时，崔浩负责为皇帝起草文件、命令等重要事务。北魏明元帝拓跋嗣时，崔浩因为和皇上的师生之情，受到了格外的尊重和宠爱。北魏太武帝拓跋焘即位后，由于受人妒忌和谗害，崔浩一度被罢官而隐退。但是朝廷上错综复杂的棘手问题又迫使太武帝把他请了回去，重新委以重任。

崔浩从小就喜欢文学，对于经学、历史、天文以及诸子百家的学说，几乎样样精通，当时没有人能和他相比。由于出身名门望族，学问又渊博精深，他自命不凡，言谈中常常流露出骄傲情绪。俗话说，树大招风。像崔浩这样一个博学自矜的名士，自然会招来好多人的注意，特别是鲜卑贵族，更妒忌他，巴不得他栽跟头，等着看他的笑话。崔浩心里也明白这一点，他知道鲜卑人同汉人之间存在民族隔阂，如果触犯了鲜卑贵族的民族感情，后果将是不堪设想的。所以他对鲜卑贵族特别小心谨慎，尤其是在皇帝面前，说话做事都是三思而后行，费了不少心思。

崔浩经常帮助别人写一些墓志铭之类的文章。有一次，有个名叫冯汉疆的人死了，他的家属请崔浩写墓志铭。崔浩一听死者的名字，就警觉起来。“疆”为“强”的古写，“汉疆”连在一起，便成了“汉族强大”这个意思，这在鲜卑人那里是犯忌讳的，千万不能这么写。怎么办呢？崔浩想了个主意，他把“汉”字写成了“代”字。这样，“冯汉疆”便变成了“冯代疆”。“代”字含义双关，既表示“汉”字不能和“疆”字连在一起，必须用代替的字；又巧妙地点出了北魏原有的国名——代国。“代疆”不就是“代国强盛”的意思吗？鲜卑人看了自然很高兴。崔浩也就躲过了一场风险。

可是，智者千虑，必有一失。崔浩虽然小心谨慎，有时也难免出差错，犯忌讳。有一次，著名的士族王慧龙从江南来到北方。王、谢是东晋士族中最高贵的门第，崔浩的弟弟因为羡慕王氏门第高贵，把女儿许配给王慧龙。但当时有人说王慧龙不是真正的王门子弟。崔浩根据自己研究族谱所得到的知识，知道王氏门中世世代代都长酒糟鼻子。王慧龙的鼻子很大，凭这一特征就可以断定王慧龙是真正的王门子弟。于是他便高兴地说：“王慧龙是真正的王门子弟，是一个地地道道的贵种！”谁知这句话却惹恼了鲜卑贵族。

在鲜卑人的国家里，只有鲜卑人才称得上是贵种，王慧龙怎么能够算贵种呢？他们说崔浩故意贬低鲜卑贵族，于是有人暗中告了崔浩一状。北魏太武帝一听也火了，立即召见了崔浩，大加训斥。崔浩自知无意失言，只得承认错误。

又有一次，崔浩作为随军谋士，跟着亲率兵马南征的明元帝拓跋嗣去攻打南朝。回师途中，崔浩和北魏明元帝一起来到西河。他们站在高山上，俯视滚滚而去的黄河，崔浩不禁见景生情，遂大发感慨，与旁边的人谈论起历史来。他说："秦始皇、汉武帝犯有同样的错误，他们废除封建，建立郡县，都是不对的。"

崔浩这句话并无什么言外之意，但引起了鲜卑贵族的疑心。秦始皇、汉武帝和北魏一样，统一了黄河流域，这怎么说是错误呢？废除封建，建立郡县，是为了保障国家的统一，又怎么会不对呢？鲜卑贵族认为崔浩表面上说的是秦始皇、汉武帝，实际上说的是北魏皇帝，是鼓动汉族人搞割据，不听北魏皇帝的指挥，这可是杀身之罪呀。当时北魏明元帝虽没有责备崔浩，但在鲜卑贵族的心里却暗暗地记上了这笔账。

崔浩晚年的时候，奉命编北魏国史。他主张写历史应根据事实直截了当地写，一是一，二是二，不能夸大，不能缩小，不能隐晦，不能渲染，讲求真实。崔浩把鲜卑族过去发展的历史原原本本地写了出来，并刻在石碑上，竖立在都城平城郊外的大路边。

鲜卑贵族一看，气得浑身发抖。因为崔浩将鲜卑族怎样落后，贵族间怎么争权夺利全都写在上边。不是明摆着揭老底、骂祖宗吗？鲜卑贵族们联合起来，添油加醋地到北魏太武帝那里告状。太武帝一听，怒发冲冠，想到此时北魏政权已经巩固，像崔浩这样的谋士用处不大了，因此决定拿崔浩来开刀，把他处死。

行刑那天，崔浩被装在一辆囚车里，由几十名士兵押赴刑场。这位为北魏三代皇帝忠心耿耿效力五十余年的崔浩，面如死灰，两眼发直，情景凄惨。到刑场，几十名士兵轮流着向囚车撒尿，淋得崔浩浑身满脸，臊臭不堪。崔浩在受到惨无人道的侮辱之后，才被杀掉。

精简点评

三朝元老竟然落得一个这样的悲惨下场，全家和亲属朋友也受到了株连。这就说明世事无常，政局变幻让人难以看透。

高允刚正不阿

原文

于是召浩前，临诘之。浩惶惑不能对。允事事申明，皆有条理。帝命允为诏，诛浩及僚属宗钦、段承根等，下至僮吏，凡百二十八人，皆夷五族；允持疑不为。帝频使催切，允乞更一见，然后为诏。帝引使前，允曰："浩之所坐，若更有余衅，非臣敢知；若直以触犯，罪不至死。"帝怒，命武士执允。太子为之拜请，帝意解[1]，乃曰："无斯人，当有数千口死矣。"

注释

①解：平息。

译文

此时，北魏国主又召见崔浩前来，亲自审问他。崔浩恐慌迷惑回答不上来。而高允当时却是件件事申述得明明白白，有条有理。北魏国主于是命令高允写诏书：诛斩崔浩和他的幕僚宗钦、段承根等人，以及他们的部属、僮仆，共有一百二十八人，全都夷灭五族。高允犹豫不敢下笔，北魏国主多次派人催促，高允恳求再晋见北魏国主一次，然后再写诏书。北魏国主命人将他带到自己跟前，高允说："崔浩被捕入狱，如果还有其他别的原因，我不敢多说。如果仅仅是因为他冒犯了皇族，他的罪过还达不到被处死的程度。"北魏国主大怒，命令武士逮捕高允。太子拓跋晃为他求情，北魏国主的怒气才稍稍平息，说："没有这个人，就该会有几千人被处死。"

历史详解

北魏太武帝拓跋焘即位以后,便下令组织人编写历史著作《国记》。其成员除了崔浩以外,还有高允等人。司徒崔浩遵从太武帝"务从实录"的指示,以鲜明直露的文笔把北魏历代帝王的生平事略真实地刻在巨大的石碑上,公然立在路旁。拓跋焘大为震惊,以为是崔浩等人在存心揭露祖先和自己的丑恶面目,便下令逮捕了崔浩和所有参与撰写《国记》的人。

高允不同意崔浩刻立石碑的做法,他曾对人说:"这样做,崔公会招来麻烦,我们也在所难免。"但照样也在被捕之列。

高允曾经给太子拓跋晃授过课,太子有意保护他,召他进宫过夜,次日带他一起去朝见拓跋焘。

到了宫门口,太子对高允说:"一会儿见到皇上,凡事都听我来安排。如果皇上问话,你只要依我的话回答就是了。"

高允当时还不知道崔浩在夜间被捕,问太子道:"出了什么事?"

太子说:"入宫以后,你自然会知道。"

见到拓跋焘,太子抢先说道:"高允平生谨小慎微,地位又很低下,一切都是由崔浩决定的,请陛下免除高允一死。"

拓跋焘便问高允:"《国记》都是崔浩写的?"

高允如实回答道:"其中的《太祖记》是著作郎邓渊写的,《先帝记》和《今记》是为臣与崔浩一同写作。但崔浩政事太多,这方面只是总管,具体的撰写,实际上臣多于崔浩。"

拓跋焘听后大怒:"这么说来,高允之罪超过了崔浩,怎能饶他一死。"

太子又惊又怕,赶紧替高允解脱责任,说:"皇上天威严厉,高允一时吓糊涂了,语无伦次。刚才臣问他,他说都是崔浩写的。"

拓跋焘又问高允:"真是太子所说的那样吗?"

高允答道:"臣罪当灭族,但不敢说假话,太子因臣讲授已久,可怜臣,想救臣一条活命。刚才太子不曾问臣,臣没有说过那样的话,不敢装糊涂。"

拓跋焘听了,望着视死如归的高允,大为惊异,对太子说:"高允坦白正直,一般人根本做不到。他临死不易辞,说明可靠;为臣不欺君,说明忠良。"当场免除了高允的罪责,以作为对他的奖励。

然后拓跋焘命令高允起草通知,诛崔浩及其下属和一般办事人员、奴仆,共120人,都灭五族。高允久久不执笔写。拓跋焘多次派人催促,高允请求朝见。

见到拓跋焘,高允说:"崔浩如果有其他更大的罪,臣不敢贸然过问。如果

是刻石冒犯，罪不当死。”

拓跋焘立时大怒，命武士将他捆绑起来，一同斩首示众。多亏太子再三请求，拓跋焘才饶恕了他。不久将崔浩斩首，诛杀五族，其余仅杀本人。高允虽然没有能救崔浩一命，却救了其他数千口人的性命。

事后，太子责备高允说：“一个人应该知道机变。我想救你，编了许多谎话，你却不按我说的来，激怒了皇上。每想到这些，心里还有一丝余悸呢。”

高允说：“历史就得真实地记录下帝王的功过善恶，作为后来者的借鉴。这样，君王才会注意自己的言行举止。崔浩刻立石碑，固然轻率，但他并没有违反尊重历史真实的原则。我和他并没有什么两样。我非常感激您的救命之恩，但是我却不能违背事实去解脱自己。那样的话，还不如去死！”

太子吃惊之余赞叹不已。从此，他对高允的人品就更加敬重了。

精简点评

高允坦白正直，不惧死不贪生，他临死不易辞，对得起自己的良心；为臣不欺君，对君主忠诚正直，这也使其能得到人们认同的原因。

刘子业的荒唐事

原文

王太后疾笃，使呼废帝。帝曰："病人间多鬼，那可往！"太后怒，谓侍者："取刀来，剖我腹，那得生宁馨儿！"己丑，太后殂[①]。

注释

①殂：死。

译文

皇太后王宪病势严重，派人去叫废帝刘子业。废帝说："病人房子里鬼多，我怎么能去。"王太后气得大怒，对身旁侍者说："拿把刀来，剖开我肚子看看，我怎么会生出这种东西！"己丑(二十三日)，王太后去世。

历史详解

公元464年农历闰5月，南朝宋孝武帝刘骏因病去世。他去世的当天，太子刘子业在群臣的簇拥下，举行了登基仪式。由于刘骏刚刚去世，仪式显得不那么隆重，反而带点哀伤的气氛。吏部尚书蔡兴宗亲奉玺绶，这位刘宋前废帝刘子业傲慢地将玺绶接在手中，脸上毫无悲戚之色。蔡兴宗见状，心中不由一沉。仪式结束后，蔡兴宗不无忧虑地说："当年鲁襄公死去的时候，继位的昭公不知道哀伤，叔孙穆知道他不能得到善终。看今天的情形，国家的祸患也已经不远了。”

刘子业和父亲刘骏的感情并不是很好。一次，刘子业给刘骏写信，字迹有些潦草，刘骏很不满意，狠狠地责备了他一顿：“你怎么连字也写不好？听说你平素懈怠，脾气也暴躁，这样怎么当太子？”后来，刘骏一度想废掉刘子业，在大臣极力劝阻下才打消了这个念头。这一举动致使刘子业始终对父亲耿耿于怀。

刘子业即位后，下令在太庙画诸祖考画像。画好后，他亲自前去观看。在刘裕的画像前，他驻足细细观赏，跷起大拇指赞叹说：“好一位大英雄！”又指着文帝刘义隆的画像说：“这位也不错，可惜末年被儿子砍了头去，不得善终。”等到他看到刘骏的画像，很不高兴，脸一沉，说：“为什么不给他画上酒糟鼻？”并令人马上补画上去。

对父亲如此不恭敬，对母亲也好不到哪里去。太后病重，派人请他去。刘子业居然说：“我听说病人那里鬼多，我怎么能到那种地方去。”太后听到禀报后，勃然大怒，气喘吁吁地说：“快拿刀来把我的肚子剖开，我怎么生下这样的混账儿子！”

刘子业的生活十分荒唐。他的后宫里有个女人被称为“谢夫人”，实际上是他的姑姑，也是宁朔将军何迈的妻子。刘子业见她长得漂亮，就偷偷地纳于后宫。可是他又不想引起别人的非议，把宫中婢女的尸体送往何府安葬，并谎称何迈的妻子已经死了。这一招移花接木其实并不高明，也没有瞒过何迈。何迈遭此奇耻大辱，咽不下这口气，就在府中蓄养武士，准备趁刘子业出巡的时候把他杀掉。可是事情很快就败露了，刘子业亲自带人把何迈给杀了。

他的凶残使朝中大臣惶惶不可终日，敢怒不敢言。为了防止大臣谋反，刘子业用美女、金钱收买了宗越、谭金、童太一、沈攸之等一批将领，让他们做自己的爪牙。为了防止他的叔父们在外面作乱，他就把他们全部集中在建康，拘禁在皇宫里。每天轻则羞辱，重则鞭打，对他们百般折磨。

在他的叔父中，湘东王刘彧、建安王刘休仁、山阳王刘休祐个个长得膘肥体壮，刘子业就把他们三个人装在竹笼里，称重量。刘彧最重，刘子业就称他“猪王”，刘休仁和刘休祐分别被称为“杀王”和“贼王”。为了折磨他的叔父，刘子业还在地上挖一个大坑，里面灌满泥水，坑边放一个木槽，槽里盛着拌有泔（gān）水的饭菜。然后，他把刘彧的衣服剥光，让他在泥坑里像猪一样爬来爬去，并直接用嘴在槽里吃饭。这样折磨他的叔叔们还不满足，只要听到他们稍有怨言，他就要杀了他们。多亏叔叔中刘休仁生性诙谐，经常用说笑的办法讨好刘子业，这才使三个人得以苟延残喘。

公元465年11月，廷尉刘蠓的妾临产，年仅十七岁的刘子业急于立太子，就把刘蠓的妾接到后宫生产。偏偏这时，刘彧说话不慎，触怒了刘子业。刘子业让人把他的衣服剥光,捆住手脚,穿上木杠,像猪一样抬起来,然后交给太官,吩咐道:"抬走!今天杀猪!"

在一旁的刘休仁急忙抢上一步,跪倒在地哀求说:"启奏陛下,这头猪还不该死!"

刘子业怒气冲冲地问他:"为什么?"

刘休仁惊惶失措地说:"因为皇太子还没有出生。"

刘子业又问:"什么意思?"

刘休仁连忙说:"臣以为等皇太子出生后,再杀猪,掏出猪下水,做几道下酒菜,庆贺庆贺也不迟。"

刘子业听完,禁不住扑哧一声乐了,于是就没杀刘彧,将他关了起来。第二天又将他放了。

过了不久,刘蠓的妾生了个儿子,刘子业马上宣布这个婴儿是皇子。

由于刘子业的倒行逆施,上至朝中大臣,下到卫兵、侍从,越来越多的人对他恨得咬牙切齿。俗话说,善有善报,恶有恶报,不是不报,时候未到。就在他滥施淫威的时候,刘彧的部下准备杀死刘子业。

就在这时,民间突然传出了湘州要出天子的说法,刘子业听后心中很不痛快,认为湘东王刘彧就是传说中的未来天子。于是,为根除祸患,他决定杀死湘东王,然后南巡荆州、湘州,震慑那一带的官员百姓。

在这以前,一天刘子业在华林园竹林堂游玩。他让宫女们赤身露体地相互追逐,有一个宫女不肯脱衣服,被他杀了。夜里他梦见一个女子在竹林堂对他说:"法师!你大逆不道,活不到明年麦熟季节。"于是,他找出一个和梦中女子相似的宫女杀了。夜里他又梦见那女子说:"法师!我已经向上天告发你!"当时，他从梦中吓醒时，已是大汗淋漓。接着，他请来巫师，巫师说是竹林堂闹鬼。于是他当天下午就亲自到竹林堂检查巫师祛鬼的准备工作。与往常不同，他只让刘休仁和刘休祐跟随他，却把刘彧一个人留在秘书省。刘彧预感到情况不妙。

与此同时，刘彧部下已准备好当夜动手。到了晚上，刘子业屏退所有的侍从和卫兵，和几百个女巫和宫女在竹林堂射鬼。射鬼活动完毕，乐师刚要奏乐，刘彧的部下就持刀冲了进来。刘子业一见这种情景，吓出一身冷汗，想择路而逃，却无奈脚下不听使唤，最后被反叛的人杀死了。后来，刘彧的部下对闻声赶来的皇宫卫兵大喊："湘东王承太后懿旨，铲除暴君，现已平定！谁敢作乱，格杀勿论！"刘子业的卫兵听言也不敢再做反抗了。

事态平息后，刘休仁连忙跑到秘书省，把刘彧连拖带拽领到宫殿，让他登上皇帝的宝座。因为当时事情太急，刘彧把鞋跑丢了都不知道。

几天以后，这个被刘子业称为"猪王"的湘东王刘彧就正式登基做了皇帝。这就是刘宋朝的第六任皇帝——宋明帝。

精简点评

因为荒唐行事，所以刘子业会被废掉丢失皇位，刘裕一世英雄，恐怕也想不到自己会有这样的子孙。

小皇帝刘准禅位

原文

辛卯,宋顺帝下诏禅位于齐。壬辰,帝当临轩,不肯出,兆于佛盖之下,王敬则勒①兵殿庭,以板舆入迎帝。太后惧,自帅阉人索得之,敬则启譬令出,引令升车。帝收泪谓敬则曰:"欲见杀乎?"敬则曰:"出居别宫耳。官先取司马家亦如此。"帝泣而弹指曰:"愿后身世世勿复生天王家!"宫中皆哭。

注释

①勒:带领。

译文

4月,宋顺帝刘准被迫下诏退位,把皇位禅让给齐王萧道成。萧道成改国号为齐,他就是齐高帝。

在禅位仪式举行那天,十三岁的小皇帝刘准因惧怕这种宏大的场面,就独自躲在了宫中佛像的宝盖下面。这时中领军王敬则领兵进入皇宫,准备用轿子来接刘准。皇太后见状,连忙带着宦官去找刘准,把整个宫中都找遍了,才发现小皇帝躲藏的地方。

刘准见了被卫兵簇拥着的王敬则,浑身直打哆嗦,结结巴巴地问:"你们……你们要杀我吗?"

王敬则不怀好意地笑了笑说:"不杀,只是让你换个宫殿住。"

刘准眨眨眼睛问:“为什么要这样呢?”

王敬则狡黠地笑着说:“为什么?也不为什么,以前你们家取代晋朝司马氏时,也是这样。”

刘准无奈地说:“但愿我今后不再出生在帝王家。”

此时,宫里的人听到刘准说的话,都情不自禁地哭了起来。

历史详解

公元 477 年,宋顺帝刘准即位,成为刘宋王朝的最后一位皇帝。因刘准是个年幼无知的小孩子,所以朝中的大权逐渐旁落,被掌握宋朝禁卫军的萧道成把持。到了公元 479 年 3 月,宋顺帝封萧道成为齐公。没过多久,萧道成又被封为齐王。至此,刘宋王朝的实权完全控制在萧道成一个人手里,刘宋王朝的灭亡已近在咫尺了。

到了 4 月,宋顺帝刘准被迫下诏退位,把皇位禅让给齐王萧道成。萧道成改国号为齐,他就是齐高帝。

在禅位仪式举行那天,十三岁的小皇帝刘准因惧怕这种宏大的场面,就独自躲在了宫中佛像的宝盖下面。这时中领军王敬则领兵进入皇宫,准备用轿子来接刘准。皇太后见状,连忙带着宦官去找刘准,把整个宫中都找遍了,才发现小皇帝躲藏的地方。后来,众人连哄带劝,费了不少工夫,才把哭哭啼啼的刘准从宝盖下弄出来。

刘准见了被卫兵簇拥着的王敬则,浑身直打哆嗦,结结巴巴地问:“你们……你们要杀我吗?”

王敬则不怀好意地笑了笑说:“不杀,只是让你换个宫殿住。”

刘准眨眨眼睛问:“为什么要这样呢?”

王敬则狡黠地笑着说:“为什么?也不为什么,以前你们家取代晋朝司马氏时,也是这样。”

刘准无奈地说:“但愿我今后不再出生在帝王家。”

此时,宫里的人听到刘准说的话,都情不自禁地哭了起来。这时王敬则心里也不免涌起一阵阵的酸楚。

刘准突然拍了拍王敬则的手说:“王将军,我真的没事吗?”

王敬则安慰他说:“没事。”

刘准接着带着孩子气说:“要是我真的没事,我就送东西给你。”

王敬则故意问:“送什么呀?”

刘准回答道:“十万钱。”

交出玺印

王敬则听完只是含糊答道:“好吧……”

接着,王敬则把刘准送到朝廷大殿参加禅位典礼。典礼一结束,刘准便乘上车要回东宫住。当时许多大臣围着车,抓住车帮子不放。

刘准突然问:“怎么今天没有器乐演奏?”

大家都低着头,没人回答。这时几朝老臣王琨抓住车帮子,放声大哭说:“人们都为长寿高兴,我却为长寿悲哀……就因为我没有及早地死去,才多次目睹这种悲剧……”

王琨的话感染了大家,许多人放声大哭,泪如雨下。

精简点评

年幼的刘准看到这些老臣放声哭泣,感到莫名其妙。幼小的皇帝刘准根本就不知道亡国到底意味着什么。但是这种国亡人在的悲剧却一代又一代不停地在上演。

梁纪

梁武帝舍身佛寺

原文

初，上作[①]同泰寺，又开大通门以对之，取其反语相协。上晨夕幸寺，皆出入是门。辛未，上幸寺舍身；甲戌，还宫，大赦，改元。

注释

①作：兴建。

译文

原先，梁武帝修建了同泰寺，又开了大通门来与此相对，取“同泰”与“大通”的合音相同，梁武帝早晚临幸同泰寺，都出入大通门。辛未（初八），梁武帝来到同泰寺行舍身仪式；甲戌（十一日），回到宫中，颁发大赦令，改年号为大通。

历史详解

齐朝末年，雍州刺史萧衍率军攻下建康。他改国号为梁，改年号为天监。他从天监元年（公元502年）至太清三年（公元549年），共当了48年的皇帝，是南朝在位时间最长、也是历史上有名的皇帝之一。他死后，被尊为武帝，即梁武帝。

即位之初，梁武帝可以说是一个比较开明和有作为的皇帝。他一即位，就大刀阔斧地整治社会和发展经济。立国之初，国家各级机构混乱，官吏好坏不分。梁武帝就派人到各地巡察，罢黜贪官，选用良吏，同时还对在职官吏的官职进行调整，文官分为18班，武官分为24班，以便升转回旋。为了稳定社会生活，梁武帝又加强整顿社会治安，下诏制定了比《齐律》更完备的《梁律》，确定刑律20篇，每刑有15等，定刑2529条。由于《梁律》条文具体详细，朝廷有据可依，便于对罪犯定罪量刑，使社会上犯罪现象大为减少。《梁律》在当时对稳定社会治安确实起了不少作用。后来，隋、唐定的《隋律》和《唐律》，都参考了它的条文。

为了恢复生产、发展经济，梁武帝下令在全国实行籍田制度，规定无论是皇帝，还是皇亲国戚，或者是朝廷大官和地方官僚，每人必须耕垦一定数量的耕田。他自己经常躬耕籍田，还号召农民尽力耕种，不要荒废田地。那些有地种不完的人，要把多余的土地让出来，否则就依法论处。为了使贫困的农民有能力耕田，梁武帝还多次减免租赋，至于因战乱而逃亡他乡又回来复业的农民，可以免除五年租税和徭役。经过一段时间的发展后，梁朝一度出现了国泰民安的小康局面。这个局面一直维持到太清初年（公元548年），长达四十多年。

梁武帝私人生活极俭朴，尤其是到了晚年的时候，他每日只吃一餐，吃的是粗米饭，喝的是豆浆，而且不喝酒。他虽身为皇帝，但穿的是麻布做的衣袍，用的是木棉做的土帐，一顶帽子要戴三年，一条被要盖两年。他平常不听音乐，除非遇到宗庙祭祀或大型宴会。他手不释卷，《史记》《汉书》及诸子百家都读过不止一遍。至于处理朝政，他更是孜孜不倦。即使是冬天，他还是经常四更天起来秉烛处理文牍。

梁武帝本来有道家思想，后来却改信佛教。由于缫丝要杀死众多蚕的生命，因此，他不穿丝绸的衣服。每当朝廷要判处一些罪犯的死刑，他就好多天表现出不高兴的神情。他在全国大力提倡信佛，还花了许多钱造佛像，建寺塔。“南朝四百八十寺，多少楼台烟雨中”，京城内外寺院一座连着一座，崇楼峻阁，高台宝塔，耸入云天。当时，全国人口大约五百万，建康城里的僧尼就多达十万。佛教的烟火弥漫着南北,佛寺随处点缀着河山和城镇。

梁武帝经常到当时最大的寺庙同泰寺去念经和讲法,几乎是一有空闲就去,每次去总要带些钱财施舍给庙里。大通元年(公元527年)三月,有一天,他又到同泰寺去讲经,突然异想天开,要把自己施舍给寺里。这一下可把整个朝廷的官员吓坏了,因为国家不能一日无君啊!但无论公卿大臣们谁去劝说,梁武帝都不愿意回宫,还说我既然已舍身,就把自己交给了寺庙,由不得自己了。最后还是由朝廷和公卿大臣们集了一亿钱给同泰寺,才算把他赎了回来。

梁武帝

而自此以后,梁武帝每逢改元换年号,便去舍身一次。他先后于大通元年(公元527年)、大同元年(公元535年)、太清元年(公元547年)三次舍身给同泰寺,每次都是由国家拿出一大笔钱把他从庙里赎出来的。

精简点评

梁武帝佞佛的结果,便是在全国范围内产生了一批寺院地主,他们有田有地,强迫农民耕种,成为依靠朝廷和劳动人民养活的寄生虫。整个国家因此被搞得一片混乱。

昭明太子之死

原文

夏,四月,乙巳,昭明太子统①卒。太子自加元服,上即使省录朝政,百司进事,填委于前,太子辨析诈谬,秋毫必睹,但令改正,不加按劾,平断法狱,多所全宥,宽和容众,喜愠不形于色。好读书属文,引接才俊,赏爱无倦。出宫二十余年,不畜声乐。每霖雨积雪,遣左右周行闾巷,视贫者赈之。天性孝谨,在东宫,虽燕居,坐起恒西向,或宿被召当入,危坐达旦。及寝疾,恐贻帝忧,敕参问,辄自力手书。及卒,朝野惋愕,建康男女,奔走宫门,号泣道路。

注释

①统:萧统,字德施,南朝梁代文学家,梁武帝萧衍长子,梁太子。《文选》即是由其主持编撰的。

译文

夏季,四月,乙巳(初六),梁朝昭明太子萧统去世。昭明太子自从举行冠礼以后,梁武帝便开始让他处理朝政,各部门的官员前来奏事,都汇集到太子那里。昭明太子善于辨析真伪谬误,对不实之处,洞察入微,但只是命有关部门改正,并不追究罪责。太子断案公正,对犯人往往多加保全宽宥,待人宽和,能容人,喜怒不形于色。昭明太子喜欢读书做文章,引进接待才俊之士,赞叹爱重,毫无倦怠。太子出居东宫二十多年,不蓄养乐工歌妓。每当天降大雨或积雪不化之时,昭明太子总要派手下人巡视一番大街小巷,发现有穷苦之人则加以赈济。昭明太子天性孝顺,居处东宫,即便是悠闲无事之时,一起一坐,都要面朝西边,如事先接到诏令,召他明日入宫,则正襟危坐直到天明。太子病重之后,唯恐梁武帝担忧,每次派人送来问候的敕文,太子总是要亲自写回信奏答。等到昭明太子去世的时候,朝野上下都非常惊愕、惋惜,建康城中的男女老少,奔向宫门,沿途道路哭声不断。

历史详解

爱好古典文学的人都知道《昭明文选》,这部书收集了南北朝以前的优秀诗文,因选编极精而流传甚广。这部书的编者就是梁朝太子萧统。

萧统才华出众,而且生性仁厚。但他却因为宫廷纷争受到父亲萧衍的猜疑,不久含冤而死。英年早逝,令人惋惜。

且说有一天,萧衍身体有些不适,便在养心殿稍事休息。正在此时,忽然见一个小太监在养心殿外探头探脑。萧衍厉声喝道:“你贼眉鼠眼地在看什么,难道要谋害朕不成?”岂料那小太监一下扑进来跪在萧衍面前道:“不,不是我要害皇上,是,是有人要害皇上。”

萧衍闻言大惊,知道一定有什么情况,忙问道:“是谁?是谁要害朕?!”

小太监哆哆嗦嗦道:“是,是太子!”

“什么!你胡说,来人,将他推出去斩了!”萧衍怎么也不相信太子萧统要害自己。

萧统自幼贤德聪颖,幼读《孝经》《论语》,5岁习《诗经》,10岁通晓经义、吟诗赋词、出口成诵,15岁便可帮助萧衍管理朝政,可谓萧衍的得力助手。萧衍称帝那年就立他为太子,对他疼爱有加,喜爱异常。况且太子生性仁厚,竟至不食肉,怎么可能加害于萧衍呢。故此小太监一说萧统要害自己,萧衍大怒,要将其斩首。

小太监一听要斩自己,吓得乱喊乱叫道:“我说的句句是实,不信陛下到临云殿内的杨树下派人去挖,定能挖出蜡鹅。太子曾命道士作法咒陛下早死。不信陛下想想,近几月是否身体感到不适?”

萧衍本不信,可这最后一句话正中他的心坎。他想:“自己在养心殿养病没几个人知道,莫非——”这样转念一想便命人将小太监抓回细问。

小太监见萧衍不杀他了,松了一口气,眼珠转了转,又对萧衍说道:“陛下,

宁信其有,不信其无。为了龙体,您一定要保重,说出来您别生气。太子近几日常领一帮人在紫云殿聚会,鬼鬼祟祟,不知在干些什么。”

萧衍一听,竟有一半信了那小太监,顿时大怒,带上几个人就直奔紫云殿而去。到那一看,果然见太子与一帮人在那里聚会,显然是在商量什么,见自己到来还一脸的慌张。他不由得怒气冲冲地道:“逆子,等我找到证据,决不与你善罢甘休。”

难道这萧统真的存心篡位吗?要不他怎么会与那么多人聚在紫云殿呢?原来,太子非常爱惜人才。一天他看到著名文学评论家刘勰写的《文心雕龙》手稿,爱不释手,惊叹此人才华,立即召见,二人一见如故,言语投机,从《文心雕龙》一直谈到太子主持编纂的《文选》。刘勰为之提了许多意见和建议,太子萧统非常高兴。第二天,他又请了许多文人雅士一一介绍给刘勰认识,大家畅所欲言,就像老朋友一般。以后他们就经常在一起谈论《诗》《书》,研究治国安邦之道。当时刘勰心里还想:梁朝有这样一位太子,将来一定会国泰民安。要说弑君篡位之心,太子萧统可一点也没有。今日相聚紫云殿,也不过是在商议为《文选》作序之事。几人正兴致勃勃地谈论,忽闻皇上来了,太子慌忙出迎。又见皇上怒气冲冲,还说什么与自己“决不善罢甘休”,一时愣在那里,不知发生了什么事。

正在这时,一个小太监手托一只蜡鹅慌慌张张跑进来,跪下对萧衍道:“陛下,果然发现了这个。”旁边的太子萧统一看,不由得魂飞魄散。他知道这是遭人诬陷。可心里越急越说不清,想到自己平时宽以待人,竟遭此暗算,就算跳进黄河也洗刷不清,不由得一阵天旋地转,昏厥过去。

那害太子萧统的人到底是谁呢?此人正是那个到皇帝萧衍面前告密的小

太监。他原是太子身边亲近的人，太子母亲病故不久，太子要给母亲做“生忌”，提前要一太监值宿一夜，太子便让这个小太监去。不料他竟不负责任，胡乱混到半夜便跑去和宫女鬼混，正巧被太子巡视时撞见。要是别人不杀也得严惩，太子宽厚，没有治他罪，只是不如从前亲近了。哪知这小太监不识好歹，不思图报，反而怀恨在心。探听得皇上身体不适，便跑去密告太子请道士作法，埋蜡鹅咒皇上早死，密谋夺权篡位。

萧衍哪知这些，见太子昏过去，还以为他是做贼心虚，也不理睬，拂袖而去。回到寝宫，越想越伤心，越想越生气，一怒之下，竟下令将太子身边所有道士全杀了。

太子萧统闻听，连呼冤枉，从此一病不起。满朝文武都认为太子仁爱宽厚，忽然传出他要弑君篡位，深感蹊跷，便纷纷上奏，请皇上萧衍明察，以防铸成大错。萧衍一听有理，又闻太子病重，心中甚是不安，忙命人尽快查明此事。可是等真相终于大白，太子萧统也已病入膏肓，无药可治。

萧衍痛失太子，又悔又恨。讣告传出，举国震惊，全国百姓都为失去这样一位智信仁爱的太子而感到无限的悲痛。

当天夜里，萧衍翻阅太子萧统编纂的《文选》，含泪提笔，在扉页上写下《昭明文选》四字。并决定明天降旨，追赠太子萧统为昭明太子。

第二天早朝，刘勰向皇帝请求离开皇宫，并谢绝了皇帝萧衍的一再挽留，去定觉寺当了和尚。

精简点评

太子萧统死得实在太冤枉，或许刘勰认为血浓于水的父子亲情尚不能避免这罪恶的宫廷权力斗争，那这红尘之中还有什么值得留恋的呢？

“山中宰相”陶弘景

原文

三月，戊申，丹杨陶弘景卒。弘景博学多艺能，好养生之术。仕齐为奉朝请，弃官，隐居茅山。上早与之游，及即位，恩礼甚笃，每得其书，焚香虔受。屡以手敕招之，弘景不出。国家每有吉凶征讨大事，无不先谘[1]之，月中尝有数信，时人谓之“山中宰相”。

注释

①谘：征询，商议。

译文

三月，戊申（初七），梁朝的丹阳人陶弘景去世。陶弘景学识渊博，多才多艺，对养生术有特殊的兴趣。他在南齐担任过奉朝请的官职，后来又主动放弃，在茅山隐居起来。梁武帝早年曾经和他一同游玩，等到登上皇位以后，总是给予他很不寻常的恩惠与礼遇，每次收到他的信，都要点上香后才虔诚地阅读。梁武帝多次亲自写信邀请陶弘景到朝廷做官，陶弘景始终没有出山。每当国家出现吉祥或不祥的征兆的时候，或有出征、讨伐这样大事的时候，梁武帝必定要先向他咨询，有时一个月里面两人要通好几封信，当时的人们称他是“山中宰相”。

历史详解

陶弘景是南朝齐梁时的一个大学者，对天文、历算、地理、药学无所不精。他早年在齐朝做过左卫殿中将军，后来辞官去茅山隐居。梁朝时候，武帝萧衍请他出山，他不肯。武帝没办法，只好一遇重要大事就去咨询，他因此被人们称为“山中宰相”。

陶弘景从小就有钻研精神，不尽信古书。《诗经》里有这样的说法：蜾(guǒ)蠃(luǒ)(一种寄生蜂)这种小虫，只有雄虫，没有雌虫。它们怎么繁殖后代呢？它飞到菜地里，把一种名叫螟蛉的幼虫衔回自己的窝里，对它念念有词：“快点变成我！快点变成我！”不多久，螟蛉果然就变成了和蜾蠃一模一样的，成了蜾蠃的儿子。《诗经》是这么说的，一代代传下来，人们也就信以为真，甚至还把领养来的儿子叫做“螟蛉子”。

有一次，陶弘景读到《诗经》里关于蜾蠃的诗句，觉得不可相信。恰巧有个朋友来拜访，就谈起了这个问题。朋友说：“您是一本活书，无所不知。您给我讲一讲蜾蠃养螟蛉子究竟是怎么一回事？”这下子可难住了陶弘景，一时间回答不上来，只好说：“这个问题我还没有研究过。等我查查书再告诉你吧。”

陶弘景查了不少书，可是不论是古代的还是当时的，全都是一样的说法。陶弘景想，这些书尽是我抄你，你抄我，查书是查不出结果的，我何不亲自去观察一下。

陶弘景经过自己的细心观察，终于弄清楚了蜾蠃衔螟蛉的真相。原来蜾蠃也有自己的后代，它衔螟铃只是为了给自己的后代做食物。它用尾巴上的针把螟蛉刺得半死，衔回窝里，等自己产的卵孵化出幼虫来，幼虫就把螟蛉当作食物。

等到那位朋友再来拜访时，陶弘景把螟蛉变蜾蠃的秘密详细地告诉了他。后来，大家都知道了，也就不相信那个传说了。

陶弘景用这样的科学态度，对中药进行了认真的研究。汉代时，有人写了一部药学专著《神农本草经》。这部书记载了365种药，并把这些药分成上品、中品和下品。上品的药无毒，有强身和补养的功效；中品的药有些毒性，既有治病的功效，又有补养身体的功效；下品的药毒性大些，主要是用来治病的。这里所说的“毒性”，并不是指对人的身体有毒，而是指治疗疾病的作用。这种分类方法比较粗糙，也会不恰当，容易出差错。汉代到南北朝已经有几百年了，这部书有些落后了。陶弘景搜集了《神农本草经》上没有记载的新药365种，连同以前的药共730种，写成了一部新的药书，叫做《神农本草经集注》。

在这部书里，陶弘景不再根据上中下三品的方法分类，而是根据药物的天然属性来分类。他把中药分为玉石、草木、虫鱼、禽兽、果菜、米实和有名未用7大类，在每一种药下面，注明了各自的药性，是热药还是凉药，可以治疗哪些疾病，等等。人们在翻阅这本书时，就可以很方便地查到自己所需要的药物，十分方便。

陶弘景在研究过程中，潜心摸索，创造出了一种叫“诸病通用药”的分类法，也就是把药物按病分类。这种方法简单明了，易于操作，一直沿用到现在。

陶弘景研究中药并不是关在屋子里闭门造车，而是背起行囊，拿着药锄，到野外去实地考察。他十分注意收集民间的验方，认为这是劳动人民长期生活实践的积累，是有很强的实用性。有一次，他走累了，找了个村庄休息下来。村里有个人的小便不通，十分痛苦。村里的长者找来一些牵牛子，碾成粉末，和着水给那个人服下去。过了一会儿，那个人的小便畅通了，人也舒服了许多。陶弘景见状十分惊奇，就拿出笔墨记在本子上：牵牛子能利小便。在陶弘景的著作里，不少地方都反映了劳动人民的成果。

精简点评

所以说，陶弘景是一位脚踏实地、深入民间的科学家。陶弘景也因此取得了高于同时代人的成就。

陶弘景不仅是一位科学家，也是一位文学家。他写的诗、词、赋、论文辞典雅，在当时很有名气。

足智多谋的高欢

原文

魏高欢将起兵讨尔朱氏，镇南大将军斛律金、军主善无库狄千，与欢妻弟娄昭、妻之姊夫段荣皆劝成之。欢乃诈为书，称尔朱兆将以六镇人配契胡为部曲，众皆忧惧。又为并州符，征兵讨步落稽，发万人，将遣之。孙腾与都督尉景为请留五日，如此者再，欢亲送之郊，雪涕执别，众皆号恸，声震原野。欢乃谕之曰："与尔俱为失乡客，义同一家，不意在上征发乃尔！今直西向，已当死，后[①]军期，又当死，配国人，又当死，奈何？"众曰："唯有反耳！"欢曰："反乃急计，然当推一人为主，谁可者？"众共推欢，欢曰："尔乡里难制。不见葛荣乎？虽有百万之众，曾无法度，终自败灭。今以吾为主，当与前异，毋得陵汉人，犯军令，生死任吾则可；不然，不能为天下笑。"众皆顿颡曰："死生唯命！"欢乃椎牛飨士，庚申，起兵于信都，亦未敢显言叛尔朱氏也。

注释

①后：延误，迟误。

译文

北魏高欢将起兵征讨尔朱氏，镇南大将军斛律金、军主善无库狄千与高欢的妻弟娄昭、高欢妻子的姐夫段荣等都力劝高欢起兵。高欢于是假借尔朱兆的名义写了一封假信，对士兵们说尔朱兆要把六镇之人配给契胡为部曲，大家听后都很忧虑恐惧。高欢又伪造了一张并州的符令，要征调高欢军讨伐步落稽。高欢派了一万人马，正要出发，孙腾与都督尉景为六镇人向高欢请求停留五天，这样停留了两次。高欢亲自将这支队伍送到郊外，流着眼泪与将士们告别，将士们都失声痛哭，声震原野。高欢于是又抚慰告诫将士们道："我与你们大家都是失去了故乡之人，情义如同一家人，没想到上面如此征调我们！今若西向并、汾讨伐步落稽，已经应当死了，延误军期，又该当处死，配属契胡，还是要死，我们该如何是好？"众人齐声说道："只有造反了！"高欢道："造反乃迫不得已之计，但应推举一人为首领，谁能担当呢？"众人共推高欢为首领，高欢说道：

"你们都是乡里乡亲，难以控制。还记得当初葛荣么，虽然拥有百万大军，但却全无法令制度，终究还是败亡了。现在既然大家推举我为首领，就应该跟以前有所不同，不能凌辱汉人，违犯军纪，生死任我指挥调度才行；否则，就会被天下人耻笑。"众人都点头说："我们不论生死都听您号令！"高欢于是杀牛犒飨将士，庚申（二十二日），高欢在信都起兵，但尚未敢公开声言反叛尔朱氏。

历史详解

北魏末年，晋阳的尔朱兆听到父亲天柱大将军尔朱荣被北魏孝武帝处死的消息，匆匆赶回京师，依仗着自己强大的部队和势力攻进皇宫，另立了新君，像他父亲一样重掌大权。尔朱兆控制朝纲后，专横跋扈，自己给自己加官晋爵，自封为王。

尔朱兆的部属晋州刺史高欢，是一个富有雄才大略的人，尔朱兆很嫉妒他。两人的心里都明白，一山不容二虎，两人共事不会太长久。高欢想施展才华，干一番惊天动地的大事业，所以总是想方设法摆脱尔朱兆的牵制。

在此之前，葛荣曾割据一方，同尔朱兆的父亲尔朱荣戈马相对。葛荣起义失败后，部下二十余万人被流放到晋州，受尽侮辱欺凌，生计难以维持，多次发动起义，都遭到了尔朱荣的残酷镇压。但起义仍然不断发生，一下子难以平息。尔朱兆对此焦虑不安，又找不到良策，就问高欢怎么办。

高欢脱身离开尔朱兆的想法酝酿已久,只是苦于没有机会实现。现在真是天赐良机。于是,他趁机说道:

“这么多的人反叛朝廷,理当斩尽杀绝,但是目前不可能全部杀掉,只有派一名大王信任的人前去平叛,统帅他们,有犯罪的只杀头领,这样叛乱才能很快平息。”

高欢的话正说中了尔朱兆的心怀,他说:

“说得非常好!那么,谁可以胜任呢?”

这时,尔朱兆的一名亲信贺拔允恰好也在座,他是一个糊涂虫,不知道其中的曲折事由,竟连声说道:

“高欢在晋州多年,在当地深得人心,如果让他去,一定可以胜此重任!”

这话说到高欢的心坎上,顿时他满身轻松,但一琢磨,又觉得不妥。于是他忽然跳了起来,怒不可遏,一连几拳打在贺拔允的嘴上,一个门牙都被打落下来,满嘴是血。高欢边打边骂道:

“想当初天柱大将军活着,你我之流像鹰犬一样对待主人,总是匍匐在地听从他的指示。如今天下事全由大王做主,大王还没有说话,你倒越位发起言来!”又回过头来,对尔朱兆说:“这样不知上下的人,要他有什么用处?还不如早一点杀掉。”

尔朱兆本来不放心高欢,打算另派人去,现在看他这样,以为是忠于自己,当即毫不犹豫地把军权交给了高欢,派遣他前往晋州收编葛荣的流散部队。高欢大喜,又怕尔朱兆反悔,于是立即告别了尔朱兆,召集部将,宣布道:“受大王的委派,所有部队都听从我的指挥。请立即集合!”将士们向来不喜欢尔朱兆,愿意接受高欢的调遣,都按时到指定地点集合。

尔朱兆的长史慕容绍宗劝尔朱兆说:“如今天下大乱,许多人心怀二心。高欢本来就雄才盖世,现在又手握强兵,远离大王,这好比蛟龙遇到了云雨,正是施展其本事的时候,以后就难控制了。”

尔朱兆曾经和高欢拜为兄弟,因此说道:“我与他曾烧香发过誓,有什么可忧虑的?”

绍宗说:“亲兄弟都有互相残杀不可信的,结拜兄弟又算什么!”

高欢早已料到自己走后,一定会有人向尔朱兆进谗言,因此预先给尔朱兆左右的人好多金钱,请他们多加关照。此时,他们都向尔朱兆说慕容绍宗与高欢原来不和,所以才说高欢的坏话。尔朱兆就信以为真,把绍宗监禁起来,督促高欢及早出发。

高欢求之不得,走到半路,碰见尔朱荣的妻子从洛阳来,带有良马300匹,高欢全部夺为己有。听到消息后,尔朱兆才知道高欢另有他图,连忙把慕容绍宗从狱中放出来，询问计策。

绍宗说："现在还不晚，高欢仍掌握在大王手中。"他劝尔朱兆立即去追。

尔朱兆追到漳水，适逢水涨，冲坏了桥梁，没有办法渡过河，就指着河对岸的高欢责备他不该夺取良马。高欢说道："借 300 匹良马，没有其他打算，只不过是为了作战的需要罢了。大王竟然听信谗言，亲自策马来追。如今我不过河向大王请罪，主要是因为这边的部队会发生叛乱。"

尔朱兆这时仍把高欢的话当真，怨自己听信谗言猜疑好人。于是把刀扔在地下，说："将军如果能这样，我又有什么可忧虑的！"当即杀了一匹白马，和高欢再次发誓，永结兄弟互不背叛。原来，尔朱兆在河对岸听了高欢的一番话后，觉得有道理，他一再声称自己也没有其他的意思，并单独涉过漳水，向高欢解释误会。尔朱兆拔下佩刀，递给高欢，伸长脖子叫高欢砍。高欢不接刀，却哭着说："自从天柱大将军死后，除了大王，我高欢还能依赖谁呢？我愿为大王效犬马之劳。如今有人挑拨离间，大王竟忍心说出这样的话，我高欢以后还怎么做人呢！"

当晚，尔朱兆就住在高欢营中，高欢的部下抱怨他引狼入室，说："将军既然不准备长久在他手下谋事，就应当趁他递刀之机一刀杀了他，免生后患！"同时在帐外埋伏了数百名壮士，打算夜间杀掉尔朱兆。

高欢制止了他们，解释说："现在如果杀了他，其党羽肯定会聚结起来报仇的，而我们马瘦兵疲，鸡蛋碰石头，不是对手。如果有人趁机而入，则危害更大，不如暂且放过他。他虽然勇猛，但是毫无智谋，以后要除掉，问题不大。"

至此，大家才知道了高欢不杀尔朱兆的原因，佩服他的卓识远见。

次日，尔朱兆返回到自己的军营，摆了酒宴，请高欢去。高欢也想去，他的心腹反复陈述其中利害。为了防止发生意外，最后，高欢接受了这个建议，派人婉言谢绝了尔朱兆的盛情邀请。尔朱兆这个时候才恍然大悟，原来高欢和自己不是一路人呀。但他已无可奈何，只好回晋阳去了。

精简点评

就这样，高欢运用智谋一步步摆脱了尔朱兆的控制，自己独立掌握兵权，兵精粮广后，反过来又吞掉了尔朱兆，把持了东魏政权。

苏绰的治国良策

原文

泰用武功苏绰为行台郎中，居岁余，泰未之知也，而台中皆称其能，有疑事皆就决之。泰与仆射周惠达论事，惠达不能对，请出议之。出，以告绰，绰为之区处，惠达入白之，泰称善，曰："谁与卿为此议者？"惠达以绰对，且称绰有王佐之才，泰乃擢绰为著作郎①。

注释

①著作郎：官职名。三国时魏初始置，隶属中书省，负责编修国史等。

译文

宇文泰任用武功人苏绰为行台郎中，一年多之后，宇文泰自己对苏绰还不大了解，但是行台官署中的人都称赞苏绰能力强，遇上有疑难的事情都去请他帮助决策。宇文泰与仆射周惠达讨论一件事，周惠达不能回答宇文泰的问题，就请求允许他出去跟别人一起商议此事。周惠达出门后，把情况告诉了苏绰，苏绰为周惠达作了分析解答，周惠达进去后按照苏绰的意见作出回答。宇文泰认为周惠达回答的非常好，问道："谁和你一道作出了这番议论？"周惠达说出了苏绰的名字，并且称赞苏绰具有辅佐君王成就大业的才能，宇文泰便提拔苏绰为著作郎。

历史详解

北魏末期,政治越来越腐败,边镇暴动此起彼伏,北魏政权摇摇欲坠,朝廷大权被控制在边镇将领的手中。公元534年,边镇重将高欢立魏孝文帝元宏的曾孙元善见为皇帝。他就是东魏孝静帝,都城后迁到邺城。

宇文泰曾是边镇起义将领葛荣手下大将,葛荣起义失败后投降了北魏朝廷。后来,他靠镇压关陇起义起家,势力逐渐强大起来,名声越来越大。于是宇文泰立孝文帝的一个孙子元宝炬做皇帝,就是西魏文帝,首都在长安。这样,北魏分裂为东魏和西魏两个政权。

西魏的政权掌握在宇文泰手中。西魏地少人少,经济文化都比较落后,时时都有被东魏吞并的可能。宇文泰为发展壮大西魏的力量,千方百计寻找能安邦济边的人才,极力加强与汉族地主的联系,任用汉人做官,推广汉族先进文化,着手进行政治改革。

有一天,同僚周惠达求见宇文泰,向宇文泰推荐一个人才。他说:"这个人叫苏绰,是汉族名士。他学识渊博,才智过人,上可知天文,下可通地理,而且品德高尚,为官清廉。凭他的才能,做一朝丞相,再适合不过了。"

宇文泰听周惠达这么一说,非常高兴,心想:若苏绰真像周惠达所说的那样,那么西魏强大就指日可待了。于是他立即召见了苏绰,并提升他为著作郎。

有一次,宇文泰和很多官员到长安西汉旧苑去游历,宇文泰向这些人问了许多问题。他问王昭君出塞是汉朝哪个皇帝时期的事,有人说是汉文帝时期的事,只有苏绰说是汉和帝时期的事。他又问汉武帝时期司马迁入狱受刑是由什么原因引起的,这个问题把那些人问得无言以对。苏绰说:"李陵出使匈奴,被俘后受降,汉武帝为此在盛怒之下要斩李陵全家。而司马迁分析了李陵被俘时的处境,认为以李陵的人格与性格,他不会投降的,但当时敌我力量相差悬殊,死拼只有全军覆没,暂时投降是为了保存力量,等待时机与汉军里应外合,再打匈奴。司马迁之述很有道理,但汉武帝说司马迁是为李陵辩护,就将他下狱行刑了。"

宇文泰听完苏绰从容不迫地回答,高兴得无意行游了,决定回府后与他继续长谈。那天,他们两人一夜未睡,苏绰从春秋五霸讲到战国七雄;从秦始皇统一中国,讲到汉武帝时期西汉的强盛;从孔子的儒家思想讲到韩非子的法家主张。这些治国之道,宇文泰很少听说过,因此越听越爱听。他心中暗想:这正是我寻求的济世之能臣。他悔恨自己没有早一点重用他。

不久,宇文泰向西魏文帝提议,任命苏绰为大行台左丞。其地位和丞相是一样的。紧接着，苏绰又被授予大行台度支尚书（主管财政的官员）和司农卿（主管农业的官员）的官职。

苏绰看到宇文泰和皇帝对自己如此重用，便根据西魏的现实状况开始制订富国强民的措施。这些措施被称作“六条诏书”。

苏绰治理国家重在用人。不能只看门第，还要看人的能力，这是苏绰最重要的主张。他说：“曹操之所以能统一北方，与他重用人才是分不开的。”他曾三次颁布唯才是举令，使很多有才能的人都为他所用。北魏之所以分裂，与实行士族制度有直接关系。根据士族制度，不管有没有才能，只要出身于士族，就可以当大官，享厚禄；而庶族出身的人即使有才能也当不上高官，俸禄低。这样，就产生了士族和庶族之间的矛盾。这种矛盾激化，导致了北魏边镇暴动和起义。

苏绰还认为，不要随便让农民服徭役，要给他们更多的时间去耕地、去织布，农民有吃不了的粮食，穿不完的衣服，社会才能稳定，国家收入也就增多了。

同时，苏绰还强调：“要根据财产的多少平均负担徭役和赋税，不能把这种负担全部加在百姓身上。”这种措施限制了士族地主和庶族地主倚靠特权逃避赋税和徭役，从而减轻了农民的负担，提高了农民生产的积极性，有利于发展农业生产。

这六条诏书颁布后，上到皇帝，下到文武大臣、地方官吏，都要知道这六条诏书的内容，而且会背诵。有一次，西魏文帝根据宇文泰的提议，把文武大臣召集到一起，让他们挨个背六条诏书。其中有两个大臣没背下来，当即宣布官降两级。后来宇文泰还规定把六条诏书作为考核官吏政绩、增减俸禄的标准。

正因为宇文泰对六条诏书如此重视，使之作为治国准则很快推行，西魏的经济迅速发展起来，国力也大大增强，很快就超过了东魏。

苏绰生活俭朴，爱民如子。他经常告诫家人，在生活上不要铺张浪费，我们只要吃得饱、穿得暖就行，不要追求奢侈享乐。只有人民有饭吃，有衣穿，我们才能高兴。如果人民四处流浪，我们能吃得下，睡得好吗？

苏绰为了国家日夜操劳，不幸病逝，那时他才四十九岁。宇文泰按照他的遗嘱将他的遗体送回故乡武功安葬。灵车启程时，宇文泰带着文武大臣，在苏绰的灵车前放声大哭。长安城里的百姓闻讯都赶来挥泪送别。

精简点评

商鞅变法使秦国强大起来，为秦始皇统一中国奠定了重要的基础。苏绰的政治改革使西魏走上了富强之路，为取代西魏的北周再度统一中国作出了重要贡献。

高纬大笑失天下

原文

齐主命立重赏以募战士，而竟不出物。广宁王孝珩请“使任城王湝将幽州道兵入土门，扬声趣并州，独孤永业将洛州道兵入潼关，扬声趣长安，臣请将京畿兵出滏口，鼓行逆战。敌闻南北有兵，自然逃溃。”又请出宫人珍宝赏将士。齐主不悦。斛律孝卿请齐主亲劳将士，为之撰辞，且曰：“宜慷慨流涕，以感激人心。”齐主既出，临众，将令之，不复记所受言，遂大笑，左右亦笑。将士怒曰：“身尚如此，吾辈何急！”皆无战心。于是自大丞相已下，太宰、三师、大司马、大将军、三公等官，并增员而授，或三或四，不可胜数。

译文

北齐后主命令立重赏来征募战士，但是他自己竟然不拿出要激赏的物品来。广宁王高孝珩建议请求说："派任城王高湝率领幽州道的士兵开进土门关，扬言进取并州，独孤永业率领洛州道的士兵开进潼关，对外佯称要进取长安，臣请求率领京畿的士兵出滏口，击鼓向前接战。这样敌人一旦听到南北有兵，就会心怯，自然逃走溃散。"高孝珩又请求后主取出宫女和珍宝赏给将士。北齐后主听了很不高兴。斛律孝卿请北齐国主亲自慰劳前线苦战将士，并为他撰写文辞，并且说："应该慷慨流泪，以感动激励人心。"北齐后主走出来，面对大家将要发布号令，却忘记了斛律孝卿告诉他的话，便大笑起来，左右的人也笑。将士们很是恼怒，他们怒说："他们自身还这样，我们何必着急！"都没有打仗的心思。于是只好从大丞相以下，太宰、三师、大司马、大将军、三公等高官，都增加编制授给官职，或者三人或者四人，多到不可胜数。

历史详解

公元550年，大将高洋取代了东魏，建立北齐；公元557年，大将宇文觉取代了西魏，建立北周。

北周建国后，四处扩张，不断发动战争，而且连连得手。公元576年，它再次讨伐北齐，很快占领了北齐高氏的巢穴——晋阳。北齐皇帝高纬大惊失色，连夜逃回邺城，企图负隅顽抗，垂死挣扎。

高纬发布命令，重金招兵买马，但是人马来了，他却吝惜自己的钱财，舍不得给将士。大臣们都心急火燎地劝他，事已如此，钱又有什么用呢？要是失信于人，因小失大，恐怕性命都保不住，还说得上其他吗？高纬硬是不答应。

北周兵临城下，形势危急。大将斛律孝卿建议高纬犒军，并事先准备了训话的稿子，还再三叮咛说："陛下讲演时，最好慷慨流涕，以激发将士们的斗志。"高纬答应了，反复地背诵演说稿，默记于心里。

高纬当皇帝12年，平日寻欢作乐，不理朝事，何曾干过这种事情？好在斛律孝卿事先已教过他，用什么样的语气，怎样装出威严而庄重的样子。斛律孝卿集合好将士，请高纬检阅。他装模作样地从队伍前面走过，然后站定，发表演说。他先干咳了两声，正要开口时，不知怎么，背得烂熟的演说辞竟全部忘记了，想了半天，一句也想不起来。将士们都奇怪地望着他，大臣们也都莫明其妙，不知所措。忽然他大笑起来，直笑得前仰后合，半天也收不住，引得左右的人也都莫名其妙地笑了起来，或苦笑，或嘲笑，滑稽至极。本来很严肃、很庄重的阅兵气氛一扫而空。将士们对皇帝高纬的儿戏态度很气愤。大家说："皇上自己都不着急，我们还急什么呢？"

斛律孝卿本想借此机会激发将士们的斗志，振奋精神，共同誓死保卫邺城。谁知高纬一阵大笑，使一切都付诸东流，军心涣散，一点战斗力也没有了。

精简点评

北周轻而易举地攻下了邺城，高纬自然也难逃阶下囚的厄运。就这样，北周统一了北方。

侯景之乱

原文

景乃诈为邺中书，求以贞阳侯易景，上将许之。舍人傅岐曰："侯景以穷归义，弃之不祥；且百战之余，宁肯束手就絷！"谢举、朱异曰："景奔败之将，一使之力耳。"上从之，复书曰："贞阳旦至，侯景夕返。"景谓左右曰："我固知吴老公薄心肠！"王伟说景曰："今坐听亦死，举大事亦死，唯王图①之！"于是始为反计，属城居民，悉召募为军士，辄停责市估及田租，百姓子女，悉以配将士。

注释

①图：考虑，计划。

译文

侯景于是假造了一封来自东魏都城邺城的书信，信中写道要用贞阳侯萧渊明交换侯景。梁武帝打算答应这一要求。舍人傅岐说："侯景因为山穷水尽才归至正道，投奔梁朝，舍弃了他是不吉祥的。况且侯景也身经百战，他怎么肯束手就擒呢？"谢举、朱异说："侯景是败军之将，用一个使者就会把他召回来。"梁武帝听从了谢举、朱异的话，给邺城回信说："贞阳侯早一到，侯景晚上会押送回去。"侯景对左右的人说："我就知道这个老家伙是个薄情寡义之人！"王伟对侯景劝说道："现在，我们等着听候梁国安排也是死，图谋大业也不过一死，希望大王您考虑一下这件事！"于是侯景才开始有反叛之计：将寿阳城内所有的居民，都招募为军队的士兵，立即停止收取市场税及田租，百姓之女，都被分派给将士们。

历史详解

公元547年3月的一天早上，梁武帝萧衍接到东魏大将侯景送来的一封书信，他打开信一看，高兴得哈哈大笑，说道："好，好，好！这和我梦中所见情景是一样的，正合我意，这回我的领土扩大了，力量壮大了。"说完，他急忙召集文武大臣上朝商议此事。

梁武帝先把侯景信的内容向大臣们说了一遍，然后征求大家意见。宰相谢举说："侯景是羯族人，听说这个人野心勃勃，他是高欢手下的大将，与掌握东魏

实权的高澄不和,投降西魏,西魏不收留他。这次他投奔我主,而我朝与东魏刚刚和好,如果接纳他们的叛臣,是否会得罪东魏,同时也怕养虎为患吧?”

梁武帝说:“不会。今年正月,我曾梦见魏军的军官们纷纷向我献地投降。如此看来,我的梦变成了现实,这是天赐良机,我们不能放过。侯景带兵降梁,一则我朝增添一员大将,壮大我的力量;二则他知道东魏的实情,对于我朝收复北方领土,统一全国,他还能献计献力。”就这样,梁武帝接受了侯景的投降,同时还任命侯景为大将军,封为河南王,负责管理那一带的军政大事。这就为梁朝的灭亡埋下了祸根。

梁武帝派侄子萧渊明带兵前去接应侯景,萧渊明因长途跋涉,人困马乏,对地理形势不了解,又没有打仗的经验,因此在途中就遇到了东魏大军,被东魏打败,本人被俘。紧接着,东魏军又打败了侯景,侯景带残兵败将逃亡。高澄为了挑起侯景和梁武帝的矛盾,让萧渊明写信给梁武帝,表示东魏愿意与梁朝百年和好,不兴战事,只要梁朝交出叛将侯景,东魏将马上把萧渊明送回梁朝。

梁武帝此时只顾亲情,不顾大局,无视群臣反对,一意与东魏言和。侯景听到梁武帝要拿他换回侄儿的消息,立刻反目。他说:“如今我灭不了东魏,倾覆梁朝是不成问题的。”于是他破釜沉舟,开始率兵南下,攻打梁朝。由于梁武帝多年信奉佛教,不问军事,军队里的官兵也大都信佛,没有战斗力,他们抵挡不住凶猛的羯族人的进攻,节节败退。侯景的军队很快打到了长江北岸。

梁武帝派六儿子萧纶带兵征讨侯景,派侄子萧正德守卫长江南岸,保卫首都建康。萧正德早有夺取帝位的野心,于是他趁机与侯景联络,做他的内应,攻下建康后,他想做皇帝。侯景知道萧正德的野心后,也答应了他提出的条件。于是,二人互相勾结,长江这道天然屏障,也就失去了它应有的作用。萧正德夜里准备了许多船只,这些船只首尾相连。这样,侯景的军队全部渡过长江,冲进建康。

梁武帝令太子萧纲防御敌人。萧纲仍被蒙在鼓里,又命令萧正德守宣阳门。萧正德打开宣阳门,迎接侯景入城。侯景军队近万人,战马数百匹,人喧马叫,蜂拥而入。建康城从东到西分三部分,而梁武帝住在中间的台城里。侯景派兵把三个城分割包围,他们彼此不能相顾,而且重点火攻台城。一时间,战鼓雷鸣,火焰冲天,台城守将羊侃见台城起火,马上令士兵运水,救火,火被扑灭,侯景入城心切,又命士兵用斧头劈砍城门,企图破门而入。羊侃命令弓箭手射箭。万众箭齐发,砍门的士兵纷纷倒下,侯景见无法入城,只好暂时撤走。

侯景不堪失败,夜里组织队伍持灯笼火把,再次进攻台城。他们占领了东宫,士兵连抢带杀。萧纲忙派人火烧东宫,侯景在一片慌乱冲逃出东宫,结果,宫里的历代图书文物几乎都被烧毁。

阵前交战

侯景见攻不下台城，便派人前去劝降，对羊侃说："只要你打开城门让我们进去，我们不但不杀你，还提升你为太尉（掌管朝中军政大权的官职）；如果不开城门，待我们进去后，全城人的性命都保不住。"羊侃回答说："你是个阶下囚，自己的性命都难保了，让我们投降，别想。"

羊侃软的不吃，硬的不怕，侯景只有一个办法，久困台城。让台城与外部隔绝，等里面的粮食全部吃完，他们会主动献城，否则，将全被饿死。侯景怕台城外的老百姓接应城内官兵，便把他们的粮食都给抢光，还让他们服兵役，在台城的外围筑了两座土山。民兵们忍着饥饿，挑着沉重的泥土，连累带饿，死了很多人。死后就被扔在山上。有的担不动土，就被士兵活活杀死，作为泥土往山上堆，台城外的居民死了将近大半，堆在山上，高出台城城墙。

羊侃也在城里堆筑土山，但是城内人少，粮食也将吃光了，他们的土山堆得很慢。双方在土山上交战。后来，因为下了几天大雨，城内的土山被冲塌。侯景的军队万箭齐发。在弓箭的保护下，他的士兵越过城墙，进城打开了城门，冲进台城。羊侃率军拼命抵抗。但由于城内粮食已绝，士兵们饿得很难坚持战斗，坚守四个多月的台城终于失陷了。

侯景的士兵像猛兽一样大肆屠杀，侯景命令先杀死萧正德，他认为，连养育他多年的叔叔都能出卖，这样的人留他何用。紧接着又闯入皇宫，抓住梁武帝，把他软禁起来，直到被活活地饿死。梁武帝临死之前才醒悟到他做的是一场噩梦，他后悔当初为什么没有听谢举等大臣的劝告。

梁武帝死后，侯景拥立萧纲做傀儡皇帝，即简文帝。侯景自封为宇宙大将军、丞相，掌管军政大权。后来梁武帝的第七子萧绎联合大将王僧辩、陈霸先，在江陵(今湖北江陵)起兵与侯景作战。公元552年,陈霸先、王僧辩率领的军队收复建康。侯景战败逃走,在逃走的路上为部将所杀,他的尸体运回建康,扔在街头,一场暴乱就此结束。

精简点评

侯景叛乱加剧了南梁的社会动荡,政治高层争权夺利,悲剧不断上演,国家实力也进一步被摧残。

陈　纪

陈霸先抗齐

原　文

甲午，进丞相霸先位太傅，加黄钺、殊礼，赞拜不名①。九月，辛丑，进丞相为相国，总百揆，封陈公，备九锡，陈国置百司。

注　释

①赞拜不名：古代君王赏给臣子的一种特权。臣子参见君王时可以不用通报。

译　文

甲午，梁朝提升丞相陈霸先为太傅，加赐黄钺、殊礼，进见赞拜时不用称名。九月，辛丑，又提升丞相为相国，总领朝政，封为陈公，备九锡，陈国设置百官。

历史详解

公元552年，萧绎在江陵登基，即历史上的南梁元帝。他对朝廷内的人事做了较大的变动。南梁元帝任命陈霸先为大司空，掌管监察、法律，兼任扬州刺史，镇守京口；任命王僧辩为太尉，负责全国军事，镇守建康石头城。二人分掌大权，成为国家的栋梁和支柱。

萧绎做了皇帝，他的兄弟萧纪、萧纶和侄子萧訾也来争夺皇位，互相残杀。萧訾不惜引狼入室，向西魏寻求支援。西魏早想灭掉南梁，趁机兵下江南。公元555年，在西魏的协助下，萧訾攻下江陵，杀死萧绎，自封为梁王。西魏军队在江陵目空一切，飞扬跋扈，无恶不作，抢劫府库中的珍宝，掳走数万人做奴婢。而后把江陵这座城交给了萧訾去管理。第二年，萧訾自称皇帝，历史上叫后梁。

江陵被西魏攻下以后，平定侯景之乱的陈霸先、王僧辩不承认萧訾为皇帝，在建康立萧绎的儿子萧方智做了皇帝，即南梁敬帝。这时北齐派兵送被东魏俘虏的贞阳侯萧渊明到南梁做皇帝。王僧辩是个反复无常的人，他从个人利益出发答应了北齐的要求，接回萧渊明，立他做皇帝，废掉了南梁敬帝。

陈霸先对王僧辩的这种做法十分不满，曾三番五次劝说王僧辩，可王僧辩执意不听。于是陈霸先和部将侯安都等起兵进攻建康，决心除掉王僧辩这个出卖国家利益的奸贼。

侯安都率领军队很快攻到了建康，打败了王僧辩的军队，冲进城去。王僧辩忽然听到城外有人杀来，不禁大吃一惊。此时，侯安都的人马已冲到他面前。王僧辩手下的将士死命保护他向南门出逃，不料陈霸先的军队已经从南门杀奔而来。王僧辩走投无路，束手就擒，当晚就被陈霸先杀了。紧接着，陈霸先又杀死了萧渊明，复立萧方智为帝。

王僧辩死后，其党羽继续跟北齐勾结，乘陈霸先出兵义举（今江苏、浙江两省的太湖西岸地区）平定叛乱之机，偷袭建康，占领了军事要地石头城。与此同时，北齐派兵五千从采石渡江，占领了姑孰（今安徽省当涂县），控制了建康的西南门户。陈霸先得知消息后，连夜赶回建康，派兵乘夜黑袭击了长江北岸的北齐军，火烧北齐运粮船，然后包围了石头城，将城中的水源切断。北齐军为摆脱困境，被迫向陈霸先求和。陈霸先明知这是北齐的诡计，但由于建康防守力量薄弱、粮食供应困难的原因，同意了讲和。他告诫部属说："北齐人这次求和是迫于无奈。他们反复无常，不讲信用，很可能会背弃和约，卷土重来，我们应该做好准备。"

和约达成后，陈霸先一面清除王僧辩的残余势力，巩固后方；一面派兵驻扎在淮河沿岸的方山一带，防御北齐的入侵。

没过多久，北齐果然背信弃义，撕毁和约，又来入侵，并且占领江南的一些地方。因为陈霸先早有准备，将士英勇作战，北齐军始终不能逼近建康。建康的百姓积极支持陈霸先抗北齐，用荷叶包饭，夹了鸭肉，争相送到前线慰劳杀敌将士。北齐军所到之处都受到江南人民的坚决反抗，没有房子住，军粮又接济不上，只好住在泥泞的野草地里，靠打家劫舍维持生命。

精简点评

就这样，陈霸先终于打败了北齐的军队，保卫了四季如春的富饶的江南。

陈霸先的威望在抗齐战争中得到了很大的提高。因为他不平凡的功勋，南梁敬帝特封他为陈国公，总揽朝政大权。

陈叔宝兄弟争位

原文

春，正月，己酉，上不豫，太子与始兴王叔陵、长沙王叔坚并入侍疾。叔陵阴有异志，命典药吏曰："切药刀甚钝，可砺[1]之！"甲寅，上殂。仓猝之际，叔陵命左右于外取剑。左右弗悟，取朝服木剑以进，叔陵怒。叔坚在侧，闻之，疑有变，伺其所为。乙卯，小敛。太子哀哭俯伏。叔陵抽锉药刀斫太子，中项，太子闷绝于地；母柳皇后走来救之，又斫后数下。乳媪吴氏自后掣其肘，太子乃得起；叔陵持太子衣，太子自备得免。叔坚手扼叔陵，夺去其刀，仍牵就柱，以其褶袖缚之。时吴媪已扶太子避贼，叔坚求太子所在，欲受生杀之命。叔陵多力，奋袖得脱，突走出云龙门，驰车还东府，召左右断青溪道，赦东城囚以充战士，散金帛赏赐；又遣人往新林追所部兵；仍自被甲，著白布帽，登城西门招募百姓；又召诸王将帅，莫有至者，唯新安王伯固单马赴之，助叔陵指挥。叔陵兵可千人，欲据城自守。

注释

①砺：磨刀。

译文

这年春天正月，己酉，陈宣帝患病，太子陈叔宝与始兴王陈叔陵、长沙王陈叔坚一同进宫侍疾。陈叔陵心中有不良企图，对掌管药品的官吏说道："切药草的刀太钝了，应该磨一磨。"甲寅，陈宣帝去世。仓促之际，陈叔陵命令左右随从到宫外取剑，随从没有明白他的用意，取来他朝服上作为装饰用的木剑给了他，陈叔陵见了大怒。陈叔坚在一旁，看到了陈叔陵的所作所为，怀疑事情有变，于是就暗中监视陈叔陵的所作所为。乙卯，陈宣帝遗体入殓，太子俯伏痛哭，神情悲痛。陈叔陵乘机抽出切药刀向太子砍去，砍中了太子的颈项，太子昏倒在地；太子生母柳皇后赶来救护太子，也被陈叔陵砍了数下。太子的奶妈吴氏从后面扯住陈叔陵的胳膊，太子才得以爬起；陈叔陵又抓住太子的衣服，太子奋力争脱，才得免于难。陈叔坚用手掐住陈叔陵的脖子，然后夺了他手中的刀，然后把他拖到一根柱子旁，就用他的衣袖将他捆在柱子上。当时吴氏已经扶着太子离开，陈叔坚就去寻找太子的下落，向他请示对陈叔陵如何处置。陈叔陵健壮有力，奋力挣脱衣袖，冲出云龙门，乘车驰还扬州治所东府城。他召集左右随从阻断通向宫廷所在台城的青溪道，并且下令赦免东城的囚徒并将他们编入自己的军队，散发金帛钱财，重重赏赐手下死士，又派人前往新林，追还他所指挥的军队，并亲自穿上甲胄，戴上白布帽，登上城西门招募百姓。他又征召宗室诸王和将帅，但无人响应，只有陈伯固一人一马到他那里去，助他指挥手下的士兵。陈叔陵的军队达到了有一千人，他们打算据城自守。

历史详解

公元557年，梁朝大将陈霸先废掉梁敬帝萧方智，自己称帝，改国号为陈，他就是陈武帝。他在位只有三年，就死去了。由于他的儿子死得都很早，他的侄子陈蒨继承他的帝位，就是陈文帝。

陈文帝在即位的第七年病倒了。临终前，他嘱咐二弟陈顼说："我儿子伯宗年纪小，又柔弱，难承大事。我死以后，把皇位传给你，以免皇室内乱，不利于国家安定。"

陈顼早有称帝的野心，然而哥哥当着众人之面，像刘备托孤于诸葛亮一样，致使他极力掩饰自己的虚伪。

他一边哭泣，一边对哥哥说："你尽管放心，我一定像诸葛亮那样，尽心尽力地辅佐我的侄儿。"陈文帝非常感动，他紧紧握着陈顼的手，不久就闭上了眼睛。

陈文帝死后，陈顼大权在握，简直就是太上皇。

一年后，他违背了自己的诺言，废掉侄儿伯宗，自己当了皇帝，他就是陈宣帝。

在他称帝的十四年后，他的儿子陈叔陵、陈叔宝在他的灵前演出了惊心动魄的一幕。陈叔陵是陈宣帝的次子，他知道长兄叔宝已被立为太子，父亲去世后，哥哥当然继承皇位。

为了争夺皇位，他在父亲断气时，喊管理医药的人拿剑进来。管理医药的人误以为他要给皇帝举行送终仪式，结果拿来了一把木剑。叔陵杀不了哥哥叔宝，气得暴跳如雷。

陈叔陵很早就有篡夺帝位的野心。他被封为始兴郡王，是江州（今江西九江）、郢州（今湖北武汉）、晋州（今安徽潜山）三州的军事。

他在那里招兵买马，训练军队，为将来夺取帝位作准备。然而，他对手下非常苛刻，从不顾手下的疾苦，谁要是有一点过错，都要施以重罚。这样，没有人愿意为他做事，当地的百姓困苦不堪，人们背地里唾骂他。

陈叔宝没有什么才能，被立为太子以后，对陈宣帝十分孝顺，陈宣帝病重期间，他经常守在父亲的床前，问寒问暖。叔陵为了实现自己的野心，也学着哥哥的样子，天天来父亲床前探视。只要父亲咽气，他就想马上杀死哥哥叔宝，夺取帝位。

陈宣帝遗体入殓的那天，陈叔宝号啕大哭，陈叔陵趁哥哥不备，突然起身，操刀向陈叔宝的头部砍去，陈叔宝当即昏倒在地，幸亏宣帝的柳皇后和叔宝的奶娘吴氏拼命相救，叔宝才免于一死，醒后逃走。他们的四弟叔坚野心勃勃，被封为长沙王，独霸一方。他看见二哥叔陵不想放过大哥，就抓住叔陵，去向太子叔宝请功。没想到，叔陵趁他不注意的时候逃跑了。

陈叔陵的势力在始兴，建康城里都是父亲和哥哥叔宝的势力。叔陵本来可以逃出京城，但是由于求成心切，就逃到东府城，那里有他的几个部下。他派人将东府城全部封锁，为了壮大自己的力量，他打开监狱，把犯人放出来，让他们拿起武器，与自己一道对付叔宝。这些人不明真相，任凭叔陵差遣。叔陵披甲来到东府城的西城楼，对着下边喊："谁要是加入我的队伍，我即位后，将给你们封官加爵，王公大臣辅佐我，我要给他官升几级。"城中的百姓都知道他为人残忍狠毒，不体贴下人，因此没有一个百姓跟随他。

陈叔宝躲在皇宫里养伤，大事都委托给陈叔坚。叔宝告诉叔坚要见机行事。叔坚看到二哥孤军作战，成不了气候，只要杀了二哥叔陵，将来朝中大权就会落到自己手里。于是他命令右卫将军萧摩诃带领五千人马围攻东府城。

叔陵知道萧摩诃(hē)善于指挥作战,自己人孤兵寡,于是托人给萧摩诃送礼,想诱降他,并说:"太子叔宝软弱无能,难挑国家重担,如果你能助我一臂之力,打败太子,我做了皇帝,一定拜你为右丞相,金钱、美女和豪宅应有尽有。"萧摩诃将计就计,答应了陈叔陵的要求。他带领两千人去投奔陈叔陵,叔陵信以为真,令戴温打开城门迎接萧摩诃。萧摩诃一进城门,他的手下就包围了戴温等人,把他们捉住后,斩去首级。戴温的手下见主将被斩首,都献城投降。

陈叔陵见有多半人背叛了自己,剩下的几百人怎能抵挡萧摩诃的几千人马,于是他为了保存生命,带着这些人从东城门逃走。萧摩诃派人报告陈叔坚,陈叔坚怕留下后患,便让萧摩诃快速追赶陈叔陵。叔陵自知陈国不是他的藏身之地,于是要逃到北周避难。如果北周能与他联手,他还有东山再起的机会。他正做着美梦,萧摩诃率领一千精骑绕道赶到了叔陵的前面,截住叔陵,叔陵吓得目瞪口呆。萧摩诃当场杀死陈叔陵,一场争夺皇位的风波,就这样告一段落。

成者王侯败者寇

陈叔宝见叔陵已死,叔坚又顺从自己,于是就继承了皇帝位,也就是有名的无道昏君陈后主。陈后主整天在后宫里与王妃宫女们饮酒作乐,让她们给他弹琴扇扇,还强迫她们跳裸体舞。他从来都没有想过上朝的事,朝中大事都交四弟叔坚办理。他不知道朝中大臣有多少,甚至连谁是文臣、谁是武臣都分不清。他没过问过天下贫苦的百姓,不知道陈国的疆域有多大。他待在后宫,不知道春夏与秋冬。

朝政一天比一天腐败,地方官吏效仿朝中文武官员,只顾敲诈百姓,作威作福。南朝的百姓都在死亡线上挣扎。此时,北周的外戚隋国公杨坚,夺取政权,改国号为隋，他就是隋文帝。隋文帝是位卓有成就的开国皇帝，他在位期间，隋朝的国力比以前任何一个朝代都强盛。

精简点评

兄弟相争，造成国家实力空虚。陈叔宝虽然夺得政权，但是国家实力已经大不如前。公元589年，隋文帝派兵打败陈后主的军队，陈灭亡，南北朝对峙的局面结束，分裂了二百六十多年的中国重新统一。

隋纪

隋文帝统一全国

原文

二月，甲寅，隋王始受相国、百揆、九锡，建台置官。丙辰，诏进王妃独孤氏为王后，世子勇①为太子。

注释

①勇：杨勇，杨坚长子。初封世子，杨坚代周后被封太子，后被废。

译文

二月，甲寅，隋王杨坚开始接受相国、统辖百官的职务和九锡，并建立隋国台省、设置官吏。丙辰，北周静帝诏令进封隋王妃独孤氏为王后，世子杨勇为太子。

历史详解

隋文帝杨坚，是弘农郡华阴（今陕西华阴）人。杨氏是从汉朝以来直到魏晋南北朝时期的名门望族。在西魏时期，杨坚的父亲杨忠便和独孤信一起投靠了权臣宇文泰。此后，杨忠因为屡建功勋，而且帮助宇文觉建立了北周政权，所以官爵升至柱国，封隋国公。

隋文帝

杨坚出生时也有许多传说。史载，杨坚的母亲吕氏，在西魏大统七年（公元541年）六月的一天夜里，生杨坚于冯翊般若寺（在今陕西高陵），当时紫气满院。

杨坚十四岁时，被京兆尹薛善征用为功曹。十五岁时，因为功勋被授为散骑常侍、车骑大将军、仪同三司，封成纪县公。十六岁，升任骠骑大将军，加官开府。周太祖见后叹道："此儿风骨，不像是燕赵一带人！"明帝继位，晋封大兴郡公。明帝曾派善于相面者赵昭看他，赵昭伪称："不过做柱国罢了。"之后偷偷地对杨坚说："公应为天下君主，但要经过大诛杀才能平定天下。请牢记我的话。"

宇文护掌政后，特别忌恨杨坚，多次要陷害他，因大将军侯伏、侯寿等人的救护而免于难。其后，杨坚继承父爵为隋国公。武帝娶了杨坚的长女为皇太子妃后，更加礼遇和器重杨坚。齐王宇文宪对武帝说："杨坚相貌不凡，臣每次看到他，都手足无措。恐怕他不会甘为人下，请早日剪除他。"武帝说："他只能为将而已。"内史王轨急切地对武帝说："皇太子不会成为国家君王，杨坚貌有反相。"武帝不高兴，说："如果天命注定此人这样，我们又能怎样呢？"杨坚听到这些话后很恐惧，从此便韬光养晦、深自隐匿，以免引起别人的猜疑和注意。

北周建德（公元572~578年）年间，杨坚率水师三万，在河桥（今河南孟津东北黄河上）战胜齐军。次年，随武帝灭齐，晋升柱国。

不久，杨坚转任亳州（今安徽亳州）总管。宣帝即位后，因为杨坚是皇后之父，就征任他为上柱国、大司马。宣帝每次外出巡幸，都委任他留守京师。当时宣帝制定、颁行《刑经圣制》，法律严峻刻薄。杨坚认为法令繁多，非教化之道，极力劝谏，未被采纳。

杨坚地位和声望日益显赫，宣帝对此颇为疑忌。宣帝有四个宠姬，都立为皇后，诸家争风吃醋，屡屡相互毁谤。宣帝常忿然对杨皇后说："我一定要灭你家族。”然后召见杨坚，并命令左右道：“如其神色失常，当即处死。”杨坚到后，从容自若，于是作罢。

北周大象二年（公元580年）五月，宣帝任命杨坚为扬州（今江苏扬州）总管。杨坚将要赴任时，突患足疾，未能成行。不久，宣帝驾崩。杨坚等人并没有立即公布消息，而是趁机用假诏书夺取了军政大权，以及京城部队的指挥权。等一切准备就绪后，这才发布了皇帝去世的消息，辅佐小皇帝即位。周氏诸王有在藩国的，杨坚唯恐他们生变，就借故把他们召还京师。

六月，诸王均到达长安。相州（今河南安阳）总管尉迟迥自认为是重臣宿将，心中不服，遂在东部举兵。赵、魏之士，从者如流，十五日之内，已达十多万。加上宇文胄在荥州（今河南荥阳西北）、石怼在建州（今广东郁南东南）、席毗在沛郡（今江苏沛县）、席叉罗在兖州（今山东兖州），都举兵响应尉迟迥。尉迟迥又送其子为人质请陈朝援助。杨坚命上柱国、郧国公韦孝宽迎战。雍州牧、毕王宇文贤及赵、陈等五王，在得知宣帝病逝的消息之前，杨坚便用假诏书将他们召回到长安，然后收缴了他们的兵权和印信。杨坚拘捕宇文贤斩首，不追究赵王等人的罪行，诏令五王可剑履上殿，入朝不趋，以稳其心。

韦孝宽在相州战胜尉迟迥，传首阙下，余党一一被消灭。

起初，尉迟迥叛乱时，郧州（今山西稷山西南）总管司马消难举兵响应，淮南（今安徽寿县）州县多归附。杨坚命襄州（今湖北襄樊）总管王谊讨伐，消难奔逃至陈。荆（今湖北江陵）、郢（今湖北武昌）蛮族乘危叛乱，杨坚命亳州总管贺若谊征讨平定。在这之前，上柱国王谦为益州（今四川成都）总管，他看到幼主在位，由杨坚辅佐，就发动巴（今四川巴中）、蜀民众，以救亡扶危为借口反对杨坚。杨坚正致力于平定东土、山南，未来得及讨伐。王谦进兵屯据剑阁（即剑门关），攻陷始州（今四川剑阁）。这时，杨坚命行军元帅、上柱国梁睿率军讨伐，打败王谦，传首阙下。巴、蜀地势险要，人好作乱，于是毁坏剑阁通路，立碑铭垂诫后人。在京五王阴谋反叛，日甚一日，杨坚携带酒肴造访赵王府第，想观其所为。赵王埋伏下甲士宴请杨坚，杨坚差一点遭暗算，幸亏元胄护卫，才幸免于难。于是诛杀赵王招、越王盛。五个王见自己无法与杨坚抗衡，便秘密联系在外的另一个王起兵，但不久便被杨坚打败。宗室势力被消除后，杨坚的皇帝之路平坦了许多。

十一月，杨坚为除后患，处死了代王宇文达。

北周大定元年（公元581年）二月，杨坚用了一个前人使用过的体面形式——禅让得到帝位。他让人替周静帝写好退位禅让诏书，然后送到自己的王府。杨坚假意推辞，最后才接受了大家的意见，穿上皇帝服装，登上心仪已久的宝座。这时的杨坚刚四十岁。

杨坚着常服从相府入宫，在临光殿举行即帝位的仪式。这一天，宣布大赦，改元为开皇。隋朝建立了。

精简点评

隋文帝杨坚是位卓有成就的开国皇帝，他在位期间，隋朝的国力比以前任何一个朝代都强盛。

赵绰依法办事

原文

时上禁行恶钱，有二人在市，以恶钱易好者，武侯执以闻，上令悉[①]斩之，绰进谏曰："此人所坐当杖，杀之非法。"上曰："不关卿事。"绰曰："陛下不以臣愚暗，置在法司，欲妄杀人，岂得不关臣事！"上曰："撼大木，不动者当退。"对曰："臣望感天心，何论动木。"上复曰："啜羹者热则置之，天子之威，欲相挫邪！"绰拜而益前，诃之，不肯退，上遂入。治书侍御史柳彧复上奏切谏[②]，上乃止。

注释

①悉：都。
②切谏：真诚恳切地劝谏。

译文

当时隋文帝严禁民间使用假钱,有两人在集市上用假钱兑换由官府铸造的好钱,巡查社会治安的武侯抓获了他们,并报告了朝廷,文帝下令将他们斩首,赵绰进谏说:“他们所犯的罪应该判处杖刑,处死他们不符合法律。”文帝回答说:“这不关你的事。”赵绰说:“陛下不因为臣愚昧无知,把我放置在执法部门,现在陛下想胡乱杀非罪之人,怎么能不关我这个执法大臣的事?”文帝又说:“摇动高大树木的时候,如果树木不动就该知难而退。”赵绰也回答说:“我希望自己的一片忠心能感动苍天,何况是摇动树木。”文帝又说:“喝汤的时候,如果汤热就放在一边,天子的权威,你也想挫折它吗?”赵绰再次跪拜后又向前靠近,文帝厉声呵斥他,越绰还是不肯退避,于是文帝就起身回后宫。治书侍御史柳彧又上奏恳切劝谏,文帝才不再坚持将那两人处死。

历史详解

隋文帝统一全国以后,采取了各种巩固统治的措施,像改革官制、兵制,建立科举制度,选用办事能力强的官员,严办贪官污吏等。经过他的一番整顿改革,政局稳定,社会经济出现了繁荣的景象。

隋文帝还派人修订刑律,废除了一些残酷的刑罚。这本来是件好事,但是隋文帝本人就不完全按照这个刑律办事,往往一时气愤,不顾刑律规定,随便下令杀人。

这种情形,叫大理(管理司法的机构)的官员很为难。大理少卿赵绰觉得维护刑律是他的责任,常常跟隋文帝顶撞起来。

隋文帝曾经下令禁止使用不合标准的钱币。有一次,大兴(隋朝的都城名,今陕西西安市)大街上有人拿次币换好币,被人发现了,捉到衙门里。隋文帝听说有人竟敢违犯他下的禁令,一气之下,就下令把换钱的两个人统统砍头。

赵绰接到命令,赶忙进宫求见隋文帝。他对隋文帝说:“这两个人犯了禁令,按刑律只能打板子,不该处死。”

隋文帝不耐烦地说:“这是我下的命令,不干你的事。”

赵绰说:“陛下不嫌臣愚笨,叫臣充当大理官员。现在遇到不依刑律杀人的情况,怎么能说跟臣没关系呢?”

隋文帝气冲冲地说:“你想撼动大树吗?撼不动你就走开吧!”

赵绰说:“我希望自己一片忠心能感动苍天,何况是摇动树木。”

隋文帝又说:“你想触犯天子的威严吗?”

赵绰不管隋文帝怎样威吓,还是坚持自己的意见。隋文帝怎样骂他赶他,他也不走。隋文帝没法,很不高兴地进内宫去了。

后来,由于别的官员也上奏章谏阻,隋文帝终于取消了杀人的命令。

又有一次,官员辛亶被人告发搞不法的迷信活动,隋文帝又命令大理把辛亶处死。

赵绰上朝对隋文帝说:“辛亶并没有死罪,臣不能接受这个命令。”

隋文帝气得浑身发抖,说:“你想救辛亶,就没有你自己的命。”说着,喝令左右侍从把赵绰拉下殿去。

赵绰面不改色,说:“陛下可以杀臣,但是不该杀辛亶。”

左右侍从真的把赵绰扭下朝堂,剥了他的官服,摘掉他的官帽,准备处斩。这时候,隋文帝也想到杀赵绰太没道理,就派人跟赵绰说:“你还有什么话说?”

赵绰跪在地上,挺直了腰说:“臣一心执法,不怕一死。”

隋文帝并不真想杀赵绰,磨蹭了一阵子,气也平了。他想赵绰能忠实执法,毕竟是有利于他的统治的,就把赵绰放了。过了一天,还派人慰问了赵绰。

在大理官署里,有一个官员名叫来旷,听说隋文帝对赵绰不满意,想迎合隋文帝,就背着赵绰给隋文帝上了一道奏章,认为大理衙门执法太宽。隋文帝看了奏章,认为来旷说得很中肯,就把他提升了官职。

来旷自以为受到皇帝的赏识,就昧着良心,诬告赵绰徇私舞弊,把不该赦免的犯人放了。

隋文帝虽然嫌赵绰办事不顺他的心,但是对来旷的上告,却有点怀疑。他派亲信官员去调查,根本没有这回事。隋文帝弄清真相,勃然大怒,立刻下令把来旷处死。

隋文帝把这个案子交给赵绰办,认为这一回来旷诬告的是赵绰,赵绰不会不同意。哪里知道赵绰还是说:“来旷有罪,但是不该判斩。”

隋文帝很不高兴,袖子一甩,就退朝往内宫去了。

赵绰在后面大声嚷着说:“来旷的事,臣就不说了。不过臣还有别的要紧事,请求面奏。”

隋文帝信以为真,就答应让赵绰进内宫。

隋文帝问赵绰有什么事。赵绰说:“我有三条大罪,请陛下发落。第一,臣身为大理少卿,没有把下面的官吏管好,使来旷触犯刑律;第二,来旷不该处死,臣不能据理力争;第三,臣请求进宫,本来没有什么事,只是因为心里着急,才欺骗了陛下。”

隋文帝听到最后几句话,禁不住哑然失笑。旁边独孤皇后(独孤是姓)在座，也很赏识赵绰的正直，并命令左右赐给赵绰两杯酒。隋文帝也同意赦免来旷死刑，改判革职流放。

精简点评

主明臣直，没有杨坚的开明统治，也就不可能让赵绰的正直为世人所知，正是一场难得的君臣际遇才有这番千古美名流传。

杨素功高遭忌

原文

其后上亦疏忌素，乃下敕曰："仆射国之宰辅，不可躬亲细务，但三五日一向省，评论大事。"外示优崇，实夺之权也。素由是终仁寿之末①，不复通判省事。出杨约为伊州刺史。

注释

①仁寿之末：仁寿末年。

译文

此后，文帝也暗中疏远防忌杨素，他颁诏说："仆射是国家的宰辅，不可事必躬亲，只要三五天到尚书省去一次，评论审视一下大事即可。"表面上表示优待推崇杨素，实际上是夺下杨素的权力。自此直到仁寿末年，杨素不再完全经办尚书省的事务。文帝把杨约调任为伊州刺史。

历史详解

杨素是隋朝的开国功臣，更是炀帝杨广的贴身重臣，在中国的历史上是个毁誉参半、很有争议的人物。

杨素字处道，他自幼胸怀磊落，志向远大，不拘小节。他的才能不为多数人所了解，唯有从祖杨宽惊异他的才能，常常对子孙们说："处道出类拔萃，是个特殊的人才啊。"杨素后来与安定的牛弘志同道合，两人酷爱学习，研讨经典精义，不断有所贯通和发挥。他善写文章，工于草书和隶书，十分留意占卜之术。

开始，北周大冢宰宇文护用杨素做中外记室，又转礼曹，加大都督衔。周武帝即位，亲理朝政，又拜杨素为车骑大将军、仪同三司，从此逐渐被重用。武帝命他起草诏书，他常常落笔一挥而就，文辞和内容都很精彩，武帝十分赞赏，对他说："好好的自相勉励，不要发愁得不到富贵。"杨素应声答道："只恐怕富贵逼我，我却无心追求富贵呀！"

在平定北齐的战役中，杨素请求率领部下作为先锋，武帝答应了他，并赐给他手杖一根，说："我想大张旗鼓地驱赶齐军，所以把这件东西赐给你，希望你能够替我完成。"杨素跟随齐王宇文宪与齐军在河阴大战得胜，又与宇文宪一起攻克晋州，率军队驻扎在鸡楼原。北齐君主率大军迎战，宇文宪害怕，夜里仓皇逃跑，被齐兵追赶，他的部下四散逃走。杨素与骁勇将领十余人奋力苦战，宇文宪才幸免于难。北齐平定后，杨素被加授开府职衔，改封为成安县公。

隋文帝杨坚任北周的丞相时，杨素与他交情很深。杨坚很器重他，命他做汴州刺史。到了洛阳，恰逢尉迟迥叛乱，道路受阻，杨素无法东进。杨坚派杨素为大将军，率军进攻宇文胄。杨素将他击败，被调迁为徐州总管，位至柱国，并被封为清河郡公。他的弟弟杨岳被封为临贞公。

到了隋文帝即位，杨素被封为上柱国，官至御史大夫。他的妻子郑氏性情偏狭凶悍，杨素对此十分愤怒，说："我如果做了皇帝，你一定没资格做皇后。"郑氏一怒之下，将他的话报告给了文帝，文帝非常恼怒和震惊，就把杨素免职了。

隋文帝图谋取得江南，杨素多次向他进呈攻取南陈的建议。不久，文帝就授他为信州总管，派他讨陈。杨素率部在夜间发动了进攻，俘虏了许多陈军，安抚后全部释放。隋军秋毫不犯，深受陈人欢迎。杨素率领水军顺江东下，战舰船只密密麻麻，覆盖了江面，军旗遮日蔽天。

南陈的南康内史吕仲肃领军驻扎在岐亭，把守着江峡。杨素与刘仁恩登上江岸一起进发，将陈军打得大败，吕仲肃仅保全性命。南陈后主又派人来镇守，都因为惧怕隋军而逃之夭夭。巴陵以东再没有人敢坚守阵地。湘州刺史、岳阳王陈叔慎干脆请求投降。杨素来到汉口，与大军会合后才返师。因此，杨素被授予荆州总管，晋爵为郢国公。他对隋文帝说："这里有个地方名叫胜母，曾子都不去。叛逆王谊过去封在郢地，我不愿与他封在同一个地方。"于是，改封他为越国公。不久，又授予纳言，转为内史令职。

杨素谋略过人，气魄宏大，为文帝平定了多方叛乱，几乎是每战必胜，文帝不断提拔重用他，封给他很多显耀的职位。

后来，杨素代替苏威为尚书右仆射，他性情粗疏又好计较，对很多朝臣都轻慢排斥，连苏威也不放在眼里。他的才情风度超群出众，诚心报国，但待人接物的公平恰当、宰相应具有的见识气度，就差得太远了。

他精于权谋韬略，善于利用机会进攻敌人，战术变幻不断。他治军严肃整齐，有违犯军令的，立即斩首，绝不宽恕。每次与敌人开战之前，他往往先寻找有过失的将士，将他们处死，多的曾处死过一百余人，少的也不下数十人。面对眼前血流成河，他却能谈笑自若。等到与敌人开战，先命一二百人进攻敌人，如能攻破敌阵就算了；如不能攻破失败回来，不管剩下多少人，全部斩首；再命二百人进攻，方法同前面一样。将士们个个心惊肉跳，下定了必死的决心，所以战无不胜。

杨素战功赫赫，受到文帝的宠爱，他说的话文帝没有不听从的，与他一起作战的将士，就是立有很小的功劳也会被记录奖赏。杨素虽然严酷残忍，将士们也愿意跟从他。

隋仁寿初年，杨素为尚书左仆射，随后又为行军元帅，进击突厥，连续击败敌军。从此，突厥人远遁而去，沙漠以南再也没有他们的踪迹。

杨素受文帝宠爱越来越深，所有的儿子没有立下任何功劳，都位至柱国、刺史。家里僮仆数千人，后宅的妻妾歌妓，穿着华丽的数以千计。府第豪华奢侈，形制有如皇宫。朝臣有违逆他的，杨素暗中中伤他们。如果有人趋附他和他的亲友，虽然没有才干，他也给以提拔。人们无不因畏惧而依附他。只有兵部尚书柳述，凭借他是文帝女婿的特殊地位，多次在文帝面前抨击杨素，大理卿梁毗上表说杨素作威作福。

文帝渐渐疏远并开始忌讳杨素，后来诏谕说："仆射，是国家的辅政大臣，不可以亲自处理细小的事务。只需三五天到尚书省议论一下大事就行了。"表面表示优待体谅，实际是在削弱他的权力。到仁寿末年，便不再让他全面负责尚书省的事。

文帝身体不好，杨素与兵部尚书柳述、黄门侍郎元岩等入宫侍奉他的疾病。此时皇太子杨广入宫居住在大宝殿，担心文帝不测，必须早作防备，便亲手写信，封上送给杨素。杨素便将文帝的情况记录下来，报与太子。宫人将他的信

悄悄送给文帝，文帝看后很生气，文帝宠爱的陈贵人也说太子对她轻狂无礼。文帝非常恼怒，想要召回被废为庶人的长子杨勇。太子与杨素谋划，杨素假借文帝的诏命，让东宫的兵士来宫中守卫，宫门禁止出入，让宇文述、郭衍来指挥。文帝于当天驾崩，因此颇引起朝中异议。

恰逢汉王杨谅反叛，杨广于是命杨素去讨伐杨谅。当时，晋、绛、吕三州州城都被杨谅把守，杨素每地各用两千人吸引他们。杨谅派赵子开率军十余万，修筑险绝的道路，屯据在高壁，布下五十里大阵。杨素命诸将领兵逼近敌营，自己用奇兵，急速前进，直捣杨谅的大营，一举将其攻破。杨谅任命的介州刺史梁修罗驻扎在介休，他一听说杨素率军到来，就弃城逃走。杨素领兵进至清源，离并州三十里。杨谅率他的将领王世宗、赵子开、萧摩诃等迎战，又被打破，萧摩诃被俘获。杨谅退守并州。杨素进兵将并州包围，杨谅投降，他的余党全被平息。

隋炀帝登基后（公元605年），杨素升为尚书令，朝廷赏赐给他东京的住宅一处、布帛二千段。不久，又被授予太子太师，其他官职如同以往。朝廷前前后后给这位名将功臣的赏赐不计其数。

杨素虽有扶立隋炀帝杨广的谋略和平定杨谅叛乱的功劳，然而却特别被炀帝所猜忌。炀帝对他表面礼遇优厚，实际上情义甚薄。太史说楚地将有大丧，杨广因而将他改封到楚。杨素卧病在床的时候，杨广每次都令名医去诊治，赐给上等好药，然而却私下唯恐杨素不死。杨素也知道自己的名位已达到巅峰，所以不肯用药，也不慎重调养，常常对弟弟杨约说："我还有必要再活下去吗？我虽死无憾了。"

公元606年，杨素因病去世，谥号景武。杨广让鸿胪寺负责料理丧事，又下诏为他立碑，以表彰他的丰功伟业。杨素病中曾将一首长达七百字的五言诗赠给番州刺史薛道衡，词意新颖警拔，风格秀雅超群，成为一时难得的佳作。诗写成不久，就去世了。薛道衡叹息说："人之将死，其言也善，果然是这样啊！"

精简点评

杨素贪图财货，大肆营求产业，东西两京的住宅宏丽奢华，往往早晨建好，晚上又拆掉重造，营建修理没有停止的时候。四方都会繁盛之地，都有他家的旅店、磨房、田园、住宅，其数以千计。当时民众都因此而鄙视他。

隋将韩擒虎

原文

韩擒虎进攻姑孰①，半日，拔之，执巡及其家口。皋文奏败还。江南父老素闻擒虎威信，来谒军门者昼夜不绝。

注释

①姑苏：今苏州。

译文

韩擒虎率军进攻姑苏，半天的时间就将姑苏城拿下。随后就俘虏了樊巡和他的全家。皋文奏军败，退还江南。江南地区的父老早就听说过韩擒虎的威名，前来军营谒见拜访的人昼夜不绝。

历史详解

韩擒虎

隋朝名将韩擒虎，字子通，河南东垣（今河南新安东）人。少年时的韩擒虎激昂振奋，以胆略雄威闻名，为时人所称赞。他容貌端正、身材魁梧，很有男子汉气概，而且又很喜欢读书，经史百家等书都略知其大意。北周时，周太祖宇文泰见到他后，感到他与众不同，让他与自己的儿子们交游。后来因为军功升职任都督、新安太守，不久升为仪同三司，承袭父亲的封爵为新义郡公。

周武帝伐齐时，齐朝大将独孤永业镇守洛阳金墉城，韩擒虎仅凭一张嘴就说服他投降了。随后韩擒虎平定了范阳，任永州刺史。陈朝军队逼近光州，韩擒虎作为行军总管击败了他们，并随宇文忻平定了合州。隋朝建立之前，杨坚当时做宰相，韩擒虎升官为和州刺史。陈朝将领甄庆、任蛮奴、萧摩诃相互呼应声援，多次进攻长江以北地区，先后侵入边界。韩擒虎屡次出击，挫其锋芒，使陈朝的军队锐气全丧。

隋朝开国初期，隋文帝杨坚有吞并江南陈朝、统一中国的打算，因为韩擒虎文武双全，于是升他为庐州总管，委以平定陈朝的重任。敌人听说后，都感到十分忧虑恐惧。等到大举伐陈，韩擒虎被任命为先锋。于是他率领五百士兵夜渡长江，迅速袭占采石（今安徽马鞍山市西南）。当时，陈朝守卫的士兵都喝醉睡了，韩擒虎很轻易地攻取了采石，半日攻下姑孰（今安徽当涂），然后进驻新林（今南京西南）。江南父老久闻其威名，登军门拜访者络绎不绝。

陈朝军队十分恐慌，他们的将领樊巡、鲁世真、田瑞等相继投降。陈后主陈叔宝派蔡征领军守朱雀航，大家听说韩擒虎快到了，都四散溃逃。韩擒虎带五百名精锐骑兵，直接冲入朱雀门。陈朝军队打算抵抗，任蛮奴挥挥手说："老夫尚且投降，诸君何必再抵抗！"于是大家都一哄而散。韩擒虎遂平定了金陵，擒获了陈后主陈叔宝。

隋文帝随即下诏书褒扬韩擒虎，并因功拜韩擒虎为上柱国。

以前，江南有歌谣说："黄斑青骢马，发自寿阳边，来时冬气末，去日春风始。"大家都不知道什么意思。韩擒虎本名豹,在平陈之际,他常常骑骢马,往返的时节也正与歌谣中所说的相合,到这时大家才领悟到歌谣所说的含意。后来突厥来朝贡,皇帝对他们的使者说:"你听说江南有个陈后主吗?"使者答:"听说过。"皇帝便命令左右侍从把突厥使者引到韩擒虎面前,说:"这位就是抓获陈后主的人。"韩擒虎很严厉地盯着使者看,突厥使者恐慌,不敢直视,他的威严就是这样震慑人。

后来,文帝在内殿宴请他,对他感情真切,礼遇优厚。历史上流传这样一则传说,说他回去不久,他的邻居老大娘看到韩擒虎门前仪仗队很煊赫,如同帝王家,就惊异地询问是怎么回事。其中有人说:"我们是来迎接大王的。"忽然什么都不见了。又有一人病很重,却忽然仓皇失措地走到韩擒虎家说:"我想拜见大王。"左右侍从惊奇地问:"什么大王?"答道:"阎罗王。"韩擒虎的子弟大怒,要动手打他,韩擒虎制止道:"生为上柱国,死做阎罗王,我已满足了。"

从此,韩擒虎就病了,过了几天,竟然去世了,当时年龄五十五岁。

精简点评

韩擒虎英雄盖世,在为隋朝统一天下的战争中立下汗马功劳,是一代名将。

建筑奇才宇文恺

原文

丙申,诏高等创造新都于龙首山。以太子左庶子宇文恺[①]有巧思,领营新都副监。恺,忻之弟也。

注释

①宇文恺：字安乐，朔方夏州人，出身于武将功臣世家，后官至工部尚书。

译文

丙申(二十四日)，隋文帝下诏令高颖等人负责在龙首山一带建造新宫城。因为太子左庶子宇文恺在建筑方面有巧妙的构思，于是任命他担任营建新城的副监。宇文恺是宇文忻的弟弟。

历史详解

隋文帝杨坚建立隋朝后，为了防止宇文氏家族的人反叛夺权，便下令杀掉一些宇文氏皇族的人。其中有一个叫宇文恺的，也在被杀的名单中。追杀的人派出去后，杨坚又后悔了，宇文恺本是北周皇族的远支，而且，他的哥哥宇文忻在杨氏建立隋朝的过程中，是立过功的。这样的人不应该杀。想到这里，杨坚马上派人去追赶杀宇文恺的人，说文帝已经决定赦免宇文恺。因此，宇文恺才幸免一死。

其实，虽然宇文恺不是北周皇族的近亲，但因他的父亲、哥哥都是北周的功臣，他自幼就很风光，刚刚三岁，就赐爵双泉伯，七岁又晋封安平郡公，邑两千户。对于一个孩子来说，这已经是恩宠有加了。到了他可以当官的年龄，先当了个称为“千牛”的小官，是负责宫中护卫的。后来又晋升为御正、中大夫、仪同三司等职。杨坚当上丞相以后，又给他加了一个上开府中大夫的官名。宇文恺从小就喜欢博览群书、学习知识，尤其喜爱建筑方面的知识，年轻时就以博学多才而闻名。

所以，杨坚赦免了宇文恺以后，便让他当了营宗庙副监。如果用今天的职务来比拟的话，大概可以称为修建宗庙副总指挥吧。“宗庙”是供奉和祭祀祖宗的地方，是每一个名门望族所不可少的，至于皇帝，那就更缺不了了，并且还得与众不同。隋文帝刚刚夺得政权，建立新朝，所以他是一定要修建宗庙的。这个任务就落到宇文恺的身上。宗庙建成以后，文帝很满意，又封他为甑山县公，食邑千户。

北周的首都在长安，文帝建隋以后，首都也设在长安。但由于战事频繁，长安城多次遭到毁灭性的打击，整个城市破乱不堪，宫室狭小，水质变坏，无法食用，而且城里宫室、官署、居民混在一起，难以区分，不利于统治。开皇二年（公元582年）隋文帝下令营建新都大兴城，命高颖、宇文恺为营建正、副监。大兴城的选址比较合理，整座城气势宏伟，规模庞大，城内区划明确，并且采用了里坊制的设计原则。

隋朝统一中国后，为了更好地治理全国，文帝有意迁都洛阳，要在洛阳营造一个东都，便以高颖为营新都监，以宇文恺为副监。但高颖不懂技术和设计，整个的规划设计实际都是由宇文恺一人完成的。他受命率领水工开凿了连接大兴城、渭水和黄河，长三百余里的广通渠，造福了百姓。

文帝修建仁寿宫的时候，宇文恺任仁寿宫监。仁寿宫建在山峦之中，工程复杂艰巨，遇到许多复杂的技术难题。但宇文恺凭借自己出色的规划设计和精心组织施工，用了两年多的时间，就建成了一座雄伟壮丽的宫殿。文献皇后死后，他又设计建造了皇后的陵墓。文帝对他主持的这些工程的设计和建造都很满意。

文帝死后，炀帝继位，继续营造东都洛阳，仍以宇文恺为营东都副监，并且很快就提他为将作大匠。在同炀帝的接触中，他看出炀帝心里想的是越奢侈豪华越好，因此他就把洛阳设计得“穷极壮丽”。建好后，炀帝果然非常高兴，提升他为开府，拜工部尚书。炀帝有一次北巡，想借机炫耀一下隋朝的强大和先进。因为北方的少数民族多数住帐篷，炀帝就让宇文恺设计一个大帐篷。这个大帐篷里面能坐几千人。帐篷做成后，炀帝高兴得赏赐给宇文恺绢一千段.

宇文恺还为炀帝造了一个大殿，名为“观风行殿”。其下面设有轮轴，可开可合，非常奇妙，上面装得下几百名卫士。那些部落酋长见了这大帐篷和观风行殿，觉得神奇得不得了。

宇文恺见隋炀帝

炀帝见自己的目的达到了，对宇文恺的设计非常满意，不断地给他赏赐，可谓不计其数。

中国历代帝王，都很重视“明堂”，据说黄帝的时代就有明堂了。那是帝王宣明政教的地方，一些重要的集会、典礼、仪式等等，都要在这里举行。所以孟子说明堂是“王者之堂”。但是晋以后的几百年来，各国都没有力量兴建明堂。

隋文帝在位时，为了表示自己朝代的正统性，决定修建明堂。但是人们已经有三百年没见过明堂了，究竟明堂是个什么样子，怎么个建法，大臣们争论不休，得不出结论。

宇文恺遍读古代典籍，全面地考证了明堂的建制、形式、尺寸、演变以及明堂各部分的象征和意义等，并且按 1∶10 的比例画出图样来，还做出一个模型。

可惜，隋代的明堂没有等到开始建设，隋末农民大起义就爆发了。明堂没有建成，宇文恺带着遗憾，在五十八岁的时候，离开了人世。这时他的官职是金紫光禄大夫。

精简点评

宇文恺为后世留下了《东都图记》二十卷，《明堂图议》二卷，《释疑》一卷。这些著作，是他留给后人的一笔无法计算的财富。

隋炀帝游江都

原文

八月，壬寅，上行幸[1]江都，发显仁宫，王弘遣龙舟奉迎。乙巳，上御小朱航，自漕渠出洛口，御龙舟。龙舟四重，高四十五尺，长二百丈。上重有崐正殿、内殿、东西朝堂，中二重有百二十房，皆饰以金玉，下重内侍处之。皇后乘翔螭舟，制度差小，而装饰无异。别有浮景九艘，三重，皆水殿也。又有漾彩、朱鸟、苍螭、白虎、玄武、飞羽、青凫、陵波、五楼、道场、玄坛、板艙、黄篾等数千艘，后宫、诸王、公主、百官、僧、尼、道士、蕃客[2]乘之，及载内外百司供奉之物，共用挽船士八万余人，其挽漾彩以上者九千余人，谓之殿脚，皆以锦彩为袍。

注释

①幸：旧时指帝王到达某地。

②蕃客：古代泛指外国商旅。

译文

八月，壬寅，炀帝到江都游玩。他先是从显仁宫出发，王弘派龙舟迎接隋炀帝的队伍。乙巳，炀帝乘御小朱航，从漕渠出洛口，坐着龙舟。龙舟上有四重建筑，有四十五尺之高，有二百丈之长。在龙舟的最上层是正殿、内殿、东西朝堂；中间两层有一百二十间房子可以住人。而且，这些房间都用金玉装饰；下层是宫内侍臣住的地方。萧皇后所乘坐的翔螭舟要比炀帝乘坐的龙舟小，但装饰的规格样式相差无几。此外还有浮景船九艘，船上三重建筑，这些船都是规模宏大，华丽壮观，像水上宫殿一样。还有漾彩、朱鸟、苍螭、白虎、玄武、飞羽、青凫、陵波、五楼、道场、玄坛、板艙、黄篾等几千艘船，供后宫、诸王、公主、百官、僧、尼、道士、蕃客等乘坐，船上都装载朝廷内外各部门进献的物品。这些船共用挽船的民夫八万余人，其中挽漾彩级以上的有九千余人，他们被称作殿脚，都身穿锦彩制作的袍服。

历史详解

杨广是个残忍的阴谋家，他是害死父亲而登上皇位的。

当初，隋文帝立杨勇为太子。杨勇生活奢侈，讲究排场，文帝很不高兴，十分严厉地教训杨勇说："自古以来，凡是喜欢奢侈的帝王，命运没有能够长得了的。你是太子，要特别注意节俭啊！"

皇子晋王杨广比较狡猾，他摸到父亲的脾气，表面上装得特别朴素老实，骗得了隋文帝和独孤皇后的信任，再加上宰相杨素帮他说话，结果，隋文帝把杨勇废了，改立杨广为太子。直到他病重的时候，才发现杨广是个品质很坏的人。他想再召回杨勇，已经来不及了。杨广害死了父亲，夺取皇位，这就是历史上出名的暴君隋炀帝。

隋炀帝杨广即位后，为了加强对全国政治上的控制，并且使江南地区的物资能够更方便地运到北方来，加上他个人追求享乐，一开始就办了两件事：一是在洛阳建造一座新的都城，叫东都；二是开一条贯通南北的大运河。

公元605年,隋炀帝派管理建筑工程的大臣宇文恺负责造东都。宇文恺是个高明的工程专家,他迎合隋炀帝追求奢侈的心理,把工程规模搞得特别宏大。建造宫殿需要的高级木材石料,都是从大江以南、五岭以北地区运来的,光一根柱子就得用上千人拉。为了造东都,每月征发二百万民工,日夜不停地施工。他们还在洛阳西面专门造了供隋炀帝玩赏的大花园,叫做“西苑”,周围二百里,园里人造的海和假山,亭台楼阁,奇花异草,应有尽有。尤其别出心裁的是到了冬天草木凋零的时候,他们派人用彩绫剪成花叶,扎在树上和花枝上,使这座花园四季如春。

在建造东都的同一年,隋炀帝就下令征发河南、淮北各地百姓一百多万人,从洛阳西苑到淮水南岸的山阳(今江苏淮安),开通一条运河,叫“通济渠”;又征发淮南百姓十多万人,从山阳到江都(今江苏扬州),把春秋时期吴王夫差开的一条“邗沟”疏通。这样,从洛阳到江南的水路交通就便利得多了。

以后五年里,隋炀帝又两次征发民工,开通运河,一条是从洛阳的黄河北岸到涿郡(今北京市),叫“永济渠”;一条是从江都对岸的京口(今江苏镇江)到余杭(今浙江杭州),叫“江南河”。最后,把四条运河连接起来,就成了一条贯通南北,全长四千里的大运河。这条大运河是我国历史上的伟大工程之一。它对我国经济、文化的发展和祖国的统一,起着积极的作用。不用说,这是我国成千上万劳动人民用血汗甚至生命换来的。

隋炀帝特别喜欢外出巡游,一来是游玩享乐,二来也是向百姓摆威风。

从东都到江都的运河刚刚完工,隋炀帝就带着二十万人的庞大队伍到江都去巡游。

隋炀帝

隋炀帝早就派官员造好上万条大船。出发那天,隋炀帝和他妻子萧后分乘两条四层高的大龙船,船上有宫殿和上百间宫室,装饰得金碧辉煌;接着就是宫妃、王公贵族、文武官员坐的几千条彩船;后面的几千条大船,装载着卫兵和他们随带的武器和帐幕。这上万条大船在运河上排开,船头船尾连接起来,竟有二百里长。

这样庞大的船队,怎么行驶呢?那些专为皇帝享乐打算的人早就安排好了。运河两岸,修筑好了柳树成荫的御道,八万多名民工,被征发来给他们拉纤，还有两队骑兵夹岸护送。河上行驶着光彩耀目的船只，陆地上飘扬着五色缤纷的彩旗。一到晚上，灯火通明，鼓乐喧天，真是说不尽的豪华景象。

为了满足船队大批人员的享受，隋炀帝命令两岸的百姓，给他们准备吃的喝的，叫做“献食”。那些州县官员，就逼着百姓办酒席送去，有的州县，送的酒席多到上百桌。别说隋炀帝吃不了那么多，就连他带的宫妃太监、王公大臣一起吃，也吃不完。留下的许多剩菜，就在岸边掘个坑埋掉。可是那些被迫献食的百姓，却被弄得倾家荡产了。

江都在当时是个繁华的地方。隋炀帝到了江都，除了尽情游玩享乐，还大摆威风。为了装饰一个出巡时候用的仪仗，就花了十多万人工，耗费的钱财更是不计其数。这样整整闹腾了半年，又耀武扬威地回到东都来。

炀帝出巡

打这以后，隋炀帝几乎每年出巡。有一次，他从陆路到北方去巡视，征发了河北十几个郡的民工，开凿太行山，铺一条巡行的道路；为了保护他巡行的安全，又征发了一百多万人修筑长城，限期二十天筑成。这样，他才在五十万将士的护卫下，在北方边境上巡行了一圈。北方没有现成的宫殿，好在隋炀帝身边的宇文恺是个巧匠，专门为他造了一个活动宫殿，叫做“观风行殿”。

隋炀帝建东都，开运河，筑长城，加上连年的大规模的巡游，无休无止的劳役和越来越重的赋税，已经把百姓压得喘不过气来。但是隋炀帝的骄奢淫逸的心理却越来越重了。为了炫耀武功，公元611年，他发动对高丽的战争。

这一年，他从江都乘龙船，沿着大运河直达涿郡，亲自指挥这场战争。他下令全国军队，不论远近，一律向涿郡集中；还派人在东莱海口督造兵船三百艘，造船的民伕在官吏监视下，日日夜夜在海边造船，得不到休息。他们下半身泡在海水里，时间一久，从腰以下都腐烂得生了蛆，许多人受不了这样折磨，倒在海水里死了。

接着，隋炀帝又命令河南、淮南、江南各地督造五万辆大车，送到高阳，给兵士运输衣甲、帐幕；又征发江、淮以南民伕和船只把黎阳（今河南浚县东南）和洛口仓的粮食运到涿郡。于是，无数的车辆，无数的船只，不分白天黑夜，沿着陆路和运河源源不断由南向北，形成一支滚滚洪流。几十万运输物资的民伕，在半路上有不少累死饿死，沿路都是倒毙的尸体。由于民伕死亡太多，耕牛也被征用拉车，弄得田园荒芜，民不聊生。

人民没法忍受下去了。要想活下去，只有反抗。邹平（今山东邹平）人王薄，首先领导农民在长白山起义，他写了一首《无向辽东浪死歌》，号召大家反抗官府，歌中写道：

"……忽闻官军至，提刀向前荡。譬如辽东死，斩头何所伤。"

接着，在山东、河北广大地区，接二连三地发生了农民起义，隋王朝的统治开始不稳了。

精简点评

杨广做了皇帝后，骄奢淫逸、好大喜功，最终导致天怒人怨，百姓民不聊生，各地义军烽火四起。

杨玄感造反

原文

玄感选运夫少壮者得五千余人，丹阳、宣城篙梢三千余人，刑三牲誓众，且谕之曰："主上无道，不以百姓为念，天下骚扰，死辽东[1]者以万计。今与岷君等起兵以救兆民之弊，何如？"众皆踊跃称万岁。

注释

①辽东：指隋炀帝发动的三次征辽东战争。

译文

杨玄感挑选输送军粮的民夫中身强力壮者五千余人，丹阳、宣城的船夫三千余人，杀三牲誓师。他还对这些人说："皇帝无道，不体恤百姓，使天下受到骚扰，死在辽东的人数以万计，现在我与你们起兵以拯救百姓于水火，怎么样？"大家都踊跃高呼万岁。

历史详解

左仆射杨素位高权重，令杨广心有疑忌。大业二年（公元606年），杨广想除掉杨素。为了不引起乱子，杨广决定暗中将他除掉。于是他便与太子杨昭设下一条计策。

一天，杨广宴请杨素，由太子作陪。席间，君臣关系融洽，三人谈笑风生。其实，这其中暗藏杀机。杨广早就命人备下一杯毒酒，要毒死杨素。不料，不知情的宫女将酒杯弄错了，将毒酒给太子喝了，当时也没发觉。杨广既想掩人耳目，当然不会用烈性毒药让杨素死在皇宫之中。酒席一散，杨广与杨昭二人相视一笑，各自回宫等杨素的死讯。不料，三日后毒性发作的不是杨素，而是太子。太子临死前对后悔不迭的杨广说："不想我倒替杨素死了，这也许是天意吧！"

不料，这话传入杨素耳中。杨素非常后怕，并因之得了病。

杨素死了，但他还有个儿子叫杨玄感。杨玄感认为父亲杨素虽未被杨广毒死，但也是杨广间接杀害的，就有了报仇的念头。而且他早已对杨广心生不满，有了取而代之的念头。所以表面虽还和过去一样，暗中却在积极寻找机会。

大业九年（公元613年），隋炀帝杨广第二次率大军去辽东征讨高丽，命杨玄感去黎阳督运粮食。

如火如荼的隋末农民起义已在各地展开。杨玄感岂能放过这个绝好的机会。他当即同自己的几个弟弟和好友李密商议起兵，得到赞同。为了让那些士兵和运粮食的农夫死心塌地地同他在一起干，他暗施一计。第二天天刚亮，他就将所有的士兵和农夫集合起来，对他们说道："皇上降旨，让我们限期运粮，违期则斩。这里离辽东战场路途遥远，我们根本不可能在限期内赶到。当今皇帝无道，根本不顾百姓死活，像你们这样的兵士和运夫已不知有多少人死在战场上和运粮途中。我实在不忍心让你们白白送死，决定起兵造反。你们愿意随我一起干的，便发誓共讨暴君！"

杨玄感说完这一番话,人群开始是小声议论。后来,不知谁先喊了一声:“杨将军,反正我们都是一死,不如跟你一起造反,或许还有一条活路!”众人一听此人说得有理,便都高喊:“杨将军,我们和你一起干!”一时欢呼声响彻云霄。

杨玄感见状,也不由得感到振奋,又安抚了一下众人,便按事先与部下王仲伯、赵怀义商议好的编制整编队伍。附近农民听说这里有造反的队伍,也纷纷跑来加入。

杨玄感将队伍休整了一些时日,便想发兵攻打杨广。但他拿不定主意,先打哪里最好,于是便去找好友李密商议。

李密可不是个简单人物,他本是杨广的禁军左翊卫左亲侍,在大兴殿值班。杨广为人喜怒无常,不知怎么就看李密不顺眼,将他赶出大兴殿,也从此离开禁卫军。

但李密是一个胸怀大志,得之淡然,失之泰然的人。他并不为此气恼,反而更加勤奋向上。一天,他坐在牛车上看书,牛角上还挂着一套书。正巧被路过的杨素看见,他发现李密气宇不凡,又发现他看的书为《汉书·项羽传》,便与之攀谈,又将其介绍给儿子杨玄感,两人后来成了亲密的朋友。

杨玄感来到李密的寝帐,发现他正在秉烛夜读。李密见杨玄感来了,忙站起身笑道:“杨兄此来可是为发兵一事?”

杨玄感先是一愣,继而赞道:“李兄果真料事如神!想必李兄早已想好制敌之计喽!”

李密连说“不敢当”,言罢二人坐下。李密这才为杨玄感出了上、中、下三条计谋:

上策:隋炀帝远征高丽,南面为海,北面有突厥,只有一条归路。出兵占据临榆关(今河北秦皇岛以西的榆关),断绝隋兵退路,等于扼住其咽喉。高丽军闻讯,必在后面追击。用不了多少时日,东征大军粮草断绝,不战自败。

中策:率军直取长安,现在各地农民义军风起云涌,必会积极响应。我们网罗天下豪杰,以潼关天险固守,即使杨广率东征大军回来,也可与之周旋。

下策:进军洛阳。但是洛阳守军闻讯必会加强防守,而杨广得到消息也会率东征军回来相助,两军夹击,结局可就难说了。

杨玄感却偏偏选择了李密的下策。他认为打下了东都洛阳,大隋的江山即到手一半了。到那时,东征军必人心动摇,自己再乘胜追击,便可杀死杨广,号令天下了。李密见他执意要先攻洛阳,也不便再劝,只在心中叹息了一声,暗暗为自己做日后的打算。

次日清晨,杨玄感便让他的弟弟杨玄挺为先锋,亲率五万大军直逼洛阳。

但是,果不出李密所料,洛阳守军听到杨玄感前来攻打的消息,加强了防守。杨玄感久攻不下，两军陷入对峙。杨玄感见状没了主意。想了两天，又决定放弃洛阳，采取李密的中策，攻打长安。

在攻打长安的途中，经过弘农（今河南省灵宝），弘农太守杨智积为了拖住杨玄感，不让他去攻打长安，便在城楼大骂杨玄感。杨玄感果然中计，下令攻打弘农。李密看出杨智积用的是缓兵之计，便劝杨玄感不要理他，迅速攻占长安。否则不能占领潼关，追兵来到，便无处可守。杨玄感哪里肯听，非要以十万大军踏平弘农，再打长安。

但是弘农城非常坚固，并不是说攻就能攻下来的。还没等杨玄感攻下弘农，铺天盖地的隋军已从身后杀过来。杨玄感的军队毕竟没有经过多少正规训练，人数又比隋军少，被隋军分割成小块，各个歼灭。杨玄感和他的弟弟见大势已去，拨马落荒而逃。跑了不知有多久，来到一个叫葭芦戍的地方。杨玄感回头一看，只有弟弟杨积善一人跟在自己身后。想到自己轰轰烈烈的起义就这样失败了，他不禁长叹一声："唉，悔不该不听李密之言。"又转身对弟弟说："我不能死在隋军手中，你杀了我吧！"

杨积善怎忍心对自己的亲哥哥下手，杨玄感见状大怒，痛斥他。杨积善无奈，上前一剑将哥哥刺死，自己正欲横剑自刎，追兵赶来，将其擒获。

隋炀帝从辽东返回后，即刻下令将杨氏兄弟全部杀光，一个不留。又命人将杨玄感的尸体焚毁。这还不解恨，又对御史大夫裴蕴说："杨玄感造反，竟有十万之众随从！看来天下人还是太多了，多杀些也无妨，还可惩戒后人！"

裴蕴等人按杨广的旨意，大开杀戒。凡是与杨玄感沾亲带故，甚至只是沾一点边的全部杀死，连得过杨玄感救济粮的老百姓也不放过。

这次杨玄感造反失败，战斗中死亡和受株连被杀的人数远远超过十万，损失惨重。

精简点评

杨玄感造反只不过是封建统治阶级内部的争权夺势，最终的受害者还是老百姓。但同时，他们这种斗争所造成的内部分裂也给农民起义军创造了有利的形势。

瓦岗起义军

原文

韦城翟让为东都法曹，坐事当斩。狱吏黄君汉奇其骁勇，夜中潜[①]谓让曰："翟法司，天时人事，抑亦可知，岂能守死狱中乎！"让惊喜曰："让，圈牢之豕，死生唯黄曹主所命。"君汉即破械出之。让再拜曰："让蒙再生之恩则幸矣，奈黄曹主何！"因泣下。君汉怒曰："本以公为大丈夫，可救生民之命，故不顾其死以奉脱，奈何反效儿女子涕泣相谢乎！君但努力自免，勿忧吾也！"让遂亡命于瓦岗为群盗，同郡单雄信，骁健，善用马槊，聚少年往从之。离狐徐世勣于卫南，年十七，有勇略，说[②]让曰："东郡于公与皆为乡里，人多相识，不宜侵掠。荥阳、梁郡，汴水所经，剽行舟，掠商旅，足以自资。"让然之，引众入二郡界，掠公私船，资用丰给，附者益众，聚徒至万余人。

注释

①潜：暗地，偷偷地。

②说：劝说。

译文

韦城人翟让是东都的法曹，因为犯罪该当被处死。狱吏黄君汉认为翟让骁勇不寻常，于是在夜里悄悄对翟让说：“翟法司，天时人事，也许是可以预料的，哪能在监狱里等死呢？”翟让又惊又喜，说：“我翟让，是关在圈里的猪，生死只能听从黄曹主的吩咐了。”黄君汉当即给翟让打开枷锁，翟让再三拜谢说：“我蒙受您的再生之恩得以幸免，但黄曹主您怎么办呢？”于是流下泪来。黄君汉发怒道：“我本以为你是个大丈夫，可以拯救黎民百姓，所以才冒死来解救你，你怎么却像儿女子弟一样以涕泪来表示感谢呢？你就努力设法逃脱吧，不要管我了！”于是翟让逃亡到瓦岗为盗。与他同郡的单雄信，骁勇矫健，擅长骑马使槊，他召集年轻人去投奔翟让。离狐人徐世勣在卫南，十七岁，有勇有谋，他劝说翟让：“东郡对于您和我都是乡里，那里的人大都认识，不宜去侵犯抢掠他们。荥阳、梁郡，是汴水流经的地方，我们抢劫行船，掠夺商人旅客，就足以自给。”翟让同意他的建议，于是就率众进入荥阳、梁郡的境界，抢掠公私船只，因此供给充裕，来归附的人越来越多，徒众达一万余人。

历史详解

翟让逃出了牢监，逃到东郡附近的瓦岗寨，召集了一些贫苦农民，组织了一支起义队伍。当地的一些青年人，听到这个消息，都来投奔他。其中有一个青年叫徐世勣，年纪才十七岁，不但武艺高强，而且很有计谋。

徐世勣劝翟让说：“这里附近都是贫苦的老乡，我们不应该去打扰他们。我看荥阳一带，来往的豪门富商很多，不如到那里去筹办点钱粮。”

翟让听从徐世勣的意见，带领农民军到荥阳一带，专门打击官府富商，夺取大批资财。附近农民来投奔翟让的越来越多，很快就发展到一万多人。

李密投奔翟让以后，帮助翟让整顿人马。那时候，附近各地还有一些小股的农民队伍。李密到各处去联络，说服他们联合起来，听从翟让指挥。翟让十分高兴，跟李密渐渐亲近起来。

翟让虽然有了很多人马，但是他并没想到自己能推翻隋炀帝。李密对翟让说：“从前刘邦、项羽，本来也是普通老百姓，后来终于推翻秦朝。现在皇上昏庸暴虐，百姓怨声载道，官军大部分又远在辽东。您手下兵强马壮，要拿下东都和长安，打倒暴君，还不是轻而易举的事！”

翟让听了很高兴，说：“您的意见太好了，我倒没想到这一点呢。”

接着，两人商量了一番，决定先攻打荥阳。荥阳太守向隋炀帝告急。隋炀帝派大将张须陀带大军镇压。

张须陀是镇压农民军的老手。翟让曾经在他手里打过败仗，这次听说又是张须陀来了，有点害怕。李密说：“张须陀有勇无谋，再加上他自以为强大，骄傲轻敌。我们利用他的弱点,保管能打败他。”

李密请翟让摆开阵势,正面迎击敌人;他自己带了一千人马在荥阳大海寺北面的密林里设下埋伏。

张须陀认为翟让不是他的对手,莽莽撞撞地指挥人马掩杀过来。翟让抵挡了一阵,假装败退。张须陀紧紧追赶,追了十多里,路越来越窄,树林越来越密,这正是李密布置的埋伏圈。李密一声令下,埋伏的瓦岗军将士一齐杀出,把张须陀的人马团团围住。张须陀虽然勇猛,但是被伏兵层层包围,左冲右突,没法脱围,终于全军覆没。张须陀也被起义军打死了。

经过这一场战斗,李密在瓦岗军里提高了威信。李密不但号令严明,而且生活朴素,凡是从敌人那里缴获来的钱财,他都分给起义将士。日子一久,将士们就渐渐向着他了。第二年(公元617年)春天,李密劝说翟让,趁隋炀帝在江都巡游,东都空虚的机会,进攻东都。瓦岗军派人到东都刺探军情,被隋朝官员发觉,加强了东都的防御。李密就改变计划,提议先打东都附近的兴洛仓(在今河南巩义市)。

兴洛仓也叫做洛口仓,是隋王朝建造的最大的一个粮仓。仓城周围二十多里,城里挖了三千个大窖,每个窖里贮藏着八千石粮食。这都是隋王朝多年来从各地农民身上搜刮来的血汗。翟让、李密两人带七千名精兵攻打兴洛仓。这些兵士原是流离失所的农民,一听得攻打官府的粮仓,个个摩拳擦掌,勇气百倍。他们向兴洛仓发起猛攻。驻守在兴洛仓的隋军还想顽抗,但是怎么也抵挡不住像插翅猛虎一般的瓦岗军。兴洛仓被攻破了。

瓦岗军攻破兴洛仓以后,立刻发布命令,开仓分粮。兵士们打开一口口粮窖,让老百姓尽情地拿。受饥挨饿的农民从四面八方拥向粮仓,从头发花白的老人,到背着孩子的妇女,一个个眼里带着激动的泪花,前来领粮。大伙对瓦岗军的感激心情,就不用提了。

接着,瓦岗军又打败了东都派来的隋军救兵。到这时候,瓦岗军的指挥权渐渐集中在李密手里。翟让觉得自己的才能不如李密,就把首领的地位让给了李密。大家推李密为魏公,兼任行军元帅。

精简点评

瓦岗寨的兴盛将隋末农民起义的烽火传遍各地,瓦岗军成为抗击隋朝残暴统治的一支重要力量。

了，必定会认为江陵城已被攻陷，就不敢轻易进军。即使他们派人去侦察，那也至少晚十天半月，我军一定能取胜。”

萧铣的援军见到自己一方的空船沿江乱漂，果然怀疑，以为江陵已被唐军占领，不敢贸然而进。

历史详解

公元621年，李世民占据洛阳，中原地区已基本处在大唐的统治之下。高祖下令由赵郡王李孝恭全权负责进攻割据江陵的萧铣。江陵的后梁政权长期割据于此，它是由南北朝时梁朝萧詧建立起来的。

唐高祖李渊，任命李孝恭为夔州总管，命他大造舰船，让部队练习水战。因为李孝恭对军队的事务不熟悉，朝廷又任命李靖为行军总管，兼任李孝恭的长史，以辅佐李孝恭。李靖对李孝恭说：“现在天下初定，民心还不齐。如果我们东击萧铣，有人乘机在我们后方作乱，那后果可不堪设想。”李孝恭也觉得这问题很严重，忙问李靖该怎么办。李靖给他出了一条计策：“您可以把巴、蜀地区所有酋长的子弟召来，量才使用，安置在身边。对外说是提拔他们，实际是当做人质，这些酋长们自然不敢乱动。他们不反，别人更不敢反了。”李孝恭连声称赞，依计行事。

准备了半年之后，唐政府下诏征集巴、蜀的所有军队，任命李孝恭为荆湘道行军总管，李靖代理行军长史，统领十二总管，从夔州沿长江顺流而下。又任命庐江王李瑗为荆湘道行军元帅，黔州刺史田世康出辰州道，黄州总管周法明出夏口道，共同攻打萧铣。当月，李孝恭从夔州出发，那时候正赶上长江涨水，众将领纷纷请求等水落之后再进军。

李孝恭认为有理，李靖却说：“兵贵神速。现在我们的军队刚刚集结，萧铣还不知道，如果趁长江涨水，一下来到他的城下，趁他没有防备突然袭击，这样肯定能活捉萧铣。如果等江水落了再发兵，萧铣必然会有所觉察，那进兵的良机就失去了！”李孝恭表示同意，下令继续进兵。

李孝恭、李靖带领两千多艘战船沿江而下，突然出现在敌军面前。萧铣果然因为长江涨水，船只难行，没有防备。唐军没费吹灰之力就占领了荆门、宜都，并进军夷陵。萧铣手下大将文士弘率领数万精兵前来阻击唐军，唐军一鼓作气把文士弘杀得大败而逃，缴获战船三百多艘，杀死、淹死的人数以万计，一直追击到百里洲，文士弘收拾残兵败将再战，又被打败。

萧铣听说唐军已到，文士弘又吃败仗，吓坏了，赶紧下令从各地征募士兵，但是所征的兵都在长江、五岭以南，路途遥远，不能马上集结，只好让现有兵力全部出战。李孝恭要乘胜追击，拿下萧铣，李靖劝阻道："对方是挽救败局的军队，计谋不是早就想好的，势头不会持久的。我们不如暂且停泊在南岸，缓一天进攻。他们必然分散兵力，一部分留下来迎击我军，一部分返回城里守卫。我们再趁敌军松懈时进攻，必能取胜。现在马上攻打，敌军肯定狗急跳墙，拼命死战，肯定对我们不利。"李孝恭求胜心切，没有听，留下李靖守营，自己率精锐部队出击。果不出李靖所料，被打得逃往南岸。

李靖

萧铣部队初尝胜绩，士兵们都弃船上岸抢唐军逃时丢下的物品，人人都背了很多东西。李靖见敌兵乱成一团，挥兵奋击，大败敌军，乘胜直抵江陵城下，并进入江陵外城，占领了水城，缴获了大批船舰。萧铣见唐军势不可挡，只好闭门死守，等援军前来解围。

李孝恭兵败后一见李靖，赶紧道歉没有听李靖的劝告。李靖笑着说："正因为您小败，我们才得以大胜，这就是塞翁失马，焉知非福。您不必自责。"

李孝恭又问现在该怎么办，李靖说："现在我们应该做的，就是把所获战船全都放弃，让它们顺江漂走。"李孝恭和众将都大惑不解："打败敌人缴获的东西，正好为我们利用，怎能再送回敌军手中？"李靖笑着解释说："萧铣的地盘，南到五岭以南，东到洞庭湖。我们孤军深入，如果攻不下江陵，敌人援军从四面八方赶去接应，那我军腹背受敌，进退都很难，即使有舰船也用不上。现在放弃战船让它们顺流而下，塞满长江江面，敌方援军见了，必定会认为江陵城已被攻陷，就不敢轻易进军。即使他们派人去侦察，那也至少晚十天半月，我军一定能取胜。"李孝恭等人听了李靖的妙计，个个拍手称绝。

萧铣的援军见到自己一方的空船沿江乱漂，果然怀疑，以为江陵已被唐军占领，不敢贸然而进。萧铣的交州刺史丘和、长史高士廉、司马杜之松也在援兵之列，听说江陵城已破，萧铣大势已去，干脆投降了李孝恭。

李孝恭带兵包围江陵，萧铣里无粮草，外无救兵，向中书侍郎岑文本询问对策，岑文本劝他投降。于是萧铣对他的大臣们说："上天不保佑我们大梁，我们不能再支撑下去了。如果一定要等到无力支撑的地步，老百姓也会跟着遭殃，怎么能因为我一个人让百姓横遭涂炭呢？”萧铣下令开城投降，守城的人都哭了。萧铣带领他的群臣穿着丧服到唐军门前，说：“该死的只是我萧铣一个人，百姓无罪，希望不要惊动他们。”

占领了江陵城以后，将领看到这里富庶，想大肆抢掠，岑文本对李孝恭说：“江南的百姓，长期在南梁萧氏统治之下，对我大唐不甚了解。这正是我们宣扬大唐国威仪、树立恩德的时候。现在如果放纵军队抢掠，恐怕从此江南地区的人民，再也不会有归顺之心了。”李孝恭认为他讲得很有道理，马上下令禁止抢掠。

众将领又对李孝恭说：“南梁的将帅抵抗官军，拒降战死的，罪恶深重，应该没收他们的家产，用来赏赐将士。”李靖不同意这样做，他说：“王者之师，应当以礼义为先。他们为自己的君主战死，都是忠臣，怎能与叛逆罪一样没收家产呢？”于是江陵城得以安定，秋毫无犯。

南方各州县听说唐军如此仁义，都不战而降。在萧铣投降后不几天，他的十几万援兵才赶到，听说江陵失守，萧铣降唐，也纷纷解甲归降。

精简点评

李靖用很短的时间平定后梁，功不可没，高祖下诏封他为上柱国，赐永康县公的爵位。李靖为唐朝靖定南方，为北方的统一奠定了基础，准备了条件。

玄武门之变

原文

庚申，世民帅长孙无忌等人，伏兵于玄武门。张婕妤窃知世民表意，驰[①]语建成。建成召元吉谋之，元吉曰："宜勒宫府兵，托疾不朝，以观形势。"建成曰："兵备已严，当与弟入参，自问消息。"乃俱入，趣玄武门。上时已召裴寂、萧瑀、陈叔达等，欲按其事。

注释

①驰：飞快。

译文

庚申，李世民率领长孙无忌等人进宫，在玄武门设伏等待建成的到来。张婕妤暗中得知了李世民上表高祖的大意，急忙跑到太子府告诉李建成。李建成将李元吉叫来商议此事，李元吉说："我们应当握好东宫与齐王府中的军队，托称有病不去上朝，观察形势变化再做安排。"李建成说："军队的防备已经考虑周到了，我与你应当入朝参见，亲自打听消息。"于是，二人一起入朝，向着玄武门走来。当时，高祖李渊已经将裴寂、萧瑀、陈叔达等人召集前来，准备处理此事。

历史详解

在太原起兵时，唐高祖李渊本来迟疑不决，多亏了二儿子李世民态度坚决，想办法把他逼上了反隋的道路。以后五六年，李世民东征西讨，屡建功勋，可以说，大唐的天下，一大半是李世民打下来的。由于这种原因，大唐朝廷里出名的人物，文如长孙无忌、杜如晦、房玄龄，武如尉迟敬德、秦叔宝、徐世勣、李靖，大都聚集在李世民帐下，他在朝中的势力无人可与之相比。

俗话说：功高震主。李渊不是不知道李世民的实力，也曾几次跟李世民谈起，要立他为太子，但都被李世民拒绝了。他不但是怕应对失当，招来灾祸；还因为早在李渊称帝的时候，就按封建礼教，立了大儿子李建成为太子，他自己只被封了秦王，只怕以庶夺嫡，会构成千古大罪。

唐高祖

可是，身为太子的李建成却不这么想。他虽然也带过兵，打过仗，但论起军功比不上李世民，总觉得在众人面前比这位二弟矮了一截。他想，眼下父皇健在，还可以凭太子的身份压过李世民，万一父皇不在了，他的皇位能否保得住，还是不可预知的事。于是，李建成千方百计地培植自己的势力，想方设法要拔去巩固自己皇位道路上的钉子。

于是，李建成先跟同样野心勃勃的三弟李元吉携起手来，共同对付李世民。他还拉拢了一批皇亲国戚，掌握了长安地区，特别是宫廷内守军的指挥大权，形成了与李世民抗衡的可观力量。

李建成看到，当上了大唐皇帝的李渊，比在太原当留守时更加追求享乐，成天泡在内宫，跟嫔妃们厮混。他便使劲地巴结李渊身边得宠的贵妃们，由她们在李渊耳旁吹风，中伤秦王李世民。

那些贵妃本对李世民一肚子的不满。她们生存的目的，只不过趁皇帝宠爱之时，多搜刮些金银珠宝，替自己的至亲至戚找个好饭碗。偏偏李世民志存高远，不理睬贵妃们的要求。当李世民攻下东都回长安时，贵妃们以为秦王一定在隋炀帝的西苑大大捞了一把，纷纷向他讨取隋宫珍宝。秦王回答她们："那些宝物已经造册送进了国库,我没法给你们。"秦王的话把贵妃们气得半死。现在她们跟李建成一拍即合,立刻开始了对秦王的攻击。

有一次,李世民见淮安王李神通立了功,便把一块田赐给了他。恰巧张婕妤也要把这块田给自己父亲,便哭着朝李渊说:"您赐给我爹的田,秦王抢去给了李神通,不知是皇上权力大,还是秦王有权!"李渊听了,把李世民骂了一通。另一次,尹德妃的父亲尹阿鼠让家人把经过自己家门的杜如晦从马上拉下来,一边骂:"你是什么人?竟敢经过我家大门不下马!"一边打折了杜如晦一根手指。事后他怕李世民告诉李渊,竟恶人先告状,倒打一耙,说秦王派手下人欺负尹德妃的父亲,引得李渊又是好一阵大怒,把李世民找去训斥了一顿。李世民一再辩白,李渊却执意不相信。

李建成千方百计让李渊、李世民父子发生了嫌隙,便想制造事端暗害李世民。他以为即使李世民无缘无故地死了,父皇也不至于怪罪下来,只会更加倚重自己这个太子。

这年秋天,照例要举行皇室的狩猎活动。太子与秦王、齐王都到场陪伴李渊出猎。狩猎开始后,李渊下令三位皇子比赛骑马射猎,李建成牵来一匹体格骏健的胡马对李世民说:"我这匹马一跃能跨过几丈阔的山涧,二弟是马上英雄,不妨试着骑它。"李世民不防太子加害,便骑上了这匹高头大马逐鹿。谁知这匹胡马性子十分倔劣,刚骑出一段路,便在山道上发起性来,李世民只得从马背上跳下来。等他再骑上马背,那马突然又俯下前蹄,要把李世民掀翻在地。几次之后,李世民终于明白了太子的险恶用心,回头对从人说:"这是想害我呀!可惜死生有命,谁也没办法改变。"

这话传到李建成耳朵中,他立刻让贵妃们在李渊面前说李世民的坏话,加油添醋地说秦王自称天命所归,必然会当皇上。李渊听了大怒,要治李世民的罪。幸亏这时突厥又大举入侵了,李渊还得靠秦王去打仗,这才平息了这段莫须有的公案。

这以后,李建成的凶相更加暴露,甚至在请李世民喝酒时,在酒里下了毒。幸好李神通也在座,匆匆扶李世民回西宫医治,才躲过这一劫难。

到这时,三位皇子的暗斗变成了剑拔弩(nǔ)张的明争。李建成迫不及待地向李渊建议,由李元吉率兵抵抗突厥,并要把尉迟敬德等一批秦王部下调到元吉部下,削弱李世民军队的实力,利用阴谋想把李世民及亲信一网打尽。

李世民听到消息还在犹豫,尉迟敬德可忍不住了,他和长孙无忌等人向李世民明确表示,要么先动手杀了建成、元吉,要么让他们离开长安。到这时,李世民已经无法再退一步了,只得下决心除去两位亲兄弟。

第二天,李世民进宫向李渊揭发了建成和元吉勾结嫔妃,暗害自己的事实。

玄武门之变

李渊大吃一惊，决定第三日清晨召见三位儿子，让他们当面对质。

这一夜，双方都在作决一死战的准备。早晨，李建成跟元吉一同经由玄武门进宫。他们以为宫廷卫队在自己控制下，一路上毫不介意。直到玄武门前，才发觉气氛不对，门前冷冷清清的，看不到自己的部下，两人急忙回头想离开。

李世民早已设下了陷阱，他大喝一声："殿下别走！为什么不进宫去?"情急之中，元吉想张弓搭箭，拉了几次弓弦都没拉开，可李世民却已张弓搭箭，一箭把李建成射下马来，眼见活不成了。

远远地，尉迟敬德已率领轻骑奔来，只听一阵弓弦响，元吉的马中箭倒地。李世民催马追赶想逃入树林的元吉，却不慎被树枝挂着，倒下马，一时爬不起身来。元吉见状，飞身上前，夺过弓想扼死倒地的李世民。说时迟，那时快，尉迟敬德已飞马追近，挽弓控箭，一箭把元吉也射死了。

这时候，建成、元吉的部队已经对秦王府发动了进攻，双方相持不下。等到尉迟敬德提着建成和元吉的首级奔来，围攻秦王府的士兵们才知大势已去，一阵哄喊之后立即散去。

李世民登基

这时候，李渊还在宫内跟大臣、贵妃们乘舟游海池。忽见尉迟敬德全副甲胄，手执长矛大步逼近，不觉大吃一惊，急问道："你来宫里干什么?"

尉迟敬德声如洪钟："陛下，太子和齐王起兵作乱，秦王命臣来守卫宫殿。"再问太子、齐王的下落，李渊才知两人均已被杀，这下子李渊吓得不知怎么办好，只能问左右大臣该怎么办。

大臣们听说太子已死，眼前尉迟敬德又持矛而立，只得劝李渊改立秦王为太子。李渊无奈，只能乖乖从命，下令今后一切国家大事都由新太子李世民处理。过了几个月，李渊索性退位当了太上皇。李世民登位后，改元为贞观。

精简点评

权力争夺中，兄弟亲情根本无人顾及。即便是李世民这样的一代开明圣主，也是踏着兄弟的血迹走上政治舞台的。

魏征敢谏直言

原文

征状貌不逾[①]中人，而有胆略，善回人主意，每犯颜苦谏；或逢上怒甚，征神色不移，上亦为之霁威。尝谒告上冢，还，言于上曰："人言陛下欲幸南山，外皆严装已毕，而竟不行，何也?"上笑曰："初实有此心，畏卿嗔，故中辍耳。"上尝得佳鹞，自臂之，望见征来，匿怀中；征奏事固久不已，鹞竟死怀中。

注释

①逾：过，超过。

译文

魏征相貌平平，但是很有胆略，善于挽回皇帝的主意，常常犯颜直谏。有时碰上太宗非常恼怒的时候，他面不改色，太宗的神威也为之收敛。他曾经告假去祭扫祖墓，回来后，对太宗说："人们都说陛下要临幸南山，外面都已严阵以待、整装完毕，而您最后又没去，不知为什么？"太宗笑着说："起初确实有这个打算，害怕你又来嗔怪，所以中途停止了。"太宗曾得到一只好鹞鹰，将它置于臂膀上，远远望见魏征走过来，便藏在怀里；魏征站在那里上奏朝政大事，很久不停下来，鹞鹰最后竟死在太宗的怀里。

历史详解

魏征（公元580~643年），初唐政治家。其时，唐太宗以虚怀纳谏著称，贞观朝谏臣云集，魏征最为杰出。他所言都是为了唐朝的长治久安，使太宗少犯错误，对"贞观之治"的出现起了不小的作用。

魏征原是废太子李建成手下的旧臣，曾经劝说李建成杀害李世民。李世民即位以后，不计前嫌，任命他为谏议大夫。魏征是中国历史上少有的敢言直谏的名臣，他与唐太宗一个敢谏，一个从善如流，君臣相应，留下了一段历史佳话。

当初，玄武门之变后，有人告发魏征说他曾参与刺杀李世民的阴谋。李世民当即将他召来，板着脸问道："你为什么在我们兄弟之间挑拨离间？"

魏征神色坦然，不慌不忙地回答："可惜当时太子没有听从我的建议。否则，事情绝不会搞成现在这样。"

李世民见魏征不是个见风使舵的人，心中喜爱，加之他说话直爽，有胆有识，是个人才，便留他在身边做事。李世民即位后提拔魏征做了谏议大夫。

谏议大夫的职责就是当皇帝的顾问，提出意见，帮助皇帝改正行政上的过失。这可是个危险的差使，常言道："伴君如伴虎。"一不小心，逆了龙鳞，捋（lǚ）了虎须，惹恼了皇上，就可能丢脑袋。因此，历史上很多谏议大夫只会明哲保身，顺着皇帝说话。可魏征不是这样的人。他为人正直，忠于职守，常常在朝廷上公开发表自己的意见，他认为不对的事，总能当着李世民的面直说。李世民是个有作为的皇帝，因而很尊重他的意见。

有一次，唐太宗问魏征说："历史上的人君，为什么有的人明智，有的人昏庸？"

魏征说："多听听各方面的意见，就明智；只听单方面的话，就昏庸（即是'兼听则明，偏听则暗'）。"他还举了历史上尧、舜和秦二世、梁武帝、隋炀帝等例子，说："治理天下的人君如果能够采纳下面的意见，那么下情就能上达，他的亲信要想蒙蔽也蒙蔽不了。"

唐太宗连连点头说："你说得多好啊！"

又有一天，唐太宗读完隋炀帝的文集，跟左右大臣说："我看隋炀帝这个人，学问渊博，也懂得尧、舜好，桀、纣不好，为什么干出事来这么荒唐？"

魏征接口说："一个皇帝光靠聪明渊博不行，还应该虚心倾听臣子的意见。隋炀帝自以为才高，骄傲自信，说的是尧、舜的话，干的是桀纣的事，到后来糊里糊涂，就自取灭亡了。"唐太宗听了，感触很深，叹了口气说："唉，过去的教训，就是我们的老师啊！"

唐太宗看到他的统治巩固下来，心里高兴。他觉得大臣们劝告他的话很有帮助，就向他们说："治国好比治病，病虽然好了，还得好好休养，不能放松。现在中原安定，四方归服，自古以来，很少有这样的日子。但是我还得十分谨慎，只怕不能保持长久。所以我要多听听你们的谏言才好。"

魏征说："陛下能够在安定的环境里想到危急的日子，太叫人高兴了（即是'居安思危'）。"以后，魏征提的意见越来越多。他看到太宗有不对的地方，就当面力争。有时候，唐太宗听得不是滋味，沉下了脸，魏征还是照样说下去，叫唐太宗下不了台阶。

有一次，魏征在上朝的时候，跟唐太宗争得面红耳赤。唐太宗实在听不下去，想要发作，又怕在大臣面前丢了自己接受意见的好名声，只好勉强忍住。退朝以后，他憋了一肚子气回到内宫，见了他的妻子长孙皇后，气冲冲地说："总有一天，我要杀死这个乡巴佬！"

长孙皇后很少见太宗发那么大的火，问他说："不知道陛下想杀哪一个？"

唐太宗说："还不是那个魏征！他总是当着大家的面侮辱我，叫我实在忍受不了！"

长孙皇后听了，一声不吭，回到自己的内室，换了一套朝见的礼服，向太宗下拜。

唐太宗惊奇地问道："你这是干什么？"

长孙皇后说："我听说英明的天子才有正直的大臣，现在魏征这样正直，正说明陛下的英明，我怎么能不向陛下祝贺呢！"

这一番话就像一盆清凉的水，把太宗满腔怒火浇熄了。

后来，他不但不记魏征的恨，反而夸奖魏征说："人家都说魏征举止粗鲁，我看这正是他妩媚可爱的地方！"

公元643年，那位直言敢谏的魏征病死了。唐太宗很难过，他流着眼泪说：

"一个人用铜作镜子，可以照见衣帽是不是穿戴得端正；用历史作镜子，可以看到国家兴亡的原因；用人作镜子，可以发现自己做得对不对。魏征一死，我就少了一面好镜子了。"

精简点评

由于唐太宗重用人才，能采纳大臣的直谏，政治比较开明，而且注意减轻百姓的劳役，采取了一些发展生产的措施，唐朝初期经济出现了繁荣景象，社会秩序比较安定，开启了一个盛世时代的来临。

贤相房玄龄

原文

玄龄明达吏事，辅以文学，夙夜尽心，唯恐一物失所；用法宽平，闻人有善，若己有之，不以求备取人，不以己长格物。与杜如晦引拔士类，常如不及。至于台阁规模，皆二人所定。上每与玄龄谋事，必曰："非如晦不能决。"及如晦至，卒用玄龄之策。盖玄龄善谋，如晦能断故也。二人深相得，同心徇国，故唐世称贤相，推房、杜焉。玄龄虽蒙①宠待，或以事被谴，辄累日诣朝堂，稽颡请罪，恐惧若无所容。

注释

①蒙：蒙受，得到。

译文

房玄龄通晓政务，又有文才，昼夜操劳，唯恐偶有差池；运用法令宽和平正，听到别人的长处，便如同自己所有，待人不求全责备，不以己之所长要求别人，与杜如晦提拔后进，不遗余力。至于尚书省的制度程式，均系二人所定。太宗每次与房玄龄谋划政事，一定要说："非杜如晦不能畝定。"等到杜如晦来，最后还是采用房玄龄的建议。这是因为房玄龄善于谋略，杜如晦长于决断。二人深相投合，同心为国出力。所以唐朝称为贤相者，首推房、杜二人。房玄龄虽然多蒙得太宗宠爱，有时因某事受谴责，总是一连数日到朝堂内，磕头请罪，恐惧得好像无地自容。

历史详解

唐朝著名的大臣房玄龄，字乔，齐州临淄(今山东淄博)人。他自幼就很聪明，博览经史，工于草书、隶书，善写文章，曾跟随父亲到京城去。当时天下安宁，大家都认为隋朝国运长久。房玄龄避开左右对父亲说："隋朝皇帝本无功德，只会迷惑黎民，不作长远打算。他混淆嫡亲和庶出，让他们互相争夺，皇太子与诸王又竞相奢侈，早晚会互相残杀。靠这些人国家将难以保全，现在天下虽然清平，但其灭亡却指日可待。"房彦谦听后很吃惊，从此对他刮目相看。房玄龄十八岁时，本州举荐他应进士考，及第后被授羽骑尉。吏部侍郎高孝基颇有知人之明，见到房玄龄后深加赞叹，对裴矩说："我阅人无数，还未见过这样的才子。他日后必成大器，遗憾的是我恐怕看不到他功成名就、位高凌云了。"父亲久病历百余日，房玄龄尽心侍奉，总是和衣而睡。父亲去世后，五天不吃不喝。后来房玄龄被任命为隰城县县尉。

李渊举义旗入主关内后，秦王李世民率军向外拓地，房玄龄驱马前往军营谒见。李世民一见房玄龄，如同旧友相逢，署任他为渭北道行军记室参军。房玄龄既遇知己，就竭尽全力，知无不言。每当讨平贼寇时，众人都竞相搜求珍玩，惟独房玄龄先去网罗人才，送到秦王幕府。遇有猛将谋臣，他就暗中与他们结交，使他们能尽忠效力。

房玄龄与裴矩

不久，太子李建成见秦王威德功业比他更盛，产生猜忌。秦王曾到太子住所吃饭，中毒而归。秦王幕府人人震惊，但又无计可施。房玄龄对长孙无忌说："现在怨仇已成，祸乱将发，天下人心无主，各怀异志，灾变一作，大乱必起。不但祸及幕府，还怕会倾覆国家，在此关头，怎能不再三深思呢！我有一计，不如遵从周公诛杀兄弟的故事，就能对外抚宁天下，对内安定宗族社稷。古人曾说：'治理国家的人不能顾及小节'，说的就是这个道理。这比家国沦亡、身败名裂不是要好得多吗？"长孙无忌说："我也早有这种打算，一直没敢披露出来。您现在所说的，与我的想法不谋而合。"长孙无忌于是入见秦王献策。李世民召来房玄龄，对他说："现在已经有了危难来临的迹象，该怎么办呢？"房玄龄回答说："国家遭逢危难，古今没什么不同，只有英明的圣人，才能平定灾难。大王功盖天地，符合君临臣民的天象预兆，自有神助，不靠人谋。"

房玄龄在秦王府十余年，每当撰写奏章时，都是倚马可待，行文简洁，道理充分，不打任何草稿。高祖曾对侍臣们说："此人深知事理，完全可以委任。每当他代秦王向我陈述事情时，我感觉就像与我自己的孩子对面谈话一样。"太子看到房玄龄、杜如晦如此被秦王信任，十分厌恶，于是，在高祖面前进谗言，房玄龄与杜如晦一起被贬斥。

太子将要变乱，李世民命令长孙无忌召来房玄龄和杜如晦，悄悄带他们入府阁议事。到秦王入主东宫成为皇太子，李世民提拔房玄龄为太子右庶子。贞观元年，房代替萧瑀任中书令。太宗论功行赏，以房玄龄、长孙无忌、杜如晦、尉

房玄龄

迟敬德、侯君集五人为第一。房玄龄晋爵邢国公。

贞观三年，任命房玄龄为太子太师。他坚持不受，改任代理太子詹事，兼礼部尚书。后又代替长孙无忌任尚书左仆射，改封爵为魏国公，并监修国史。房玄龄既已总管百官事务，就虔诚恭谨、日夜操劳，尽量做到事事处理恰当；听到别人的长处，就像自己有长处那样高兴。他精通吏事，审定法令意在宽平，用人不求全责备，从不以自己的长处来衡量别人，随才录用，不拘贵贱，被当时人称为良相。有时因事被皇上谴责，他就连日在朝堂上叩头请罪，恐惧不安，好像无地自容一般。

贞观十三年，房玄龄又加官为太子太师。房玄龄再三上表请求解除尚书左仆射职务，太宗下诏书说："选用贤能的根本，在于无私；侍奉君上的道义，责在当仁不让。列圣所以能弘扬风化，在于贤臣能协力同心。公忠贞庄重、诚信贤明，为我草创王业，助成帝道。执掌尚书省，使百政通和，辅佐皇太子，实众望所归。但是公忘记了那些大事，拘于这点小节，虽然恭敬完成教谕事务，却要辞去宰相职位，这难道就是所说的辅佐朕共同安定天下吗？"房玄龄于是带本官就任太子太师。当时皇太子要行拜师礼，已备好仪仗等待。房玄龄深加谦退，不敢进见，于是回家去了。有见识的人都推崇他的谦让精神。房玄龄认为自己居宰相位十五年，女儿是韩王妃子，儿子房遗爱娶高阳公主，实在是极为显贵，于是频繁上表，请求辞去职位。太宗下诏宽慰，但并不批准。

贞观十六年，房玄龄又与高士廉等人一起撰成《文思博

要》，赏赐丰厚。拜官司空，仍然总掌朝政，依旧监修国史。房玄龄上表辞官，太宗派遣使节对他说："过去留侯张良让位，窦融辞去富贵，都是惧怕功名太盛而招惹祸端，知进知退，善察时势，及时止步，所以前代人加以赞美。公也想追随往日贤哲，实在应当嘉奖。然而国家任用公已久，一旦突然失去良相，就如同失去双手一般。公若体力不衰，就不要再辞让了。"房玄龄于是停止推让。

贞观十七年，房玄龄和司徒长孙无忌等人的像被画在凌烟阁上。赞词说："才能兼有辞藻，思虑化入神机。为官励精守节，奉上尽忠忘身。"

精简点评

房玄龄既有知识的才能，又有舞文弄墨的潇洒，他为官清廉安分守节，为唐初恢复国力、发展生产贡献了力量。

武则天登皇位

原文

庚辰，太后可[1]皇帝及群臣之请。壬午，御则天楼，赦天下，以唐为周，改元。乙酉，上尊号曰圣神皇帝，以皇帝为皇嗣，赐姓武氏；以皇太子为皇孙。

注释

①可：认同。

译文

庚辰,太后同意皇帝及群臣的请求。壬午,太后上则天门城楼,宣布大赦天下,改唐为周,更改年号。乙酉,上尊号称圣神皇帝,以皇帝为皇位继承人,赐姓武氏;以皇太子为皇孙。

历史详解

唐高宗李治没有政治才能,下面奏事,自己不会判断,要由宰相提出意见,才能作出处理。由于他的昏庸和懦弱,大权就渐渐落到皇后武则天的手里。

武则天是并州文水(今山西文水)人。她的父亲早年跟随李渊起兵反隋,被任命为工部尚书,武则天也算出身权贵之家。她十四岁的时候,唐太宗听说她长得美,选她入宫,封为"才人"(妃子)。唐太宗死了以后,她和一些宫女都被送到感业寺去做尼姑。几年以后,唐高宗把她召回宫来,封为"昭仪"(妃子)。武则天很聪明,会耍手腕,刚回宫的时候,对王皇后非常谦恭。王皇后常常在唐高宗面前说她的好话。没过多久,唐高宗就和武则天好得如胶似漆,形影不离,渐渐地把王皇后疏远了。王皇后见势不妙,又转过来说武则天的坏话。可是这时候唐高宗哪里还听得进去?武则天十分得意,想进一步夺取皇后的位子。但是,当时尽管唐高宗宠爱武则天,可还没有要废掉王皇后的意思。于是,武则天绞尽脑汁,千方百计陷害王皇后。

不久,武则天生了个女儿。王皇后因为自己没有孩子,常常逗这个女孩玩。一天,王皇后刚刚离开,武则天就偷偷地把自己的亲生女儿掐死了,然后又照样盖好被子。唐高宗进来,掀开被子一看,发现女儿已经死了。武则天先是装出吃惊的样子,然后大哭起来。唐高宗问刚才谁来过,左右的人都说:"只有皇后来过。"唐高宗气愤地说:"皇后杀死了我的女儿!"武则天乘机说了皇后一大堆坏话。从这以后,唐高宗就起了废王皇后,立武则天为皇后的念头。

围绕着要不要立武则天为皇后的问题,朝廷中两派展开了激烈的斗争。一派是以长孙无忌、褚遂良为首的元老重臣,他们为了维护名门贵族的利益,坚决反对。一派是以许敬宗、李义府和李勋为首的新贵族,他们为了扩大自己的权力,表示支持。

武则天想争取长孙无忌,她和唐高宗亲自登门求情,封长孙无忌的儿子做大夫,还送去十车金银珠宝。但是长孙无忌始终不表态。

一天,唐高宗私下把他打算立武则天做皇后的事告诉了长孙无忌、褚遂良等几个大臣。褚遂良说:“王皇后出身名门,是先帝给陛下娶的,再说皇后又没有过错,怎么能说废就废呢?”唐高宗见话不投机,就把他们打发走了。第二天上朝,唐高宗又提到废皇后的事,褚遂良说:“陛下就是要换皇后,也要选一个名门闺秀,武氏出身寒微,怎么配呢?再说,武氏曾经是先帝的妃子,陛下立她做皇后,今后人们会怎么议论陛下呢?”听到这儿,唐高宗气呼呼地一挥手,让褚遂良退下去。武则天在帘子后面听见了,更是怒不可遏。她最怕人家说她做过唐太宗妃子这段历史,所以恨透了褚遂良。她在帘子后面大声喊道:“还不赶快把这狗东西打死!”长孙无忌阻止说:“遂良是先帝老臣,有罪也不能加刑!”

过了几天,唐高宗问李勋:“我打算立武昭仪做皇后,褚遂良他们坚决反对,这事怎么办好呢?”李勋说:“废立皇后,这是陛下的家事,何必一定要外人同意呢?”李勋当时任司空,掌握着军权,唐高宗听出他是支持立武则天做皇后的,便下了决心。永徽六年(公元655年)冬天,唐高宗下诏废了王皇后,立武则天为皇后。

武则天

武则天一当上皇后,就参与朝政,先把褚遂良贬到外地做官,随后,又逼长孙无忌自杀,同时罢免了二十多个反对她的人。她还提拔许敬宗、李义府做宰相,加强了自己的势力。

过了几年,唐高宗患病,不能临朝,便委托武则天处理朝政。武则天把国家大事处理得井井有条,她的威信越来越高,后来有很多事情她根本不和唐高宗商量。唐高宗见大权落到武则天手里,自己说话不算数,很恼火,就秘密地把大臣上官仪找来,让他起草废武后的诏书。消息传到武则天那里,武则天怒气冲冲地去见唐高宗。唐高宗十分害怕,想把诏书藏起来已经来不及了,只好结结巴巴地说:“我本来没有这个意思,都是上官仪鼓动的。”武则天立即把上官仪处死了。

当时,大臣们把唐高宗和武则天一并称为“二圣”。实际上,实权完全掌握在武则天手中,唐高宗不过空有其名罢了。

唐高宗深感武氏一派的威胁越来越大，担心李家的天下保不住，就想趁自己还在世，传位给太子李弘（武则天的长子）。但是，武则天竟用毒酒杀死了李弘，立次子李贤做太子。不久，又把李贤废为庶人，改立三儿子李显为太子。弄得唐高宗束手无策。

弘道元年（公元683年），唐高宗病死了，太子李显即位，就是唐中宗。武则天以皇太后的身份临朝执政。她不能容忍唐中宗重用皇后韦氏家族的人，又把唐中宗废了，立她的四儿子李旦为帝，就是唐睿宗。她不许睿宗干预朝政，一切由她自己做主。

唐朝的一些元老重臣对这种状况非常不满，徐敬业等人打着拥护唐中宗的旗号，在扬州起兵反对武则天。武则天派出三十万大军讨平了徐敬业，杀了倾向徐敬业的宰相裴炎和大将程务挺。

叛乱平定以后，武则天以胜利者的姿态召见群臣，对他们说："你们这些人中间，有比裴炎更倔强难制的先朝老臣吗？有比徐敬业更善于纠集亡命之徒的将门贵种吗？有比程务挺更能征善战、手握重兵的大将吗？这三个人不利于我，我能杀掉他们。你们有比这三个人更厉害的吗？"这时候，再没有人敢吭声了。

到了载初元年（公元690年），武则天67岁，唐睿宗和满朝大臣按照武则天的旨意向她上表，请求她亲自当皇帝并改国号。武则天下诏废了唐睿宗，改国号为周，自称"圣神皇帝"。

精简点评

经过三十六年的苦心经营，武则天终于正式登上皇位，成为中国历史上唯一的女皇帝。

狄仁杰刚正不阿

原文

时张光辅尚在豫州，将士恃功，多所求取，仁杰不之应。光辅怒曰："州将轻元帅邪？"仁杰曰："乱河南者，一越王贞耳，今一贞死，万贞生！"光辅诘其语，仁杰曰："明公总兵三十万，所诛者止于越王贞。城中闻官军至，逾城出降者四面成蹊，明公纵将士暴掠，杀已降以为功，流血丹野，非万贞而何！恨不得尚方斩马剑，加于明公之颈，虽死如归耳！"光辅不能诘，归，奏仁杰不逊，左迁①复州刺史。

注释

①左迁：贬官。

译文

当时张光辅还在豫州，将士依仗有功，肆意勒索，狄仁杰不予理睬。张光辅大怒说："州将敢轻视全军主将！"狄仁杰说："河南作乱的只有一个越王李贞，现在一个李贞死了，出现了一万个李贞！"张光辅责问这话是什么意思，狄仁杰说："您统兵三十万，所要杀的只限于越王李贞。城中人听说官军到来，越城出来投降的人很多，四面都踩踏成道路了，您放纵军士凶暴地抢掠，杀已投降的人用以报功，流血染红郊野，这不是一万个李贞又是什么？我恨不能得到天子的尚方斩马剑加在您的脖子上，我虽死也视作回家一般！"张光辅无法反驳，回来后，上奏说狄仁杰不恭顺。狄仁杰被降职为复州刺史。

历史详解

狄仁杰，字怀英，并州太原（今山西太原）人，曾历任汴州判佐、并州都督府法曹、大理丞、宁州刺史、江南巡抚使、文昌右丞、豫州刺史等职，武则天时两度拜相，深受武则天器重，是为数不多的在武则天手下得以善终的重臣。

狄仁杰早年当并州都督府法曹时，同僚郑崇质奉命出使偏远之地。郑崇质家有卧病老母，因而出使前很不放心。狄仁杰知道后，便去见作为主管长官的长吏蔺仁基，要求代替郑崇质出使。狄仁杰的举动使蔺仁基深受感动。

不仅对同僚如此，即使是对曾经诋毁过自己的人，狄仁杰也能从大局出发，不计个人恩怨，与他们和睦相处和共事。

他第一次拜相后，武则天有一次半开玩笑半认真地对他说："你在汝南当豫州刺史时，干得很不错，但还是有人说你的坏话，你想知道这人是谁吗？"

狄仁杰宽容地答道："陛下如果以为微臣有什么过错，微臣请求陛下给微臣改过自新的机会；假如陛下知道微臣没做错事，则微臣万幸，他人的谗言又何足道哉！所以微臣不想知道此人是谁！"

狄仁杰刚到京师担任负责审判罪案的大理丞时，有一次左威卫大将权善才、左监门中郎将范怀义误砍了皇帝祖坟昭陵的柏树。唐高宗李治十分愤怒，一定要审理此案的狄仁杰判处权、范两人死刑，但是按照法律，两人犯的这种"罪行"却只够免职的处罚。狄仁杰便如实对李治汇报说："权、范两人够不上死罪。"李治正在气头上，自然顾不得什么法律不法律，他恨恨地说："权、善才等竟敢砍我祖陵上的树，实在是胆大妄为，狗胆包天，我不杀他，我就是祖宗的不肖之子。"

说到这儿，李治已经面红耳赤，显然是动了真怒，但是狄仁杰视若无睹，他不紧不慢地对李治讲述法律上的有关条文，说明判处两人死刑的不当之处。李治被他缠得心烦意乱，一气之下便要把他赶出去。但是此时，一贯温文尔雅的狄仁杰却变得执拗起来，他神色凝重地对李治说："犯颜直谏，自古就以为是一件难事。然而微臣以为，碰到桀、纣这样的昏君确实是难，但是遇到尧、舜这样的明君则容易得很。现在，权、范两人法不当死而陛下非杀他们不可，这样法律还有什么权威性呢？老百姓又如何根据法律来约束他们的行为呢？为了一棵柏树就杀掉两位将军，后代又会怎么看待陛下呢？"

听完狄仁杰这番议论，李治的怒气消了不少，权、范两人的死刑之议也就由此作罢。后来，权、范两人被依法撤职，并被流放到了岭南。

武后垂拱四年（公元 688 年），越王李贞在豫州发动叛乱，宰相张光辅率兵讨伐,很快平定了这场叛乱。此时,狄仁杰正在豫州刺史任上,免不了要和张光辅打交道。张光辅的部将因为平叛有功,十分骄横,常常向狄仁杰提出要这要那的无理要求。这些无理要求都受到了狄仁杰的婉言拒绝。

在狄仁杰那儿碰了钉子的将士便去向张光辅告状,此时张光辅正因立了大功而不可一世,自然容不得狄仁杰如此不给自己面子,他便气呼呼地找到狄仁杰,兴师问罪道:“你小小一个州官,难道连我元帅也不放在眼里吗?”

谁知狄仁杰对他的问题避而不答,却说了一句莫名其妙的话:“为害河南者,不过一个越王李贞。现在一个李贞刚死,却又有千万个李贞生了出来。”

张光辅丈二金刚摸不着头脑,便问他到底是什么意思。狄仁杰冷笑了一声,便滔滔不绝地说了起来:“明公带兵三十万,要杀的不过是越王一人。可是现在越王已经伏法,明公却仍然纵容部下滥杀无辜,为非作歹,你的这些部下和李贞有什么两样?说他们是新生出来的李贞难道有什么不对吗?像明公这样无视法度,我恨不得手中有一把尚方剑架到明公的脖子上,即使因此而死也心甘情愿!”

张光辅本是个欺软怕硬的人,被狄仁杰这么一顶,反而不知说什么好了,只得悻悻而归。但是这口气是一定要出的,不久张光辅便向朝廷告了狄仁杰一状,狄仁杰因而被降职为复州刺史。

狄仁杰

狄仁杰做官,一直非常重视人才,尤其是担任宰相后,更是利用自己的特殊地位向朝廷大力举荐人才,使好多才俊之士脱颖而出。有一次,武则天问狄仁杰:“朕想找一个得力的人来派用场,你看谁比较适合?”狄仁杰回答说:“不知陛下想让这个人派什么用场?”武则天说:“想让他做宰相。”狄仁杰想了一想,便说了苏味道、李峤、张柬之三个人的名字。但他认为苏、李两人都以文学见长(苏味道、李峤都是著名诗人),而张柬之则是具有罕见的行政才能的人,虽然年纪稍大,却是个当宰相的料子。见狄仁杰说得头头是道,武则天连连称善。第二天她便提拔原为荆州长史的张柬之当了洛州司马。又过了几天，武则天再次要狄仁杰推荐“得力的人”，狄仁杰这次却不急着推荐新人了，他慢悠悠地说道：“上次推荐的张柬之，陛下还没用呢！”这一番话倒把武则天说糊涂了：“不是已经升了他的官了吗？”“微臣推荐的，是做宰相而不是做司马的人。”狄仁杰似乎认了死理，一句话就把武则天顶了回去。这时，武则天才想起自己上次让狄仁杰推荐的确实是做宰相的人，狄仁杰郑重其事地推荐了张柬之，自己却又不明不白地让张柬之当了个州司马，难怪狄仁杰要生气了。于是，她又赶紧下令，再提拔张柬之当了秋官侍郎，总算让狄仁杰消了气。

狄仁杰还举荐过夏官侍郎姚元崇、监察御史桓彦范等十多人，这些人后来都成了名臣。有人曾经不无敬意地对狄仁杰说：“天下桃李，无不出自你老的门下！”狄仁杰却毫无得意之色，他很认真地答道：“举荐贤良是为了国家，而不是满足我自己的虚荣心。”

狄仁杰举荐人才可谓不拘一格，这方面也留下不少佳话。李楷固、骆务整都是契丹的大将，当契丹军队寇掠唐朝边境时，两人曾屡挫唐军。尤其是李楷固，身怀绝技，每与唐军交战，总是冲锋陷阵，所向披靡，使唐军望而生畏。后来契丹兵败，两人都投降了唐朝，但法司仍然准备治他们的罪。狄仁杰听说后，对身边的人说：“李楷固等人都是骁勇无比的将才，两人打起仗来都很卖命，如果我们能以仁德感化他们，使他们为我所用，两人定能建功立业。”说罢便上奏请求武则天赦免李、骆两人。但是狄仁杰的亲朋好友都认为武则天绝不会赦免这两个杀死过唐朝无数官兵的人，劝狄仁杰不要去碰这个钉子。狄仁杰对大伙的这番好意却不以为然，他说：“只要我做的一切有利于国家，碰不碰钉子又有什么关系呢？”结果，武则天出人意料地采纳了狄仁杰的建议，不但赦免了李、骆两人，而且委两人以重任，李楷固当上了左钤卫将军，骆务整则担任了右威卫将军。两人后来都在讨平契丹余部的战斗中立了大功，李楷固还被赐姓武，成了武则天的亲信。

狄仁杰秉性耿直，喜欢据理力争，有时不免当面顶撞武则天，武则天知道他忠心耿耿，常能欣然接受他的意见。

武后久视元年（公元700年）四月，武则天到三阳宫（在洛阳附近）避暑，有一个西域来的和尚邀请武则天去观赏佛教圣物舍利子，笃信佛教的武则天很高兴地答应了。但是她正准备出发时，狄仁杰却跪到了马前，他振振有词地说：“佛不过是夷狄之神，不应凌驾天下之主之上。再说山路险狭，很不安全。陛下此行实在有所不宜。”当时武则天对狄仁杰的话一笑置之，仍坚持上了路。但是走到半路上，她却越想越觉得狄仁杰说得有理，于是又下令打道回府，一边还自我解嘲道：“这是为了成全我这位直臣的气节。”

也是在同一年，武则天准备塑一座大佛像，为了筹集造像的资金，她下令全国的僧民捐款，搞得颇为兴师动众。这时又是狄仁杰给她上了一书，指出了佛教泛滥的危害，同时也说明了造像的劳民伤财与佛教本义的相悖之处，既义正词严又有理有节。武则天读后不由得感叹道："狄公教朕做善事，朕怎么能违背他的好意呢？"造像之议由此作罢。

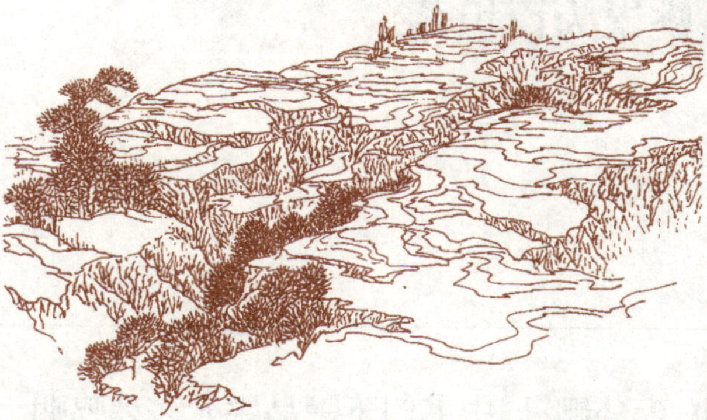

武则天平时尊称狄仁杰为国老，而不直呼他的名字，这更是其他大臣望尘莫及的殊荣。狄仁杰晚年腿脚不便，武则天便让他在朝见的时候不要行跪拜之礼，并开玩笑说："每次见到你跪，朕的身子也会痛起来。"当时的大臣都必须在宫里宿值，考虑到狄仁杰年老体弱，武则天也免除了他的差使，并对其他大臣说："除非是军国大事，你们尽量不要去麻烦狄公。"

精简点评

狄仁杰还经常被后人写进文学作品中，他像宋代的包拯一样，成为明察秋毫、睿智仁爱的官员的化身。20 世纪的荷兰汉学家高罗佩以狄仁杰为主人公，写了一套公案小说，英文名字叫《一个中国古代大法官的故事》，中文译名为《大唐狄仁杰断案传奇》。狄仁杰的形象越来越富有传奇色彩。

姚崇为臣坦荡

原文

太后之迁上阳宫也，太仆卿、同中书门下三品姚元之独呜咽流涕。桓彦范、张柬之①谓曰："今日岂公涕泣时邪！恐公祸由此始。"元之曰："元之事则天皇帝久，乍此辞违，悲不能忍。且元之前日从公诛奸逆，人臣之义也；今日别旧君，亦人臣之义也，虽获罪，实所甘心。"是日，出为亳州刺史。

注释

①张柬之：唐朝名臣，后来恢复李唐的重要人物。

译文

在武则天被迁到上阳宫时，只有太仆卿、同中书门下三品姚元之一人痛哭流涕。桓彦范、张柬之对他说："今天哪里是您悲哀哭泣的日子！恐怕从今以后您就要大祸临头了。"姚元之回答说："元之侍奉则天皇帝的时间很长，现在突然要分手了，感到悲痛难忍。况且元之前几天追随诸公诛灭恶逆之徒，是尽作臣子的本分；今天辞别旧主，也同样是在尽作臣子的本分。即使因此而受到惩罚，我也心甘情愿。"在这一天，姚元之被任命为亳州刺史。

历史详解

姚崇，字元之，陕州(今河南省陕县)人。曾任武后、睿宗、玄宗三朝宰相，兼兵部尚书。他曾为稳定武周政权、开创“开元盛世”起了重要作用。他辅弼朝廷，革除旧弊，开辟了一代之风，推进了社会进步，是我国封建社会不可多得的政治家、中国历史上著名的“贤相”。

他自幼受父影响，怀“王佐”之志，折节读书，精通吏道。长大后，应“下笔成章”制举，授濮州司仓参军，“剖析决断，答对入流”。武则天当政时，五迁为夏官(兵部)郎中。当时契丹侵扰河北，军务繁剧，姚崇在处理契丹事务时，判断裁决迅速准确，且条理清楚，武则天对此非常惊奇，于是破格提拔他为夏官侍郎，又加封凤阁鸾台平章事。

圣历初年(公元698年)，武则天对近臣说：“以前周兴、来俊臣等裁讼刑狱，朝臣们相互牵连，结果都有谋反罪。国家有法，朕岂能违抗？朕恐怕其中有冤情，就派近臣去狱中探问，都得到手状，并无虚假的东西，朕也不再怀疑，就批准了他们的奏请。自从周兴、来俊臣死后，再没听说有什么谋反者，那么以前被杀戮的是不是有很多属于冤枉滥杀的呢？”姚崇回答道：“自垂拱年间(公元685~688年)以来，被告者家破人亡，都是受酷刑自诬而死的。告发的人还以此为功。这种罗织罪名，比汉代的党锢还要厉害。陛下让近臣去查问，近臣都难于自保，还谈什么动摇原案？被调查的人若是翻案又要遭受更毒辣的酷刑，将军张虔勖、李安静就是这样。托上天降灵，诛除凶恶小人，朝廷便平安无事了。从今往后，我以卑微之躯以及一家百口人保证，内外官吏再不会有谋反者，请陛下以后收到状告，只需收藏起来，不必再过问。如若事实无法证验我的看法，仍然有谋反者，我愿受不告之罪。”武则天听后高兴地说：“以前的宰相都不过问这些事，陷朕于不义的境地，卿言很合乎朕意。”于是武则天对他器重有加，当天就派人赐白银千两给姚崇。

长安四年(公元704年)，姚崇以母亲年迈为由上表请求解职回家侍养母

亲，言辞哀切，武则天知道无法改变其主意，就拜他为相王府长史，罢参知政事之衔，使他能够清静。这一月，又命他兼任夏官尚书一职，同凤阁鸾台三品。姚崇上书说："臣侍奉相王，再统领国家兵马有所不便，臣不是怕死，而是担心对相王不利。"武则天觉得他的话十分有理，就改任他为春官尚书。当时，张易之请求把京城著名的十名僧人安排到定州专设寺庙，僧人们表示了极其的不愿意。姚崇命令停止此事，张易之多次与他说及此事，他始终没答应，因此遭到张易之的谗毁。

但在武则天做皇帝的十五年中，姚崇一直受到武则天的信任和重用。神龙四年（公元 705 年），张柬之、桓彦范等密谋诛杀张易之兄弟，恰逢姚崇从军队中回到都城，于是也参与了密谋，因功被封梁县侯，赐封二百户。武则天被移居上阳宫，唐中宗复辟，中宗率百官就阁台理政，王公士人无不欢呼雀跃，只有姚崇呜咽哭泣。

桓彦范、张柬之对他说："今天岂是啼哭的日子！只怕姚公的灾祸从此就要开始了。"姚崇说："跟随则天皇帝日子长了，突然辞别再也不能拜她了，实在是忍不住要哭啊！昨天帮助诸公诛锄凶逆，是做臣子的常理，不敢说什么功劳；今天辞别旧主而悲泣，也是臣子忠于节操。若因此而获罪，实在心甘情愿。"不久，他就被贬出任亳州（今属安徽、河南）刺史，转任常州（今江苏境内）刺史。

开元九年（公元 721 年）姚崇病逝，终年 72 岁。

精简点评

姚崇一生不以官高而凌下，不以位尊而专横。虽多次被贬斥，仍能赤胆忠心，敢言直谏，以天下为己任，深受后人敬仰。

李林甫口蜜腹剑

原文

李林甫为相，凡才望功业出己右[1]及为上所厚、势位将逼己者，必百计去之；尤忌文学之士，或阳与之善，啖以甘言而阴陷之。世谓李林甫"口有蜜，腹有剑。"

注释

①出己右：比自己强，超过自己。

译文

李林甫为宰相后，对于朝中百官凡是才能和功业在自己之上或受到玄宗宠信或官位快要超过自己的人，一定要想方设法除去，尤其嫉恨有文学才能而进官的士人。有时表面上装出友好的样子，说些动听的话，而暗中却阴谋陷害。所以世人都称李林甫"口有蜜，腹有剑"。

历史详解

唐玄宗做了二十多年太平天子，渐渐滋长了骄傲怠惰的情绪。他想，天下太平无事，政事有宰相管，边防有将帅守，自己何必那么为国事操心。于是，他就追求起享乐的生活来。

宰相张九龄看到这种情况，心里挺着急，常常给唐玄宗提意见。唐玄宗本来很尊重张九龄，但是到了后来，对张九龄的意见也听不进去了。

唐玄宗

有一个大臣李林甫，是一个不学无术的人。他什么事都不会，专学了一套奉承拍马的本领。他和宫内的宦官、妃子勾结，探听宫内的动静。唐玄宗在宫里说些什么，想些什么，他都先摸了底。等到唐玄宗找他商量什么事，他就对答如流，简直跟唐玄宗想的一样。唐玄宗听了挺舒服，觉得李林甫又能干，又听话，比张九龄强多了。

唐玄宗想把李林甫提为宰相，跟张九龄商量。张九龄看出李林甫不是正路人，就直截了当地说："宰相的位置，关系到国家的安危。陛下如果拜李林甫为相，只怕将来国家要遭到灾难。"

这些话传到李林甫那里，李林甫把张九龄恨得咬牙切齿。朔方(治所在今宁夏灵武)人牛仙客，目不识丁，但是在理财方面很有点办法。唐玄宗想提拔牛仙客，张九龄没有同意。李林甫在唐玄宗面前说："像牛仙客这样的人，才是宰相的人选，张九龄是个书呆子，不识大体。"

有一次，唐玄宗又找张九龄商量提拔牛仙客的事，张九龄还是不同意。唐玄宗发火了，厉声说："难道什么事都得由你做主吗？"

唐玄宗越来越觉得张九龄讨厌，加上听信了李林甫的诽谤，终于借个由头撤了张九龄的职，让李林甫当宰相。

李林甫一当上宰相，第一件事就是要把唐玄宗和百官隔绝，不许大家在玄宗面前提意见。有一次，他把谏官召集起来，公开宣布说："现在皇上圣明，做臣下的只要按皇上意旨办事，用不着大家七嘴八舌。你们没看到立仗马(一种在皇宫前作仪仗用的马)吗？它们吃的饲料相当于三品官的待遇，但是哪一匹马要是叫了一声，就被拉出去不用，后悔也来不及了。"

有一个谏官不听李林甫的话，上奏本给唐玄宗提建议。第二天，他就接到命令，被降职到外地去做县令。大家知道这是李林甫的意思，以后谁也不敢向玄宗提意见了。

李林甫知道自己在朝廷中的名声不好。凡是大臣中能力比他强的，他就千方百计地把他们排挤掉。他要排挤一个人，表面上不动声色，笑脸相待，却在背

地里暗箭伤人。

有一次，唐玄宗在勤政楼上隔着帘子眺望，兵部侍郎卢绚骑马经过楼下。唐玄宗看到卢绚风度很好，随口赞赏几句。第二天，李林甫得知这件事，就把卢绚降职为华州刺史。卢绚到任不久，又被诬说他身体不好，不称职，再一次降了职。

有一个官员严挺之，被李林甫排挤在外地当刺史。后来，唐玄宗想起他，跟李林甫说："严挺之还在吗？这个人很有才能，还可以用呢。"

李林甫说："陛下既然想念他，我去打听一下。"

退了朝，李林甫连忙把严挺之的弟弟找来，说："你哥哥不是很想回京城见皇上吗，我倒有一个办法。"

严挺之的弟弟见李林甫这样关心他哥哥，当然很感激，连忙请教该怎么办。李林甫说："只要叫你哥哥上一道奏章，就说他得了病，请求回京城来看病。"

严挺之接到他弟弟的信，真的上了一道奏章，请求回京城看病。李林甫就拿着奏章去见唐玄宗，说："真太可惜，严挺之现在得了重病，不能干大事了。"

唐玄宗惋惜地叹了口气，也就算了。

像严挺之这样上当受骗的还真不少。但是，不管李林甫装扮得怎么巧妙，他的阴谋诡计到底被人们识破。人们就说李林甫这个人是"口蜜腹剑"。

精简点评

李林甫当了十九年宰相，一个个有才能的正直的大臣全都遭到排斥，一批批钻营拍马的小人都受到重用提拔。就在这个时期，唐朝的政治从兴旺转向衰败，“开元之治”的繁荣景象消失，接着出现的就是“天宝之乱”（天宝是唐玄宗后期的年号）。

安禄山起兵反唐

原文

安禄山专制三道，阴蓄异志，殆[①]将十年，以上待之厚，欲俟上晏驾[②]然后作乱。会杨国忠与禄山不相悦，屡言禄山且反，上不听；国忠数以事激之，欲其速反以取信于上。禄山由是决意遽反，独与孔目官、太仆丞严庄、掌书记、屯田员外郎高尚、将军阿史那承庆密谋，自余将佐皆莫之知，但怪其自八月以来，屡飨士卒，秣马厉兵而已。会有奏事官自京师还，禄山诈为敕书，悉召诸将示之曰：“有密旨，令禄山将兵入朝讨杨国忠，诸君宜即从军。”众愕然相顾，莫敢异言。十一月，甲子，禄山发所部兵及同罗、奚、契丹、室韦凡十五万众，号二十万，反于范阳。命范阳节度副使贾循守范阳，平卢节度副使吕知诲守平卢，别将高秀岩守大同；诸将皆引兵夜发。

注释

①殆：大概。

②晏驾：皇帝驾崩。

译文

安禄山一身兼任三道节度使，阴谋作乱已将近十年，只是因为玄宗待他很好，所以想等到玄宗死后再反叛。这时杨国忠因为与安禄山不和，多次上言说他要谋反，玄宗不信。杨国忠又多次以事激怒安禄山，想让他立刻反叛以取信于玄宗。安禄山于是决意举兵反叛，只与孔目官、太仆丞严庄和掌书记、屯田员外郎高尚以及将军阿史那承庆等人密谋，其他将领都不让知道。其他将领只是觉得奇怪，不知道安禄山为什么从八月份以来多次招待士卒，秣马厉兵，准备打仗。这时有入朝奏事官从京师回来，安禄山就假造敕书，把将领都召来告诉他们说："皇上有密诏给我，让我率兵入朝讨杨国忠，你们应该听我指挥随军行动。"众将领听完后都十分惊愕，相看而不敢反对。十一月甲子（初九），安禄山率领所统辖的三镇军队及同罗、奚、契丹、室韦兵共十五万人，号称二十万，在范阳起兵反叛。安禄山又命令范阳节度副使贾循留守范阳，平卢节度副使吕知诲留守平卢，别将高秀岩守卫大同，其余的将领都率兵深夜出发。

历史详解

唐玄宗在位初期，政治开明，有很多贤臣辅佐，出现了"开元盛世"的局面，使大唐国力达到鼎盛。可是到他执政后期，逐渐变得昏暗。他听信谗言，罢免了贤相张九龄，任用李林甫为相。一批贤能的大臣被排挤出朝廷。

李林甫掌权以后，不但排挤朝廷的文官，还猜忌边境的节度使。担任朔方等四个镇节度使的王忠嗣，立了很多战功。他手下的将领哥舒翰、李光弼，都是骁勇善战的名将，李林甫看王忠嗣的功劳大、威望高，怕他被唐玄宗调回京城当宰相，派人向唐玄宗诬告王忠嗣想拥戴太子谋反，害得王忠嗣险些丢掉了性命。后来还是哥舒翰在唐玄宗面前苦苦为王忠嗣申冤，玄宗才免了王忠嗣的死罪，改为降职处分。王忠嗣受不了这个冤枉，一气之下就病死了。

当时，边境将领中有一些胡族人。李林甫认为胡人文化低，不会被调到朝廷当宰相，就在唐玄宗面前竭力主张重用胡人，理由是胡人善战，而且跟朝官没联系,靠得住。唐玄宗本来最怕边境的将领谋反,就听李林甫的话,提拔了一些胡人当节度使。

在这些胡族的节度使中,唐玄宗、李林甫特别看中一个平卢(治所在今辽宁朝阳)节度使安禄山。

安禄山年轻时在平卢军里当过将官,因为不遵守军令,打了败仗。边境守将把他解送到长安,请朝廷处分。当时的宰相张九龄为了严肃军纪,把安禄山判了死刑。唐玄宗听说安禄山挺能干,下令把安禄山释放。

张九龄跟唐玄宗说:"安禄山违反军令,损兵折将,按军法不能不杀;而且据我观察,安禄山不是个善良人,不杀恐怕后患无穷。"

唐玄宗不听张九龄劝谏,还是赦免了安禄山。后来,张九龄被撤了职。安禄山却靠他奉承拍马的手段,一步一步地升官,当上了平卢节度使。不出三年,又兼任范阳(治所在今北京市)节度使。

安禄山当了节度使以后,就尽量搜罗珍禽异兽、珍珠宝贝,经常送到宫廷讨好唐玄宗。他知道唐玄宗喜欢边境将领报战功,就采取阴谋手段,诱骗平卢附近的少数民族首领和将士参加宴会。在酒席上,用药酒灌醉他们,把兵士杀了,又把他们的首领割了头,献给朝廷报功。

唐玄宗常常召安禄山到长安朝见。安禄山抓住这个机会,使出他狡猾的手段,尽量讨唐玄宗的喜欢。安禄山长得特别肥胖,凸肚子,矮个子,装出一副傻乎乎的样子。唐玄宗一见到他就乐了。

有一次,唐玄宗指着他的肚子开玩笑说:"这么大的肚子,里面装的什么东西?"

安禄山不假思索地回答说:"没有别的,只有一颗赤诚的心。"

唐玄宗认为安禄山真对他一片忠心,心里更高兴了。以后又封安禄山为郡王,还替他在长安造了一座跟王公贵族住的一样华丽的府第。安禄山搬进王府后,唐玄宗每天让他陪着一起喝酒作乐;还让杨贵妃把安禄山收作干儿子,让安禄山在内宫随便进出,亲热得像一家人一样。

安禄山骗取了唐玄宗和李林甫的信任，除了范阳、平卢两镇外，又兼了河东（治所在今山西太原）节度使，控制了北方边境的大部地区。他秘密扩充兵力，提拔了史思明、蔡希德等一批猛将，任用汉族士人高尚、严庄帮他出谋划策；又从边境各族的降兵中挑选了八千名壮士，组成一支精兵，囤积粮草，磨砺武器。只等唐玄宗一死，他就准备叛乱。

没多久，李林甫病死，杨贵妃的同族哥哥杨国忠凭着他的外戚地位，接任了宰相。杨国忠本来是个流氓，安禄山瞧不起他，他也看不惯安禄山，两个人就闹起矛盾来。杨国忠几次三番在唐玄宗面前说安禄山一定会谋反。但是唐玄宗正在宠信安禄山，哪里会相信。

日子一长，安禄山谋反的迹象渐渐暴露出来了。他向朝廷要求把范阳的三十二名汉将都撤换了，由他自己另外委派；唐玄宗亲手写诏书要安禄山到长安，他也推托有病不去。唐玄宗开始对安禄山怀疑起来。但是无论唐玄宗或是杨国忠，都没有想到该怎样防备安禄山的叛乱。

公元 755 年 10 月，安禄山经过周密准备，决定发动叛乱。这时候，正好有个官员从长安到范阳来。安禄山假造了一份唐玄宗从长安发来的诏书，召集将士宣布说："接到皇上密令，要我立即带兵进京讨伐杨国忠。"

将士们都觉得很突然，面面相觑，但是有谁敢对圣旨表示怀疑呢。

第二天一早，安禄山就带领叛军南下。十五万步兵、骑兵在河北平原上进发，一路上烟尘滚滚，鼓声震地。中原一带已经有一百年左右没有发生战争，老百姓好几代没有看到过打仗。沿路的官员逃跑的逃跑，投降的投降。安禄山叛军一直向南进攻，几乎没有遭到什么抵抗。

精简点评

安禄山举兵谋反，是唐玄宗晚年施政错误的一种产物。同时唐朝的藩镇割据的由来也是根源于唐玄宗重外轻内的军事方针。

李亨灵武即位

原文

裴冕、杜鸿渐等上太子笺，请遵马嵬之命，即皇帝位，太子不许。冕等言曰："将士皆关中人，日夜思归，所以崎岖从殿下远涉沙塞者，冀尺寸之功。若一朝离散，不可复集。愿殿下勉徇[①]众心，为社稷计！"笺五上，太子乃许之。

注释

①徇：顺从，曲从。

译文

裴冕、杜鸿渐等人给太子上书提议，请求李亨遵照李隆基在马嵬驿的命令，即皇帝位，李亨不答应。

裴冕等人纷纷劝说道："殿下率领的将士都是关中人，为什么他们任劳任怨地跟着殿下来到这荒凉边城呢？当然是希望能够跟随殿下建功立业，辅佐殿下登基做皇帝。殿下如果让他们失望，一旦离散，就不可收拾。希望殿下顺应军心，为江山社稷做长远打算！"

裴冕等人的奏议一连上了五次，李亨终于同意了。

历史详解

唐玄宗从马嵬驿出发,继续向蜀中行进。

这时,随行的许多将士纷纷劝阻李隆基说:“杨国忠谋反被杀,他的亲信都在蜀中,陛下不能去那里。”

于是,到底去何地引起了一场争论。有人主张去河西、陇右,有人要求去灵武(在今宁夏),还有的人认为应该去太原,甚至有人提出返回京都长安。众说纷纭,莫衷一是。

大臣韦谔不同意回长安,他说:“如果要回京都,就要有足够的兵力抵御叛军。不如先到扶风,再慢慢考虑去向。”

大家都认为这个主意好。李隆基就决定先到扶风避难。

李隆基一行刚要起程,当地的父老拦在路中,请求李隆基留下。父老们问道:“皇宫是陛下的家园,陵寝是陛下的归宿,陛下放弃这一切,要到哪里去呢?”

李隆基骑在马上想了很久,左右为难,便命令太子李亨留下安抚这些百姓,他自己还是上路了。

李亨也想随父亲一起走。当地父老们对李亨说:“既然陛下不愿意留下,我们愿意率领子弟跟随殿下东去讨伐叛军,收复长安。如果殿下和主上都去了蜀中,谁来为中原百姓做主?”

请愿的百姓越来越多,一会儿就有几千人聚集在李亨面前。李亨不肯留下。他向父老们解释说:“至尊西行,路途遥远而且艰险,我怎么忍心离开他身边呢!再说,我还没有当面向至尊辞别呢。我要回去禀告至尊,听候吩咐。”

说着,他泪流满面,催马要走。建宁王李谈与宦官李辅国拉着李亨的马笼头，极力劝阻说："逆胡反叛，进犯长安，国家分崩离析，百姓陷入水火，如果不顺从民意，怎么能恢复大唐天下呢？殿下随从主上入蜀，如果叛军断绝栈道，那就等于将中原大地拱手送给了叛军。到那时想有所作为，恐怕为时已晚。不如现在收回西北戍边的军队，征召河北地区的郭子仪和李光弼，合兵东讨安禄山叛贼，收复东西两京，平定四海，然后再打扫宫殿，迎接至尊归来。这是更大的孝顺，何必像寻常人家的儿女那样守在父母身边呢？"

广平王李叔也劝李亨留下来。父老们拦住了李亨的马，使他无法前行。李亨只好让李做骑马前去禀告。

李隆基左等右等，不见李亨，就派人回去打听。派去的人回来禀报了李亨的情况，李隆基叹息道："这真是天意。于是，他从后军中分出两千人，连同一匹最好的飞龙厩御马留给李亨，并对这些留下的将士说："太子仁孝，一定能够继承大唐的帝业，希望你们好好辅佐他。"

李隆基又派人告谕李亨说："你要好自为之，不要为我担心，我待西北各部胡人一向不薄，你一定用得上他们。"李亨听罢，面向南方号啕痛哭。李隆基又派人传来旨意，要把帝位传给李亨。李亨坚决不接。李隆基一行走后，李亨等人留下来了。然而，究竟应该往哪里去呢？李叔向大家问道："天已经快黑了，此处不是久留之地，咱们现在怎么办？"

李谈说："殿下过去做过朔方节度使，朔方离我们不远，兵马完好无损。河西行军司马裴冕又出身名门望族，不会对朝廷有二心。叛军正忙于抢掠，顾不上四处攻城略地，短时间内到不了朔方。我们可以前往朔方，到那儿以后，再商讨大计。"

大家齐声称善，便向朔方进发。他们刚走到渭河边，迎面碰上一队人马。李亨一行还来不及看清对方是谁，双方就混战起来。等搞清楚对方是从潼关退下来的败兵时，已经伤亡了不少人。李亨于是收容了这些残兵，准备渡河。渭河水深，将士们骑着马才能勉强通过。那些没有马的人，只好含着泪目送太子过河，场面颇为悲壮。

李亨一行日夜兼程，七月初九抵达灵武。众人商议认为，灵武兵强粮足，殿下在这里，向北可以召集各郡的军队，向西可以征发河西、陇右的精锐骑兵，然后挥师南下，平定中原，大功可望告成。大家请求李亨遵照李隆基在马嵬驿的命令，即皇帝位，李亨不答应。

裴冕等人纷纷劝说道："殿下率领的将士都是关中人，为什么他们任劳任怨地跟着殿下来到这荒凉边城呢？当然是希望能够跟随殿下建功立业，辅佐殿下登基做皇帝。殿下如果让他们失望，一旦离散，就不可收拾。希望殿下顺应军心，为江山社稷做长远打算！"

裴冕等人的奏议一连上了五次，李亨终于同意了。

公元756年7月12日，李亨在灵武城南楼即位称帝，奉李隆基为上皇天帝，改年号为“至德”，并大赦天下。他就是唐肃宗。

精简点评

李亨即位，明皇幸蜀，中原大地又成了兵戈相交的主战场，从此开元盛世成了后世诗歌中的绝唱。

张巡坚守雍丘

原　文

令狐潮、李庭望攻雍丘，数月不下，乃置杞州，筑城于雍丘之北，以绝其粮援。贼常数万人，而张巡众才千余，每战辄克。河南节度使虢王巨屯彭城，假巡先锋使。是月，鲁、东平、济阴陷于贼。贼将杨朝宗帅马步二万，将袭宁陵，断巡后。巡遂拔雍丘，东守宁陵以待之，始与睢阳太守许远相见。是日，杨朝宗至宁陵城西北，巡、远与战，昼夜数十合，大破之，斩首万余级，流尸塞汴而下，贼收兵夜遁①。敕以巡为河南节度副使。巡以将士有功，遣使诣虢王巨请空名告身及赐物，巨唯与折冲、果毅告身三十通，不与赐物。巡移书责巨，巨竟不应。

注释

①遁：逃跑。

译文

叛军将领令狐潮与李庭望率兵攻打雍丘，数月未攻克，于是就设置了杞州，在雍丘北面筑杞州城，以断绝雍丘城的粮食援助。叛军经常用数万兵力来进攻，而张巡的兵力才有一千余人，但每次交战都打退叛军。河南节度使虢王李巨率兵屯驻于彭城，命张巡为代理先锋使。此月，鲁郡、东平、济阴都落入叛军之手。叛军大将杨朝宗率领步、骑兵二万将要袭击宁陵，断绝张巡的后路。张巡于是率兵撤出雍丘，向东坚守宁陵，抵抗叛军，这时张巡才与睢阳太守许远见面。当天，杨朝宗率兵到达宁陵城西北，张巡、许远与他交战，一昼夜达数十次，大败叛军，杀死一万余人，死尸塞满汴水，顺流而下，叛军收兵连夜逃走。肃宗下敕书任命张巡为河南节度副使。

历史详解

唐玄宗逃出长安后，安禄山叛军攻进长安。郭子仪、李光弼听到长安失守，不得不放弃河北，李光弼退守太原，郭子仪回到灵武。原来已经收复的河北郡县又重新陷落在叛军手里。

叛军进潼关之前，安禄山派唐朝的降将令狐潮去进攻雍丘（今河南杞县）。令狐潮本来是雍丘县令，安禄山占领洛阳的时候，令狐潮就已经投降。雍丘附近有个真源县，县令张巡不愿投降，招募了一千来个壮士，占领了雍丘。令狐潮带了四万叛军来进攻。张巡和雍丘将士坚守六十多天，将士们穿戴着盔甲吃饭，包扎好创口再战，打退了叛军三百多次进攻，杀伤大批叛军，使令狐潮不得不退兵。

一天，令狐潮又集合人马来攻城。这时候，长安失守的消息已传到雍丘，令狐潮十分高兴，送了一封信给张巡，劝张巡投降。

长安失守的消息在唐军将士中传开了。雍丘城里有六名将领，原来都是很有声望的人，看看这个形势，都动摇了。他们一起找张巡说："现在双方力量相差太大，再说，皇上是死是活也不知道，还不如投降吧。"

张巡一听，肺都气炸了。但是表面上装作若无其事，答应明天跟大伙一起商量。到了第二天,他召集了全县将士到厅堂,把六名将领喊到跟前,宣布他们犯了背叛国家、动摇军心的罪,当场把他们斩了。将士们看了,都很激动,表示坚决抵抗到底。

叛军不断攻城,张巡组织兵士在城头上射乱箭把叛军逼回去。但是,日子一长,城里的箭用完了。为了这件事,张巡怎么能不心焦呢!

一天深夜,雍丘城头上黑压压一片,隐隐约约有成百上千个穿着黑衣服的兵士,沿着绳索爬下墙来。这件事被令狐潮的兵士发现了,赶快报告主将。令狐潮断定是张巡派兵偷袭,就命令兵士向城头放箭,一直放到天色发白,叛军再仔细一看,才看清楚城墙上挂的全是草人。

那边雍丘城头,张巡的兵士们高高兴兴地拉起草人。那千把个草人上,密密麻麻插满了箭。兵士们粗粗一点,竟有几十万支。这样一来,城里的箭就不用愁啦!

又过了几天,还是像那天夜里一样,城墙上又出现了"草人"。令狐潮的兵士见了又好气,又好笑,认为张巡又来骗他们的箭了。大家谁也不去理它。

哪儿知道这一次城上吊下来的并不是草人,而是张巡派出的五百名勇士。这五百名勇士趁叛军不防备,向令狐潮的大营发起突然袭击。令狐潮要想组织抵抗已经来不及了。几万叛军失去指挥,四下里乱奔,一直逃到十几里外,才喘了口气停下来。

令狐潮一连中计,气得咬牙切齿,回去后又增加了兵力攻城。张巡派他的部将雷万春在城头上指挥守城。叛军看到城头出现了一个将领,就放起箭来。雷万春没防备,一下子脸上中了数箭。他为了安定军心,忍住了疼痛,动也不动地站立着。叛军将士认为张巡诡计多端,这一次一定又放了个什么木头人来骗他们。

后来,令狐潮从间谍那里得知,那个中箭后屹立不动的"木人"就是将军雷万春,不禁大吃一惊。令狐潮在城下喊话,请张巡见面。张巡上了城头,令狐潮对他说:"我看到雷将军的勇敢,知道你们的军纪确实严明。但是可惜你们不识天命啊!"

张巡冷笑一声回答说:"你们连做人的道理都不懂,还谈什么天命!"说着,就命令将士出城猛冲过去。令狐潮吓得拨转马头没命地逃跑，他手下的十四个叛将被张巡将士活捉了。

打那以后，令狐潮屯兵在雍丘北面，不断骚扰张巡的粮道。叛军有几万人，张巡的兵不过一千多，但是张巡瞅准机会就出击，总是打胜仗。

过了一年，睢（suī）阳（今河南商丘）太守许远派人向张巡送来告急文书，说叛军大将尹子奇带领十三万大军要来进攻睢阳。睢阳是中原重镇，位于大运河的汴河河段中部。如果叛军占领睢阳，控制大运河，就可南下直取富庶的江淮地区。

张巡接到告急文书，赶紧带兵到睢阳去。

精简点评

张巡击败叛军，保自己的州县不失，同时能以大局为重，自主去帮助许远镇守睢阳要地，这是大丈夫敢担当、有血性的表现。

孤军血战睢阳

原文

庆绪以尹子奇为汴州刺史、河南节度使。甲戌，子奇以归、檀及同罗、奚兵十三万趣睢阳。许远告急于张巡，巡自宁陵引兵入睢阳。巡有兵三千人，与远兵合六千八百人。贼悉众逼城，巡督励将士，昼夜苦战，或一日至二十合；凡十六日，擒贼将六十余人，杀士卒二万余，众气自倍。远谓巡曰："远懦，不习兵，公智勇兼济；远请为公守，公请为远战。"自是之后，远但调军粮，修战具，居中应接而已，战斗筹画一[①]出于巡。贼遂夜遁。

注释

①一:一概,都是。

译文

安庆绪任命尹子奇为汴州刺史、河南节度使。甲戌(二十五日),尹子奇率领归州、檀州以及同罗、奚人部兵共十三万来进攻睢阳。许远向张巡求援,张巡即率兵从宁陵进入睢阳。张巡有兵三千人,与许远合兵共六千八百人。叛军全力攻城,张巡亲自督战,勉励将士,昼夜与叛军苦战,有时一天交战二十多次,共激战十六日,俘虏叛军将领六十多人,杀死叛军士卒两万多,士气大振。许远对张巡说:"我性情懦弱,不懂得军事,你智勇双全,请让我为你坚守,你代我指挥作战。"从此以后,许远只调集军粮,修理作战器具,在军中处理杂事接应而已,作战指挥权都交给了张巡。叛军攻城不下,乘夜退去。

历史详解

张巡率军奔赴睢阳,与太守许远共商坚守睢阳大计。当时,叛将尹子奇带了十三万人攻城;张巡、许远的兵力合起来才六千多人,双方兵力相差很大。张巡带兵坚守,和叛军激战十六天,俘获敌将六十多人,歼灭敌军二万多人,使尹子奇不得不退兵。

过了两个月,尹子奇得到了增援兵力,又把睢阳城紧紧围住,千方百计进攻。张巡虽然接连打了几次胜仗,但是叛军去了又来,形势越来越紧急。

一天夜里,张巡叫兵士敲起战鼓,号令整队。城外的叛军听到城里的鼓声,连忙摆开阵势,准备交锋。等到天亮,还没见唐军出城。尹子奇派人登上高处眺望,只见城里静悄悄的,一点动静都没有,就命令兵士卸了盔甲休息。许多叛军将士紧张了一夜,一倒在地上就呼呼地睡着了。

正在这时候,张巡和雷万春、南霁云等十几名将领,每人带领五十名骑兵,打开各城门杀出来,分路猛冲敌营。叛军没有防备,阵势大乱,又被唐军杀了五千多人。

张巡想在尹子奇出阵指挥的时候射杀尹子奇。但是尹子奇是个狡猾的家伙,平时上阵,总让几个将领伴随着。他们穿着一色的战袍,骑着同样的战马,叫唐军没法辨认出哪个是主将。张巡想出一个办法:有一次,在两军对阵的时候,张巡叫兵士把一支用野蒿削成的箭射到敌阵里,叛军兵士拾到这支箭,以为城里的箭已经使完了,高高兴兴地拿着箭报告尹子奇。

尹子奇刚刚把蒿箭接到手里,城头上的张巡看在眼里,立刻吩咐身边的南霁云对准尹子奇射箭。南霁云本来是个好箭手,他一箭射去,不偏不倚,正射中尹子奇的左眼。尹子奇捂住脸,大叫一声,跌下马来。张巡下令出城冲杀,又打了一个大胜仗。

七月,尹子奇又得援军数万人,再次进攻睢阳。这时城中粮食奇缺,士卒经过几个月数百次战斗,只剩下1600人,大多数人身上带伤,再加上疾病流行,战斗力大大下降,出城迎战已不可能。尽管这样,睢阳还是牢牢地掌握在唐军手里。

尹子奇命叛军驾起冲车,企图冲破城墙。唐军在张巡的指挥下,用长木撑出车头,从木槽中将油灌入车身,纵火焚烧;尹子奇用云梯、木驴等攻城器械,唐军用人拉大石将其砸碎。尹子奇眼看着自己的部下一批批地倒在睢阳城下,攻城却毫无进展,只得改用围困。到了八月,他命人在城外挖了三条深深的堑壕,要等唐军粮尽再攻睢阳。

当时睢阳北部、西部大片地区早已被叛军占领,东南的彭城、临淮还有唐军重兵把守。由于有睢阳的阻挡,叛军的铁蹄还没有到达那里。从五月开始,睢阳军民就盼望这几处的守将能派兵救援,但救兵一直未到。

八月份一天天过去,睢阳城中越来越困难,经过激烈的守城战,将士加起来也只剩下600人了,粮食一粒不剩。张巡和大家一样,每天只能吃纸充饥。到了中旬,情况已万分危急,张巡迫不得已,只得派南霁云突围求救。

南霁云带领伤势较轻的30名骑兵冒死杀过敌军的防线,赶到较近的彭城。彭城守将许叔冀不敢出兵去战尹子奇,也不肯匀出一粒粮,只送给南霁云14捆布。南霁云气极痛骂,要和许叔冀决一死战,吓得他闭门不出。

南霁云继续赶往东南的临淮。坐镇当地的御史大夫贺兰进明一心只想保存实力,加上嫉妒张巡、许远的赫赫声名,毫无救援的意思。但他见南霁云是一员不可多得的勇将,想留下他以为己用,便安排了饮宴歌舞款待他。

南霁云坚决不同意留下来,贺兰进明苦劝说:"南将军开始时并不属张巡管辖,我听说你是被主将派往睢阳商议军事才留下的。能留在睢阳,为何不能留在临淮?功名利禄,前途无量。"

南霁云忍着心中的愤怒,说:"昨日出睢阳,城中弟兄粒米未进已近一月,霁云又怎能留下,贪图享受?"他霍地站起身,说:"霁云有负主将的重托,只好留下信物,将来好向张巡将军交令。"说着抓起佩刀,猛地砍下左手食指,然后转身就走。在座的贺兰部将都感动得纷纷落泪。

南霁云走出城门，一想到贺兰进明拥兵自重，见死不救，心中怒火难忍，他转身抬手一箭，直飞百步以外，钉在佛寺的高墙上。南霁云指着箭厉声道："贺兰进明，那一箭本该取你的性命，因国逢乱世，霁云不敢擅杀将军，待天下平定之后，我再来找你算账，你天天抬头看着这支箭，记住我的话！"说完，打马绝尘而去。

这时，贺兰进明身后跑出几员临淮部将，在马上一拱手说："太守，我们跟随您多年，现在想起来，竟是惭愧万分，告辞！"从后追赶南霁云，往睢阳驰去。贺兰进明看着他们的背影和南霁云马后的灰尘，冷汗止不住地往下淌。

南霁云回城途中路过宁陵，守将廉坦正带着三千人马前去睢阳增援，南霁云领着他们趁一阵大雾杀入敌阵，朝睢阳城下靠近。

张巡连日来一直焦急地等待着南霁云的消息，忽然发现敌营中乱哄哄的，忙站到城楼前面，仔细地听了一会儿，对许远说："是霁云回来了！可是人马却并不多！"命令守将开城，南霁云手下只剩下一千人，但还赶着从叛军手中抢来的几百头牛，一拥而入进了睢阳城。

南霁云汇报了一路求援的经过，许远只摇了摇头，没说什么。张巡虽切齿痛恨，因忙于思考今后的对策，也没说什么。不久，城中的士卒也听说了，知道不会有人来救援睢阳，三军一齐恸哭，声音震动天地。

城外的尹子奇见南霁云牵牛进城，也改变了策略，采用时而猛攻时而围困的战术，想要拖垮唐军。张巡与许远日夜守在城墙上，从未下来一步。从八月守到十月，牛吃光了，将士的疾病更加严重，战斗力越来越弱。

到十月中旬，守军已无战斗力，叛军架起云梯，唐军将士在城楼上躺着，眼睁睁地看着他们翻墙入城，没有一个人有力气爬起来抵抗，睢阳城终于陷落。张巡和许远等人被抓。

尹子奇想招降张巡，张巡大骂不止。尹子奇又转身劝南霁云归降，南霁云沉吟着没有说话，张巡嘶声叫道："南八（南霁云排行第八）！死就死，不可屈服！"南霁云笑着说："将军,我正在想,不能让他们这么容易就杀了我!"

尹子奇一听更害怕了,匆匆忙忙将张巡、南霁云、雷万春等人杀害。

叛军又将许远推过来,尹子奇问他有什么话说,许远淡淡地说:"我是睢阳太守,你杀了我,才能显出你的功劳。"

尹子奇命人将许远押往洛阳,去见安庆绪。不久,许远被杀。随后尹子奇准备进一步向南进军。但是为时已晚了!睢阳城坚守10个月之久,在这10个月中,唐朝廷源源不断地得到江淮财富的接济。肃宗已完成了从恢复、准备到反攻的过程,前一个月已收复西都长安,在睢阳陷落后10天又收复了东都洛阳,叛军再也无力南下。

尹子奇一看大势已去,连忙从睢阳退到陈留。不几天,便被唐军打败,全军覆没,尹子奇被杀示众。

十二月,天下暂告平定,肃宗追赠死难的功臣,一查对数目,君臣都吓了一跳:张巡、许远守睢阳,兵力最多时也不满7000,前后400余战,竟杀死叛军12万人。当时的名士张澹、李舒、李翰等认为天下得以保全,全依仗睢阳城不失,朝野上下对此都没有异议。

于是,肃宗追封张巡为扬州大都督,许远为荆州大都督,南霁云为开府仪同三司。睢阳、雍丘免赋税三年。到后来的唐僖宗时,又将张巡、许远、南霁云的画像移入凌烟阁。

精简点评

张巡等人死守睢阳,为唐军反攻争取了较长的准备时间,而张巡等人的功绩,永远被后人铭记。

郭子仪立身严谨

原文

郭暧尝与升平公主争言,暧曰:"汝倚乃父为天子邪!我父薄天子不为!"公主恚①,奔车奏之。上曰:"此非汝所知。彼诚如是,使彼欲为天子,天下岂汝家所有邪!"慰谕令归。子仪闻之,囚暧,入待罪。上曰:"鄙谚有之:'不痴不聋,不作家翁。'儿女子闺房之言,何足听也!"子仪归,杖暧数十。

注释

①恚:忿怒。

译文

郭暧娶升平公主为妻。有一次小夫妻闹别扭,郭暧一气之下,嘴没遮拦,骂妻子道:"你仗着父亲是天子就目中无人吗?我父亲连天子都不高兴做!"升平公主气得大哭,回宫告诉了父亲代宗。代宗劝女儿道:"你不知道,他父亲确实不高兴做天子.假如他真想做天子,这江山社稷早就不是我们家的了。"安慰安慰公主,叫公主回去。这时,郭子仪将儿子绑缚,亲自押着儿子到宫廷请罪。代宗安慰郭子仪说:"俗话说:'不痴不聋,不作亲家公。'小孩子自家屋里说的话,又何必去听它呢!"给以赏赐,善言遣之。郭子仪为惩戒儿子,杖打郭暧数十下。

历史详解

郭子仪是唐朝的著名将领。天宝十四年(公元755年),安禄山叛乱,后史思明又相继作乱。郭子仪时任卫尉卿兼灵武郡太守,充朔方节度使。他出兵讨伐,大败史思明于河北。后又与回纥兵配合,收复长安、洛阳及河东、河西、河南等州县,为平定安史之乱立下不世之功。因战功赫赫,后被任命为中书令,晋封汾阳王。

郭子仪戎马一生,常年领军作战,在外时间多,在朝时间少。朝内的奸佞之人如鱼朝恩等人,难免要进谗使坏,而郭子仪却坦然处之。郭子仪在外手握兵权,鱼朝恩等在朝说他拥兵自重,心怀不轨。朝廷每每召郭子仪入朝,他总是轻车简从,当天就上道赴召,没有丝毫的疑虑瞻顾。他如此光明磊落,于是程元振、鱼朝恩之流的谗言也就不攻自破。

郭子仪领兵在外作战,鱼朝恩竟指使人掘盗郭子仪父亲之墓,满朝震惊。郭子仪从泾阳入朝,朝廷内外都顾虑重重,担心生出事端。郭子仪入朝,皇帝亲自慰抚他,郭子仪泣道:“我领兵日久,不能禁阻兵士损坏别人坟墓,如今父墓被掘,这是上天对我的报应,真所谓天道大公,不是人为的祸患!”他顾全朝廷大局,不愿为此事生出事端。

鱼朝恩宴请郭子仪,大臣元载劝郭子仪,让他不要赴宴,因为鱼朝恩布了很多兵卫,恐怕会出什么意外。郭子仪的手下担心主帅安危,要求跟从护卫。郭子仪没有允许,只带了十数家僮赴鱼朝恩之宴。鱼朝恩也很意外,问他道:“将军车骑随从怎么这样少?”郭子仪将别人的劝告原原本本说给鱼朝恩,鱼朝恩听后不禁感激而泣,说道:“若非您宽厚大量,不是要因此生出嫌隙吗?”

郭子仪

郭子仪对朝臣极宽厚,但治军却极谨严。即使对家里人,也不例外。他担任河中节度使时,严禁无故骑马奔跑,违令者斩。这实际上也是为了防止引起混乱。

有一次,偏偏他妻子南阳夫人奶妈的儿子违反军令,军中执法官都虞侯不徇私情,虽然知道此人与主帅郭子仪颇有关系,还是按照军令将他杖杀。为了此事,儿辈们到郭子仪面前哭诉,说都虞侯专横跋扈。郭子仪听完他们的哭诉,不但不帮他们说话,还将他们狠狠训斥一顿后轰走。

第二天,郭子仪长吁短叹,显得十分忧伤。众人不知情由,便问他究竟。郭子仪感伤地说:“我的儿子都是些不成器的东西!”部下听了,更是丈二金刚摸不着头脑。郭子仪告诉他们:“我的都虞侯刚正不阿,将夫人奶妈的儿子依法处死。我的儿子们不但不赞赏我的都虞侯,反而因此抱怨,去怜惜奶妈那个犯罪

的儿子,这不是不成器又是什么!”

郭子仪的儿子郭暧娶升平公主为妻。有一次小夫妻闹别扭,郭暧一气之下,嘴没遮拦,骂妻子道:“你仗着父亲是天子就目中无人吗?我父亲连天子都不高兴做!”升平公主气得大哭,回宫告诉了父亲代宗。代宗劝女儿道:“你不知道,他父亲确实不高兴做天子,假如他真想做天子,这江山社稷早就不是我们家的了。”说完,不禁泣下,叫公主回去。这时,郭子仪将儿子绑缚,亲自押着儿子到宫廷请罪。代宗安慰郭子仪说:“俗话说:‘不痴不聋,不作亲家公。’小孩子自家屋里说的话,又何必去听它呢!”给以赏赐,善言遣之。郭子仪为惩戒儿子,杖打郭暧数十下。

郭子仪病死的时候,已是八十五岁的高龄。德宗皇帝闻讯后悲恸不已,废朝五日。并下诏命文武大臣前去郭子仪家里吊唁,下令治丧事所需的一切费用都由朝廷负担,赠给他太师的称号,陪葬在建陵。下葬的那一天,德宗亲临安福门,为郭子仪哭丧,文武百官也陪着皇帝,个个痛哭流涕。一代名将,长眠于地下了。

精简点评

郭子仪“权倾天下而朝不忌，功盖一代而主不疑”，举国上下，享有崇高的威望和声誉。历事玄宗、肃宗、代宗、德宗四朝，勤于职守，一身系国家安危二十余年，对巩固唐王朝统治起了重要作用。

中兴名臣裴度

原 文

诸军讨淮西，四年不克，馈运疲弊，民至有以驴耕者。上亦病[1]之，以问宰相。李逢吉等竞言师老财竭，意欲罢兵；裴度独无言，上问之，对曰：“臣请自往督战。”乙卯，上复谓度曰：“卿真能为朕行乎？”对曰：“臣誓不与此贼俱生。臣比观吴元济表，势实窘蹙，但诸将心不壹，不并力迫之，故未降耳。若臣自诣行营，诸将恐臣夺其功，必争进破贼矣。”上悦。丙戌，以度为门下侍郎、同平章事、兼彰义节度使，仍充淮西宣慰招讨处置使。又以户部侍郎崔群为中书侍郎、同平章事。制下，度以韩弘已为都统，不欲更为招讨，请但称宣慰处置使；仍奏刑部侍郎马总为宣慰副使，右庶子韩愈为彰义行军司马，判官、书记，皆朝廷之选，上皆从之。度将行，言于上曰：“臣若贼灭，则朝天有期；贼在，则归阙无日。”上为之流涕。

注释

①病:以……为病,以……为忧患。

译文

诸军讨伐淮西蔡州,历时四年,没有攻克,物资转运使人们疲惫不堪,以至于有些百姓只好用驴来耕种田地。宪宗也为此忧虑,便就此事询问宰相。李逢吉等人争着说军中士气低落,财物消耗已尽,意思是打算停止用兵。唯独裴度一言不发,宪宗征求他的意见,他回答说:“我请求亲自前去督战。”乙卯(二十八日),宪宗又对裴度说:“你果真能够为朕去走一遭吗?”裴度回答说:“我发誓不与这些贼人一起生存。近日我看了吴元济的奏表,他面临的形势实在已经窘困紧迫,但是各将领心不齐,不能够合力紧逼他,所以他还没有降顺。如果我亲自前往行营,各将领唯恐我夺去他们的功劳,肯定争先进军破敌了。”宪宗大悦,丙戌(疑误),任命裴度为门下侍郎、同平章事、兼彰义节度使,还充任淮西宣慰招讨处置使,同时任命户部侍郎崔群为中书侍郎、同平章事。制书下达后,裴度因韩弘已经出任都统,不打算再担当招讨使,请求只称宣慰处置使。他还奏请由刑部侍郎马总担任宣慰副使,右庶子韩愈担任彰义行军司马,叛官、书记等职,都由朝廷选派,宪宗全部依从了他。在将要启程时,裴度对宪宗说:“倘若贼人覆灭了,我不久就会前来朝见陛下;倘若贼人尚在,我就不会回到朝廷中来。”宪宗听得此言,不禁流下了眼泪。

历史详解

藩镇割据给唐朝造成的危害是极大的,长时间一直得不到治理。到了唐宪宗元和年间,中央终于发动战争,狠狠地打击了地方上的藩镇势力,并取得了很大的成效。这便是历史上的“元和中兴”。在这个历史事件中起了关键作用的是著名的宰相裴度。

裴度是河南人,自幼博览群书,饱读经史,能诗善文,中年当官后,面对衰世动乱的景象,痛心疾首,决定为振兴王室而效力。元和七年,魏博镇发生内讧,朝廷想借机瓦解河朔藩镇联盟,就派能言善辩的裴度前去安抚劝说。裴度走遍魏博各州府,极力宣扬唐皇的恩德,魏博人对他很欢迎、信服,他的魏博之行达到了预期的目的。回长安后,宪宗对他大为赞赏。

元和九年，淮西节度使吴少阳病死，他儿子吴元济不肯向中央交出兵权，还出兵四处劫掠，唐王朝发兵前去讨伐，一场恶战从此展开。然而，正当唐王朝与吴元济苦战时，成德节度使王承宗和淄青节度使因害怕祸及自己，寻衅闹事，把唐朝后方供应物资烧了个一塌糊涂。群臣见此都劝宪宗赶快罢兵，但裴度奉命到前线调查过形势后，力主宪宗继续作战。宪宗见他对战争分析得有条有理，有根有据，就定下心来坚决对叛军实行讨伐政策。

但是，裴度的积极主战，遭到了割据藩镇节度使的切齿痛恨，他们先是行贿收买，继而公开威胁，最后干脆使用了最卑鄙的暗杀方法。

元和十年，另一个主战宰相武元衡在上早朝的路上，被害于靖安坊。裴度也在通化坊遇刺，要不是侍从王义舍身相救，恐怕也就丢了性命。但是，这一切都不能动摇他平定叛乱的决心。宪宗对他的忠心很感动，当即拜他为中书侍郎、同平章事。

唐宪宗与裴度

裴度虽然得到了宪宗的支持，面临的局势却依然十分险恶。

在朝中，大官僚们贪生怕死，绝大部分都高唱主和论调，裴度几乎陷于孤军奋战的境地。

在前线，监军和监阵宦官控制着指挥权，将领们互相观望，不肯出力，中央的军粮供给又十分匮乏，战争持久势必会给朝廷带来灾难性后果。宪宗虽不想中途撒手，但在僵局面前却一筹莫展，拿不定主意。裴度面对这种情况毫不气馁，毅然挺身而出，要求亲自到淮西督战。

元和十二年八月，裴度亲赴前线，临行前他向宪宗立下军令状：如果灭了叛贼，就有回来的日子；如果灭不了，就永远不再回朝廷。听到这话，宪宗竟被感动得泪流满面。

裴度到达前线后，经常冒着生命危险，深入阵地前沿了解战情，安抚战士。

一次，裴度正在观察军士筑城，叛军骁（xiāo）将董重质突如其来地持刀直朝裴度冲过来，多亏唐将李光颜、田布眼尖手快，才幸免于难。裴度的这种不顾个人安危的精神，大大地鼓舞了军队士气，战争形势迅速向着有利于朝廷的方向好转。

十月，在裴度的支持鼓励下，智勇双全的唐州节度使李愬制定了一个偷袭吴元济的计划。十月十一日，偷袭蔡州成功，其他各地叛军见状纷纷投降。结果，裴度到前线督师仅仅几个月，淮西之战就取得了巨大的胜利。

淮西平定后，其他割据节度使闻风丧胆，唐军乘胜前进，在裴度的主持下，先后又消灭了王承宗、李师道等割据势力。

但是，宪宗自平定淮西叛乱后，进取之心日渐消退，对裴度也毫无理由地疏远起来。最后，甚至听信奸臣谗言，把裴度贬为河东节度使。宪宗死后，裴度继续遭人陷害。尽管如此，裴度在朝中的威信依然很高，不时仍被调去平叛乱军。

精简点评

公元839年，裴度在长安逝世，但是，他那文武之才、非凡的胆识、卓著的功绩，却长期受到后人的衷心敬仰。

后梁

后梁名将王彦章

原文

梁主召问王彦章以破敌之期，彦章对曰："三日。"左右皆失笑。彦章出，两日，驰至滑州。辛酉，置酒大会，阴遣人具舟于杨村；夜，命甲士六百，皆持巨斧，载冶者，具鞴炭，乘流而下。会饮尚未散，彦章阳起更衣，引精兵数千循河南岸趋德胜。天微雨[1]，朱守殷不为备，舟中兵举锁烧断之，因以巨斧斩浮桥，而彦章引兵急击南城。浮桥断，南城遂破，斩首数千级。时受命适三日矣。守殷以小舟载甲士济河救之，不及。彦章进攻潘张、麻家口、景店诸寨，皆拔之，声势大振。

注释

①雨：下雨。

译文

后梁主召见王彦章，问他多长时间可以击败敌人，王彦章回答说："三天。"

左右大臣都哑然失笑。王彦章率兵出发，用了两天时间，飞速到达滑州。辛酉（十八日），王彦章大办宴会，并秘密派人在杨村准备舟船。晚上，命令六百名士卒都拿着大斧，船上载着冶炼的工匠，准备了吹火用的皮囊和炭，顺流而下。这时宴会还没有结束，王彦章表面上是出去换衣服，实际上他率领数千精兵沿着黄河南岸直奔德胜。这时天下着小雨，朱守殷没有一点防备，王彦章船上的士兵将城门的锁用火烧断，用大斧把浮桥砍断。王彦章率兵迅速向南城发起进攻。浮桥被砍断，南城就被攻破，此时正好是接受命令以后的第三天。朱守殷用小船载着士卒渡过黄河来援救，但已来不及了。王彦章又向潘张、麻家口、景店诸寨发起进攻，都攻了下来。王彦章的声势大振。

历史详解

王彦章，字贤明，是后梁的著名将领，以作战勇猛著称。

他早年和一些青年一起投到朱温帐下，他主动要求做一名部队的首领。同来的人都不服气。他对大家说："你们不服，是吗？谁敢和我一起，光着脚在荆棘丛里走一遭？"说着就赤脚走入荆棘，他的脚竟然完好无损。其余的人无不惊异。

王彦章跟着朱温到处征战，非常勇猛，立下了不少战功。他善使一杆铁枪，所向披靡，因此人称"王铁枪"。在两军对阵的时候，对方如果听到有"王铁枪"出阵，他们都会打心眼里感到恐惧，根本就不敢来向王彦章挑战。随着王彦章参加的战斗越来越多，他获得的战功越来越大，"王铁枪"的名声也越来越响了，当然了，他的职位也是越升越高。到了公元914年，后梁末帝朱友贞晋封他为开国伯。

公元915年，朝廷想把魏州分为两个镇，但恐怕他们不答应，引起叛乱，就派王彦章率领精兵五百人，驻在附近以防万一。魏州军果然不同意分为两镇，真的发动了叛乱。他们首先进攻王彦章，想杀掉他。王彦章兵微将寡，只好向南逃走了。魏州军投降了晋王，即李存勖的部队。在他们的接应之下，晋王的军队攻破了澶州（今河南濮阳）。

当时，王彦章全家都住在澶州，晋王军队攻破澶州之后，来到王彦章府前，见王彦章家非常气派，就问当地的百姓："这是谁家啊？"有人告诉他们说："这是开国伯王彦章的府上。""王彦章是谁？怎么有这么气派的府第？"晋王的士兵非常奇怪，旁边的人又告诉他们说："王彦章就是鼎鼎大名的王铁枪啊！"听到"王铁枪"三个字，他们都禁不住心里一颤。对于王铁枪，他们可是早有耳闻，赶紧把这一消息上报给了李存勖。李存勖对王彦章也非常赏识，他命令将士不可惊

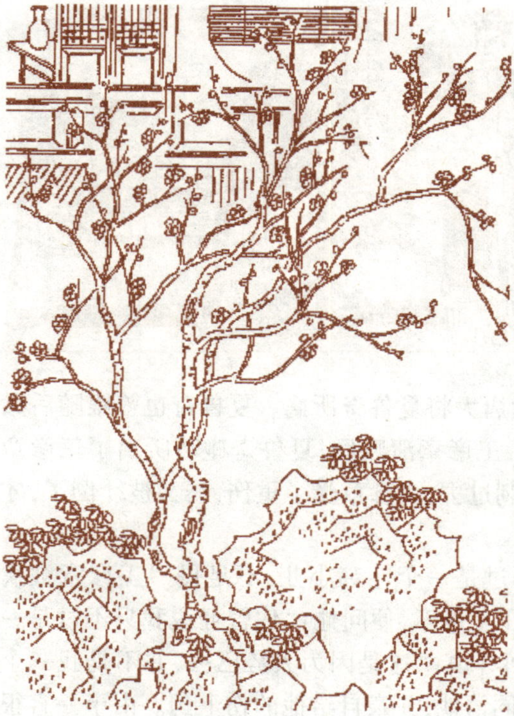

扰王彦章的家人。后来，专门派人把王彦章全家迁到了晋阳，并拨了一处非常好的宅院给他们居住，就连他们日常应用的东西也都准备得非常齐全。

李存勖派人劝降王彦章，但王彦章根本就不听他的。使者见劝不动王彦章，就亮出了最后的底牌，威胁王彦章说："现在你的家人全部在我们手上，晋王对他们非常厚待。如果你投靠了我们晋王，晋王会更加厚待他们；但如果你执意不从，那后果你可以自己想一想。"王彦章明知道自己如果不投降晋王，全家都会有生命危险，但是他还是拒绝了。使者实在没法说动王彦章，只好回去向晋王复命。几年之后，王彦章全家都被杀害了。

公元923年，李存勖即皇帝位，建立了后唐。当时后梁在郓州（今山东东平）的守将叛归后唐，李存勖乘机攻占了郓州。得知郓州失守以后，后梁皇帝非常生气，赶紧命人发兵进攻。当时有一位叫敬翔的朝中大臣，把绳子藏在靴子里去见梁帝，并对梁帝说："先帝夺取天下时，不以臣为不肖，我所献的计谋没有不被采纳的。现在敌军势力那么强，如果陛下忽视我的建议，臣活着也没用，不如死了倒好。"话一说完，就想拿出绳子来上吊自杀。梁帝赶忙把他止住，问道："你有什么建议，先说出来好了。"敬翔连忙说："现在情势非常危急，除非以王彦章为大将，否则的话，将无法挽救。"梁帝听从了敬翔的建议，任命王彦章为北面招讨使。

李存勖听说是王彦章为主将，就亲自率领他的精兵驻扎在澶州，并告诫守将说："王铁枪非常勇猛，他这次又是带着愤激之气而来，你一定要谨慎，做好充分准备。"梁帝召见王彦章问他："能在多长时间内攻破唐军？"王彦章回答说："只需要三天。"皇帝左右的人都笑了，觉得这简直是天下奇谈，王彦章也太自大了。王彦章没有解释什么，便走了。两天之后，王彦章率兵到了滑州。他让人大摆酒宴，暗地里却让六百多人持着斧子，载着炭火等东西顺黄河而下。王彦章吃酒吃到一半，假装去厕所，然后悄悄率领几千精兵，沿黄河到了德胜，用斧

子砍断了河桥。之后，王彦章又引兵攻击南城，大破之，连夺了好几个城寨，其时正好三天。此后王彦章更是名声大振。

后来，由于受小人的诬陷，王彦章被夺去了兵权，手下只剩下了几百人。在一次与后唐大军的激战中，由于敌众我寡，兵力悬殊，他被后唐大将夏鲁奇所擒。夏鲁奇也曾跟随后梁太祖朱温，并且与王彦章关系很好。王彦章溃败后，夏鲁奇碰巧听出了王彦章的声音，两人仅仅咫尺之遥，他一刀刺过去，王彦章受了重伤，马又被绊倒了，才被擒住。

王彦章以前曾说过："李存勖不过是一个斗鸡小儿，不足畏。"王彦章被擒后，被送到了李存勖那里，李存勖见了王彦章，便问他："你曾经说我只不过是一个斗鸡小儿，现在服了吧？"王彦章回答说："这是因为大势已去，并不是我一个人的能力可以挽回的。"李存勖非常同情他，并亲自给他的伤上药。由于一直很赏识王彦章的勇猛，李存勖就想把他留下来。于是，他派人暗中试探王彦章的意思。王彦章说："我只不过是一个武夫，由于投靠了梁国，与唐帝抗衡了15年。现在山穷水尽打了败仗，就应该去死，即使皇上原谅我，我又有何面目见人！再说了，我们为臣为将的，怎么能先事梁后又事唐呢！还是让我去死吧！"

李存勖对他手下的大将李嗣源说："如果你亲自去劝，王彦章也许能答应活下来，投靠我们。"当时，王彦章由于伤很重不能起床，李嗣源就直接到他的卧室去看他。王彦章问道："你不是邈结烈吗？"李嗣源的小名叫邈结烈，王彦章看不起他，所以称呼他的小名。

后来，李存勖命人用轿子抬着王彦章和他们一起行军，王彦章因为伤口非常疼痛，又无归顺之心，就坚决请求把他杀掉，李存勖无计可施，又不能放虎归山，只好照办。一代名将"王铁枪"就这样被杀害了。

精简点评

王彦章英勇盖世，所以李存勖会起爱才之心想要留住他，但是乱世之人身不由己，忠正之心让王彦章结束了自己的征伐生涯。

后唐

李存勖消灭朱全忠

原文

梁主谓皇甫麟曰:"李氏吾世雠①,理难降首,不可俟彼刀锯。吾不能自裁,卿可断吾首。"麟泣曰:"臣为陛下挥剑死唐军则可矣,不敢奉此诏。"梁主曰:"卿欲卖我邪?"麟欲自刭,梁主持之曰:"与卿俱死。"麟遂弑梁主,因自杀。

注释

①世雠:雠,仇人。世雠,世仇。

译文

后梁主对皇甫麟说:"李氏是我世代的仇人,本来就很难投降他们,现在更不能等着他们来杀我。假如我不能自杀,你就将我的头砍下来。"皇甫麟哭着说:"我可以为陛下挥剑抗战死于唐军之手,但不敢接受这个诏令。"后梁主说:"你打算出卖我吗?"皇甫麟想自杀,后梁主拉住他说:"我和你一起死。"皇甫麟于是杀了梁主,随即自杀。

历史详解

晋王李存勖长得体貌雄伟，能文能武，勇略过人。经过十几年的努力，他的军队日益强大，先后攻破幽州，俘虏了刘仁恭，又接连几战大败了后梁朱全忠的军队，大大消耗了后梁的实力。

公元923年，晋王李存勖登上魏州牙城南面的祭坛，祭告上天即位称帝，国号定为大唐。他任命百官，大赦天下，尊母亲晋国太夫人曹氏为皇太后，尊父亲的正妻秦国夫人刘氏为皇太妃。从此，后唐正式建立，李存勖就是后唐庄宗。

接着李存勖听从枢密使郭崇韬的建议，趁后梁后方空虚，冒险深入敌境，直接袭击大梁。

李存勖的军队势如破竹，锐不可当，一路上后梁的军队节节败退。眼看后唐的军队要打到都城大梁了，当时朱全忠的儿子后梁末帝朱友贞慌成一团，急忙召集大臣询问对策，结果大臣们没有人能回答。最后，朱友贞又召来宰相郑珏商量，郑珏请求让自己带着传国之宝假装投降，以缓解国难。左右大臣们听说了，都缩着脖子偷笑。朱友贞见无计可施，日夜流泪。有一天他把传国之宝放在卧室里忽然不见了，他还以为是身边的人偷去迎接后唐军了。

过了几天，有人报告说后唐军已经过了曹州，车马扬起的尘土遮蔽了半边天。朱友贞听说后更加恐慌，便对侍臣皇甫麟说："李家与我家世代为仇，从情理上说决不能投降他们，也不能等着被他们杀死。我又下不了手自杀，你可以把我的头砍下来。"

皇甫麟听后哭着说："我为陛下战斗，可以死在后唐军的手上，但不敢接受这个命令。"

朱友贞接着说："你打算出卖我吗？"

皇甫麟见圣意难违，又不愿杀死朱友贞，于是就想自杀，朱友贞连忙拉住他说："我和你一起死。"于是皇甫麟先杀了梁末帝，随后自杀。

第二天，李存勖的军队攻陷了后梁都城，有人就拿着朱友贞的脑袋献给了李存勖。

精简点评

当年李存勖的父亲李克用与朱全忠长期争雄，临终前，他嘱托儿子："你要替我消灭朱全忠。"现在李存勖实现了父亲的遗志，可谓志得意满。

李存勖众叛亲离

原文

诸伶出入宫掖，侮弄缙绅[①]，群臣愤嫉，莫能出气，亦反有相附托以希恩泽者，四方藩镇争以货赂结之。其尤蠹政害人者，景进为之首。进好采闾阎鄙细事闻于上，上亦欲知外间事，遂委进以耳目。进每奏事，常屏左右问之，由是进得施其谗慝，干预政事。自将相大臣皆惮之，孔岩常以兄事之。

注释

①缙绅：官宦的代称。

译文

优伶们常出入于皇宫,戏弄士大夫,让那些大臣们非常愤恨,却又不敢对他们生气,反而有人靠他们求得了官职,很多人都来贿赂巴结他们。其中危害朝政最严重的,景进是第一。景进喜欢给后唐帝王说一些民间小故事,这些故事也是后唐帝想要知道的。于是把景进当作自己的耳目。景进每次去后唐帝那里报告事情,后唐帝都要屏退左右才问他,因此景进就说了一些坏话,干预朝政。从将相大臣往下的官员们都害怕他,孔谦常把他当作兄长来对待他。

历史详解

李存勖渐渐地喜欢起演戏,他终日与伶人混在一起,穿着戏装,登台表演,把国家大事丢在一边。那些伶人们受到李存勖的宠幸后,有的当了官,有的仗势欺人,有的则进谗言诛杀功臣,闹得朝中大臣敢怒不敢言,人心惶惶。不出几年,后唐朝廷内部先乱了起来。先是大将郭崇韬(tāo)被害,接着灭后梁的功臣李嗣源也受到猜忌,差点送了性命。

公元926年,魏博指挥使杨仁政的部下皇甫晖发动叛乱,李存勖派成德节度使李嗣源率领军队讨伐。由于李嗣源不满李存勖宠信伶人诛杀功臣的行为,加之平日受到将士们的拥戴,于是他乘机起兵,决定推翻李存勖。

李存勖听说后,就亲自带领部队前去征讨。不想到达荥泽时,龙镇指挥使姚彦温率领三千骑兵背叛了李存勖,而去归顺李嗣源。李存勖到达万胜镇后,听说李嗣源已经占据了汴京,各地军队纷纷背叛自己,支持李嗣源,神色沮丧。

他登上高处叹息说："我没法成功了。"

于是他马上下令回师，留下秦州都指挥使张唐率领步兵、骑兵共三千人把守关口，自己则带领军队回师。等出发时，他随从的部队已经少了一万多人。

一天李存勖路过罂(yīng)子谷，道路狭窄，每逢遇到拿着兵器的士兵，他就用好听的话安抚他们说："刚才有人报告说，魏王又进贡西川金银五十万两，等到了京师就全部分给你们。"士兵们回答说："陛下的赏赐已经晚了，人们也不感激圣恩了。"李存勖听了，只是哭泣而已。

接着，为安抚随从官员，李存勖决定用袍带赏赐，结果太监报告说可以颁赐的东西已经用完了。过了几天，李存勖到达石桥，他摆开酒宴，哭泣着对李绍荣等将领说："你们侍奉我以来，有难同当，有福同享。今天害得我到了这个地步，难道就想不出一个办法来救我吗？"一百多位将领都割断头发放在地上，发誓以死报答，于是君臣一起放声大哭。

李存勖回到洛阳后，还打算抵抗李嗣源，于是就重新集合军队前去扼守汜水。等到准备出发时，传来指挥使郭从谦叛乱的消息。原来郭从谦是大将郭崇韬的义子，郭崇韬被害后，他早就对李存勖怀恨在心，趁这个机会，他就发动兵变。当时，李存勖正在吃饭，听说有兵变，就连忙率领近卫兵出击。可是为时已晚，乱兵焚烧皇宫大门，蜂拥而入，李存勖身边的大臣和禁卫士兵见状，纷纷丢盔弃甲，落荒而逃，只剩下散员都指挥使李彦卿以及宿卫军校何福进、王全斌等十来个人奋力作战。最后，李存勖被流箭射中，没过多久就丧了命。后来，李嗣源接替了李存勖做了后唐皇帝，这就是后唐明宗。

明宗在位期间，社会相对安定，百姓也得到了休养，是五代时期较好的阶段。

精简点评

唐玄宗李隆基在做皇帝时非常喜欢看戏，但最终他的声色犬马生活葬送了开元盛世，也葬送了自李世民以来的李唐王朝的统治根基。与此相同，李存勖在得志后也喜欢了看戏，一样的声色犬马，一样的迅速衰亡，历史惊人地相似。

后晋

“儿皇帝”石敬瑭

原文

石敬瑭遣间使求救于契丹，令桑维翰草表称臣于契丹主，且请以父礼事之，约事捷之日，割卢龙一道及雁门关以北诸州与之。刘知远谏曰：“称臣可矣，以父事之太过。厚以金帛赂之，自足致其兵，不必许以土田，恐异日大为中国之患，悔之无及。”敬瑭不从。表至契丹，契丹主大喜，白[①]其母曰：“儿比梦石郎遣使来，今果然，此天意也。”乃为复书，许俟仲秋倾国赴援。

注释

①白：告诉。

译文

石敬瑭派使者从偏僻的道路去向契丹求救，让桑维翰草写表章向契丹主称臣，并且请求以父亲的礼节来侍奉他，约定事成之日，就将卢龙一道及雁门关以北诸州给契丹。刘知远劝他说：“称臣就行了，用父亲的礼节侍奉他就太过分了。用钱财来贿赂他，足够让他发兵的了，不用说要割让土地，恐怕以后就会变成大患,后悔就来不及了。”石敬瑭不听,就将表彰送到契丹,契丹主耶律德光非常高兴,告诉他的母亲述律太后说:“最近我一直梦到石郎会派使者过来,现在真的来了,这是天意啊。”于是便写信给石敬瑭,答应在仲秋时节,发动全国人马来支援他。

历史详解

石敬瑭(公元892~942年),沙陀部人,于公元936年联合契丹灭后唐,尊契丹皇帝为“父皇帝”,自称为“儿皇帝”,建立后晋政权,历来为人不齿。事实上,尊强盛政权为“父皇帝”,是少数民族的传统做法。

五代时期的社会动荡不安,割据一方,手握兵权的将帅都想称王称帝,他们有的互相勾结,有的交结外族,政权更替非常频繁。其中有一位皇帝的上台比较特别,他以割地、纳贡、称臣的条件向契丹政权求援,依靠契丹兵灭掉了前朝,登基称帝,他就是史称“儿皇帝”的后晋高祖石敬瑭。

石敬瑭是沙陀人,早年投靠后唐贵族李嗣源。因为他骑术、箭法高超又胸怀大略,聪慧过人,很受李嗣源的赏识,李嗣源不但把他当心腹,还把女儿嫁给了他,石敬瑭因此对李嗣源感恩戴德,忠心耿耿。

当时李嗣源被后唐皇帝李存勖怀疑猜忌,石敬瑭及时地为李嗣源出谋划策,劝说他起兵造反。后来全国各地纷纷叛乱,众叛亲离的李存勖中箭身亡,李嗣源即位当上了后唐明宗。石敬瑭跟随明宗多年,屡立战功,被任命为掌管边防军政大权的节度使。

李嗣源死后,儿子李从厚继位为后唐闵帝。石敬瑭作为先帝的老臣,受到更多的礼遇和恩宠:被加封为负责全国政务、相当于宰相的中书令,进入了后唐的政治核心,同时又让他镇守太原。

李从厚即位的第二年,李嗣源的养子、晋王李从珂起兵造反,杀掉闵帝,自己即位成为后唐末帝。早在李嗣源在世的时候,李从珂和石敬瑭就因为力大无比、英勇过人而成为明宗的重臣,但是两个人心里却互不服气,一向面和心不和。

现在李从珂即位当了皇帝,对石敬瑭当然很不利,石敬瑭时时刻刻小心翼翼,生怕一不留神招来祸患。当他入朝庆贺末帝登基即位后,不敢提出回到太原去,担心末帝猜忌自己。多亏太后屡次为他说情,末帝才允许他回到太原。一回到太原,石敬瑭就想方设法采取各种措施保全自己。

末帝对皇宫外面的事情特别感兴趣,经常叫来一些心腹大臣在宫中值班,君臣时常一聊就聊到半夜。于是石敬瑭用重金贿赂太后身边的亲信,让他们监视末帝和大臣们的谈话,宫里不管发生了什么大小事情,石敬瑭都了如指掌。每当有客人拜访,石敬瑭就在人家面前讲自己身体如何如何虚弱,不能胜任统帅职务,言外之意是让末帝不要怀疑自己。

石敬瑭一方面极力向朝廷表白自己没有异心,一方面不停地暗中发展实力。他借口补充军费把自己分散在全国各地的财物都收拢起来运到太原,这一举动自然更增加了别人的猜疑。

石敬瑭于是又采取以退为进的办法试探末帝对自己的信任程度:他几次上书末帝,说自己体弱多病,请求解除兵权,或者调到其他不是很重要的藩镇。末帝当然想借机收夺石敬瑭的兵权,但又怕他造反,因此犹豫不决。

一天,大臣薛文遇趁末帝身边无人说:“有句谚语说:‘在路边盖房子,大家七嘴八舌议论纷纷,三年也盖不好。’现在的事情只能靠皇上您自己决断。群臣都为各自的利益打算,哪里肯什么话都说?依我看来,石敬瑭的反叛之心已经路人皆知,您把他改派到别的地方他要反,不改派他也要反,只是个时间早晚的问题,不如先下手把他解决了!”

末帝听从了薛文遇的建议,下诏将石敬瑭调到一个偏远的地方当节度使。石敬瑭接到诏书十分惶恐,和心腹商议对策说:“皇上曾答应我,在我有生之年决不委派别人替代我的职位,现在忽然又下了这样的命令,难道是真的怀疑我了吗?我并没有兴兵乱,朝廷却先挑起事端,我怎能坐以待毙呢?现在我暂且写份奏书推说有病,看看皇上意图如何?”部将刘知远、桑维翰都极力劝他起兵叛唐。

于是石敬瑭发出布告,说李从珂是养子,没有资格继承皇位,应当由明宗的儿子当皇帝,宣布自己起兵反唐。

石敬瑭估计凭自己的实力没有灭掉后唐的把握,于是想取得契丹政权的支持。他让桑维翰起草奏书向契丹称臣，并且请求用对父亲的礼仪来侍奉契丹皇帝，又约定如果契丹出兵灭掉后唐，就把卢龙和雁门关以北的各州都割让给契丹。然后派使者带着奏书从小路到契求救。

刘知远劝阻说："向契丹称臣还可以，但把他当父亲对待则太过分了。而且，给他们送厚礼就可以使他们出兵，没有必要再割让土地，只怕他们以后成了中原的心腹大患，后悔就来不及了！"石敬瑭不以为然。

契丹皇帝耶律德光见到奏书非常高兴，当即答应出兵。耶律德光亲自率领5万骑兵南下进攻后唐，一路势如破竹，很快就和石敬瑭的军队会合。公元936年11月，耶律德光立石敬瑭为后晋皇帝。石敬瑭兑现诺言，把燕云十六州割让给契丹，还答应每年送绸缎30万匹。没过多久，契丹、后晋联兵攻克洛阳，后唐灭亡。

后晋政权建立后，石敬瑭的帝位并不巩固，人们对他对契丹奴颜婢膝的态度非常不满，一些掌握军事实权的武将借机发展实力，想建立政权取代后晋。

石敬瑭侍奉契丹十分恭敬谨慎，在给契丹的奏章中都称臣，称契丹皇帝为"父皇帝"。石敬瑭除了每年送绸缎30万匹之外，遇到年节、丧事、喜事都要送礼吊唁、庆贺。在通往契丹的大路上，后晋送礼的使节络绎不绝。

石敬瑭称帝

而契丹对后晋却相当傲慢无理，经常会为一点点小事派使节来后晋指责，每次石敬瑭总是说尽好话来应付他们。后晋派往契丹的使者则时常受到契丹君臣的侮辱。尽管全国的官员、百姓都觉得这样对契丹很可耻，但是石敬瑭对契丹却没有一点厌恨之心。

在石敬瑭执政时期，契丹和后晋一直维持着比较友好的关系。后晋每年送给契丹的财物只相当于几个县的赋税，而且经常借口百姓生活贫苦，不按照全额敬献贡品。这无疑给百姓们提供了一个发展生产的和平环境。

精简点评

依靠契丹的力量，石敬瑭做了中原的主人，在对契丹人卑躬屈膝的时候，石敬瑭这个"儿皇帝"是用幽云十六州换来的龙椅。

后汉

刘知远入梁

原文

丙辰，帝至洛阳，入居宫中；汴州百官奉表来迎。……

命郑州防御使郭从义先入大梁清宫①，密令杀李从益及王淑妃。淑妃且死，曰："吾儿为契丹所立，何罪而死！何不留之，使每岁寒食，以一盂麦饭洒明宗陵乎！"闻者泣下。

注释

①清宫：清理内宫。

译文

六月初三，刘知远抵达洛阳，入居洛阳宫中。大梁文武百官奉表前来迎接。刘知远派郑州防御使郭从义先进大梁，清理内宫，并秘密杀死李从益和王淑妃。他自己在十一日进入大梁。

王淑妃临死时，悲痛地说："我儿子是被契丹立为皇帝的，他有什么罪？为什么就不能留下他一个人，让他每年寒食节祭扫明宗皇帝的陵墓呢？"王淑妃的话凄惨哀婉，周围的人无不为之落泪。

历史详解

后汉高祖天福十二年(公元947年)正月,契丹灭亡后晋。契丹皇帝耶律德光入主大梁,后晋出帝石重贵及皇室成员被劫持到契丹,中原大地一时出现了没有君主的局面。

担任河东节度使、中书令的北平王刘知远虽被任命为北面行营都统,但因为与石重贵互相猜忌,他的官职也只是徒有虚名。契丹入侵中原时,刘知远始终袖手旁观。他在太原招兵买马,积蓄力量,逐渐成为各藩镇中一支实力强大的队伍。二月十五日,刘知远在太原称帝,建立了后汉王朝。

三月十七日,耶律德光从大梁返回契丹,途中病逝。刘知远决定抓住这个机会,出兵占领河南,入主中原。他派忠武节度使史弘肇为前锋,先期南下。

五月十二日,刘知远率军从太原起兵,出阴地关,直奔京都大梁。

契丹留守汴州的节度使萧翰是契丹皇后的哥哥,他听说刘知远率军南下,便想及早返回契丹,可他又担心中原无主,势必大乱,从而使他无法从容北归。后唐明宗李嗣源的儿子、许王李从益和王淑妃住在洛阳,萧翰派人到洛阳把他们带到大梁,然后假借耶律德光的命令,立李从益做皇帝,并设置文武大臣,他这才起身返回契丹。

李从益派人召归德节度使高行周和河阳节度使武行德前来大梁抗拒刘知远。可这两员大将不但按兵不动,而且把这件事禀告刘知远。

文武百官都来拜见李从益的母亲王淑妃。王淑妃哭着说:“把我们孤儿寡母推到这个位置上,这不是在害我们吗?你们这些人都没罪,准备迎接新君吧,不要顾及我们母子。”

她的话使众人深受感动。有人说:“现在把各营兵马集中起来,也不少于五千,加上萧翰留下的一千名燕兵侍卫,坚守一个月不成问题。到那时,北边一定会有救兵来的。”

王淑妃摇了摇头，叹了口气，说：“我们母子本来就是亡国之人，怎敢和别人争夺天下？听天由命吧！如果用兵，满城生灵涂炭，又有什么好处呢？”

大臣们仍然坚持守城抵抗刘知远。三司使刘审交摆了摆手，制止众人的议论。他说：“事情已经无可挽回了，大家不要再说了，一切都听从太妃的安排。”

于是，王淑妃决定派使者向刘知远称臣，请求他早日来到大梁。同时王淑妃和李从益从宫中搬了出来，住进私人住宅。

刘知远的大军一路南下，所向无敌，在六月初三抵达洛阳。大梁文武百官前来迎接。刘知远派郑州防御使郭从义先进大梁，清理内宫，并秘密杀死李从益和王淑妃。他自己在十一日进入大梁。

秘密处死

王淑妃临死时，悲痛地说：“我儿子是被契丹立为皇帝的，他有什么罪？为什么就不能留下他一个人，让他每年寒食节祭扫明宗皇帝的陵墓呢？”王淑妃的话凄惨哀婉，周围的人无不为之落泪。

这一年，刘知远立国号为“汉”，史称“后汉”。

精简点评

每一次的改朝换代，无不是由无数人的血泪和生命换来的，无论治乱兴亡，最苦的永远是那些与最高权力无关的人。

郭威平叛

原文

始，李守贞以禁军皆尝在麾下，受其恩施，又士卒素骄，苦汉法[1]之严，谓其至则叩城奉迎，可以坐而待之。既而士卒新受赐于郭威，皆忘守贞旧恩。己亥，至城下，扬旗伐鼓，踊跃诟噪；守贞视之失色。

注释

①汉法：后汉的军法。

译文

起初，李守贞以为禁军的将领都曾是自己的老部下，受过他的恩惠，而且进军士卒一贯骄横，苦于后汉军法的严酷；认为禁军一到就会敲开城门奉迎他为主，成功已经是坐着就可以等待的事情了。但是士兵们新近在郭威处受到赏赐，都忘了李守贞的旧恩；己亥，兵至城下，挥扬军旗，擂响战鼓，踊跃辱骂呼喊，李守贞看到这样的情况，大惊失色。

历史详解

郭威是后汉名将，他攻城拔寨，战无不胜，为后汉立下汗马功劳。

后汉高祖乾祐元年（公元948年），大将李守贞、赵思绾（wǎn）、王景崇三人同时反叛。朝廷军队连连失利，关西地区动荡不安。八月，后汉隐帝刘承祐任命枢密使郭威为西面军前招慰安抚使，让他统率各路大军平定三镇叛乱。

临行时，郭威向太师冯道请教破敌良策。冯道捋(lǚ)着胡子，不慌不忙地说："郭君会不会博彩？"

郭威小时候常常因聚众赌博被官府问罪。他以为冯道讥讽他不学无术，脸上顿时显出怒色。

冯道并不理会郭威，继续说道："大凡博彩，钱多则多赢，钱少则多输，赢与输并不在于博彩的技巧，而在于气势，气势又来源于人心。李守贞是老将，善于笼络人心，士兵拥戴他。郭公千万不要吝惜钱财，要多多赏赐部下，体恤士兵。只有人心，才是胜利之本。"

郭威按冯道的话去做，首先赢得全军将士的心，使将士们牢牢团结在他的周围。几天以后，郭威召集众将商讨作战计划。将领们忧心忡忡，纷纷主张避强就弱，先攻取长安和凤翔，然后消灭河中。唯独镇国节度使扈从珂意见不同，他说："李守贞是三个藩镇的主帅，如果李守贞灭亡，那两个藩镇不攻自破。要是我们舍近攻远，万一三镇联合夹击，我们的处境就危险了。"

郭威点点头，说："扈镇国说得很有道理。李守贞没什么可怕的。高祖在世，他不敢轻举妄动；新君继位，他目中无人，才敢于反叛。他肯定骄傲轻敌，我们必定马到成功。至于赵思绾和王景崇，只要把他们牵制住就可以了。"

在郭威的周密安排下，后汉大军兵分三路向河中挺进。在此之前，凤翔节度使赵晖和永兴节度使郭从义等人早已分别赶到凤翔和长安，先后向赵思绾和王景崇发起了进攻。

果然不出郭威所料，李守贞这时还在做着当皇帝的美梦。自从后汉高祖刘知远去世后，他日益骄纵起来，在河中拥兵自重，抗拒朝廷，企图夺取后汉天下。听说郭威率兵前来，他以为朝廷大军的将士会不忘旧恩，自动归降，所以，根本不把郭威放在眼里。

八月二十三日，后汉大军兵临城下，河中城外旌旗招展，鼓声震天，士兵们的辱骂声此起彼伏。在城上看到这一切，李守贞不禁大惊失色。

郭威并不急于攻城，他指挥士兵挖沟筑墙，严密巡逻，把河中城围了个水泄不通，使李守贞陷入天罗地网之中。

李守贞屡次出兵，都被击溃。绝望中他派人向南唐、后蜀以及契丹求援。然而，使者刚出城，就被巡逻的士兵抓获。李守贞眼看城中粮草将尽，饿死的人一天比一天多，他心急如焚，整日愁云满面。当初，他酝酿谋反时，有个叫总伦的和尚曾说过，他一定能做天子，对他的谋反起了推波助澜的作用。李守贞又把总伦找来，责问他说："你说我能当天子，可我现在大难临头，到底怎么回事？"

总伦和尚诚惶诚恐地说："大王该做天子，谁也奈何不得。眼下是祸福交

以快取胜

替，等磨难过去，只剩下一人一马时，大王便会时来运转。”

李守贞眨了眨眼睛，居然相信了总伦的这番鬼话，继续苦苦困守河中城。

凤翔节度使赵晖与王景崇屡次交战，打得王景崇闭城不出，只得向后蜀求援。后蜀派兵出大散关大败后汉军队。赵晖见军情紧迫，连忙派人向郭威告急。

郭威亲自率兵增援凤翔。临行时，他反复叮嘱行营都部署白文珂和行营马步都虞侯刘词说：“成败在此一举，千万不能让贼军冲出包围。贼军的精兵都集中在城西，我一离开，他们必然从城西突围，你们一定要谨慎防备。”

乾祐二年(公元949年)正月初四，李守贞刺探到郭威西行，便派部将王继勋率领一千多精兵深夜偷袭后汉营寨。后汉士兵措手不及，军营一片大乱。刘词镇定自若地对部将说：“小小盗贼不足为虑。”

郭威平叛

说罢，他脱掉铠甲率领众将进行反击，终于杀退敌人。王继勋身负重伤，逃回河中城。

初五，郭威在中途听说蜀军已被赵晖打败，便急忙赶回河中。刘词出营在马前请罪，郭威急忙下马，拍着刘词的肩头，笑着说：“如果不是刘兄，恐怕敌人早就得逞了。我看，敌人的伎俩也就到此为止。”

河中被围困已近一年，城中百姓饿死大半，守城的将士络绎不绝地出城投降。郭威见时机成熟，就督率各路军队从四面八方向河中城发起了总攻。

精简点评

乾祐二年(公元949年)七月二十一日，郭威率军攻入河中城，李守贞自焚而亡。不久，凤翔的王景崇也全家自杀。长安的赵思绾投降以后，被郭从义斩杀。至此，三镇叛乱全部平息。

后周

郭威废帝自立

原文

春，正月，丁卯，汉太后下诰[1]，授监国符宝，即皇帝位。监国自皋门入宫，即位於崇元殿，制曰："朕周室之裔，虢叔之后，国号宜曰周。"改元，大赦。杨邠、史弘肇、王章等皆赠官，官为敛葬，仍访其子孙叙用之。凡仓场、库务掌纳官吏，无得收斗余、称耗；旧所进羡余物，悉罢之。犯窃盗及奸者，并依晋天福元年以前刑名，罪人非反逆，无得诛及亲族，籍没家赀。唐庄宗、明宗、晋高祖各置守陵十户，汉高祖陵职员、宫人、时月荐享及问守陵户并如故。初，唐衰，多盗，不用律文，更定峻法，窃盗赃三匹者死；晋天福中，加至五匹。奸有夫妇人，无问强、和，男女并死。汉法，窃盗一钱以上皆死；又罪非反逆，往往族诛、籍没。故帝即位，首革其弊。

注释

①古代帝王对臣子的命令。

译文

春天，正月，丁卯(初五)，后汉太后传令，授予监国郭威传国玺印，正式即皇帝位。郭威从皋门进入皇宫，在崇元殿即位，下制书说："朕是周代宗室的子孙，虢叔的后裔，国号应该叫周。"改年号，实行大赦。杨邠、史弘肇、王章等人都追赠官爵，官府为他们收敛安葬，并且寻访他们的子孙依次任用。所有粮食仓库、场院掌管交纳的官吏，不得收取额外的"斗余""称耗"。从前用赋税盈余名义进贡物品，全部去掉。犯有盗窃罪和强奸罪的，按照后晋天福元年以前的刑法条文处理；罪人不是犯谋反罪的，不得株连家人和登记没收财产。后唐庄宗、后唐明宗、后晋高祖安葬处分别设置守陵的人家十户，后汉高祖陵园的官吏、宫人，一年四季供奉祭祀，守陵户数按从前执行。当初，唐朝衰败，盗贼很多，不能用原来的刑律，还制订了严刑，规定盗窃赃物够三匹绢帛的处死。后晋天福年间将处死标准加到五匹绢帛。奸淫有夫之妇，不论强奸、通奸，男女一律处死。后汉刑法规定，盗窃钱一文以上的都处死，此外罪行还不属于谋反的，常常遭到抄斩。所以郭威一即位，先是除掉这些弊端。

历史详解

后汉隐帝刘承祐18岁继位，由杨邠、郭威、史弘肇、王章四人辅政。随着他渐渐长大，对重臣辅政的局面感到不满，就企图诛杀四大臣。950年的一天清晨，文武百官上朝。他们刚刚走到广政殿外的廊房下，突然从殿内冲出几十名武士，乱剑齐下，杨邠、史弘肇、王章三个人顿时倒在血泊中。

当时，郭威正领兵驻守邺都。刘承祐派供奉官孟业携带密诏到邺都，命令邺都的副将郭崇威等人杀死郭威。没想到事情处理得不好，密诏很快落入郭威手中，郭威不禁大惊失色。他立即召集郭崇威、王峻、曹英等部将聚会，手拿密诏，痛心疾首地对众人说："我和杨邠他们跟随先帝披荆斩棘，历尽艰辛，夺取了天下。自从接受辅政重任以来，我们为朝廷尽心竭力，没想到杨邠他们竟然死得这么惨。剩下我一个人活着还有什么意思？这是陛下的诏书，你们就按诏书的命令，把我杀了吧！"众人一听，惊得目瞪口呆。郭崇威流着眼泪说："天子年少，这一定是天子身边的小人们干的。崇威情愿跟从郭公入朝面见天子，扫除奸党。郭公不能蒙受千古恶名。"众人纷纷劝说，一致要求进军大梁，扭转乾坤。郭威实在忍无可忍，毅然率军南下，直捣京都大梁。

刘承祐得知郭威反叛，顿时惊恐万状，追悔不迭。他颓丧地对身边大臣说：

"那天的事情,太草率了!"

这日,郭威大军与朝廷军队在大梁郊外刘子陂摆开战场。刘承祐硬着头皮亲临阵前督战。泰宁节度使慕容彦超率领骑兵向郭威军队发起猛攻,郭崇威率领骑兵迎战,南北两军展开了一场殊死搏斗。战斗很快结束,朝廷军队兵败如山倒,士兵纷纷投降,慕容彦超仓皇逃走。

第二天,刘承祐率领残兵败将返回大梁。

哪知平卢节度使刘铢占据城门,开弓放箭,刘承祐只得拨转马头,向西北方向奔逃,最终被翰林茶酒使郭允明杀害,郭允明也自杀身亡。郭威得知刘承祐的死讯,不禁黯然神伤,失声痛哭。

郭威入大梁

郭威进入大梁后,率领百官拜见太后。郭威对太后说:"现在军政繁多,国中不可一日无君,请太后及早选定继嗣。"

太后无可奈何地说:"高祖有两个弟弟,两个儿子,就让百官从中选择最合适的吧。"郭威等人一致要求后汉高祖刘知远的亲生儿子刘承勋继位。太后说:"刘承勋长期患病,卧床不起。"众人不信,请求面见刘承勋,太后派人把刘承勋抬到众人面前,众人这才确信无疑。

郭威率领百官又请求让刘知远的养子刘斌继位。刘斌是刘知远的侄子。太后同意百官的请求。郭威立刻派太师冯道等人前往徐州迎接刘斌入朝登基。

十二月,刘斌跟随冯道等人从徐州返回大梁。路上巧遇郭威率军出征抵御契丹。刘斌派使者慰问官兵。将士们私下议论说:"我们攻陷京师,逼死主上,罪行实在太大了。如果刘氏家族再次执掌天下,我们必将死无葬身之地。"

十二月十九日,郭威率军到达澶州。第二天早晨,郭威刚要整顿兵马出发,就听见住所外面人声鼎沸,喊声不断。郭威唯恐发生不测,急忙命人关闭院门。外面的将士纷纷翻墙而入,众人叩拜郭威说:"我们已经和刘氏结下仇怨,绝不能再让刘氏当皇帝,皇帝必须由侍中来做。"

众人百般恳求,郭威一再推辞。这时,有人撕下黄旗披在郭威身上,众人趁势欢呼万岁,簇拥着郭威返回大梁。

枢密使王峻得知郭威的军队哗变,立刻派留守大梁的侍卫马军指挥使郭崇威带领七百名骑兵直奔宋州,把刚刚走到宋州的刘斌看护了起来。郭崇威让冯道先返回大梁，然后杀死了刘斌身边的几员大将，把刘斌幽禁在宋州。不久，刘斌遇害。

太后无奈，只好发布命令，废黜刘斌为湘阴公，授予郭威传国玉玺，郭威登基称帝，建立了后周王朝。

精简点评

郭威称帝，后周政权迎来了一位有作为的君主，后周逐渐强盛起来。

高平之战

原文

北汉主知帝自临阵，褒赏张元徽，趣使乘胜进兵。元徽前略[①]阵，马倒，为周兵所杀。元徽，北汉之骁将也，北军由是夺气。时南风益盛，周兵争奋，北汉兵大败，北汉主自举赤帜以收兵，不能止。杨衮畏周兵之强，不敢救，且恨北汉主之语，全军而退。

注释

①略：攻击。

译文

北汉主知道后周世宗亲自督战，便嘉奖重赏张元徽，催促他督战。张元徽前往攻阵，坐骑摔倒，被后周士兵所杀。张元徽是北汉有名的猛将，因此北汉士气低落。这时，刮起南风，后周士兵奋勇杀敌，北汉军队大败。北汉主亲自高举红旗来指挥军队,但依然不能阻止溃败。杨衮害怕后周军队的强大,不敢救援,而且痛恨北汉主说的空话,最后北汉军队便全军而退。

历史详解

公元954年,后周太祖郭威去世,晋王柴荣继位。刘旻得知后周易主,不禁大喜,马上联合契丹,向后周进攻。

后周世宗柴荣意气风发,不甘示弱,决定率军亲征,抵抗北汉入侵。但是,他的决定却遭到群臣的反对。太师冯道极力劝阻说:"陛下新近即位,人心浮动,臣以为还是不要亲自出征,一个小小的刘旻,命令将领们前去抵抗也就可以了。"

群臣也都附和着,纷纷劝说柴荣。

柴荣微微一笑,说:"刘旻庆幸先帝去世,轻视朕刚刚即位,朕必须亲自出马才能挫败他的锐气。"

冯道迟疑了一下,吞吞吐吐地说:"万一……万一陛下有个闪失……请陛下三思而行。"

柴荣略显不快地说:"从前唐太宗李世民平定天下,就常常亲自出征,朕怎敢苟且偷安呢!"

冯道不紧不慢地说一句:"不知陛下能不能成为唐太宗?"

柴荣

柴荣显得有些激动,他提高嗓音说:"以我强大的兵力,打败刘旻如同以山压卵一样!"

冯道撇了撇嘴,不以为然地小声嘀咕说:"不知陛下能不能成为山?"

柴荣有些按捺不住了,他挺直身子,刚要发作,一旁的大臣们连忙劝解道:"冯太师也是一番好意。陛下亲征,我军肯定军威大振,锐不可当。更为重要的是让天下人看一看陛下的文韬武略。"

柴荣这才平息了怒气。他马上调集各路人马奔赴前线,同时下令广招天下豪杰、绿林英雄,憋足了劲儿要大显身手。

三月十一日，柴荣率领大军从大梁出发，日夜兼程地直奔泽州。十九日，柴荣随后周前锋在高平与北汉军队遭遇。

三万多汉军和近十万契丹大军正严阵以待。前锋都指挥使张元徽率军在东，契丹大将杨衮率军在西，刘旻率领中军居中。他们军容整肃，旌旗招展，气势汹汹，咄咄逼人。

后周后续军队尚未到达，士兵们都显出惊恐的神色，柴荣却异常兴奋。他骑在马上，跃跃欲试。根据敌人的情况，他立刻命令滑州节度使白重赞与侍卫马步都虞侯李重进率领左路军列阵西侧；马军都指挥使樊爱能与步军都指挥使何徽率领右路军列阵东侧；宣徽使向训和郑州防御使史彦超居中。很快，后周军队摆开了阵势。殿前都指挥使张永德率领禁军保卫柴荣。柴荣身着戎装，战马披甲，迎着北方的风沙，神色严峻，威风凛凛，密切注视着北汉军队的一举一动。

刘旻观望良久，发现后周军队兵少将寡，不禁喜上眉梢。他扭头转向他的部将说："用汉军就可以破敌，何必用契丹人！契丹人来了也好，正好让他们心服口服。"

他的部将都点头称是。

这时，杨衮驱马来到刘旻近前，对刘旻说："刚才我仔细观察过了，的确是劲敌呀，千万不要轻易冒进。"

刘旻用鼻子哼了一声，斜视着杨衮，傲慢地说："机不可失，请杨公不要乱说，杨公暂且在一旁，看看我们汉军是如何大破敌军。"杨衮顿时沉下了脸，冷笑一声，悻悻地回归本队。

两军对峙着，战场上一片寂静，只有北风吹动旌旗呼啦啦作响。一会儿，风向突变，东北风转成了南风。刘旻刚要下令进攻，枢密直学士王得中一把牵住刘旻的战马，急切地说："这样的风向，对我军不利，再等一等吧！"

刘旻夺过缰绳，厉声说道："我已经决定了！老夫子不要胡言乱语！"

说完，刘旻一声令下，指挥东面张元徽的军队向后周右路军率先发起攻击。

后周右路军将领樊爱能和何徽惊慌失措，带领骑兵掉头就跑，一千多名步兵也随即脱下铠甲，高呼万岁，向北汉投降。后周军队顿时乱了阵脚，眼看就要全军崩溃。

柴荣急得二目圆睁，带领亲兵冒着流箭飞石，不顾一切地指挥士兵阻击东汉军队。

禁军将领赵匡胤见形势危急，振臂高呼："主上不顾危险，我们能不拼死吗？"他又扭头对张永德说："请将军从左翼进攻，我从右翼进攻。国家存亡，在此一举！"

张永德点头同意。两人各率两千士兵冲入敌阵。赵匡胤犹如猛虎一般，左冲右杀，横扫敌军。在赵匡胤的感召下，后周将士热血沸腾，勇气倍增，紧随赵匡胤杀入北汉阵地。风声呼啸，战马嘶鸣，战场上到处是后周将士的喊杀声和北汉士兵的惨叫声。

北汉前锋都指挥使张元徽是北汉的一员猛将，激战中他的战马突然摔倒，张元徽站立不及，被后周士兵乱刃杀死。张元徽一死，北汉军队彻底瓦解，士兵们无心恋战，他们不顾刘旻气急败坏的嘶喊，像潮水一般溃败而去。杨衮痛恨刘旻傲慢无礼，大言欺人，率领契丹军队不战而退。

精简点评

经此一战，后周在中原的地位更加稳固，军事实力也有所加强，为取代它的北宋统一中原奠定基础。

五朝元老冯道

原文

庚申，太师、中书令瀛文懿王冯道卒。道少以孝谨知名，唐庄宗世始贵显，自是累朝不离将、相、三公、三师之位，为人清俭宽弘，人莫测其喜愠，滑稽多智，浮沉取容，尝著《长乐老叙》，自述累朝荣遇之状，时人往往以德量①推之。

注释

①德量：德行度量。

译文

庚申，太师、中书令瀛文懿王冯道去世。冯道年轻的时候以孝顺谨慎出名。后唐庄宗时代开始尊贵显赫，从那之后一直出任将军、宰相、三公、三师的职位，做人清净简朴宽容大度。别人不能猜测他的喜怒哀乐，能言善辩，足智多谋，与世沉浮，左右逢源，曾经作《长乐老叙》，自述历朝荣誉礼遇的情况，当时的人每每用有德行度量来推重他。

历史详解

冯道，字可道，瀛洲景城（今河北沧州西）人，在五代时期，他历事五朝，侍奉过十一位皇帝，高居相位二十多年而不倒，真是一个官场奇迹。他晚年自号“长乐老”。

冯道为人勤奋、俭朴，对自己要求很严格。早年，他在晋王李存勖手下做掌书记。有一次后晋、后梁军队夹河对峙，冯道在自己军中搭一个草棚，不设床席，睡在草料堆上。领到的薪俸，拿来与手下人分享，与他们共用器皿，一同吃喝，自然得体。

有一次，他的将领中有人掳掠到别家的美女送给冯道，冯道推辞不掉，无奈就把她安置在另外的房间，查访了解到她的家人后，就派人将其送回。

父亲去世后，冯道离职在景城居丧。那时正值荒年，他便拿出家中全部资财周济乡里百姓，并亲自耕田砍柴。看见有未耕的荒田，或人家无力耕种的，冯道就晚上悄悄替人耕种，后来别人知道后感到很惭愧，前来感谢他，冯道却不把这些看成什么了不得的事情。守丧期满，他又被征召为翰林学士。

后唐明宗即位后，因早就知道冯道的人品与才学，便问安重诲：“先帝时的那个冯道现在在哪里？”安重诲答道：“还是任学士。”明宗说：“我平素就知道他，此人正是我要选任的宰相人选。”于是明宗授予冯道端明殿学士，升迁做管理军队事务的兵部侍郎，一年后又授予他中书侍郎、同中书门下平章事，职权如同宰相一般。明宗在位那几年，国家收成都比较好，中原也没有战事。冯道向明宗建议说：“臣在河东做文书官的时候，奉命到中山去，当时由于路途不平，惟恐马有闪失，我便紧紧握住马嚼缰绳，不敢有半点松懈。等到了平地，我以为无须多虑，思想也放松了，结果就坠马受伤。这件事说明了一个道理：大凡身处艰难危险境地时，人都会深思熟虑，谨慎而行，所以不会有什么差错，而身居安逸则祸患常随思想松懈而至，这是人之常情啊！”

明宗问:“倘若国家收成比较好会对百姓生活有帮助吗?”

冯道说:“粮食若涨价,老百姓就要挨饿;粮食若不值钱,农民的收入就会受损。”可见冯道颇是一位居安思危,关心民心的大臣。

冯 道

还有一次,明宗得到一个玉杯,玉杯上刻着“传国宝万岁杯”,这非常投合明宗的心理,明宗对这个玉杯十分珍爱,常常放在手中把玩。一天,他把玉杯拿给冯道看,并对他说道:“这可是朕的宝贝。”冯道听了不以为然地说:“这算什么宝贝,做帝王的应该有一种无形之宝。”明宗很奇怪地问:“什么是无形之宝?”冯道告诉他说:“无形之宝就是仁义。”明宗听了心中暗以为是。正是在冯道的辅助下,明宗在位期间才出现了五代十国时期最好的政治局面。

冯道给明宗做了十多年宰相,明宗死后又做闵帝的宰相。潞王在凤翔反叛,闵帝出奔到卫州(今河南汲县),冯道率百官迎接潞王入朝,拥戴他为帝,冯道又做了宰相。末帝即位时,闵帝还在卫州,过了三天,闵帝才遭杀害。不久末帝调冯道做同州节度使,掌管一方财政军政大权。过了一年,赐授司空高职,这是辅助末帝治国安邦的要职。

建功立业

后晋灭后唐,冯道又仕后晋。高祖授任冯道做司空、同中书门下平章事,加授司徒,职权范围大体与司空一样,又兼做侍中,晋封为鲁国公。石敬瑭死后,冯道又任出帝宰相,加授太尉衔职,并且又封为燕国公。不久,降职做匡国军节度使,迁调镇守威胜。

契丹灭后晋,冯道又为契丹效力,官居太傅,掌管训导事务。后汉高祖继位,冯道又归附后汉王朝，并以太师身份入朝参政。

后周灭后汉后，冯道又侍奉后周，周太祖郭威任命冯道为太师，掌管训导事务。郭威很器重他，每次召进宫来听取他的建议时，都不直呼其名。

精简点评

冯道的为人处世之道颇值得玩味。在那个政权更迭的年代，冯道能安身免祸，同时又做了一些安抚民生的事，也算难得。